SFV

Thomas Kiernan

Psychotherapie

Kritischer Führer durch Theorien und Praktiken

Aus dem Amerikanischen
von Margaret Carroux

S. Fischer

Titel der amerikanischen Originalausgabe:
»Shrinks, etc. A Consumer's Guide to Psychotherapies«
The Dial Press, New York 1974

Lektorat/Redaktion: Willi Köhler
Umschlagentwurf: Hannes Jähn
Satz und Druck: E. C. Baumann KG, Kulmbach
Einband: Hans Klotz, Augsburg
Printed in Germany 1976
ISBN 3 10 041101 3

Inhalt

Vorbemerkungen zur deutschen Ausgabe

Die westlichen Industrieländer werden von einer neuen Plage heimgesucht – jedenfalls nach den Schreckensmeldungen zu urteilen, die von Zeit zu Zeit durch die Nachrichtenmedien geistern. Da werden immer wieder Untersuchungen zitiert, die zu dem Ergebnis gekommen sein wollen, daß die Zahl der psychischen Störungen in der jüngsten Zeit rapide zugenommen hat. Da hört man immer wieder Experten von einer Art Innenweltverschmutzung raunen, die der sogenannten Umweltverschmutzung an Gefährlichkeit in nichts nachstehen soll.

Psychotherapeuten und Psychiater, sonderlich jene, die sich mit epidemiologischen Fragen oder, laienhaft ausgedrückt, mit Fragen der Krankheitsverbreitung beschäftigen, liegen sich noch in den Haaren darüber, wie die Lage zu bewerten ist. Ihre Kontroverse erinnert ein wenig an das uralte populärphilosophische Quiz, was denn eigentlich zuerst dagewesen sei, die Henne oder das Ei, eine Streitfrage, die bislang noch niemand zufriedenstellend beantwortet hat, weil es sich um eine Ausgeburt unserer kognitiven Zwangskrankheit, der Logik, handelt.

Den Psychotherapeuten geht es immerhin um die nicht ganz so platonische Frage, ob tatsächlich, das heißt statistisch abgesichert, die Zahl der psychischen Erkrankungen zugenommen hat oder ob lediglich die allgemeine Wahrnehmung derartiger Störungen geschärft worden ist, unter anderem aufgrund des gestiegenen Kenntnis- und Informationsniveaus. Vermutlich liegt die Wahrheit wie so häufig in der Mitte: Man wird nicht bestreiten wollen, daß die seelischen Funktionen des Menschen unter den modernen Lebens- und Arbeitsbedingungen starken Belastungen ausgesetzt sind und bei Zusammentreffen mehrerer ungünstiger Umstände ausfallen können, und auf der anderen Seite hat die neue Aufklärung mit massiver Unterstützung der Massenmedien auch auf diesem Gebiet zur Verbreitung von Einsichten beigetragen, mag man auch einwenden, daß solche Einsichten aufgrund verkrusteter Vorurteile nur selten bis zu den unteren sozialen Schichten gelangen. Wie dem auch sei, Skepsis ist angebracht gegenüber Untersuchungen, die zu den Ergebnissen nicht auch die Annahmen mitliefern, von denen sie ausgegangen sind. Das gilt besonders für Untersuchungen auf dem Felde psychischer Störungen, die nur vor dem Hintergrund des jeweiligen kulturellen und gesellschaftlichen Normengefüges verständlich und definierbar sind. Es macht beispielsweise einen großen Unterschied, ob man das von der westlichen Industriegesellschaft geforderte und auf vielfältige Weise belohnte Leistungsstreben als psychische Fehlentwicklung betrachtet oder nicht.

Für den von psychischen Störungen betroffenen Mitmenschen sind solche und ähnliche Erwägungen zunächst ohne Belang. Ob Opfer widriger Umstände oder seiner gesteigerten Wahrnehmung, er leidet so oder so, fühlt sich beeinträchtigt, eingeengt, behindert, steht unter einem sogenannten Leidensdruck, von dem er sich gern befreit sehen möchte. Und hier stellt sich für ihn das eigentliche Problem, nämlich die Frage, wohin er sich wenden soll, an welchen Therapeuten oder welche Institution, wobei es ihn zunächst nicht sonderlich interessieren dürfte, welcher therapeutischen Schule er die Dienstleistung verdankt. Dies immer unter der Voraussetzung, daß er überhaupt Wahlmöglichkeiten besitzt, denn auch da lassen sich Grenzen aufzeigen, die je nach Einzelfall und Schichtzugehörigkeit unterschiedlich verlaufen.

Des weiteren bestehen regionale Unterschiede. Lebt der Betreffende in einem ländlichen Gebiet, dann sind seine Aussichten verschwindend gering, einen Therapeuten oder eine Institution zu finden, die ihm fachmännische Hilfe bieten, es sei denn, er hat einen aufgeschlossenen Arzt, der ihn überweist, oder er verfügt über ausreichende finanzielle Mittel, um sich einen längeren Aufenthalt außerhalb seines Wohnortes leisten zu können, und dies wieder unter der Voraussetzung, daß er nicht nur von der Existenz psychischer Störungen, sondern auch der potentiellen Wirksamkeit psychotherapeutischer Behandlungsmethoden überzeugt ist. Alles zusammengenommen eine höchst unwahrscheinliche Kombination günstiger Vorbedingungen.

Wohnt der seelisch Erkrankte in einem sogenannten Ballungsgebiet, dann muß er sich darauf gefaßt machen, zwei Jahre und länger auf einen Behandlungsplatz warten zu müssen. Immerhin sind seine Aussichten in einem städtischen Großraum günstiger als auf dem Lande, vor allem wenn er sich nicht darauf versteift, von einem Psychoanalytiker der klassischen Freudschen Schule behandelt zu werden. Mittlerweile wird die Fähigkeit von Patienten, längere Wartezeiten zu überstehen, von nicht wenigen Psychotherapeuten als Indiz für Ich-Stärke und damit als Kriterium für Behandelbarkeit gewertet – ein kaum noch zu überbietender Zynismus, mit dessen Hilfe es allerdings gelingt, aus der Not eine Tugend zu machen.

Gehört unser Hilfesuchender aufgrund glücklicher, zumeist gesellschaftlicher Umstände zu den Privilegierten, dann hat er immer noch die Qual der Wahl, denn nun heißt es für ihn, sich zwischen den verschiedenen Behandlungsangeboten zu entscheiden. Da ist zunächst die Psychiatrie, die bekannteste und immer noch einflußreichste Institution für die Behandlung sogenannter Geisteskrankheiten. Allerdings braucht man über die Qualität der Psychiatrie nach Veröffentlichung der von der Bundesregierung in Auftrag gegebenen Enquete kaum noch ein Wort zu verlieren.[1] Die psychiatrischen Einrichtungen sind hoffnungslos überfordert; sie können weder der ihnen zugedachten Funktion als Sammelbecken psychischer »Reibungsverluste« noch ihren therapeutischen Aufgaben gerecht werden. Ihre »Behandlung« beschränkt sich in vielen Fällen, sofern nicht bloße Verwahrung praktiziert wird, auf »Ruhigstellung« mittels entsprechender Medikamente, unter deren Einwirkung auch intakte Fähigkeiten verkümmern müssen, Fähigkeiten, auf denen eine nach heutigem Forschungsstand mögliche intensive Ursachenbehandlung aufzubauen hätte. Dieses therapeutische Unvermögen hat nicht nur finanzielle und personelle Gründe – denn nach Auffassung von Fachleuten ließen sich mit gleichem Aufwand erheblich bessere

[1] Bericht über die Lage der Psychiatrie in der Bundesrepublik Deutschland – Zur psychiatrischen und psychotherapeutisch/psychosomatischen Versorgung der Bevölkerung – (Deutscher Bundestag, 7. Wahlperiode, Drucksache 7/4200), Verlag Dr. Hans Heger, Bonn-Bad Godesberg, Goethestraße 56.

Erfolge erzielen –, sondern dafür sind zum großen Teil überholte Vorstellungen über Entstehung und Behandlung psychischer Störungen verantwortlich.

Um die Psychotherapie ist es nicht besser bestellt, wenn auch aus anderen Gründen. Hier herrscht ein krasses Mißverhältnis zwischen dem nach heutigem Erkenntnisstand möglichen Therapie-Angebot und den tatsächlichen psychotherapeutischen Leistungen. Mit anderen Worten, es fehlen Tausende von Psychotherapeuten. Gründe für diesen Mangel sind unter anderem rigide, zeitraubende und kostspielige Ausbildungsbestimmungen, in der Psychoanalyse beispielsweise die Beschränkung von Ausbildungsangeboten auf Mediziner und diplomierte Psychologen, ferner mittels reiner Zahlenakrobatik erschwerte Studienzugänge, Krankenkassen-Leistungen nur für die Dienste sogenannter anerkannter Psychotherapeuten und nicht zuletzt die offensichtlich von den verschiedensten Seiten kultivierten Vorurteile in der Bevölkerung gegenüber psychischen Leiden und deren Behandlung.

Paradoxien finden sich überall: einerseits Vorurteile gegenüber der Psychotherapie, gegenüber ihren Theorien und Methoden, auch unter den meisten Ärzten, andererseits in den gehobenen bürgerlichen Kreisen und unter Studenten ein Kokettieren und Renommieren mit psychischen Störungen und mit dem unter Mühen ergatterten Analyse-Platz. Auf der einen Seite psychiatrische und psychotherapeutische Unter- und Fehlversorgung, vor allem in ländlichen Gebieten, und auf der anderen Seite ein vielfältiges Angebot an Selbsterfahrungs- und Begegnungsgruppen sowie an Hilfeleistungen politischer Gruppierungen für psychisch Kranke. Durchgängig freilich, wie nicht anders zu erwarten, eine Benachteiligung unterprivilegierter Schichten, eine Benachteiligung, welche die amerikanischen Wissenschaftler August B. Hollingshead und Fredrick C. Redlich in ihrer als Buch veröffentlichten aufwendigen Untersuchung über die amerikanische Stadt New Haven exemplarisch nachgewiesen haben.[2] Inzwischen lie-

2 August B. Hollingshead u. Frederik Redlich, *Der Sozialcharakter psychischer Störungen; Eine sozialpsychiatrische Untersuchung*, S. Fischer Verlag, Frankfurt (Main) 1975.

gen darüber auch für die Bundesrepublik erste Teiluntersuchungen vor, wie üblich um Jahre hinter der amerikanischen Forschung zurück.

Wie in der Bildung so erweist sich der ökonomische Riese Bundesrepublik auch auf dem Gebiet der psychiatrischen und psychotherapeutischen Versorgung als Zwerg, den auch Nachzügler auf der wirtschaftlichen Weltrangliste an Wuchs übertreffen. Es ist höchste Zeit, die Gründe für derartige Ungleichgewichte in der Bundesrepublik genauer zu untersuchen und sich nicht länger mit vagen Vermutungen und Spekulationen über den Volkscharakter sowie über soziale, wirtschaftliche und politische Ausnahmesituationen zu begnügen.

Angesichts der nunmehr auch offiziell wahrgenommenen Misere, die kurzfristig kaum zu beheben sein dürfte, zumal sich nicht wenige Leute an ihr gesundstoßen, ist es nicht weiter verwunderlich, daß immer mehr psychotherapeutische Schulen aus dem Boden schießen, die nicht selten von Scharlatanen und messianisch sich gebenden Heilsverkündern betrieben werden, daß das Gruppenwesen und -unwesen sich epidemieartig ausbreitet und daß, zumal in jüngster Zeit, ein starker Trend zur Selbsthilfe zu beobachten ist, der sich auch in einer großen Fülle einschlägiger Bücher niederschlägt.

Genau hier setzt Thomas Kiernan an. Er bietet dem interessierten Laien einen Überblick über die Geschichte und den heutigen Stand der Psychotherapie sowie Orientierungshilfen für das Dickicht an Theorien und Praktiken, deren Wucherungen mittlerweile nicht einmal mehr Fachleute übersehen können. Kiernan geht dabei sehr kritisch, mitunter sogar polemisch vor und zeigt vor Theorien, Methoden und deren Begründern, sei es vor Sigmund Freud, dem Vater der Psychoanalyse, sei es vor Arthur Janov, dem Begründer der »Urschrei«-Therapie, keinen sonderlich großen Respekt. Als Wissenschaftsjournalist und -schriftsteller braucht er weder auf Fachkollegen und deren Vereine noch auf Klienten Rücksicht zu nehmen. Die Vorwürfe, die sicherlich gegen ihn erhoben werden, kann man sich schon jetzt ausmalen: unwissenschaftliche Polemik, diffamierende Darstellung, grobe Verallgemeinerungen, bewußte Verzerrungen, die geeignet sind, die Öffentlichkeit zu verwirren und abzuschrecken – als wenn es da noch etwas zu verwirren und abzuschrecken gäbe. Solche Vorwürfe können Kiernan nicht treffen; sie zielen meterweit an ihm vorbei. Er hatte gar nicht die Absicht, das Buch zu schreiben, das nicht geschrieben zu haben ihm womöglich vorgeworfen wird. Angesichts der vor ihm liegenden Materialfülle konnten Verkürzungen gar nicht ausbleiben. Zur gründlichen Darstellung einzelner Theorien samt ihren Verästelungen bedarf es Bände, und die sind zum großen Teil bereits geschrieben. Kiernan wollte lediglich einen Pfad durch das Dickicht schlagen, den auch der Laie verfolgen kann, und dabei fallen unvermeidlich Späne. Was der Autor will, deutet der Untertitel des Originals an: »A Consumer's Guide to Psychotherapies« – sinngemäß: »Auf die Bedürfnisse des Konsumenten zugeschnittener Psychotherapie-Führer«. Also eine Art Testbericht für Verbraucher! Denn nach Kiernan hat sich die Psychotherapie zu einer Art Industrie ausgewachsen, deren Produkte und Leistungen der einzelne Konsument nicht mehr überblicken, geschweige denn beurteilen kann.

Kiernan ist nicht einmal in der Lage, eine vollständige Liste der Theorien und Methoden anzubieten. So fehlen nicht nur einzeltherapeutische, sondern vor allem auch gruppentherapeutische Modelle, kein Wunder, wenn man bedenkt, daß beispielsweise R. Battegay in seinem dreibändigen Standardwerk *Der Mensch in der Gruppe*[3] mehr als vierzig Methoden aufführt, die nicht einmal mit denen übereinstimmen, die M. Argyle in seinem Lehrbuch *Soziale Interaktion*[4] darstellt. Die Zahl von achtzig verschiedenen Formen der Gruppentherapie und Gruppenarbeit dürfte sicher nicht zu hoch gegriffen sein. Auch in der Einzeltherapie sind die Schulen inzwischen Legion. Vor allem in Amerika werden ständig neue Techniken entwickelt, die sich von anderen allerdings häufig nur dem Namen nach unterscheiden.

So konnte sich Kiernan realistischerweise nur die Aufgabe stellen, die großen Linien aufzuzeigen. Vollständigkeit anzustreben ist schon deswegen illusorisch, weil der Riesenkomplex Psychotherapie sich in beständiger Bewegung befindet. Das Spek-

[3] R. Battegay, *Der Mensch in der Gruppe*, 3 Bde., Bern/Stuttgart/Wien 1967.
[4] M. Argyle, *Soziale Interaktion*, Köln 1972.

trum des Buches reicht von den ausführlich dargestellten Theorien Sigmund Freuds, den Fundamenten, auf denen das ganze Gebäude ruht, bis hin zu chemotherapeutischen Behandlungsformen. Anhänger bestimmter Schulen und Richtungen werden nach Lektüre des betreffenden Abschnitts das Buch womöglich empört aus der Hand legen, nachdem sie zuvor dem kritischen Abriß anderer Therapieformen beigepflichtet haben. Das ist das Schicksal solcher Bücher; nicht alle sind mit allem zufrieden.

Doch was ist nun jemandem zu raten, der psychische Probleme hat, und auch einsieht, daß er sie hat, aber nicht weiß, wohin er sich als erstes wenden soll. Wenn sein Arzt sich nicht auskennt oder eine Psychotherapie für vergeudete Zeit hält, was nicht selten der Fall ist, dann sollte man sich an die jeweils zuständige Landesärztekammer wenden, deren Anschrift man notfalls über die Bundesärztekammer (5 Köln 41, Haedenkampstr. 1) erfahren kann. Von den Ärztekammern darf man eine Liste der Psychotherapeuten erwarten, die am jeweiligen Wohnort oder in der näheren Umgebung eine Praxis unterhalten. Viele Psychotherapeuten, vor allem Psychoanalytiker, sind nicht im Branchenverzeichnis der Telefonbücher aufgeführt und machen für gewöhnlich ihre Praxen auch nicht durch Hinweisschilder kenntlich, unter anderem weil sie ohnehin genug zu tun haben und ihre besondere Arbeitsweise den üblichen Patientenverkehr nicht zuläßt.

Des weiteren kann man sich an die verschiedenen Verbände und Gesellschaften wenden, deren Anschriften im Anhang des Buches aufgeführt sind. Außerdem gibt es in mehreren Großstädten psychoanalytische Institute (wie zum Beispiel das Sigmund-Freud-Institut in Frankfurt am Main). Es sind vereinsmäßig und nicht gemeinnützig organisierte Forschungs- und Ausbildungsinstitute (zum Beispiel der Deutschen Psychoanalytischen Gesellschaft, DPG). Sie bieten auch sogenannte Sprechstunden und Erstinterviews an, auf die jedoch nur in seltenen Fällen Behandlungen im eigenen Haus folgen. Bei diesen seltenen Fällen wird nach »Forschungsinteressen« wie »Ausbildungsgesichtspunkten« entschieden. Die weitaus meisten Interviewten werden an psychoanalytisch ausgebildete Therapeuten weitervermittelt, die den Instituten nahestehen. In jedem Fall muß mit zum Teil erheblichen Wartezeiten gerechnet werden.

Die meisten Universitäten unterhalten psychotherapeutische Beratungsstellen, die allerdings nur Studenten offenstehen. Seit geraumer Zeit bemühen sich zahlreiche meist politisch orientierte Gruppen um die Versorgung psychisch Kranker. Kürzlich haben sich mehr als hundert solcher Gruppen zum »Dachverband psychosozialer Hilfsvereinigungen« zusammengeschlossen; eine Liste der Hilfsvereinigungen und weitere Informationen erhält man vom Vorsitzenden des Verbandes, Dr. med. Helmut Koester, Direktor des Rheinischen Landeskrankenhauses Düren (5160 Düren, Meckerstr. 15). Auch von der »Arbeitsgemeinschaft Sozialpolitischer Arbeitskreise« (Bundesgeschäftsstelle 8 München 80, Elsässerstr. 9) kann man Kontaktadressen für das gesamte Bundesgebiet erfahren. In den meisten Fällen verlangt die Suche nach psychotherapeutischer Hilfe schon eine gehörige Portion Spürsinn, Geduld und, nicht zu vergessen, Glück. Die meisten Patienten gehen ohne sonderliche Vorkenntnisse in eine Psychotherapie; sie wissen weder ihre Störungen einzuordnen noch haben sie eine Ahnung davon, was sie bei einem bestimmten Psychotherapeuten erwartet, welchen Praktiken sie sich zu unterwerfen haben und auf welcher theoretischen Grundlage die Behandlung beruht, obwohl gerade dies in der Psychotherapie, die im Gegensatz zur medizinischen Behandlung vom Patienten Eigeninitiative und Kooperation verlangt, von besonderer Wichtigkeit ist. In allen diesen Fragen hat Thomas Kiernan nützliche Informationen und erste Orientierungshilfen anzubieten, die freilich den Leser nicht von der eigenen Entscheidung entbinden können, aber, wie ein amerikanischer Rezensent schreibt, »dem Leser, ähnlich einem guten Therapeuten, dabei behilflich sind, seine Wahl besser treffen zu können«.

Willi Köhler

Einführung

Die moderne Psychotherapie in all ihren Ausprägungen ist für Laien wie für Fachleute ein Irrgarten unterschiedlichster, zum Teil unvereinbarer Theorien, Prinzipien, Methoden und Techniken. In diesem verwirrenden Labyrinth begegnet man Psychotherapeuten verschiedenster Herkunft und Ausbildung sowie Patienten und Klienten, die unter den vielfältigsten psychischen Beschwerden und Störungen leiden und dringend nach Linderung suchen. Sich mit der Aura unfehlbarer »Heiler« umgebende Scharlatane konkurrieren mit weithin renommierten Psychoanalytikern, deren Ansehen allmählich im Schwinden begriffen ist.

Heutzutage hat keine psychotherapeutische Schule mehr eine Monopolstellung inne, auch nicht in den Vereinigten Staaten, wo die Psychoanalyse, aus Deutschland vertrieben, über Jahre hin ihren Ruf als »Königin« der Psychotherapie behaupten konnte. Dort wie in anderen westlichen Ländern wetteifern im Schnellverfahren ausgebildete Therapeuten und Berater sowie »anpsychologisierte« Laien mit Medizinern und Psychologen, die eine intensive, zeitraubende Ausbildung genossen haben, um die Gunst eines zumeist zahlungskräftigen Publikums.

Das Verhältnis bestimmter gesellschaftlicher Schichten zur Psychotherapie erinnert bisweilen an religiöse Gläubigkeit. Ohne eine Mischung gewisser moderner Einstellungen wie Selbstbeobachtung, Selbstzweifel, das Streben nach Steigerung von Kontakt- und Kommunikationsfähigkeiten hätte Sigmund Freuds »Wissenschaft der Seele« das Verständnis vom Menschen und seinen psychischen Funktionsweisen kaum in solchem Maße revolutionieren können. Faszination durch das Geheimnisvolle, Leichtgläubigkeit und Naivität haben sicher ihren Teil dazu beigetragen, daß die psychotherapeutische Szene sich heute über große Teile hin wie ein Tummelplatz von aberwitzigen, bizarren Theorien und Praktiken ausnimmt.

Seit Freuds Zeiten hat sich die Psychotherapie aufgesplittert in Hunderte von Schulen, die sich auf zahllose Theorien, methodische Lehrsätze und Behandlungstechniken berufen. Unterdessen scheinen die psychischen Probleme und Störungen sich ins Uferlose auszudehnen. Man kann sich des Eindrucks nicht erwehren, daß das wachsende Bewußtsein für psychologische Fragestellungen einen günstigen Nährboden abgibt, auf dem psychische Beschwerden hemmungslos wachsen können. Die unübersehbare Zahl von Theorien und Techniken, die sich vor uns ausbreiten, legt den Schluß nahe, daß die Psychotherapie ihre Möglichkeiten erschöpft hat, daß die bisher eingeschlagenen Wege nicht weiterführen und daß sie – und dies ist das Bedenkliche – heutzutage mehr Probleme hervorbringt, als sie zu beseitigen vorgibt.

Diese Schlußfolgerung scheint eine Reihe von Untersuchungen zu bestätigen, die sich mit der Frage beschäftigten, wie es um die Wirksamkeit und Nutzanwendung der Psychotherapie in allen ihren Variationen bestellt ist. Die Untersuchungen kommen mehr oder weniger übereinstimmend zu zwei wichtigen Ergebnissen: Erstens, den psychotherapeutischen Methoden gelingt es in nicht mehr als der Hälfte aller Fälle, Patienten von ihren psychoneurotischen Symptomen zu befreien und dauerhafte Verhaltens- und Persönlichkeitsänderungen herbeizuführen; zweitens, die immer wieder aufgestellte Behauptung, psychotherapeutische Verfahren könnten psychische Krankheiten heilen, erweist sich bei näherem Zusehen als zumindest fragwürdig, wenn nicht unhaltbar. Es scheint sich ferner herausgestellt zu haben, daß ein großer Teil der Neurosen und anderer psychischer Störungen, von denen viele Menschen betroffen werden, innerhalb von etwa zwei Jahren, gewöhnlich in noch kürzerer Zeit, auch ohne psychotherapeutische Behandlung gleichsam von selbst verschwindet, das heißt spontan heilt.

Die Psychotherapie ist offensichtlich als Behandlungsmethode zur Beseitigung psychischer Komplikationen in mancher Beziehung stark überschätzt worden. Doch sie ist, vor allem aufgrund der »Werbung«, die für sie betrieben wird, nach wie vor die weithin für einzig wirksam gehaltene Methode zur Lösung seelischer Probleme, und sie scheint, sofern das überhaupt noch möglich ist, immer beliebter zu werden. Ein Beweis anderem das umfangreiche Angebot an Büchern z Psychologie und Psychotherapie, wie es vermutlich Buchhandlung zu finden ist, in der Sie das vorlie erworben haben.

Das bringt mich auf die zentrale Absicht, die mich hat, dieses Buch zu schreiben, nachdem ich mich zuvor gründlich umgesehen hatte. Wer ein solches Buch schreibt, der gerät in starke Versuchung, die psychotherapeutische Industrie – denn darum handelt es sich mittlerweile – in Bausch und Bogen dem allgemeinen Spott anheimzugeben. Für mich war die Versuchung um so größer, als ich in den langen Monaten meiner Beschäftigung mit diesem Thema auf einige unglaubliche Mißstände und auf Theorien und Techniken gestoßen bin, die in ihrer Abwegigkeit kaum noch zu überbieten sind. Aber ich hätte es mir zu leicht gemacht, wenn ich der Versuchung nachgegeben hätte, ganz abgesehen davon, daß es ungerecht gewesen wäre gegenüber vielen Psychotherapeuten, die ernstgenommen werden müssen, die aufrichtig an das glauben, was sie tun, und die auch Erfolge erzielen. Es wäre auch ungerecht gewesen gegenüber Tausenden von Menschen, von Leidenden und Gestörten, die keine andere Möglichkeit haben, als zu versuchen, sich über den Weg einer psychotherapeutischen Behandlung Linderung und Heilung ihrer realen psychischen Probleme zu suchen, und denen es an Informations- und Orientierungshilfen fehlt, um unter den verschiedenen Therapiemethoden jene auszuwählen, die zur Beseitigung ihrer Schwierigkeiten am geeignetsten ist.

Mißstände aufzuspüren ist eine alte, ehrwürdige Tradition westlicher Aufklärungsliteratur, und in der Psychotherapie lassen sich genügend Mißstände finden, die im einzelnen darzustellen sich lohnen würde. Doch dieses Buch soll ein kritischer, auch dem Laien verständlicher Führer durch die verschiedenen Therapien sein, und ich habe mir die Aufgabe gestellt, den Leser über Ähnlichkeiten, Unterschiede und Unvereinbarkeiten unter den zahlreichen gegenwärtig praktizierten Therapien zu informieren.

Wer in den Buchhandlungen die mit Psychologie-Literatur vollgestellten Regale durchsieht und in den Prospekten der Ver-

›lättert, dem muß auffallen, daß es zwar zahlreiche Bücher .bt, die für bestimmte Psychotherapien und die von ihnen vorgeschlagenen Wege zur seelischen Gesundheit werben, aber kaum ein Buch, das in möglichst objektiver Form über die verschiedenen Theorien, Techniken und Schulen des psychotherapeutischen Dienstleistungsgewerbes Auskunft gibt, Auskunft, die auch der ratsuchende Laie verstehen kann. Das vorliegende Buch soll ein derartiger Leitfaden sein, ein für den Laien geschriebener Leitfaden, der das Thema, das er sich gestellt hat, kritisch, aber doch, so hoffe ich, objektiv behandelt.

Als sein Verfasser stehe ich nicht an, bestimmte persönliche Grenzen zuzugeben. Zunächst bin ich kein professioneller Psychotherapeut, kein Mann, der in der Praxis steht, ein Umstand, den einige Leser möglicherweise als Segen empfinden werden. Ich fühle mich nicht an eine bestimmte Therapieform gebunden und gebe keiner von ihnen den Vorzug vor allen anderen. Außerdem habe ich keine intensive Ausbildung in einer psychotherapeutischen Methode genossen. Doch ich habe ein ziemlich umfassendes Hochschulstudium in Psychologie und benachbarten Disziplinen hinter mir, habe außerdem bei Buch- und Forschungsprojekten eng mit Psychotherapeuten zusammengearbeitet und bei gründlichen Forschungen für dieses und frühere Bücher eingehende Kenntnisse über Psychotherapien und Psychotherapeuten gewonnen. Zur Aneignung praktischer Erfahrungen habe ich mich einer Reihe von Psychotherapien unterzogen und mehr als 60 Psychotherapeuten aller Richtungen und annähernd 200 in psychotherapeutischer Behandlung befindliche oder ehemalige Patienten in vielen Stunden interviewt.

In meinem Buch habe ich versucht, die Vielfalt psychotherapeutischer Auffassungen und die weniger auf wissenschaftlicher Grundlage als vielmehr auf Kunstfertigkeit des jeweiligen Psychotherapeuten beruhenden Methoden und Techniken darzustellen. Mit diesem Psychotherapie-Führer möchte ich den Leser in die Lage versetzen, Wert und Wirksamkeit der unterschiedlichen Therapieformen beurteilen zu können. In der Psychotherapie hängt vieles von nicht leicht zu beweisenden Ansichten und Mutmaßungen ab, und so muß dem Leser die Entscheidung überlassen bleiben, welchen Ansichten er sich anschließen will. Da die Ansicht eines Menschen vermutlich genausoviel wert ist wie die eines anderen, verzichte ich darauf, weitere Entschuldigungen dafür vorzubringen, daß ich auf dem Gebiet der Psychotherapie ein gebildeter Laie bin.

Psychologie und Psychotherapie sind zwei nicht nur begrifflich schwierige und aufwendige Wissensfächer; sie bedienen sich darüber hinaus auch einer Denk- und Ausdrucksweise, die für Uneingeweihte nicht leicht zugänglich ist. Zyniker behaupten sogar, die Unklarheiten der Denk- und Ausdrucksweise seien eigens zu dem Zweck eingebaut worden, um den psychologischen Disziplinen mehr Gewicht und Ansehen zu verleihen. Dieses Buch ist für Laien geschrieben, das heißt, daß ich den Leser weder für überragend intelligent noch überdurchschnittlich unwissend halte. Psychotherapeutische Fachleute kann ich nur um Nachsicht für terminologische Unzulänglichkeiten und inhaltliche Verkürzungen bitten.

Sie, der Leser, haben vermutlich zu diesem Leitfaden gegriffen, weil Sie sich aus diesem oder jenem Grund für psychotherapeutische Fragen interessieren. Und wenn dem so ist, dann besteht die Wahrscheinlichkeit, daß sie einigermaßen gebildet sind und in einem gesellschaftlichen und kulturellen Milieu leben, dem Begriffe und Ausdrucksweisen der Psychologie und Psychotherapie nicht ganz fremd sind. Obwohl ich versucht habe, Sprache und Begriffe der Psychotherapie möglichst zu vereinfachen, ist es schlechthin unmöglich gewesen, dem Thema mit einer Sprache gerecht zu werden, die auch das sprichwörtliche Lieschen Müller versteht. Es bleibt mir nur zu hoffen, daß Sie Sprache und Begriffe, wie ich sie verwandt habe, für brauchbar und angemessen halten werden – weder für allzu vereinfacht noch für allzu undurchsichtig. Schließlich wünsche ich mir, daß Sie mit dem Kauf des Buches eine nützliche Informationsquelle und außerdem eine interessante Lektüre erstanden haben.

New York 1974 Thomas Kiernan

1. Die Grundlagen der Psychotherapie

Die meisten Laien glauben, die moderne Psychotherapie beginne mit Sigmund Freud. In einem engen und naheliegenden Sinn haben sie recht. Aber in einem umfassenderen Sinn hat der Begriff Psychotherapie seine Wurzeln in philosophischen Spekulationen des Altertums, wie sie vor allem von den frühen griechischen Philosophen betrieben wurden, die – wobei ihnen oft absurde Fehler unterliefen – Mutmaßungen anstellten über das Wesen und die Mechanismen der menschlichen Psyche (darunter wurde im Altertum häufig die Seele verstanden).

Freud war das überaus wichtige Verbindungsglied zwischen zweitausend Jahren verworrener Mutmaßungen und dem modernen wissenschaftlichen Zeitalter. Dank Freud ist indes die fortschreitende Entwicklung der Psychotherapie offenbar wieder zum Ausgangspunkt zurückgekehrt. Wenn die gegenwärtige Mannigfaltigkeit der Auffassungen von psychologischen Problemen des Menschen ein Maßstab ist, dann ist das Mutmaßen über die menschliche Psyche heute ebenso verworren wie im Altertum – ungeachtet feierlicher und anscheinend maßgeblicher Äußerungen zahlloser »Experten«, die das Gegenteil behaupten. Der Wahlspruch der frühen psychotherapeutischen Spekulationen war die von Sokrates als Maxime übernommene Inschrift von Delphi: »Erkenne dich selbst!« Noch heute ist dieser Wahlspruch nahezu das einzige Prinzip von einiger Dauer. Die meisten anderen Prinzipien, die aufgestellt wurden, darunter auch viele von Freud, haben sich als vergänglich und manche sogar als ausgesprochen falsch erwiesen. Dennoch floriert die Psychotherapie weiterhin.

Sigmund Freud wurde am 6. Mai 1856 in Freiberg in Mähren geboren. Sein Vater, ein Wollhändler, stammte aus einer Rabbiner-Familie. Seine Mutter war die zweite Frau des Vaters; sie war viel jünger als er. Freud, das erste Kind aus dieser Ehe, hatte noch sieben Geschwister. Als Erstgeborener war er unbestreitbar der Liebling der Mutter. Später sollte er erklären, daß sein Verhältnis zu seiner Mutter den Grundstein zu seinem Erfolg gelegt habe.

Einige Jahre nach Freuds Geburt zogen seine Eltern nach Wien, wo er zuerst zu Hause und dann in Privatschulen unterrichtet wurde. Drei Ereignisse in Freuds ersten Lebensjahren waren wichtig. Die beiden ersten waren ausschlaggebend für die Autorität, die er später der Vaterrolle in der Familie und der sexuell geprägten Beziehung zwischen Vater und Sohn zuschrieb; das dritte enthielt im Keim die Grundlagen für seinen Begriff der Geschwisterrivalität. Die erste Erinnerung bezieht sich darauf, daß der kleine »Siggi« das Schlafzimmer seiner Eltern betrat, während sie Geschlechtsverkehr hatten, und daß sein Vater ihn zornig hinausschickte. Obwohl Kinder seit eh und je derlei Dinge erlebt haben, scheint der Vorfall auf Freud einen tiefen und anhaltenden Eindruck gemacht zu haben, der später einen Großteil seiner Theorie über die Psychotherapie anregte. Die zweite Erinnerung bezog sich darauf, daß er von seinem Vater wegen Bettnässens gescholten wurde. Diese beiden Vorfälle in Verbindung mit dem dritten – dem Tod eines jüngeren Bruders und den dabei empfundenen Gefühlen von Eifersucht, schlechtem Gewissen und geheimer Freude – veranlaßten seinen Biographen Ernest Jones zu der Bemerkung: »So haben die großen Rätsel von Geburt, Liebe und Tod den kleinen Freud schon früh beunruhigt.«[1]

Annähernd bis zur Reifeprüfung war Freud unentschlossen, welchen Beruf er ergreifen sollte. Er verspürte keinen großen Drang, Arzt zu werden. Doch »die damals aktuelle Lehre Darwins zog mich mächtig an ... und der Vortrag von Goethes schönem Aufsatz, ›Die Natur‹ ... gab die Entscheidung, daß ich Medizin inskribierte«.[2] Obwohl er zu Beginn des Studiums jün-

1 Ernest Jones, *Das Leben und Werk von Sigmund Freud*, Bd. I, S. 25, Bern 1960; Ernest Jones, *Sigmund Freud; Leben und Werk*, S. Fischer Verlag, Frankfurt am Main 1969, S. 35.

2 Sigmund Freud, *Selbstdarstellung*, *Gesammelte Werke* (G. W.) *in 18 Bänden*, S. Fischer Verlag, Frankfurt am Main, Bd. XIV, S. 34.

ger war als die Mehrzahl seiner Kommilitonen, studierte er drei Jahre länger, als nötig gewesen wäre, um das Examen abzulegen. Seine Interessen veranlaßten ihn, zahlreiche philosophische Seminare zu besuchen und sich mit Aristotelischer Logik zu befassen, und erst nach einer längeren Beschäftigung mit Biologie und den Theorien von Charles Darwin änderte sich die Lage: »Im physiologischen Laboratorium von Ernst Brücke fand ich endlich Ruhe und volle Befriedigung und auch die Personen, die ich respektieren und zu Vorbildern nehmen konnte.«[3]

Es war also die Physiologie – das Studium der physikalischen und chemischen Funktionen des menschlichen Organismus –, die zuerst sein medizinisches Interesse erweckte.

Freud legte sein Examen 1881 ab, doch änderte sich sein Leben dadurch nicht sofort, denn er arbeitete weiter in der Physiologie. Zwei Umstände – der Rat seines Lehrers Ernst Brücke und sein Verlöbnis mit Martha Bernays – veranlaßten ihn, aus dem physiologischen Laboratorium auszuscheiden. Er trat als Aspirant in das Allgemeine Krankenhaus ein, wurde bald zum »Sekundärarzt« befördert und spezialisierte sich auf Gehirnanatomie. Das brachte ihn auf das Studium der Neurologie und Nervenkrankheiten. Nachdem er von dem berühmten französischen Neurologen und Hypnotiseur Jean-Martin Charcot gehört hatte, bewarb er sich um ein Reisestipendium nach Paris und erhielt es im Herbst 1885.

Freud war in medizinischen Kreisen nicht völlig unbekannt, als er nach Frankreich abreiste; er hatte schon in Wien mehrere Arbeiten über neurophysiologische Themen veröffentlicht. Auf psychiatrischem Gebiet war er indes völlig unbeschlagen, als er in Paris eintraf, um Charcots Vorlesungen zu hören. Durch sein Angebot, Charcots »Neue Vorlesungen über die Krankheiten des Nervensystems, insbesondere über Hysterie« ins Deutsche zu übersetzen, schuf er die Grundlage für sein gutes Verhältnis zu Charcot, das Anfang 1886 hergestellt war, und später in diesem Jahr bewirkte auch der Einfluß von Charcots Rivalen, Hippolyte Bernheim in Nancy, daß Freud sich schließlich für ein medizinisches Fachgebiet entschied, das seine kreative Phantasie beflü-

3 a.a.O., S. 35.

gelte – die Psychiatrie. Und es war seine Vorstellung von den Möglichkeiten der Hypnose als eines therapeutischen Verfahrens, die ihn zu seiner weiteren Arbeit in Wien anregte.

Nach seiner Rückkehr nach Wien eröffnete er eine private Praxis und versuchte die hypnotischen Methoden, die er in Frankreich gelernt hatte, bei Patienten anzuwenden, die an sogenannten Nervenkrankheiten litten. Wenn er auch später sagte, die Arbeit mit Hypnose sei entschieden verlockend und es sei sehr schmeichelhaft, sich des Rufs zu erfreuen, Wunder zu vollbringen, so setzte sich doch bei Freud die Erkenntnis durch, daß nicht alle Patienten hypnotisiert werden konnten, während diejenigen, bei denen es möglich war, nicht den Ursprung ihrer Schwierigkeiten zu erinnern vermochten, wenn sie aus ihrer hypnotischen Trance erwachten. Die Hypnose war also nicht das A und O der Therapie.

Als er über andere Methoden nachzugrübeln begann, erinnerte sich Freud eines früheren Versuchs des Wiener Neurologen Josef Breuer, einen Fall von Hysterie zu behandeln. Es sollte an dieser Stelle erwähnt werden, daß Hysterie als eine Form von Gemütskrankheit zu jener Zeit viel verbreiteter war als heute. Die modernen Psychiater schreiben das im allgemeinen der Tatsache zu, daß sexuelle Verdrängung damals erheblich stärker war; das heißt, sexuelle Verdrängung war primäre Ursache der Hysterie – ein Gedanke, den Freud bald aufgriff, und gemeinsam mit Breuer unternahm er den Versuch, dieses Problem zu lösen.

Breuer, der sich auch der hypnotischen Methode bediente, hatte indes beobachtet, daß ein psychiatrisches Symptom zu verschwinden schien, wenn ein Patient alles berichtete, was damit zusammenhing, und gleichzeitig den Gefühlen ungehindert Ausdruck gab, die mit der Episode verbunden waren. Wenn diese Beobachtung überprüft werden könnte und sich nachweisen ließe, ob sie im Laufe einer bestimmten Zeit auf jeden Patienten zutraf, dann hätte die Psychotherapie eine großartige und überaus nützliche Entdeckung gemacht.

Niemand war sich darüber klarer als Freud, und deshalb konzentrierte er sich auf die Arbeit mit Breuer. Als Mentor und Schüler arbeiteten sie mehrere Jahre zusammen und veröffentlichten 1895 ein Buch mit dem Titel *Studien über Hysterie;* es wurde der Eckpfeiler in Freuds System der Psychotherapie, das er bald entwickelte: die Psychoanalyse. Das Buch betonte die Bedeutung des emotionalen Geschehens bei der Entwicklung der seelischen Störung und die Wichtigkeit, zwischen bewußter und unbewußter psychischer Tätigkeit zu unterscheiden, sobald eine Therapie aufgenommen wird. Weiterhin wies es ein für allemal das psychische – im Gegensatz zum physiologischen oder organischen – Moment bei der Entstehung von Gemütskrankheiten nach, denn es zeigte Symptome auf, die sich als Folge aufgestauter emotionaler Kräfte einstellten.

Es war, als hätte Freud von Breuer den Zauberschlüssel zu einer verblüffenden neuen psychiatrischen Wissenschaft erhalten. Doch als er ihn besaß, begann Freud nach Breuers Ansicht intellektuell Amok zu laufen, und die beiden trennten sich. Es sind zahllose Theorien über den Grund des Zerwürfnisses aufgestellt worden, aber die wahrscheinlichste beruht auf der Tatsache, daß Breuer scharfe Einwände dagegen erhob, daß Freud immer stärker die Bedeutung der Sexualität als primäre Ursache für Geistes- oder Gemütskrankheiten hervorhob.

Nachdem er sich von Breuers hemmenden Einfluß befreit hatte, machte sich Freud allein daran, seine Theorien über psychoneurotische Störungen und ihre Ursachen sowie geeignete Methoden der Therapie weiterzuentwickeln und ihre Schlüssigkeit zu beweisen. Während er noch mit Breuer zusammenarbeitete, war ihm eine Patientin aufgefallen, die sich weigerte, die entscheidenden Fakten ihres Falles darzulegen. Die Hypnose schien von einigem Nutzen zu sein, aber erst nachdem Breuer wiederholt und hartnäckig nachgebohrt hatte, vermochte die Patientin eine Anzahl einschlägiger Tatsachen zu berichten, die ihre Symptome betrafen. Freud war sicher, daß der Umstand, daß sie ihr Herz über bestimmte Vorkommnisse der Vergangenheit ausschüttete – vor allem ihr Schuldgefühl im Zusammenhang mit dem Tod ihres Vaters – tatsächlich ihre Heilung herbeiführte. So trug »Anna O.«, wie Breuer und Freud sie in der von ihnen niedergeschriebenen Krankengeschichte nannten, dazu bei, die psychotherapeutische Ära einzuleiten. Freud war mehr und mehr überzeugt, die richtige Methode der Psychotherapie gefunden zu haben: jene tiefschürfende, langwierige und unermüdliche Analyse der gesamten psychischen Vorgeschichte des Leidenden. Durch die Aufdeckung verdrängter Gedanken und Emotionen vollzog sich seiner Ansicht nach die Heilung der Psychoneurose.

Das war also auf den ersten Blick Psychoanalyse. Und der Psychoanalyse – sowohl ihrer Theorie als auch ihrer praktischen Anwendung – wollte Freud sein weiteres Leben widmen, und damit revolutionierte er die Betrachtungsweise und die Auffassung der Menschheit von sich selbst.

Als erstes versuchte Freud nach dem Bruch mit Breuer, seine neue Form der Psychotherapie und ihre Methoden genau zu umreißen. Hypnose als *modus operandi* lehnte er ab, wodurch er den Einfluß der bis dahin vorherrschenden französischen Schule der Therapie zum großen Teil zurückdrängte, und ersetzte sie durch die sogenannte freie Assoziation – ein Beitrag, der nach Ansicht von Freuds Biographen Ernest Jones eine der beiden großen Leistungen in Freuds wissenschaftlichem Leben war.

Die auf den Bruch mit Breuer folgenden Jahre waren für den Begründer der Psychoanalyse außerordentlich schwierig. Er hatte nur eine kleine Praxis, die kaum ausreichte, seine Familie mit sechs Kindern zu unterhalten. Wie er später berichtete, hatte er keine Schüler und war völlig isoliert. In Wien habe man ihn gemieden, im Ausland keine Notiz von ihm genommen.

Dennoch waren es produktive Jahre, denn Freud begann seine Selbstanalyse. Obwohl der Mangel an Patienten seine Familie finanziell auf eine harte Probe stellte, gewährte er ihm die notwendige Zeit, einige seiner bedeutendsten psychoanalytischen Theorien zu entwickeln. In *Die Traumdeutung*, 1900 erstmals veröffentlicht, brachte er seine Überzeugung zum Ausdruck, daß der Schlafzustand die zensierende Kraft des psychischen Verdrängungsmechanismus mildert, so daß unbewußte Impulse sich relativ frei äußern können. In *Zur Psychopathologie des Alltagslebens* (1901) werden viele der häufig vorkommenden Fehlleistungen (Versprechen, Verlesen, Vergessen usw.) als Ausdruck unbewußter Vorgänge erklärt, die nicht auf Zufälle zurückzuführen seien. In *Drei Abhandlungen zur Sexualtheorie*, die 1905 erschienen, unternahm es Freud, ausführlicher als in seinen früheren Werken den Ursprung unbewußter Konflikte mit dem Liebesleben des einzelnen, besonders seiner infantilen Sexualität, in Zusammenhang zu bringen.

Mehr als andere Theorien hat Freuds Sexualtheorie die viktorianische Welt herausgefordert und ihm dieselbe Feindseligkeit seitens der Öffentlichkeit eingetragen, wie sie in früheren Zeiten wissenschaftliche Theoretiker wie Kopernikus und Darwin erfuhren. Kein anderer Aspekt der psychoanalytischen Theorie rief so viel Widerstand hervor wie Freuds Nachweis sexueller Motive von Verhalten.

Mit der Zeit trat für Freud eine Wendung zum Besseren ein. Ein kleiner Kreis von Schülern scharte sich in Wien um ihn, es gab Anzeichen für eine zunehmende analytische Bewegung in Zürich, und 1908 fand der erste Psychoanalytische Kongreß statt. Im selben Jahr erschien die erste Nummer einer Zeitschrift, die sich mit der neuen Wissenschaft befaßte. Und nur ein Jahr später fand nach den Worten eines Beobachters »im September 1909 in Worcester, Massachusetts, ein Ereignis statt, das für die Anerkennung der Psychoanalyse in aller Welt von großer Tragweite war«. Auf Einladung des Präsidenten der Clark-Universität hielt Freud dort fünf Vorlesungen über Psychoanalyse. Die Psychoanalyse und die analytische Psychotherapie hatten sich durchgesetzt.

Wie sich herausstellte, war Freuds Theoriesystem nicht allein zweckdienlich zur Behandlung seelischer Leiden, sondern führte auch zu einer völlig neuen Vorstellung von Psychotherapie – einer Vorstellung, die in dem halben Jahrhundert seit ihrer Anerkennung immer wieder überdacht, weiterentwickelt und oft mißbräuchlich angewandt wurde. Schließlich sollte das Theoriesystem den Ursprung von Witz und Märchen erklären, Träume deuten und künstlerische Eingebungen und sogar religiöse Tendenzen verständlich machen können. In der Tat schickte es sich an, gleichsam mit Röntgenstrahlen das ganze Gewebe der Zivilisation zu durchleuchten und alle sozialen und kulturellen Erscheinungen auf einen gemeinsamen Kern zurückzuführen – auf den

Sexualtrieb in seinen zahllosen Manifestationen und Verkleidungen.

An diesem Punkt wäre es angebracht, daß wir uns Freuds System etwas genauer anschauen, um seine wichtigsten Komponenten, seine einzigartige Rolle bei der Etablierung der Psychotherapie als eines erfolgreichen (wenn auch strittigen) Heilverfahrens und seinen Einfluß auf alles Spätere zu verstehen. Das Grundsystem läßt sich überschlägig in acht Teile auflösen. Was nachher folgte, in Form von Subpsychotherapien, weist zahllose Bestandteile und Schattierungen auf; einige sind stichhaltige Weiterentwicklungen des Freudschen Systems, andere sind offenkundige, anderen Zwecken dienende Entstellungen. Um zwischen ihnen unterscheiden zu können, ist es nützlich, erst einmal das Freudsche Gerüst zu begreifen.

Freuds Trieblehre

Freuds System entwickelte sich aus seinen Gedanken über menschliche Triebe, die wiederum zu seinem Begriff Libido führten – zu seinem Grundprinzip. Obwohl er einräumte, es gebe eine unbegrenzte Zahl von Trieben, war Freud der Meinung, daß sich die meisten von wenigen Grundtrieben ableiteten, deren wichtigste Eros und Todestrieb seien. Nach Freuds eigenen Worten ist das »Ziel des ersten, immer größere Einheiten herzustellen und so zu erhalten, also Bindung, das Ziel des anderen im Gegenteil, Zusammenhänge aufzulösen und so die Dinge zu zerstören«.[4] Er nahm an, das letzte Ziel des Destruktionstriebs sei, »das Lebende in einen anorganischen Zustand zu überführen. Wir heißen ihn darum auch Todestrieb«.[5]

Freud verstand die Vielfältigkeit des menschlichen Verhaltens als das Ergebnis der Interaktion dieser beiden Grundtriebe. Als Beweis führte er an, daß »Veränderungen im Mischungsverhältnis der Triebe die greifbarsten Folgen haben. Ein stärkerer Zusatz zur sexuellen Aggression führt vom Liebhaber zum Lust-

4 Sigmund Freud, *Abriß der Psychoanalyse*, G.W., Bd. XVII, S. 71.
5 a.a.O.

mörder, eine starke Herabsetzung des aggressiven Faktors macht ihn scheu oder impotent«.

Im Mittelpunkt von Freuds Trieblehre stand seine Behauptung, daß »die Triebe ihr Ziel verändern können (durch Verschiebung), auch daß sie einander ersetzen können, indem die Energie des einen Triebs auf einen anderen übergeht«.[6] Energie ist das Schlüsselwort dieser Beobachtung; es ist äußerst wichtig, daß Freuds Trieblehre als eine *dynamische* Theorie verstanden wird, d. h., daß sie auf Energieverteilung beruht. Freud behauptet, daß die seelischen Vorgänge auf einer Art psychischer Energie beruhten, im Gegensatz zur physikalischen Energie, die für die körperlichen Funktionen verantwortlich ist. Er bezeichnete diese psychische Energie als Libido und war der Meinung, daß sie dem Sexual- oder Lebenstrieb entstamme, den er Eros nannte. Laut Freud besitzt jeder Mensch nur eine begrenzte Menge an Libido. (Die quantitative Verteilung der verfügbaren Libido auf die verschiedenen seelischen Funktionen ist ein Grundkonzept der psychoanalytischen Auffassung von der menschlichen Natur.) Da die Menge der Libido begrenzt ist, müssen manche seelischen Funktionen um anderer willen vernachlässigt werden.

Freud hatte seinen Begriff Todestrieb, den er Thanatos nannte, nicht annähernd so detailliert ausgearbeitet wie den Eros-Begriff, doch nach seiner Auffassung wirkt er dem Lebenstrieb entgegen, Selbstbestrafung oder selbstzerstörerische Impulse erzeugend, wenn er nach innen, und zu Grausamkeit und Aggression führend, wenn er nach außen gerichtet wird. Der Konflikt zwischen Eros und Thanatos ist ein Beispiel für einen charakteristischen Grundzug in Freuds Denken: der Konflikt antagonistischer Kräfte innerhalb der Persönlichkeit (worauf wir zurückkommen werden).

Freuds Lehre vom psychischen Apparat

Freud ging von folgender Voraussetzung aus: »Von dem, was wir unsere Psyche (Seelenleben) nennen, ist uns zweierlei bekannt, erstens das körperliche Organ und Schauplatz desselben,

6 a.a.O., S. 70.

das Gehirn (Nervensystem), andererseits unsere Bewußtseinsakte, die unmittelbar gegeben sind und uns durch keinerlei Beschreibung nähergebracht werden können.«[7] Er fährt dann fort, daß alles, was zwischen diesen Endpunkten unseres Wissens geschieht, uns unbekannt ist, daß wir aber annehmen können, das Seelenleben sei die Funktion eines Apparates, der zumindest aus drei Teilen besteht. Diese Teile sind:

a) das Es;

b) das Ich;

c) das Überich.

Freud definiert das Es als den konstitutionell festgelegten Teil unserer Persönlichkeit, den Teil der Psyche, der das Reservoir unserer Triebimpulse ist; sein Inhalt ist alles, was ererbt und bisher in unserem Leben geschehen ist. Freud verstand das Es als grenzenlos, zeitlos und ohne Sinn für Folgen. Mit anderen Worten, das Es besteht aus primitiven, biologischen Trieben, die ausschließlich auf Lust abzielen. Die Triebregungen des Es sind außerdem unlogisch, ohne Bezug zur Realität, und sie sind die ursprüngliche Quelle aller psychischen Energie. Schließlich ist das Trachten des Es nach Befriedigung völlig unbewußt. In funktioneller Hinsicht ist es das einzige Ziel des Es, nach Abfuhr psychischer Energie durch Befriedigung zu streben, ohne Rücksicht auf hemmende Einflüsse der Außenwelt. Anders ausgedrückt, das Es bildet die völlig selbstsüchtigen Impulse des Menschen.

Aber der Mensch lebt nicht in einem Vakuum von derart zügelloser Selbstbefriedigung. Infolge der Einflüsse der Außenwelt macht ein Teil des Es eine besondere Entwicklung durch und übernimmt eine vermittelnde Rolle zwischen dem, was von ihm übrigbleibt, und der Außenwelt. Freud bezeichnete die Mittlerrolle als das Ich, dessen wichtigste Aufgabe die Selbsterhaltung sei und das gewissermaßen als »Augen und Ohren« des sonst blinden, rücksichtslosen Es diene.

Um das auf andere Weise zu veranschaulichen, erklärte Freud, daß sich das Ich innerhalb der Persönlichkeit entwickele, um zwischen den nur nach Lust strebenden Trieben des Es und den Beschränkungen zu vermitteln, die dem Es durch die Außenwelt

[7] a.a.O., S. 67.

auferlegt werden. Das Ich hat also die Funktion, die Beziehung des Es zur Realität wirkungsvoll zu arrangieren und zu überwachen. Nach Freud wächst das Ich durch den Kontakt mit der Außenwelt; das auf die Realität ausgerichtete Ich des Säuglings ist zum Beispiel schwach entwickelt, und das ist der Grund für das ganz allgemein fordernde, von Natur aus selbstsüchtige Wesen des Säuglings. Wenn sich das Ich entwickelt und mehr und mehr den einschränkenden Einflüssen der Umwelt ausgesetzt ist, erwirbt es Eigenschaften, die teils bewußt und teils unbewußt sind, und es übernimmt die *Verdrängung* unannehmbarer Impulse. Das ist der Ursprung seelischer und emotionaler Probleme.

Die frühen psychoanalytischen Untersuchungen befaßten sich hauptsächlich mit dem Ich und dem Es. Es ist unschwer einzusehen, warum Freud den Auswirkungen und Umständen der Kindheit so viel Bedeutung beimaß und ihnen eine höchst signifikante Rolle bei späteren seelischen und emotionalen Problemen zuschrieb. Der Weg vom Säugling zum Erwachsenen war praktisch eine aus dem realen Leben gegriffene Illustration der Abstrahierung des Ichs aus dem Es.

Freuds Beobachtungen über die psychosexuelle Entwicklung von Kindern in Verbindung mit gewissen darwinistischen Theorien über die Auswirkungen der »langen kindlichen Hilflosigkeit und Abhängigkeit des Menschen« (im Gegensatz zu Tieren) von den Eltern führten ihn zu seinem dritten Bestandteil des psychischen Apparats – zum Überich. Für Freud ist das Überich annähernd synonym mit dem volkstümlichen Begriff Gewissen. Von diesem dritten Element in der seelischen Struktur des Menschen sagte er, es bestehe zum Teil aus moralischen Normen, die das Kind zuerst von den Eltern, dann von anderen übernimmt, und zum Teil aus ererbten, unbewußten Moralvorstellungen. (Diese letztere Auffassung war nicht gänzlich Freuds Erfindung; sie war von einigen seiner Schüler entwickelt worden, und er akzeptierte sie und übernahm sie.) Das Überich hat also in erster Linie seinen Ursprung in unbewußten Quellen, und es ist seine Rolle in der seelischen Struktur, die Triebregungen des amoralischen Es niederzuhalten. Diese Rolle führt zu einem anhaltenden Konflikt innerhalb der menschlichen Psyche.

Zusammenfassend kann man sagen, daß nach Freuds dreiteiliger Konstruktion des Funktionsgefüges des menschlichen Geistes oder der Psyche (wie die Alten die »Seele« nannten) das Es der innere Speicher unserer grundlegenden Triebregungen, des Strebens nach uneingeschränkter Lust und Befriedigung ist. Diese Triebregungen stellen infolge ihres sexuellen Charakters das dar, was Freud als die psychosexuelle Energie des Menschen bezeichnete und die er Libido nannte. Die Libido ist der eigentliche Kern der Persönlichkeit, die Antriebskraft unserer grundlegenden Neigungen, Wünsche und Triebe. Wie bei einem reif werdenden Baumstamm bildet sich bei der Persönlichkeit allmählich eine verhärtete Außenseite, die den unzähligen Einschränkungen ausgesetzt ist, die die Welt ihr auferlegt. Diese verhärtete Außenseite, die äußere Rinde der Persönlichkeit, ist das Ich. Das Ich vermittelt zwischen dem Es und der Realität der Außenwelt und entdeckt allmählich, welche Triebe und Wünsche aus dem Es von der Kontrollinstanz des Gewissens oder dem Überich »durchgelassen« werden. Das Überich, das sich zusammen mit den beiden anderen Bestandteilen des psychischen Apparats entwickelt, ist in gewisser Beziehung der Repräsentant der Gesellschaft und gestattet dem Menschen, in Übereinstimmung mit der Konditionierung durch Vererbung, Erziehung und soziale Umwelt zwischen Recht und Unrecht zu unterscheiden. Das Überich zwingt seine strikten Normen dem sich entwickelnden Ich auf, das sich in einem Zustand der Hilflosigkeit befindet, da das Es eine Gegenkraft ausübt: So ist das Ich den moralischen Forderungen des Überichs auf Gnade und Ungnade ausgeliefert.

»Wir erfassen mit einem Blick«, sagt Freud, »daß unser moralisches Schuldgefühl der Ausdruck der Spannung zwischen Ich und Überich ist ... Wenn das Gewissen auch ›in uns‹ ist, so ist es doch nicht von Anfang an da. Es ist so recht ein Gegensatz zum Sexualleben, das wirklich vom Anfang des Lebens an da ist und nicht erst später hinzukommt. Aber das kleine Kind ist bekanntlich amoralisch, es besitzt keine inneren Hemmungen gegen seine nach Lust strebenden Impulse. Die Rolle, die späterhin das Überich übernimmt, wird zuerst von einer äußeren Macht, von der elterlichen Autorität, gespielt. Der Elterneinfluß regiert das

Kind durch Gewährung von Liebesbeweisen und durch Androhung von Strafen.«[8] Diese ständige Wiederholung erzeugt allmählich automatischen Gehorsam; die Richtlinien der Gesellschaft für sexuelles und sonstiges Verhalten dringen ins Unbewußte ein und werden ein Teil des Überichs.

So vermittelte Freud uns ein Bild des dynamischen Wechselspiels der Kräfte innerhalb der menschlichen Psyche, wie er es sah – sozusagen eine Schlachtbeschreibung. Aber damit die Schlacht geschlagen werden kann, bedarf es eines Schlachtfeldes. Und ebenso wie die Gegner Abstraktionen sind, so ist es auch der Kampfplatz.

Freuds Lehre von den psychischen Qualitäten

Nach Freud führen das Es, das Ich und das Überich ihren Krieg auf drei Ebenen der Psyche: der bewußten, der vorbewußten und der unbewußten. Die Begriffe bewußt und unbewußt waren schon vor Freud bekannt, aber er entdeckte das Vorbewußte.

Das *Bewußte* ist jenes Niveau der psychischen Tätigkeit, das in direkter Berührung mit der Wirklichkeit steht und mit Bewußtsein und Wahrnehmung zu tun hat. Das *Unbewußte* ist die Sammelstelle für verdrängte emotionale Erfahrungen und Triebregungen und nur selten dem Bewußtsein oder der Wahrnehmung unterworfen. Das Bewußte ist ein Zustand, in dem Einzelheiten, Begriffe und Erlebnisse leicht und automatisch erinnert werden können. Das Unbewußte ist ein Zustand, in dem Einzelheiten, Begriffe und Erlebnisse, da sie verdrängt werden, nur unter großen Schwierigkeiten erinnert werden können. Bei der Unterscheidung zwischen den beiden Zuständen arbeitete Freud einen dazwischen liegenden Bereich aus, den er das *Vorbewußte* nannte, einen Zustand, der aus Vorstellungen, Erinnerungen und Gedanken besteht, die durch den Prozeß der *Assoziation* auf die Bewußtseinsebene gebracht werden können.

Die Trennung zwischen den drei psychischen Qualitäten ist nach Freud nicht von Dauer, denn das, was vorbewußt ist, wird

8 Sigmund Freud, *Neue Folge der Vorlesungen zur Einführung in die Psychoanalyse,* G.W., Bd. XV, S. 67 f.

wahrscheinlich bewußt, während Material im Unbewußten nur bewußt gemacht werden kann, wenn Widerstand oder Abwehr gegen das Auftauchen überwunden werden. Freud gelangte zu der Ansicht, daß Widerstand dieser Art zum Wesen der normalen Persönlichkeit gehört und der verringerte Widerstand im Schlaf die notwendige Vorbedingung für Träume bildet. Darum hielt er Träume für so bedeutsam für das Verständnis des psychischen Zustands eines Menschen.

Freuds Lehre von den psychischen Qualitäten – den drei Ebenen des Bewußtseins – verlieh seinem theoretischen Ansatz gegenüber seelischen und emotionalen Leiden einen noch dynamischeren Charakter. Es besteht nicht nur ein tiefreichendes Wechselspiel zwischen den Komponenten des psychischen Apparats, zwischen dem Es, dem Ich und dem Überich, sondern eine ähnliche Dynamik herrscht auch zwischen und unter den psychischen Qualitäten – dem Bewußten, dem Vorbewußten und dem Unbewußten. Er war überzeugt, daß diese dynamischen Kräfte, wenn sie erkannt und genau bestimmt werden und wenn sich herausstellt, daß sie in einer abnormen Beziehung zueinander stehen, wieder in ein normales Verhältnis gebracht werden können. Wenn sie nicht normal aufeinander eingestellt sind, kommt es nach Freuds Ansicht zu seelischen und emotionalen Störungen.

Aber wie wirken diese zwei jeweils aus drei Teilen bestehenden Systeme aufeinander ein?

Freud setzte das Ich mit peripher bewußten und vorbewußten Qualitäten gleich. Er verknüpfte das Überich mit denselben Qualitäten, doch bezüglich des Es sagte er: »Es und Unbewußtes gehören ebenso innig zusammen wie Ich und Vorbewußtes, ja das Verhältnis ist hier noch ausschließlicher.«[9]

Freud sah Vorstellungen, Gedanken und Erinnerungen als »Erregungen« an, die von der bewußten oder vorbewußten Ebene auf die unbewußte Ebene abgeschoben werden, und zwar vom Ich, das ständig im Kampf liegt mit dem unbewußten Es und dem bewußten oder vorbewußten Überich. Das Unbewußte besteht also aus Material, das vom Bewußten ins Unbewußte verdrängt

9 Sigmund Freud, *Abriß der Psychoanalyse*, G.W., Bd. XVII, S. 85.

wurde, sowie aus ererbtem psychischem Materal, das nie bewußt gewesen ist. Unbewußte Erinnerungen und Gedanken sind nichtlogisch, nur zusammenhängend und primitiv. Sie tauchen plötzlich im Bewußtsein auf, um irrationale Einflüsse auf Gefühle und Verhalten auszuüben.

Freuds Theorie der Psychosexualität

Mit seinen Theorien von den Trieben, dem psychischen Apparat und den psychischen Qualitäten entwarf Freud eine abstrakt schematische Darstellung der psychischen Natur des Menschen. Als nächstes mußte er über diese Darstellung ein lineares Muster legen, welches die Verbindungsglieder zwischen den abstrakten Gesetzen der psychischen Natur und den realen Gesetzen der menschlichen Natur aufzeigt. Vor dem Hintergrund seiner Beschäftigung mit den Einflüssen von Geburt und Kindheit auf die abstrakte psychische Natur erschien es geradezu unvermeidlich, daß Freud sein lineares Muster nach der Schablone der kindlichen Sexualität anfertigte.

Es war unleugbar die umstrittenste von Freuds Theorien, die am meisten diskutiert und dennoch am wenigsten verstanden wurde, obwohl doch ihre beiden Hauptpunkte – der Ödipus- und der Elektrakomplex – den Grundstein von Freuds gesamten System bilden.

Freud stellte sich vor, daß die Entwicklung der menschlichen Persönlichkeit in ganz unmittelbarem Zusammenhang stehe mit den Interaktionen von Es-Ich-Überich und Bewußt-Vorbewußt-Unbewußt. Daher versuchte er, die Entwicklung der Persönlichkeit auf der Grundlage der psychosexuellen Energie, die durch die Libido repräsentiert wird, zu erklären. Mit anderen Worten, die frühkindliche und die kindliche Sexualität ist die Matrix der Persönlichkeitsentwicklung.

Freud glaubte, wie wir gesehen haben, daß das Es in der frühen Kindheit der dominierende psychische Faktor sei, daß das Kind bei der Geburt eine voll im Fluß befindliche Libido, aber nicht viel anderes an psychischer »Ausrüstung« besitze. Daher ist es natürlich, daß sich die Grundtriebe des Säuglings auf Luststreben und Befriedigung richten. Die Libido durchläuft nach Freud eine Reihe von Phasen, die alle mit Sinnesbefriedigung zu tun haben.

Die ungefähr die beiden ersten Lebensjahre umfassende Libido-Phase wurde von Freud die *oral-erotische* genannt und bezeichnet die um den Mund herum konzentrierte Befriedigung. Trinken ist in der ersten Zeit zweifellos die Haupttätigkeit des kindlichen Lebens, und der Säugling lernt bald, die Freude, die seine Eltern äußern, mit dem Maß an Kooperation in Verbindung zu bringen, die es beim Essen und Schlucken an den Tag legt.

Etwa im dritten und vierten Jahr richtet sich die Aufmerksamkeit der Eltern auf die Sauberkeitserziehung. Das Lust-Geborgenheit-Verhältnis zwischen Eltern und Kind kommt in dieser Zeit viel mehr durch erfolgreiche Sauberkeitserziehung zum Ausdruck als durch die Aufnahme von Nahrung; das Ziel ist selbständige Darmentleerung. Da die Libido nun auf die Ausscheidungsorgane konzentriert ist, befindet sich das Kind nach Freud in der *anal-erotischen* Phase, das heißt, die Quelle der Lust ist der Anus.

In den folgenden beiden Jahren sind Lust und Befriedigung auf die Geschlechtsorgane gerichtet. Dieser Lebensabschnitt wird in Freuds Terminologie zur *phallischen* Phase. Im Zeitraum der phallischen Phase konzentriert sich eine der wichtigsten emotionalen Anpassungen beim Jungen auf den Ödipus- und den Kastrationskomplex, beim Mädchen auf den Elektrakomplex und den Penisneid.[10]

Freud behauptete, daß bei dem fünf- bis siebenjährigen Jungen das Verlangen nach inzestuösen Beziehungen zu seiner Mutter auftritt, ein Verlangen, das unbewußt ist und hauptsächlich in dem Bedürfnis des Jungen nach körperlicher Berührung und Zärtlichkeit sowie in anderen verhüllten Formen des unbewußten Wunsches zum Ausdruck kommt. Der Vater wird als Rivale an-

10 Der Ödipuskomplex hat seinen Namen von Ödipus, der nach einer griechischen Sage seinen Vater erschlug und seine Mutter heiratete, ohne die verwandtschaftlichen Beziehungen zu kennen. Der Elektrakomplex, der heute allgemein als »Ödipuskomplex des Mädchens« bezeichnet wird, heißt so nach einer ähnlichen Sage.

gesehen, und der Junge möchte seiner ledig sein. Allerdings fürchtet der Junge Vergeltungsmaßnahmen des Vaters. Diese Furcht äußert sich in erster Linie als Kastrationsangst, als Angst, der Vater werde sich rächen, indem er ihn seines Penis beraubt. Bei der normalen Entwicklung löst sich der heftige Konflikt schließlich dadurch, daß der Junge beginnt, sich mit dem Vater zu identifizieren, so daß das Kind die Männlichkeit des Vaters als eigene in sich aufnehmen kann. Das alles geschieht natürlich auf der unbewußten Ebene.

Ein ähnlicher Konflikt begleitet laut Freud die Entwicklung des Mädchens, obwohl der Ödipuskomplex des Mädchens einen etwas anderen Ursprung hat und sich langsamer auflöst. Das Mädchen leidet unter dem Kastrationskomplex in der Form des Penisneids – früher als der Junge, nämlich dann, wenn es merkt, daß ihm das männliche Geschlechtsorgan fehlt. Die Schuld daran schiebt es der Mutter zu, und die daraus folgende Feindseligkeit veranlaßt es, vom Vater Befriedigung und Liebe zu erwarten. Zu guter Letzt wird diese hoffnungslose Romanze durch die Identifikation mit der Mutter und durch sublimierte (auf andere Objekte und Menschen gerichtete) Gefühle für ihren Vater aufgelöst.

Weil Freud, wie er sagte, diese Phänomene auch bei Menschen beobachtet habe, die im späteren Leben keine quälenden sexuellen Erlebnisse hatten, kam er zu der Überzeugung, daß der Ödipuskomplex ein universelles menschliches Phänomen sei, das auf Vererbung beruhe. So wurde der Ödipuskomplex der Grundstein des psychoanalytischen Gebäudes – als das eine psychische Geschehen, das jeder erlebt, wobei der durch ihn hervorgerufene Konflikt als entscheidender Faktor der normalen Sexualität gilt. Freud behauptet, Erfolg oder Mißerfolg bei der Lösung dieses Konflikts, der im Alter zwischen fünf und sieben Jahren auftritt, bestimme das spätere sexuelle Geschick des Individuums.

Vom siebten Lebensjahr bis zur Pubertät durchläuft das Kind die *Latenz*periode, wie Freud sie nennt, in der seine sexuellen Bedürfnisse in relativer Ruhe verharren. Auch der Ödipuskomplex wird latent. Doch glaubt Freud, daß er in der Pubertät wieder auftauche. Gleichzeitig komme es zu einer weiteren unbewußten Verdrängung, die, wenn der Ödipuskomplex im wesentlichen ungelöst bleibt, zu seelischen und emotionalen Schwierigkeiten führen kann. Der Kernpunkt des ganzen Es-Ich-Überich-Konflikts in der Sphäre des Bewußten-Vorbewußten-Unbewußten sind nach Freud die ungelösten sexuellen Konflikte, die aus der Ödipus-Situation bei ihrem ersten und zweiten Erscheinen herrühren. Die Aufspürung einer solchen Verdrängung, glaubte er, sei der Schlüssel zur Psychotherapie.

Freuds Traumdeutung

Freud sah Träume als Repräsentanten eines Zustands an, in dem »der Inhalt des unbewußten Es Aussicht hat, ins Ich und zum Bewußtsein einzudringen, und das Ich sich gegen diesen Einbruch neuerlich zur Wehr setzt.«[11] (Man beachte auch hier die von Freud verwendeten militärischen Sprachbilder!) Da er der Meinung war, daß die Traumdeutung einen neuen Zugang zu den Tiefen des Seelenlebens erschließe, unterteilte er den Inhalt von Träumen in zwei Kategorien. Der nach dem Aufwachen erinnerte Traum wird als *manifester* Traum bezeichnet, während die dem berichteten Traum zugrunde liegende Bedeutung der *latente* Traum genannt wird. Der Vorgang, bei dem der manifeste Traum durch den latenten hervorgerufen werde, gilt als *Traumarbeit*, und das Ergebnis der Bemühungen des Ich, den wahren Charakter des Traums zu verhüllen, wird als *Traumentstellung* etikettiert.

Nach Freud funktioniert der Mechanismus des Erzählens und Deutens von Träumen auf folgende Weise: Wenn jemand geträumt hat, vermag er sich nach dem Aufwachen an gewisse Aspekte des Traums zu erinnern und sie zu berichten, obwohl er unbewußt dazu neigt, sie durch Abwandlungen zu verschönen, die für sein Ich annehmbar sind. Das ist der manifeste Trauminhalt. Aber wie alles andere, was im psychischen Erleben des Individuums vorkommt, ist das, was über den eigentlichen Traum hinausgeht, das wirklich Bedeutungsvolle. Und das, was über den eigentlichen Traum hinausgeht, ist sein latenter Inhalt, der Teil des Traums, der wegen der Zensur des Überichs durch

11 *Abriß der Psychoanalyse*, G.W., Bd. XVII, S. 87.

Symbole verhüllt wird, aber durch die psychoanalytische Traumdeutung aufgedeckt werden kann und damit Gedanken, Situationen, Menschen usw., die dem Träumer unangenehm sind, zutage fördert.

Freud betrachtete den *Traum* im Schlafzustand als Äquivalent des *Symptoms* bei neurotischen Zuständen. Mit anderen Worten, das Ergebnis des unbewußten Konflikts zwischen dem Es und dem Ich tritt zutage als ein psychischer Kompromiß, der zu neurotischen Symptomen führen kann. Der Traum ist auf seine Weise im wesentlichen ein psychischer Kompromiß; so bieten Erforschung und Deutung von Träumen eine einzigartige Einsicht in die Bildung von Neurosen. Freud sagt darüber:

»Es hat sich ergeben, daß die unbewußten Mechanismen, die wir durch das Studium der Traumarbeit erkannt haben und die uns die Traumarbeit erklärten, daß diejenigen Mechanismen uns auch zum Verständnis der rätselhaften Symptombildungen verhelfen, durch die Neurosen und Psychosen unser Interesse herausfordern. Eine solche Übereinstimmung muß große Hoffnungen bei uns erwecken.«[12]

Wir kommen hier zu einem weiteren wichtigen Punkt der allgemeinen Theorie der Freudschen Psychoanalyse, der wie ein Signal wirkte für die Ausarbeitung einer ganzen Skala von Psychotherapien. Dieser Punkt war Freuds Überzeugung, daß zwischen Normalität und Abnormität fließende Übergänge bestehen, das heißt, normale und abnorme Formen des Verhaltens sind *nicht* getrennte Kategorien, sondern sind beide eng verknüpft mit demselben abstrakten Begriff. Vor Freud wurde abnormes Verhalten – sei es in der schweren Form einer Geisteskrankheit oder in der gemäßigten Form leichter Hysterien und Depressionen – als eigene Gattung angesehen, deren Diagnose und Behandlung Konzeptionen erforderten, die völlig außerhalb des Rahmens »normaler« Maßstäbe lagen. So kam es zu therapeutischen Praktiken wie Eintauchen, Schlagen, Exorzismus und Schockbehandlung – als ob abnormes Verhalten auf eine Weise geheilt oder kontrolliert werden könnte wie etwa ein Schluckauf, indem eine Papiertüte vor dem Gesicht des Opfers zerknallt wird.

12 a.a.O., S. 94.

Nach Freuds Ansicht sind Ängste und fehlangepaßte Verhaltensweisen, die als abnorm oder neurotisch bezeichnet werden, nicht mehr als die Ängste und Anpassungsmethoden aller normalen Menschen. Der Es-Ich-Überich-Konflikt ist ein *normaler* Zustand. Das verwirrende Wechselspiel zwischen Bewußt-Vorbewußt-Unbewußt ist ein *normaler* Zustand. Der Ödipuskomplex mit der Begleiterscheinung von Kastrationsangst und Penisneid ist ein *normaler* Zustand, ein Geschehen, das jeder erlebt. Abwehrmechanismen in ihren verschiedenen Ausdrucksformen sind *normal*, wir alle haben sie.

Nur wenn die Ängste und *Anpassungsmethoden* eines normalen Menschen außergewöhnlich lange fortbestehen, können sie als abnorm oder neurotisch bezeichnet werden. In bezug auf die Philosophie war Freud ein Dualist, das heißt, er vertrat die seit langem traditionelle philosophische Auffassung, daß die Einheit des Universums, der Welt, des ganzen Lebens aufrechterhalten werde durch das Aufeinandereinwirken gegensätzlicher Kräfte. Seine gesamte Theorie der Psychoanalyse als eines Mechanismus, mit dem sich das Wesen des Menschen begreifen läßt, spiegelte diese philosophische Grundlage wider. Mit anderen Worten, Freud glaubte, daß es, um neurotisches Verhalten zu verstehen, absolut wesentlich sei, das normale Verhalten zu verstehen, und umgekehrt. Die beiden seien Funktionen ein und derselben Sache. Aus dieser Überzeugung heraus entwickelte er die nächste Stufe seines Systems.

Freuds Neurosenlehre

Der Dualismus als philosophische Konzeption hat eine lange und ehrenvolle Geschichte. Freud wandte ihn auf seelische Probleme an und baute sein ganzes System auf diesen Grundsätzen auf – und erkannte auf diese Weise an, was er den alten griechischen Philosophen und der Tradition, die über zwei Jahrtausende hinweg von ihnen ausging, verdankte.

Aber Freud war kein Dualist im reinen Sinne dieser Philosophie. Es ist richtig, daß er von gegensätzlichen und widersprüchlichen Tendenzen sprach und schrieb, aber er ging einen Schritt über die tröstliche Weisheit des Dualismus hinaus, indem er auf einer Einheit der Seele und des Körpers im Krankheitsverlauf beharrte; die widersprüchlichen Tendenzen, die er herausarbeitete, verstand er als strikt innerhalb des integrierten Ganzen der menschlichen Natur liegend. Und das war der Schlüssel zu Freuds Neurosenlehre.

Tatsächlich lag für Freud der Prüfstein des Problems von Gesundheit und Krankheit in der Fähigkeit des Individuums, offenbar antithetische Impulse oder Triebe (zum Beispiel den Es-Überich-Konflikt) auf organisch gesunde Weise zu integrieren – diese Tendenzen, die auf dem ersten Blick der gesunden Anpassung im Wege zu sein schienen, als einen Teil von sich selbst anzusehen. Nach Freuds Terminologie gehört das Individuum, das nicht *alles* als Teil von sich zu akzeptieren vermag, das Impulse, Wünsche und Triebe einem anderen oder einer anderen Einheit zuschreiben muß, in die Kategorie der psychisch Kranken.

Aber Freud verstand unter »seelisch krank« eine ganze Skala von Kategorien, und es war der Bereich des Widerspruchs von Normalität und Abnormität – der, wie wir gesehen haben, gar kein Widerspruch ist, sondern zwei Gegenpole derselben begrifflichen Einheit –, auf den er infolge seiner früheren psychiatrischen Eindrücke, Erfahrungen, Beobachtungen und Formulierungen vor allem seine Aufmerksamkeit richtete. Er bezeichnete diesen Widerspruch als einen dynamischen im Gegensatz zu einem organischen und beschrieb ihn als *Neurose* – das, woran wir alle leiden können.

Freuds Neurosenlehre versucht zu erklären, wie die Seele mit der Belastung durch Angst fertig wird – das heißt, mit *neurotischer Angst* im Gegensatz zur Furcht oder *Realangst*. Realangst entsteht aus realistischen Reaktionen auf Bedrohungen aus der realen Umwelt; neurotische Angst ist Furcht, die hervorgerufen wird durch die Es-Strebungen des Individuums, die für das Ich unannehmbar sind. Wenn unannehmbare Triebe, seien sie bewußt oder unbewußt, aufzutauchen beginnen, versucht das Ich zu verhindern, daß sie zum Ausdruck kommen und in die bewußte psychische Auseinandersetzung hineingeraten. Auf diese Weise verdrängtes Material behält jedoch seine psychische Energie. Ein

Teil dieser Energie wird in Angst verwandelt – ein Zeichen, daß die Verdrängung nur teilweise erfolgreich war. Die für den Verdrängungsprozeß aufgewandte psychische Energie und die durch das verdrängte Material gebundene Energie werden von der Gesamtmenge an Libido im Es des Individuums abgezogen, so daß dem Ich weniger psychische Energie zur Verfügung steht. Das so geschwächte Ich ist weniger gut ausgestattet, um sich mit der Umwelt auseinanderzusetzen. Und wenn es genug Anforderungen nach Verdrängung ausgesetzt ist, dann wird es wahrscheinlich nicht imstande sein, gegen angsterregendes Material anzukämpfen. Ein Individuum, das versucht, mit diesem inneren Kampf zwischen seinem Ich und seinem Es fertigzuwerden, wird andererseits wahrscheinlich an Erschöpfung und an einer Verminderung seiner Fähigkeit leiden, sich mit seiner Umwelt auseinanderzusetzen.

Der Fluß von psychischer Energie wird nach Freuds Ansicht weiter erschwert, wenn in irgendeinem Stadium der Persönlichkeitsentwicklung des Individuums ein bestimmtes psychosexuelles Problem unzulänglich gelöst wird – das heißt, wenn die Verschiebung von unannehmbaren Libidoregungen oder Impulsen (die Umstellung auf annehmbare) nicht ausreichend ist. Zum Beispiel könnte eine gewisse Menge der begrenzten Libidoquantitäten (psychische Energie) einem infantilen Liebesobjekt verhaftet geblieben sein, sagen wir, dem Vater. Wenn sich das Individuum dann entwickelt und heranreift, bleibt ein unzureichend aufgelöster Ödipuskomplex zurück, was eine *Fixierung* zur Folge hat. Da die fixierte Menge an Libido unbewußt für das Objekt der Fixierung reserviert wird, steht sie nicht für die Aufgabe zur Verfügung, sich mit der aktuellen Realität auseinanderzusetzen. Auf diese Weise schwächt die Fixierung die Fähigkeit, sich den Forderungen der Umwelt anzupassen. Außerdem müssen unannehmbare Impulse der Fixierung (zum Beispiel inzestuöse Wünsche) ebenfalls verdrängt werden, sie verbrauchen dabei noch mehr psychische Energie und gefährden überdies die Fähigkeit des Betreffenden, sich zu behaupten.

Bei Menschen, die ausreichend starker Belastung durch äußere oder innere Bedrohungen ausgesetzt sind, wird oft eine Regression zu jener Lebensphase eintreten, an die sie am stärksten fixiert sind – das heißt, an die psychische Phase, die sie unbewußt mit der größten Menge Libido besetzt haben. Zum Beispiel könnte jemand, der an die phallische und ödipale Phase fixiert ist, in einer besonders von Belastungen erfüllten Zeit seine Fixierung dadurch offenbaren, daß er eine *Konversionshysterie* entwickelt, wie Freud sie nannte. Der Begriff »Konversion« bezieht sich auf einen seelischen Mechanismus, durch den ein schmerzlicher emotionaler Konflikt über das Körperliche ausgetragen wird, oft in einem somatischen Symptom, etwa einem Hautausschlag, einer motorischen Störung, Magengeschwüren oder dergleichen. Es handelt sich dabei um die Umwandlung psychischer Energie in körperliche Symptome.

Konversionssymptome sind verhüllte Äußerungen psychosexueller Impulse, die eine Art Ausgleich zwischen den Es-Trieben und dem Zensurmechanismus des Ich darstellen. Alle neurotischen Symptome sind im wesentlichen Manifestationen dieses dynamischen Kompromisses zwischen Es und Ich.

Laut Freud ist die Neurose – als Abweichung von der Normalität – eine Folge extremer Formen des psychischen Kompromisses. Sie ist eine Gemütskrankheit, die einen unbewußten Versuch widerspiegelt, eine Fehlanpassung aufgrund des Konflikts zwischen Es und Ich rückgängig zu machen. Zwar rufen einige Formen der Neurose Handlungsunfähigkeit hervor, aber im Gegensatz zur Psychose zerstört die Neurose die Unversehrtheit der Persönlichkeit nicht. Psychose ist eine schwerwiegende psychische Störung, die hauptsächlich durch abweichendes, oft bizarres Verhalten und Rückzug aus dem normalen Lebensverlauf und der Realität gekennzeichnet ist. Bei der Neurose bleibt der Kontakt mit der Umwelt erhalten.

Da Freud sich in seinem Werk vor allem mit Neurosen befaßte und da die meisten modernen Psychotherapien offensichtlich als Reaktion auf ein Bedürfnis nach Behandlung dieses Leidens entstanden sind, beschränkt sich dieses Buch fast ausschließlich auf Neurosen. Natürlich gibt es Leute, die an der Gesamtkonzeption der Psychotherapie Kritik üben und der Meinung sind, die Psychotherapie rufe eben jene Probleme hervor, die sie angeblich löst. Sie sagen auch mit Vorliebe, wenn Freud nicht die Neurose als eine besondere Krankheitskategorie erfunden hätte, dann wäre ein Großteil der modernen Psychotherapie unnötig – mit anderen Worten, daß sich eins vom anderen nährte, daß sie sich gegenseitig befruchteten und eine wechselseitige Abhängigkeit herstellten, bis sie so viel Aufhebens füreinander gemacht hatten, daß sie für Millionen von Leichtgläubigen als letzter modischer Schrei galten. Keine dieser allgemeinen Kritiken ist unbegründet, wie wir noch feststellen werden.

Freuds Lehre von den neurotischen Abwehrmechanismen

Wenn das physiologische System eines Menschen infiziert wird, reagiert der Körper mit Schutzvorkehrungen, um die Wirkung der eindringenden Krankheitserreger zu beseitigen. Was dann folgt, ist eine Schlacht zwischen den antibakteriellen Schutzstoffen des Systems und den angreifenden Bakterien. Wenn das System in gutem Zustand ist, wird es die Schlacht oft gewinnen, und das Krankheitsmoment wird überwunden. Ist das System in weniger gutem Zustand, werden die angreifenden Organismen den Sieg davontragen, und dann werden ärztliche Maßnahmen ergriffen, um das System wiederherzustellen.

Bei einem seelischen Trauma oder unter dem Druck starker emotionaler Belastung reagiert auch die Psyche mit Schutzvorkehrungen, um die Folgen abzuwehren; die natürlichen Abwehr- oder kompensatorischen Mechanismen der Psyche werden ins Spiel gebracht. Nach Freuds Ansicht gehören diese Abwehrmechanismen ebenso natürlich zur Psyche eines Individuums wie die antibakteriellen Schutzstoffe seines Körpers zum physiologischen System. Erst wenn diese Mechanismen überfordert oder abnorm beansprucht werden, werden sie ein Teil des neurotischen Problems.

Freud nahm an, daß jeder Mensch sozusagen eine Reihe von Abwehrmechanismen parat habe, um sich vor den Ängsten zu schützen, die durch übermäßige Belastung aufgrund des Es-Ich-Konflikts hervorgerufen werden. 1938 schrieb er, daß diese Schutzmechanismen drei Charakteristika gemeinsam haben:

1.) sie wirken im Unbewußten; 2.) sie sind Angstabwehr; 3.) sie sind Selbsttäuschungen.

Die »äußere Rinde« der Persönlichkeit oder das Ich ist die integrierende Kraft der Persönlichkeit – das katalytische Vehikel, das uns alle mit dem Gefühl für unser Selbst, unsere Individualität, unsere Einmaligkeit versorgt. Durch das Ich lernen wir zwischen Selbst und Nicht-Selbst zu unterscheiden. Jedes neue Erlebnis fördert in uns jene Eigenschaften, die uns einmalig machen, und mit der Zeit haben wir unser Ich sehr lieb. Jeder Angriff auf die Unversehrtheit des Ich erzeugt Unbehagen, wenn nicht gar heftige emotionale Schmerzen. Um solche psychischen Schläge zu mildern, nehmen wir unsere Zuflucht zu einer ganzen Reihe von Schutzvorrichtungen – den von Freud aufgedeckten Abwehrmechanismen. Diese begründen eine umfassende Skala von Verhaltensweisen, die defensiv, aggressiv oder kompensatorisch sein können, wobei entweder eine dominierend ist oder alle drei in irgendeiner Kombination wirksam werden.

Ich habe bereits mehrfach den fundamentalsten Abwehrmechanismus – die *Verdrängung* – erwähnt als das Mittel, durch das unannehmbare Triebe und Gedanken im Unbewußten verborgen werden. Verdrängung ist ein Prozeß, bei dem schmerzliche oder unerfreuliche Gedanken und Triebe unbeabsichtigt vergessen werden. Laut Freud unterliegt das Verdrängte nicht der bewußten Kontrolle durch das Individuum; deshalb kann die wahre Art einer schmerzlichen Emotion nicht erkannt werden. Durch Verdrängung unterhält das Individuum den grundlegenden Prozeß, sich selbst zu täuschen, während es versucht, sich angesichts seiner psychischen Konflikte der Realität anzupassen. (Es sollte nicht außer acht gelassen werden, daß psychische Konflikte normal und naturbedingt sind; erst wenn sie übermäßigen Streß und damit übermäßige Abwehrreaktionen hervorrufen, tauchen Probleme auf.) Das ist die früheste Abwehrform, die einem Menschen zur Verfügung steht; sie wird gewöhnlich als die Hauptabwehr der Kindheit angesehen.

Verdrängung wird auch als Oberbegriff für alle Abwehrmechanismen verwendet. Sie ist eine primäre Abwehr gegen Angst und wurde als solche von Freud für den Eckpfeiler der

Psychodynamik des Individuums angesehen. Oft werden durch Verdrängung in Verbindung mit anderen Abwehrmechanismen spezifisch neurotische Reaktionen auf Belastung ausgelöst, aber es sollte nicht übersehen werden, daß nicht alle verdrängten Konflikte Neurose verursachen. Wie Freud immer wieder betonte, kommt es im normalen Seelenleben häufig vor, daß etwas verdrängt wird, und genauso werden die anderen Abwehrmechanismen eingesetzt. Erst wenn Symptome abnormen Verhaltens auftreten, werden sie als pathologisch angesehen.

Mit Abwehrmechanismen meinte Freud nicht die »Ausflüchte«, die Menschen auf der bewußten Ebene erfinden, um sich oder ihre Handlungen in dieser oder jener Situation zu rechtfertigen. Er behauptete, daß diese Mechanismen unter der Oberfläche des Bewußtseins wirken und, wenn sie stark ausgeprägt sind, in signifikanter Weise beteiligt sind beim Ausbruch psychischer Störungen und auch bei den Schwierigkeiten, sie zu heilen. Dennoch sind diese Mechanismen *nicht* etwa Beispiele für »abnormes« Denken oder Handeln. Die Anwendung des einen oder des anderen Mechanismus sei absolut normal, solange er nicht zum eigentlichen Mittelpunkt der Verhaltensmotivation wird.

Freuds Lehre von der Psychotherapie

Freud sah die Psychotherapie als einen Vorgang an, bei dem der ausgebildete und feinfühlige Therapeut einem Patienten zur Hilfe kommt, dessen Ich durch einen inneren Konflikt geschwächt oder entkräftet wurde. Er war der Meinung, daß die Neurose eindeutig die verbreitetste Form von Gemütskrankheit sei, und zwar die Form, die auf seine Therapiemethode und -technik – die Psychoanalyse – am besten anspricht.

Seine Methode zielte in erster Linie darauf ab, das Ich zu stärken, indem die Libido von ihren frühen Fehlanpassungen und Konfliktlösungen befreit wird. Seiner Ansicht nach ist Neurose ein fehlangepaßter emotionaler Zustand infolge von fehlerhaft gelösten oder ungelösten unbewußten Konflikten. Diese Reaktionen verkörpern die erfolglosen Kompromiß-Bemühungen des Patienten, mit den primitiven Bedürfnissen und Trieben seines

Es fertig zu werden. Da Freud die Angst als das zentrale Symptom in der Dynamik der Neurose ansah, beschrieb er Störungen hauptsächlich mittels der symptomatischen Ausdrucksformen oder mittels der Abwehr, deren sich das Ich bedient, um die Angst in Schach zu halten oder ihr zu entkommen.

Über seine Auffassung der Therapie schrieb Freud im *Abriß der Psychoanalyse:*

»Der analytische Arzt und das geschwächte Ich des Kranken sollen, an die reale Außenwelt angelehnt, eine Partei bilden gegen die Feinde, die Triebansprüche des Es und die Gewissensansprüche des Überichs. Wir schließen einen Vertrag miteinander. Das kranke Ich verspricht uns vollste Aufrichtigkeit, d. h. die Verfügung über allen Stoff, den ihm seine Selbstwahrnehmung liefert; wir sichern ihm strengste Diskretion zu und stellen unsere Erfahrung in der Deutung des vom Unbewußten beeinflußten Materials in seinen Dienst. Unser Wissen soll sein Unwissen gutmachen, soll seinem Ich die Herrschaft über verlorene Bezirke des Seelenlebens wiedergeben. In diesem Vertrag besteht die analytische Situation.«[13]

So verstand er die Absichten der analytischen Psychotherapie; und so schuf er das grundlegende Vorbild für den mehr als ein halbes Jahrhundert bestehenden Glauben an die Stichhaltigkeit dessen, was sich als eine unsichere Kunstfertigkeit herausgestellt hat.

Der psychotherapeutische Prozeß, wie Freud ihn sich vorstellte, beginnt mit der Auferlegung der Grundregel, daß der Patient »uns alles mitteilen soll, was ihm in den Sinn kommt, auch wenn es ihm unangenehm zu sagen ist, auch wenn es ihm unwichtig oder sogar unsinnig erscheint.«[14] Im Idealfall liefert der Patient dem Therapeuten seelisches Material, das bald als Abkömmling des Unbewußten erkannt wird, das dem Therapeuten ermöglicht, Vermutungen anzustellen über die Art des verdrängten Materials, und ihm Gelegenheit gibt, dem Ich des Patienten ein Wissen anzubieten, das ihm vorher versagt war.

Mit der Entwicklung seiner »talking cure« begründete Freud

[13] a.a.O., S. 98.
[14] a.a.O., S. 99.

eine Reihe von Therapietechniken, die noch heute weit und breit angewandt werden. Durch die geschickte Anwendung dieser Techniken – freies Assoziieren, Traummaterial, Übertragung, Widerstand, Abreaktion, Katharsis, Deutung – könnte, so glaubte er, der ausgebildete Analytiker, das seelische und emotionale Leiden eines Kranken lindern und ihm behilflich sein, sein Ich wieder zu stärken, damit er sich erfolgreich mit seiner psychischen Realität auseinandersetzen kann. Die letztgenannte Technik, die *Deutung*, ist nach Freuds Ansicht der Schlüssel zum Erfolg der Therapie.

Die Hauptaufgabe des Analytikers ist laut Freud, für den Patienten den Wiederholungscharakter des Geschehens seines Seelenlebens festzustellen und dadurch die Kenntnis seines Ichs von sich selbst zu erweitern. Das ist der Punkt, an dem der Stärkungsprozeß des Ich beginnt; der Psychotherapeut verwendet dieses – für den einzelnen Patienten einmalige – Material, indem er es mit seinem eigenen Verständnis von der Art und Weise, wie sich die menschliche Psyche und Persönlichkeit entwickeln, kombiniert, um dem Patienten Geschehnisse zu deuten, die vergessen worden sind, und den Zusammenhang zwischen heutigen Ereignissen im Leben des Patienten und vorhergegangenen Erlebnissen aufzuzeigen. Die Deutungskunst entscheidet also, ob der psychotherapeutische Prozeß gelingt oder scheitert.

Indes warnte Freud den Therapeuten, er dürfe nicht erwarten, daß der Patient seine Deutungen passiv hinnimmt. Das Ich wehre sich dagegen, eine unerwünschte oder schmerzliche Deutung hinzunehmen, und zwar durch den unbewußten Prozeß des *Widerstands*. Dieser Prozeß ist während der ganzen Dauer der Therapie in vollem Gange, und das ist ein Grund, warum die Psychoanalyse so viel Zeit erfordert. Dennoch glaubte Freud, daß die Analyse auch für die Lösung dieses Widerstandskonflikts sorgt, so daß eine Neuverteilung der Energie zugunsten des Ich herbeigeführt werden kann.

Aus Freuds achtfach gegliedertem System zur Erforschung der menschlichen Psyche – ihrer Entwicklung, ihrer Krankheiten und ihrer Kuren – erwuchs eine völlig neue Bewegung, die den Menschen dazu veranlaßte, in sein Inneres zu sehen und den vor zweitausend Jahren aufgestellten Grundsatz des Sokrates: »Erkenne dich selbst« in die Tat umzusetzen. Noch bedeutsamer ist vielleicht, daß ein rasch wachsender Bedarf an dem entstand, was das Freudsche Theoriensystem zu verheißen schien: eine Möglichkeit, seelische Probleme zu lösen.

Auf dem Gebiet der Psychotherapie war die Psychoanalyse als Therapie mindestens vierzig Jahre lang die stärkste Macht. Ihr Einfluß hat in den letzten zehn bis fünfzehn Jahren deutlich nachgelassen, teilweise, weil ein Großteil ihres theoretischen Unterbaues widerlegt worden ist, und teilweise, weil es an Untersuchungen fehlt, um ihre Behauptungen zu stützen. Zum Beispiel sind Freuds Begriff der psychischen Energie und sein dreiteiliger Aufbau der Seele im Lichte des modernen psychologischen Wissens äußerst dubios, und wenige Psychotherapeuten würden heute für das Vorhandensein einer »Seele«, geschweige denn einer »unbewußten Seele« eintreten.

Dennoch kann man mit Fug und Recht sagen, daß heute fast jeder praktizierende Psychotherapeut, wie immer seine Ausrichtung oder seine bevorzugte Theorie sein mögen, Freud sehr viel verdankt, sowohl wegen seiner theoretischen Gedanken als auch deswegen, weil er die Psychotherapie als ein respektables Unterfangen praktisch begründet hat. Viele charakteristische Merkmale der Psychoanalyse sind als Standardverfahren von den heutigen Psychotherapien aller Richtungen übernommen worden. Zum Beispiel ist zumeist das Gespräch die Grundlage der Psychotherapie, und viele Therapeuten wenden die Techniken der freien Assoziation und Deutung an, auch wenn sie nicht selbst als Psychoanalytiker ausgebildet sind.

Die Ausbreitung der Psychotherapie mit ihren fast unzähligen Spielarten, Schulen, Theorien und Kulten hält unvermindert an, und das ist der Grund, warum ich dieses Buch geschrieben habe. Ehe wir bestimmte Therapien beschreiben und beurteilen, wollen wir uns indes kurz ansehen, welcher Art die allgemeine psychotherapeutische Umwelt ist, in der wir leben.

2. Welches sind Ihre Probleme?

Zu Freuds Zeit und noch mehrere Jahrzehnte danach gab es verhältnismäßig wenige Gründe, aus denen die Leute in eine Psychotherapie gingen. Die meisten Menschen, die sich den vor-Freudschen Formen der Behandlung unterzogen, taten es unfreiwillig, als Insassen von Heilanstalten. Erst nachdem Freuds Einfluß sich durchgesetzt hatte, begannen die Menschen sich freiwillig gegen Leiden behandeln zu lassen, mit denen zu leben sie sich sonst vielleicht bemüht hätten. Diese Leiden waren nicht die herkömmlichen psychotischen oder psychopathischen Störungen, die die Einweisung in eine Heilanstalt erforderten, sondern eine relativ neue Krankheitsklasse – und vielleicht ist »Krankheit« sogar ein zu starkes Wort dafür –, die *Neurose* genannt wurde.

Die Begriffe »Neurose« und »neurotisch« sind mittlerweile wie viele psychiatrische Ausdrücke in die Alltagssprache eingegangen; infolgedessen haben sie die spezifische Bedeutung, die sie einstmals gehabt haben mögen, eingebüßt. In verschiedenen Gesellschaftsschichten ist es sogar fast eine Ehrensache geworden, von sich selbst zu behaupten, man habe eine Neurose oder sei neurotisch, eine so geringe Bedeutung haben die Begriffe heute noch. Dennoch ist es die Neurose – besser gesagt, die klinische Neurose – in ihren schier zahllosen Spielarten, die jährlich Tausende zwingt, sich einer der verschiedenen Arten von Psychotherapie zu unterziehen, die Gegenstand dieses Buches sind. Viele Psychotherapeuten dürften behaupten, daß diese Tausende nur ein Bruchteil der Menschen sind, die eigentlich eine Therapie durchmachen *sollten*. Aber leiden alle, die sich irgendeiner Psychotherapie unterziehen, und auch diejenigen, die es eigentlich tun sollten, es aber nicht tun, wirklich an der altmodischen klinischen Neurose? Man weiß es natürlich nicht. Indes können wir sicher sein, daß die volkstümliche Vorstellung vom Wesen der Neurose sich im Laufe der letzten Jahrzehnte beträchtlich geändert hat. Was zu Freuds Zeit eine genau definierte Form psychischer Störung war, ist heute die Bezeichnung für eine fast unendliche Zahl von Stimmungen und Gemütszuständen.

Ein Beweis dafür ist die Tatsache, daß heutzutage viel mehr Menschen von der Psychotherapie nicht so sehr die Befreiung von neurotischen Symptomen, als vielmehr die Erreichung von abstrakten Zuständen wie »Selbstverwirklichung«, »Selbstauthentizität« und »Selbstbewußtsein« erwarten. Gewiß, die traditionelle Psychotherapie plagt sich immer noch damit ab, die Probleme zu lösen, die Neurosen, Persönlichkeits- und andere Störungen, die als »vorübergehende situationsbedingte Störungen« (akute Reaktionen auf überwältigenden Umweltstreß ohne offenkundige Vorgeschichte psychischer Labilität) bezeichnet werden, sowie unzählige andere Formen persönlicher Fehlanpassung ihr aufgeben. Aber die Psychotherapie ist nicht weitergekommen mit der Heilung oder der Verhütung psychischer Leiden als zur Zeit Freuds. Ebenso wie die Heilung oder Verhütung von Krebs auf sich warten lassen, weil die ärztliche Wissenschaft noch nicht entdeckt hat, was Krebs verursacht, verhält es sich auch mit der Psychotherapie und den psychischen Krankheiten: Obwohl die Psychologie bedeutsame Hinweise geliefert hat und noch liefert und obwohl einzelne Richtungen der Psychotherapie interessante Theorien aufgestellt haben und noch aufstellen, bleibt die Tatsache bestehen, daß es keine bekannte spezifische Ursache für emotionale oder psychische Störungen gibt. Eine solche offensichtlich kategorische Behauptung mag Überraschung hervorrufen, aber dennoch steht sie unzweifelhaft auf dem Boden der Wahrheit.

Wenngleich die Forschung fortgesetzt wird, so hat sich das Gewicht der populären Psychotherapie doch von der »Heilung« psychotischer und neurotischer Störungen auf die »Unterstützung« von Menschen verlagert, die im Leben Schiffbruch erlitten haben. Wir leben in einer Gesellschaft, die dazu neigt, die normalen Ängste und Spannungen gewaltig zu übertreiben, jeden Menschen soziopsychologisch zu reglementieren, während er gleichzeitig neuen Reizen – physischen oder abstrakten – ausgesetzt ist, die diese Reglementierung unabsichtlich, aber gründlich durcheinanderbringen. Deshalb tritt die »seelisch-emotionale Krankheit« heute am häufigsten in der Form persönlicher, oft emotional lähmender Verwirrung auf.

Ist es ein Wunder? Der französische Sozialphilosoph Jacques Ellul schrieb: »Man kann nur staunen über einen Organismus, der das Gegengift bereitstellt, während er das Gift absondert.«[1] Zutreffender kann die Dynamik der heutigen Gesellschaft nicht beschrieben werden. Das Gift-Gegengift-Syndrom beginnt im Leben fast jedes Menschen schon in der frühen Kindheit wirksam zu werden, wenn verwirrende und oft widersprüchliche Forderungen an ihn gestellt werden. Von da an verstärkt sich der Prozeß und wird vielfältig: durch elterlichen Einfluß (»Tu, was ich sage, nicht, was ich tue«); durch pädagogischen Einfluß (man lernt, gelassen zu sein, tüchtig, ehrlich, zäh, entgegenkommend, fleißig, gewissenhaft, gehorsam, verführerisch – alles um des höheren gesellschaftlichen Ziels willen –, dann lernt man weiter, wenn man in die Gesellschaft der Erwachsenen eintritt, daß das gesellschaftliche Ziel oft auf Kosten dieser Tugenden erreicht wird); durch den Einfluß der Werbung und der Medien (zuerst wiegen sie die Menschen in dem Glauben, daß nervöse Spannungen und Angst, die zu erzeugen sie viel getan haben, etwas ganz Natürliches seien; dann bringen sie es fertig, das Einnehmen von Gegengiften wie Schlaftabletten, Entspannungsmitteln und Aufputschpillen als kulturelle Selbstverständlichkeiten wie das Zigarettenrauchen hinzustellen); und durch alle anderen erdenklichen sozialen und kulturellen Einflüsse.

Seitdem Freud die Gebiete der Psychodynamik und Tiefenpsychologie erschlossen hat, sind zahllose Interpreten auf der Bildfläche erschienen, um sie populär zu machen und für ihre eigenen Zwecke umzumodeln. So sind immer nachdrücklicher die Bedeutung der individuellen Identität und deren Beziehung zur Gesellschaft und immer weniger nachdrücklich Freuds sexuelle Theorien und ihre Wirkungen hervorgehoben worden. Seit dem Zweiten Weltkrieg hat man die Bereiche »Kultur und Persönlichkeit« und »nationaler Charakter« untersucht und erforscht. Die Nachkriegsgenerationen sind besonders aufgeschlossen gewesen

1 Jacques Ellul, *The Technological Society*, New York 1964, S. 137.

für das Wissen und die Theorie, die diese und andere Zweige der modernen Psychologie eingeführt haben. Sie gehören zu einer mehr allgemeinen Richtung in der psychologischen Forschung, die dazu neigt, das Individuum eher unter dem Gesichtspunkt des sozialen Einflusses als der Triebimpulse und Familienkonstellationen zu betrachten.

Das ist die Erklärung für die Entstehung der humanistisch-existentialistischen Formen der Psychotherapie, vor allem in den Jahren nach dem Zweiten Weltkrieg, und sogar für das Aufkommen der Verhaltenstherapien in neuerer Zeit (die behaupten, die Reaktion des einzelnen und seine Verhaltensmuster seien sozial konditioniert). Es sah so aus, als ob die Behandlungsmethoden erdacht worden seien, um den Erfordernissen der Krankheiten gerecht zu werden; andererseits behaupten viele Kommentatoren: Nachdem die Behandlungsmethoden weithin bekanntgeworden sind, haben bei der Vielzahl von Störungen, die sie behandeln sollten, die Symptome ebenfalls zugenommen.

Es scheint etwas Wahres an dieser Behauptung zu sein. Die Psychologie und besonders die Psychotherapie stützen sich sehr stark auf Suggestion. Suggestion hat sogar schon vor Freud eine zentrale Rolle in der Psychotherapie gespielt, und Freud, der ja mit der Technik der Hypnose begonnen hatte, räumte der Dynamik der Suggestion natürlich die erste Stelle in der psychotherapeutischen Methode ein. Infolge der Verwirrung stiftenden Aspekte der modernen Gesellschaft – dazu die Suggestibilität, zu der das psychologisch geschärfte Bewußtsein gerade des Westens seit dem Zweiten Weltkrieg neigt – hat sich der Bereich dessen, was einst als einfache klinische Neurose angesehen wurde, so erweitert, daß er heute Hunderte von verschiedenen Formen emotionaler Krisen einschließt. Während sich früher das Fachgebiet der Psychotherapie auf spezifische und klar umrissene Störungen beschränkte, die mit dem Individuum und seiner klinisch neurologischen Funktionsweise zu tun hatten, hat es sich in letzter Zeit so ausgedehnt, daß beinahe jede subjektive emotionale Krise darunter fällt, und viele dieser Krisen nehmen eher die Form der sozio-psychischen Demoralisierung als einer psychoneurologischen Funktionsstörung an.

So zahlreich sind die Spielarten und Möglichkeiten emotionaler Störungen – seien sie nun psychotischer oder neurotischer Art – und so verwickelt ist die Verquickung ihrer Symptome, daß es praktisch unmöglich ist, sie in einem Buch, geschweige denn in einem Kapitel, erschöpfend zu beschreiben. Wie viele Psychotherapeuten erklärt haben, gibt es ebenso viele psychische Störungen, wie es Menschen gibt, die an ihnen leiden; nicht zwei sind einander gleich. Indes hat uns die Psychotherapie im Lauf der Jahre ein Einstufungssystem bereitgestellt, das zumindest eine ziemlich detaillierte »Straßenkarte« der psychischen Funktionsstörungen bietet. Wenn Sie ein seelisches oder emotionales Problem haben, werden Sie sich wahrscheinlich auf einer der Autobahnen, Fernverkehrsstraßen oder Landstraßen dieser Karte befinden.

Für orthodoxe Psychotherapeuten sind Symptome die Hauptkriterien, wenn sie feststellen wollen, welcher Art ein psychisches Problem ist, obwohl Symptome Äußerungen des gesamten Organismus und nicht nur der Psyche allein darstellen. Symptome werden als das Ergebnis mehrerer Kräfte angesehen, von denen einige außerpsychisch (durch Umweltzwänge hervorgerufen) und einige innerpsychisch (durch Belastungen innerhalb der Persönlichkeit hervorgerufen) sind.

Die Deutung der Symptome, zumindest die Bedeutung, die ihren primären Ursachen beigemessen wird, unterscheidet sich natürlich je nach den Theorien, die ein bestimmter Psychotherapeut besonders befürwortet. Der streng Freudsche Analytiker wird Symptome fast ausschließlich innerpsychischen Ursachen zuschreiben, während der strenge Behaviorist sie als außerpsychisch ansehen und die Freudsche Auffassung ganz und gar ablehnen wird. Allerdings werden die meisten Therapeuten, vor allem aufgrund des eklektischen Charakters der modernen Psychotherapie, einen Mittelweg einschlagen.

Ungeachtet der unterschiedlichen Deutungen ist sich die Mehrzahl der Therapeuten darüber einig, daß Symptome die Bemühungen des Patienten darstellen, angesichts einer psychischen Funktionsstörung sein emotionales Gleichgewicht zu bewahren. Symptome äußern sich auf zweierlei Weise: physiologisch und psychologisch. Es gibt zwei bestimmte Formen physiologischer Symptome, aber eine fast unendliche Zahl bestimmter Formen psychischer Symptome.

Die erste Form physiologischer Symptome besteht in physiologisch-somatischen Reaktionen auf emotionale Unruhe. Sie spiegeln eine Störung im Körper wider, gewöhnlich in einem einzigen Organsystem, die teilweise, wenn nicht gar vollständig, durch einen emotionalen Konflikt verursacht wird. Die betroffene körperliche Funktion wird von dem autonomen Nervensystem gesteuert (dem Teil des gesamten Nervensystems, der nicht der willkürlichen Kontrolle unterliegt und hauptsächlich mit den fundamentalen Lebensprozessen wie Herzfunktion, Atmung, Verdauung und Stoffwechsel befaßt ist). Die damit verbundenen physiologischen Veränderungen sind normalerweise nicht in dem Sinne lebensbedrohend, als sie zu Herzanfällen oder Lungenkollaps führen können, aber weil die Veränderungen real sind, *können* sie zu physiologischen Schädigungen führen, solange die ihnen zugrunde liegenden emotionalen Faktoren nicht beseitigt sind. Eine Reaktion dieser Art wird von Laien oft abwertend als »psychosomatische Krankheit« bezeichnet. Damit wird angedeutet, daß dies ein nicht ernst zu nehmender Zustand sei; das ist jedoch nicht der Fall. Symptome sind *nicht* eingebildet, sie sind sehr real, und eine psychosomatische Krankheit kann für den Betroffenen ebenso quälend sein wie eine rein organische Krankheit.

Die zweite Form physiologischer Symptome ist mehr symbolischer Natur, aber ebenso real. Es ist die Art von Symptom, die Freud zu seinem Lebenswerk veranlaßte, denn es ist das Hauptsymptom der Hysterie, wie sie in psychotherapeutischen Kreisen genannt wird (wie Sie inzwischen wissen werden, hat die Hysterie in der Psychotherapie nichts mit Schwafeln und Schwärmen zu tun). Das hysterische Symptom ist eine symbolische, unwillkürliche Äußerung eines ihm zugrunde liegenden emotionalen Konflikts. Auch hier führen die Symptome zu realen körperlichen Schäden. Typische Beispiele sind Taubheit (von der man annimmt, daß sie eine Abwehrmaßnahme ist, um etwas, das gefürchtet oder verboten ist, nicht zu hören) und Lähmung eines

Körperteils (von der man annimmt, daß sie eine Abwehrmaßnahme ist gegen eine unerwünschte Handlung). Tatsächliche physiologische Defekte fehlen bei solchen Äußerungen; nur die Symptome sind da. Das scheint die Behauptung der Psychotherapie zu erhärten, daß die Emotionen wirklich eine unmittelbare Auswirkung auf die neurologische Funktionsweise haben und nervöse Störungen sowohl psychologischen als auch organischen Ursprungs sein können.

Viele von uns haben irgendwann im Leben zumindest leichte Formen psychosomatischer Störungen gehabt. Man beobachtet psychosomatische Symptome oft bei Kindern, z. B. wenn sie »Magenschmerzen« bekommen, um an besonders spannungsreichen Tagen nicht in die Schule gehen zu müssen. Ich bin sicher, daß die meisten von Ihnen, die ebenso wie ich in der Kindheit zu solcher List Zuflucht gesucht haben, sich erinnern können, daß sie auf die Idee mit den Bauchschmerzen kamen (oder was immer sie sich ausgedacht haben) und dann mit einem gewissen Erstaunen feststellten, daß ihr Bauch tatsächlich zu schmerzen begann.

Von dem willkürlichen Wollen von Symptomen, das man in der Kindheit gelernt hat, ist es nur ein kleiner Schritt zum unwillkürlichen Wollen. Viele von uns lernen schon früh – oft unwissentlich unterstützt durch unsere Eltern – die psychosomatischen Techniken, mit denen man unangenehme psychische Situationen vermeidet. Wenn wir älter werden und uns an die Maßstäbe der Gesellschaft gewöhnen, legen die meisten von uns diese Techniken größtenteils ab, obwohl uns die Erinnerung daran bleibt, und gelegentlich stellen wir fest, daß wir auf sie zurückgreifen. Indes können einige von uns sie nicht ablegen: Wegen der Erleichterung, die sie verschafft, und der Anteilnahme, die sie erweckt haben, werden sie unbeabsichtigt unserer Persönlichkeit und Funktionsweise eingeprägt als aktive Bestandteile unserer psychischen Natur. Tatsächlich konditioniert ihr Einfluß unsere Psyche, so daß sie in bestimmten Situationen auf bestimmte Reize in einer bestimmten somatischen Weise reagiert. Diejenigen unter uns, die als Erwachsene an psychophysiologischen Symptomen leiden, können nach Auffassung verschiedener psychotherapeutischer Schulen deren Ursprung gewöhnlich in ihrer

Kindheit finden. Sie zu beseitigen und zu heilen ist indes eine ganz andere Sache, denn sie können sich unserem Charakter so tief eingeprägt haben, daß es kein therapeutisches Mittel gibt, das sie auslöschen könnte.

Wenn das pessimistisch klingt, dann möchte ich Sie daran erinnern, daß das allgemeine Wissen über die psychosomatische Symptomatologie zwar beträchtlich ist, aber die Psychotherapie die genaue, tatsächliche Verursachung des Phänomens – sei sie physisch oder psychisch – noch entdecken muß. Die Psychotherapeuten sind sich im allgemeinen einig über die Mechanik und Dynamik des Syndroms, aber keine zwei Theorien sind sich einig über die Verursachung, das »Warum«. Freudianer mögen es auf eine fehlgeleitete Kanalisierung der Libido infolge unbewußter sexueller Verdrängung zurückführen; Vertreter der klientenbezogenen Therapie auf eine »Inkongruenz zwischen Selbst und Erfahrung«, als Folge von »gestörten Prozessen der Selbstwahrnehmung und der Selbstaktualisierung«; und Behavioristen auf einen mangelhaften »sozialen Lernprozeß«.

Was immer als Erklärung angeboten wird, an diesem Punkt in der Geschichte psychologischer Mutmaßungen kann sie nicht mehr sein als eben dies – eine gelehrte Mutmaßung. Daher kann die anzuwendende Behandlungsform nur auf demselben Prinzip beruhen. Es wäre schön, wenn man von der Psychotherapie wie von Aspirin sagen könnte, daß wir zwar nicht wissen, wie und warum sie wirkt, aber daß sie wirkt. Doch das können wir nicht. Tatsächlich können wir das von der Psychotherapie sogar noch weniger behaupten als von Aspirin.

Über die Psychotherapie können wir bestenfalls sagen, daß es *möglich* ist, daß sie wirkt. Die bei ihrem Wirken beteiligten Faktoren bestehen aus den bestimmten Theorien und Techniken einer psychotherapeutischen Methode (aber keine Methode hat sich als wirkungsvoller erwiesen als eine andere), einem sachkundigen Psychotherapeuten, der angemessen ausgebildet und in dieser Methode erfahren ist, und einem Patienten, dessen psychische Ausstattung so beschaffen ist, daß ungeachtet der Art seiner Störung die Voraussetzungen für ihre Beseitigung günstig sind. Wir haben beobachtet, welche Rolle Psychotherapien und auch Psychotherapeuten bei der therapeutischen Wirksamkeit spielen. Jetzt kommen wir zu der nach übereinstimmender Ansicht der Therapeuten wichtigsten Komponente der therapeutischen Erfahrung: dem Patienten oder, genauer gesagt, dem Problem des Patienten und seinen psychischen und intellektuellen Fähigkeiten (womit das Vermögen gemeint ist, zumindest intellektuell auf die Therapie und den Therapeuten positiv zu reagieren).

Wenn Sie psychotherapeutisch behandelt worden sind oder noch werden oder sich zur Zeit für einen möglichen Therapiekandidaten halten, dann werden sich bei Ihnen vielleicht somatische oder physiologische Symptome wie die eben beschriebenen gezeigt haben. Allerdings ist es wahrscheinlich, daß nicht die Symptome Sie veranlaßt haben, zur Therapie zu gehen oder sie in Erwägung zu ziehen. Eher als körperliche Symptome werden bei Ihnen wohl eine oder mehrere der vielen Spielarten von psychischen Symptomen aufgetreten sein, welche die Zeichner der Straßenkarte von psychischen Störungen bei ihren Wanderungen durch das Gebiet der Psyche als trigonometrische Punkte verwenden. Diese Symptome mögen sensorisch und daher quasi somatisch sein, zum Beispiel in Form von Wahrnehmungsstörungen wie Illusionen und Halluzinationen. Oder sie können völlig psychisch sein.

Psychische Symptome äußern sich in sechs allgemeinen Kategorien, die sich über die ganze Skala der psychischen Störungen, von leichter Verstimmung bis zu akuter Psychose, erstrecken.[2] Diese Kategorien sind die folgenden:

1. *Denkstörungen.* Diese Störungen beziehen sich auf die Fähigkeiten des Beurteilens, Begreifens, Erkennens oder Folgerns und sind unterscheidbar von den Symptomen einfacher sensorischer Störungen wie Illusionen und Halluzinationen. Zu ihnen gehö-

2 Psychosen gehören zu einer Gruppe von Störungen, die von den Formen der Psychotherapie, mit denen wir uns in diesem Buch befassen, nicht behandelt werden können, und deshalb werde ich psychotische Krankheiten nicht erörtern. Auf die Gefahr hin, mich zu wiederholen, will ich hier nur erwähnen, daß viele psychotische Symptome, allerdings die weniger heftigen und beunruhigenden, neurotische Symptome sind.

ren *Wahnvorstellungen* (starre, irrige Überzeugungen, die in keinem Verhältnis stehen zur Intelligenz oder dem kulturellen oder Bildungsniveau eines Individuums); *Blockierungen* (Schwierigkeit beim Erinnern oder Unterbrechung eines Redeflusses oder Gedankengangs aufgrund emotionaler Kräfte); *Inkohärenz* (verwirrte, unlogische Gedankenfolge, was sich oft als verstümmelte Sprache zeigt). Es gibt noch viele andere Formen von Symptomen der Denkstörungen, aber ebenso wie diese drei sind die meisten in erster Linie kennzeichnend für psychotische Störungen, etwa Schizophrenie. In ihrer weniger schweren Form können sie natürlich auch bei Neurosen vorkommen, aber die beiden Denkstörungen, die fast ausschließlich mit Neurose gleichgesetzt werden, sind *Obsessionen* und *Phobien.* Obsessionen sind abermals eine zwanghaft hartnäckige, immer wiederkehrende Idee oder ein Impuls, die immer stärker werden, obwohl ihre Irrationalität erkannt wird. Eine Phobie ist eine hartnäckige, zwanghafte Furcht vor einem bestimmten Gedanken, einem Gegenstand oder einer Situation, die immer stärker wird, obwohl ihre Irrationalität erkannt wird. Zwänge und Zwangsvorstellungen werden von der Psychotherapie als behandelbar und heilbar angesehen, hauptsächlich weil angenommen wird, daß sie eine dynamische, psychologische Ursache haben. Die anderen Symptome der Denkstörung werden als behandelbar angesehen, doch weil man annimmt, daß sie eine organische Ätiologie haben, nicht als heilbar im strengen Sinn des Wortes.

2. *Affektive Störungen.* Das sind Symptome, die meist mit Neurosen oder allgemeiner Demoralisierung verknüpft sind. Sie werden »affektiv« genannt, weil sie sich primär auf das Fühlen, im Gegensatz zum Denken, beziehen. Dazu gehören *Angst, Depression, Apathie, Feindseligkeit, Depersonalisierung* und so weiter. Alle affektiven Symptome werden von der Psychotherapie als behandelbar und, wenn die Voraussetzungen der therapeutischen Erfahrung richtig sind, als heilbar angesehen. (Die zweckmäßigen Voraussetzungen werden gewöhnlich als abhängig vom Patienten – seinen Einstellungen und Wahrnehmungen – betrachtet.)

3. *Gedächtnisstörungen.* Die grundlegenden Symptome dieser Kategorie sind verschiedene Arten von Amnesie. Da angenommen wird, daß die Symptome sowohl organische als auch psychogene (das heißt dynamisch-psychische) Ursprünge haben, stellt die Psychotherapie ihr Auftreten bei einer großen Vielzahl von Störungen fest. *Paramnesie* in leichter Form findet man zum Beispiel bei vielen ansonsten normalen Menschen. Es ist die vorsätzliche Verzerrung früherer Erlebnisse, damit sie den gegenwärtigen emotionalen Bedürfnissen entsprechen. Jeder von uns kennt jemanden, der seine Vergangenheit verfälscht, damit sie in einem besseren, interessanteren Licht erscheint. Da das so viele Menschen tun, könnte ein solches Symptom, das als ein Ausdruck von Unzulänglichkeit betrachtet wird, für normal gehalten werden. Aber wenn es zur Gewohnheit wird, was oft der Fall ist, kann es für den Betreffenden Probleme schaffen. Bald wird es ein unbewußter Prozeß, oder zumindest ein automatischer, und die Folge ist die Tendenz, die Wirklichkeit mit der Phantasie zu verwechseln. Das Individuum, das in einem solchen Prozeß befangen ist, ist nicht mehr normal und sollte eher bemitleidet als verurteilt werden. Ob die Psychotherapie diese Abnormität oder irgendein anderes Gedächtnisstörungssyndrom heilen kann, ist eine Frage, die wie viele andere nie geklärt wurde. Die heutigen Gruppentherapien vom Encounter-Typ behaupten, sie hätten bei der Behandlung solcher Störungen Wunder gewirkt, aber es liegen Hinweise dafür vor, daß sie dazu neigen, bewußte Unehrlichkeit mit unbewußter Heuchelei zu verwechseln.

4. *Bewußtseinsstörungen.* Hier offenbaren sich die Symptome als alterierte, abnorme Bewußtseinszustände. Dazu gehören *Desorientierung, Stupor, Traumzustände* und *Fugue-Zustände* (unerklärliche Fluchten aus der Wirklichkeit, bei denen der Patient anscheinend zweckvoll handelt, aber in einer Art erregter Trance zu sein scheint; wenn er zur Bewußtheit zurückkehrt, kann er sich nicht erinnern, was er getan hat). Derartige Symptome sind gewöhnlich ein Hinweis auf organische Gehirnerkrankungen, die außerhalb des Bereichs der konventionellen Formen von Psychotherapie liegen.

5. *Motorische Störungen.* Motorische Störungen sind natürlich oft gekoppelt mit Symptomen, die sich aus anderen Störungen neurotischer Art herleiten. Zum Beispiel mag eine Phobie Handlungsunfähigkeit herbeiführen; Angst mag unkontrollierbare Panik oder höchste Erregung zur Folge haben. Mit anderen Worten, die meisten Formen psychischer Störungen bilden nicht nur psychische Symptome, sondern auch *psychomotorische* Symptome. Aber es gibt auch psychomotorische Symptome, die mehr oder weniger allein auftreten und schwerere Störungen als Neurosen widerspiegeln. Dazu gehören *Stereotypie* (die irrationale und anhaltende Wiederholung einer motorischen Aktivität) und *Katalepsie* (ein psychomotorischer Anfall, der den Verlust der willkürlichen Bewegung zur Folge hat und von Stupor begleitet ist). Jedes einzelne motorische Symptom kann auf eine der unterschiedlichen seelisch-emotionalen Störungen hinweisen. Indes kann es nicht nur das Vorhandensein einer bestimmten Störung bestätigen, sondern auch Verwirrung stiften bei der Unterscheidung zwischen möglichen Störungen. Daher müssen Psychotherapeuten psychomotorische Symptome sehr behutsam interpretieren. So mancher organische Gehirnschaden – Tumor zum Beispiel – ist falsch diagnostiziert und als gewöhnliche Neurose behandelt worden, und der Irrtum wurde erst dann entdeckt, als es zu spät war.[3]

6. *Verbale Störungen.* Wenn diese Symptome leicht sind, können sie entweder eine Neurose oder eine beginnende Psychose anzeigen; sind sie schwerer, weisen sie auf eine Psychose hin. Zu

[3] In vielen Fällen ist falsche psychiatrische Behandlung die Folge einer falschen Diagnose. Heutzutage gehen die meisten verantwortungsbewußten Psychotherapeuten sehr viel vorsichtiger an die Diagnose heran; auch nichtärztliche Therapeuten werden es ablehnen, einen Patienten mit psychomotorischen Symptomen zu behandeln, ehe die Möglichkeit einer organischen Gehirnerkrankung durch gründliche medizinische Untersuchungen ausgeschlossen worden ist. Indes gibt es noch immer eine große Zahl von Therapeuten, die in diesem Punkt leichtfertig handeln. Es kann daher nicht genug betont werden, wie wichtig es ist, sich nur einem Therapeuten anzuvertrauen, der nicht allein gut ausgebildet und erfahren ist, sondern auch peinlich genau und gründlich hinsichtlich der Diagnose verfährt – vor allem, wenn die Leiden des Patienten von psychomotorischen Symptomen irgendwelcher Art begleitet sind.

diesen Symptomen gehören *Logorrhöe* (unkontrollierbares, rasches, übermäßiges und sich wiederholendes Reden); *Echolalie* (zwanghaftes Nachsprechen von Redensarten oder Wörtern anderer); *Echopraxie* (Wiederholung und Nachahmung von Bewegungen anderer); *Verbigeration* (sinnlose Wiederholung zusammenhangloser Wörter oder Sätze); *Blockierung* (Unterbrechung einer Gedanken- und Redeentwicklung infolge Erinnerung an ein schmerzliches Erlebnis); *Gedankenflucht* (abnorm rasches Heraussprudeln von Assoziationen mit häufigem Themawechsel und ohne ein ersichtliches Ziel der Erzählung; in ihrer leichteren Form wird sie *Konfabulieren* genannt). Die meisten Symptome verbaler Störungen sind insofern den Symptomen von motorischen und Bewußtseinsstörungen sehr ähnlich, als sie auf Krankheiten hinweisen, die außerhalb der Reichweite der gewöhnlichen psychotherapeutischen Behandlung liegen, mit der wir es hier zu tun haben.

Wenn Sie dieses Buch in erster Linie deshalb lesen, um sich über Psychotherapie für jemanden anderen (zum Beispiel einen Freund oder Verwandten) zu unterrichten, und der Betreffende Symptome erkennen läßt, die deutlich über die – hauptsächlich in der Kategorie 2 erfaßten – affektiven Störungen hinausgehen, sollten Sie darauf bestehen, daß er einen ärztlichen Psychotherapeuten (einen Psychiater) konsultiert, zumindest bis die Möglichkeit einer organischen oder physiologischen Krankheit ausgeschlossen werden kann.

Derselbe Rat gilt natürlich für Sie, obwohl es wahrscheinlich ist, wenn Sie eins dieser schweren Symptome haben, daß Sie sich entweder ihrer nicht bewußt sind oder dazu neigen, ihre Bedeutung aus Angst, oder weil Sie eine falsche Vorstellung von Ihrer eigenen Unverwüstlichkeit haben, zu bagatellisieren. Die Symptome, bei denen es wahrscheinlicher ist, daß Sie sie erkennen, sind affektive, das heißt diejenigen, die durchweg Neurosen kennzeichnen. Ihnen werden wir uns von jetzt an zuwenden, denn sie sind diejenigen, die gemeinhin in den Rahmen dessen fallen, was die gewöhnliche Psychotherapie behandeln zu können behauptet und verheißt.

Ich habe zwar betont, daß die Psychotherapie die Ursachen von psychischen Krankheiten nach Kategorien (das *Warum?*) noch herausfinden muß, doch hat sie eine ganze Menge Erklärungen dafür vorgelegt, *wie* es zu einer solchen Krankheit kommt. Im Zusammenhang damit hat die Psychotherapie einen Prozeß postuliert, der aus zwei deskriptiven Komponenten besteht. Es sind die *zugrunde liegenden Ursachen* und die *beschleunigenden Umstände.*

Der Prozeß der Neurose besteht demnach aus diesen beiden Faktoren, welche die Psychotherapeuten gern deutlich unterscheiden. Der Unterschied zwischen ihnen wird an dem folgenden Beispiel deutlich. Auf Beschwerden von Bekannten oder des Arbeitgebers über die ständig schlechten Launen und das abnorme Verhalten ihres Mannes Peter erwidert eine Frau vielleicht: »Es ist kein Wunder, daß Peter ein Nervenbündel ist! Nicht nur, daß sein Chef ihm zuviel Arbeit aufbürdet, er bezahlt ihn auch schlecht. Da wir so knapp mit Geld sind, muß er abends noch arbeiten, um zusätzlich etwas zu verdienen, damit die Kinder neue Schuhe bekommen können.«

Aber ist die Erklärung so einfach? Mit Peter wird es immer schlimmer, schließlich ärgert sich sogar seine Frau über ihn und besteht darauf, daß er zu einem Psychiater gehe. Er tut es. Seine Beschwerden? »Herr Doktor, ich kann den Druck einfach nicht mehr aushalten.« Die klinische Untersuchung von Peter durch den Psychiater und die ausführliche Anamnese zeigen vielleicht einen Menschen, der immer schüchtern war, ohne Selbstvertrauen, ungesellig, selten, wenn überhaupt jemals lustig, der wenig Freunde hat und dazu neigt, sich in sich selbst zurückzuziehen. Psychologische Tests weisen vielleicht darüber hinaus auf eine schwer neurotische Persönlichkeit mit einer möglichen Schizophrenie hin. Es sind also nicht Arbeitsüberlastung und Unterbezahlung, die aus Peter ein Nervenbündel gemacht haben; in Wirklichkeit beginnt sich eine Psychoneurose in seinem Verhalten und seiner Einstellung widerzuspiegeln. Die Überarbeitung, die gezeigt hat, daß Peter »den Druck nicht mehr aushalten kann«, ohne daß sich seine Stimmung merklich verdüsterte, war nur der Tropfen, der das Faß zum Überlaufen brachte – der

Beschleunigungsfaktor in einer langen Folge von Schocks, Belastungen und Ärgernissen, die bei einem anderen Menschen vielleicht eine ganz andere, positivere psychologische Wirkung gehabt hätten.

Aber, sagt die Psychotherapie, die Ursache von Peters Leiden liegt tiefer, und zwar in seiner Persönlichkeitsstruktur oder im biologischen Bereich, der die Funktionsmechanismen für sein Dasein, seine Beziehungen zur Umwelt und seine Reaktionen auf sie bereitstellt. Irgendwo in diesem inneren Labyrinth ist die zugrunde liegende Ursache von Peters Störung zu finden. Aufgabe des Psychotherapeuten ist es, Peter in die Unterwelt seiner Psyche zu begleiten, bis die Ursache aufgespürt ist, und ihn dann zu einer Konfrontation mit ihr und zu ihrem Verständnis zu führen.

Beschleunigungsfaktoren und Ursachen können äußere oder innere Ursprünge haben. Beispiele für äußere Ursprünge (außerhalb des Individuums) sind tagtägliche Bedrohungen und Frustrationen, wirtschaftlicher Streß, kulturelle Konflikte, Scheitern der Ehe oder eines Liebesverhältnisses und gesellschaftliche Einschränkungen. Beispiele für innere Ursprünge (innerhalb des Individuums) sind Stoffwechselstörungen, Störungen im biochemischen Gleichgewicht, Kreislaufveränderungen und hormonale Schwankungen. Die Depressionen von Frauen vor der Menstruation oder nach der Niederkunft werden gewöhnlich als weitgehend biologisch bedingt betrachtet; eine lange anhaltende Depression nach dem Verlust einer geliebten Person oder nach dem Verlust einer Stellung wird dagegen als dem Ursprung nach äußerlich angesehen. In allen diesen Fällen stellen die Ursprünge Beschleunigungsfaktoren dar. Doch der eigentliche Ursprung sind, zumindest nach Ansicht der Psychotherapie, nicht die Beschleunigungsfaktoren, sondern die zugrunde liegenden Ursachen. Um eine derartige Depression zu überwinden, ist es also erforderlich, die Ursachen herauszufinden.

Die verschiedenen Therapien nehmen das auf unterschiedliche Weise in Angriff. Analytisch ausgerichtete Therapien suchen die Ursachen in dem Bereich, den sie sich als die Mechanismen der unbewußten Verdrängung vorstellen. Die klientenbezogene und andere Gesprächstherapien suchen sie in den sogenannten Prozessen des bewußten Konflikts. Verhaltenstherapien suchen sie in Prozessen fehlerhaften Lernens. Alle drei Therapietypen wenden völlig unterschiedliche Methoden an. Doch eine zentrale Theorie ist ihnen gemein: daß die Ursachen der seelisch-emotionalen Störung eines Individuums in seiner Vergangenheit liegen.

Angesichts dieser fundamentalen Ähnlichkeit der drei verbreitetsten Methoden fragt man sich, welcher man sich anvertrauen soll. Diese Frage zu beantworten ist ebenso schwierig wie die, welche von drei Suppen man an einem kalten Tag zu sich nehmen soll; alle drei werden Sie aufwärmen. Oder welches Gift Sie schlucken sollen, wenn Sie sich das Leben nehmen wollen. Es hängt weitgehend von Ihrem persönlichen Geschmack ab. Vielleicht finden Sie, daß Nierencremesuppe und Hammelfleischbrühe so abscheulich schmecken, daß sie bei Ihnen Brechreiz hervorrufen, und deshalb wählen Sie Tomatensuppe. Vielleicht haben Sie gehört, daß Arsen und Strychnin einen widerlichen Geschmack haben; deshalb beschließen Sie, ein weniger bitteres Gift zu schlucken.

Nur eins stimmt nicht bei diesen Analogien, und Sie sollen gleich erfahren, was es ist. Die Entscheidung, welche Suppe Sie essen oder welches Gift Sie nehmen, wird nämlich nicht durch die Frage nach dem Ergebnis kompliziert. Welche Suppe auch immer Sie an einem kalten Tag essen, Sie können sicher sein, daß sie Sie wärmen wird; welches Gift auch immer Sie schlucken, Sie können sicher sein, daß es Sie umbringt, wenn Sie die richtige Dosis nehmen. Eine solche Gewißheit bezüglich der Wirksamkeit der Psychotherapie, die Sie wählen, haben Sie nicht. Wie erwähnt, verfügt die ärztliche Wissenschaft gewöhnlich über eine spezifische Behandlungsform für eine Krankheit als Folge einer spezifischen Ursache. Das kann nicht der Fall sein in der Psychotherapie, weil es keine bekannten spezifischen Ursachen gibt, mit Ausnahme von gewissen Leiden, bei denen eindeutig nachgewiesen werden kann, daß sie organischen Ursprungs sind. Aber diese Ausnahmen sind wiederum fast immer Störungen, die außerhalb des Bereichs der konventionellen Psychotherapie liegen.

Die Frage, welcher Methode Sie sich unterziehen sollten, muß also vorläufig unbeantwortet bleiben. Wenn Sie dieses Buch gelesen und Gelegenheit gehabt haben, sich mit der großen Auswahl von Methoden vertraut zu machen, die ich ausführlich schildern möchte, werden Sie hoffentlich besser imstande sein, einen Entschluß zu fassen – wenn die Psychotherapie tatsächlich der Weg ist, den Sie einschlagen wollen, um sich mit dem auseinanderzusetzen, was Sie als Ihr emotionales Problem ansehen.

Ihr emotionales Problem – sein Typus, seine Art und Schwere, so gut Sie es beurteilen können – sollte der ausschlaggebende Faktor bei Ihrer Entscheidung sein, a) einen Psychotherapeuten aufzusuchen, und b) bei der Wahl einer bestimmten Form der Psychotherapie. In dieser Hinsicht könnte es ratsam sein, sich vor Augen zu halten, daß heutzutage Millionen Menschen mit neurotischen Symptomen herumlaufen und es ihnen trotz ihrer Probleme gelingt, sich im Leben zu behaupten. Das soll nicht heißen, daß sie es mit Hilfe der Psychotherapie nicht noch besser könnten. Aber es soll damit auch nicht gesagt sein, daß die Psychotherapie ihnen unweigerlich dazu verhelfen würde.

Es sollte auch nicht außer acht gelassen werden, daß über vierzig in den letzten 20 Jahren veröffentlichte Untersuchungen über neurotische Störungen, die über 14 000 Fälle in psychoanalytischer und eklektischer Therapie erfaßten, zu dem Ergebnis kommen, daß sich eine positive Wirkung solcher Therapien nur bei knapp über 50 Prozent der gesamten Fälle nachweisen ließ.[4] Also nur etwa jeder zweite Patient zieht Nutzen aus der Psychotherapie.

Schließlich empfiehlt es sich zu erwähnen, daß neurotische Störungen zwar in jedem Alter auftreten und lange Zeit oder auch kurze Zeit anhalten können, aber aus vielen anderen Untersuchungen übereinstimmend hervorgeht, daß derartige Störungen besonders charakteristisch sind für das frühe Erwachsenen-

[4] Diese Zahlen sind meine Schätzungen, zu denen ich durch Vergleich des in verschiedenen Untersuchungen vorgelegten Zahlenmaterials gelangt bin. Für die absolute Richtigkeit meiner Schätzungen kann ich mich nicht verbürgen; aber schließlich kann ich mich auch für die absolute wissenschaftliche Richtigkeit der Untersuchungen nicht verbürgen, denn viele wurden von Verfechtern der betreffenden Therapien durchgeführt.

alter. Die Ergebnisse dieser Untersuchungen zeigen auch, daß es eine zunehmende Häufigkeit und Verbreitung von Neurosen in den Zwanziger- und Dreißigerlebensjahren gibt, die sich bis in die Vierzigerjahre erstrecken, und daß Häufigkeit und Verbreitung danach rapide absinken. Daraus wird deutlich, daß Neurosen im großen und ganzen nur eine begrenzte Zeit anhalten, wenn sie nicht behandelt werden. Tatsächlich liegen begründete Hinweise dafür vor, daß eine Neurose durchschnittlich nicht länger als ein oder zwei Jahre dauert.[5]

Noch andere Untersuchungen zeigen, daß in Fällen von schwerer Neurose, die nicht behandelt oder ohne Psychotherapie nur überwacht werden, bei annähernd 70 Prozent innerhalb von zwei Jahren nach Auftreten eine spontane Heilung eintritt. Die meisten praktischen Ärzte haben von dieser ziemlich verblüffenden Statistik Kenntnis, die vielleicht erklärt, warum Ärzte zögern, viele ihrer emotional gestörten Patienten an Psychiater zu überweisen, nachdem sie festgestellt haben, daß organisch bei ihnen alles in Ordnung ist. Sie wissen, daß bei Auftreten von Neurosen die Wahrscheinlichkeit besteht, daß sie von vorübergehender Art sind, und deshalb neigen sie dazu, die Zeit »Wunder« wirken zu lassen. Viele nichtpsychiatrische Ärzte, mit denen ich diese Punkte besprochen habe, scheinen sogar zu glauben, daß es eine umgekehrte Korrelation zwischen der Heilung von Neurosen und der Psychotherapie gibt, das heißt, je mehr Psychotherapie, um so geringer die Heilungsquote.

Um dieses Thema abzuschließen, wollen wir uns anschauen, was der hervorragende Psychologe Hans J. Eysenck, der die kritische Auseinandersetzung mit der Psychotherapie in den Mittelpunkt seines Lebenswerks gestellt hat, dazu zu sagen hat. Nachdem er über die Ergebnisse einer Reihe von Untersuchungen ausführlich berichtet und sie überprüft hatte, schrieb er im *Journal of Constructive Psychology:*

»Im allgemeinen sind gewisse Schlußfolgerungen aus diesen Unterlagen möglich. Sie beweisen nicht, daß die Psychotherapie,

5 Auch diese Durchschnittszahl habe ich aufgrund des Zahlenmaterials einer Reihe formaler, aber nicht völlig stichhaltiger wissenschaftlicher Untersuchungen errechnet.

sei es die Freudsche oder eine andere, die Heilung neurotischer Patienten fördert. Sie zeigen, daß ungefähr zwei Drittel einer Gruppe neurotischer Patienten innerhalb von etwa zwei Jahren nach Beginn ihrer Krankheit wiederhergestellt sein werden oder ihr Zustand sich deutlich gebessert hat, ob sie nun psychotherapeutisch behandelt wurden oder nicht. Diese Zahl scheint bei den einzelnen Untersuchungen bemerkenswert gleichbleibend zu sein, ungeachtet des Typs des behandelten Patienten, des angelegten Maßstabs der Heilung oder der angewandten therapeutischen Methode. Vom Standpunkt des Neurotikers sind diese Zahlen ermutigend; vom Standpunkt des Psychotherapeuten können sie kaum als sehr günstig für seine Behauptungen bezeichnet werden.«[6]

Obwohl Eysenck dies 1952 geschrieben hat und die Verbreitung der Neurose seitdem beträchtlich zugenommen zu haben scheint, gibt es keine neueren Untersuchungen, die seine Schlußfolgerungen tatsächlich widerlegen. Viele Verfechter der Psychotherapie bestreiten Eysencks Behauptungen mit der Begründung, da er ein Befürworter der Verhaltenstherapie sei, habe er sich von seiner Voreingenommenheit hinreißen lassen und an Objektivität eingebüßt. Seine Behauptung, daß »ungefähr zwei Drittel einer Gruppe neurotischer Patienten innerhalb von etwa zwei Jahren ... wiederhergestellt sein werden oder ihr Zustand sich deutlich gebessert hat ... ob sie nun behandelt wurden oder nicht«, enthält schließlich keine bessere Prognose für die Verhaltenstherapie als für andere Methoden.

Das ist alles schön und gut, werden Sie sagen, aber Sie sind von beunruhigenden Symptomen befallen und möchten lieber nicht ein, zwei oder drei Jahre warten, in der Hoffnung, daß sich Ihr Problem spontan mildern wird. Was tun Sie also?

Zuerst einmal wollen wir Ihr Problem erkennen.

Das mindeste, was es sein könnte, ist das, was die Amerikanische Psychiatrische Gesellschaft eine »vorübergehende situationsbedingte Persönlichkeitsstörung« nennt. Das bedeutet eine Störung, die sich aus einer bestimmten Verkettung ungünstiger

6 Hans J. Eysenck, »The Effects of Psychotherapy; An Evaluation«, *Journal of Constructive Psychology*, 1952, 16, S. 319 f.

Umstände in Ihrem Leben entwickelt, Umstände, die Ihre normalen psychischen Gewohnheiten unterbrechen, aber ihrer Art nach vorübergehend sind. Jemand, der seine Stellung verliert, Pech in der Liebe hat oder den Tod eines nahen Freundes erfährt und anschließend ein oder zwei Wochen lang niedergeschlagen ist, durchlebt keine wirklichen psychischen Schwierigkeiten. Aber angenommen, dergleichen ist Ihnen widerfahren, und ferner angenommen, Ihre Depression hat länger als ein oder zwei Wochen angehalten; angenommen, Sie haben sie immer noch nicht abschütteln können. Dann mag es auf Sie zutreffen, daß Sie an einer situationsbedingten Persönlichkeitsstörung leiden. Wie vorübergehend sie ist, hängt davon ab, wie lange es dauert, bis Sie selbst sie überwinden. Je länger es dauert, um so weniger wahrscheinlich ist es, daß Sie sie selbst überwinden können, und um so wahrscheinlicher, daß Sie eine Psychotherapie irgendeiner Art aufsuchen.

Angst, die Spannung verursacht, ist ein wesentlicher Bestandteil Ihres Lebens, fast so notwendig wie Hunger oder Durst. Ohne die Fähigkeit zur Angst wäre ein Mensch nicht imstande, die vielen Situationen, die ihn sein Leben lang auf verschiedene Weise gefährden, zu erkennen und abwehrend auf sie zu reagieren. Angst und Spannung sind grundlegende Mechanismen zum Selbstschutz der menschlichen Psyche.

Aber übermäßige Angst und Spannung – Angst und Spannung, die das normale Maß dieser Zustände in Ihrem Leben übersteigen – sind die Hauptmerkmale einer situationsbedingten Störung. Da sie sich unerklärlicherweise verstärken und das übersteigen, was Sie für Ihre Fähigkeit halten, sie in Schach zu halten, tragen sie primär dazu bei, daß Ihr seelisches Gleichgewicht gestört ist. Der Börsenspekulant, der verzweifelt beobachtet, wie der Papierstreifen des Börsentelegraphen die Geschichte seines finanziellen Verhängnisses enthüllt, wird verständlicherweise übermäßig ängstlich und nervös. Ebenso die Mutter eines jungen Soldaten, der weit entfernt in einem Schützenloch hockt, und der Sohn natürlich auch, der sehr realen Gefahren durch feindliche Granatwerfer und Geschütze ausgesetzt ist.

Manche Menschen scheinen bei solchen Reizen zu gedeihen,

andere dahinzuwelken. Die letzteren werden vielleicht nicht nur dahinwelken, sondern auch eine Störung ihres psychischen Gleichgewichts erfahren. Nach der Psychotherapie sind Reize wie diese *Beschleunigungsfaktoren.* Was diejenigen, die daran zerbrechen, von denjenigen unterscheidet, die sie ertragen können, hat mit den *zugrunde liegenden Ursachen* zu tun. Und zugrunde liegende Ursachen haben mit der Natur und Eigenart der psychischen Vorgeschichte des einzelnen zu tun. Eine gesunde psychische Vorgeschichte stellt praktisch sicher, daß man imstande sein wird, situationsbedingte Traumata nach kurzer Zeit zu überwinden. Eine schwache oder ungesunde psychische Vorgeschichte bedeutet eine weniger erfolgreiche Reaktion auf fördernde Umstände.

Ein anderer Typus von vorübergehender situationsbedingter Störung ist die Reaktion auf Sinnlosigkeit und Zwecklosigkeit – sei sie real oder eingebildet – des eigenen Lebens. Hier treten die Beschleunigungsfaktoren vielleicht ihrem Wesen nach nicht plötzlich und traumatisch auf, sondern allmählich und schleichend. Dennoch können sie Angst und Spannung hervorrufen, die ebenso stark sind wie bei Störungen, die einen traumatischen Ursprung haben, und sie sind um so verwirrender, weil ihre Ursprünge sich nicht so leicht bestimmen lassen.

Natürlich sind nicht zwei Fälle von seelischer Malaise einander gleich; daher hat es nicht viel Zweck zu versuchen, die spezifische Art Ihres Problems (angenommen, Sie haben eins) zusammengedrängt auf den Seiten eines Buches zu behandeln.[7] Was wir indes tun können, ist, Ihnen behilflich zu sein, ganz allgemein zwischen den verschiedenen Gruppen von emotionalen Störungen zu unterscheiden. Wenn Ihre Symptome – ungelöste Angst, Spannung, Depression und dergleichen – eindeutig auf ein kürz-

[7] Genau das versuchen viele der unzähligen sogenannten Selbsthilfe-Bücher. Der ausgesprochene Unsinn – und in vielen Fällen die Durchschaubarkeit – solcher Unterfangen wird durch die Tatsache gefördert, daß derlei Bücher weiterhin kommerziell sehr erfolgreich sind. Wenn es wirklich eine Möglichkeit gäbe, psychische Probleme definitiv und spezifisch zu diagnostizieren, dann wäre nur ein Buch erforderlich. Diese Bücher erreichen vor allem, daß in vielen Fällen Probleme suggeriert werden, in denen es keine gibt. Auf diese Weise weckt jedes Buch eine größere Nachfrage nach dem folgenden.

liches Trauma, auf eine schleichende Unzufriedenheit mit Ihrer persönlichen Situation und Umgebung oder auf eine Kombination von beidem zurückzuführen sind, dann können Sie einigermaßen sicher sein, daß Sie mindestens von einer vorübergehenden, situationsbedingten Störung befallen sind. Und wenn Sie genügend innere Bereitschaft haben, Ihren Zustand zu überwinden und gleichzeitig zu verstehen versuchen, welche Schwäche in Ihrer Persönlichkeit oder Psyche zugelassen hat, daß bei Ihnen normale Angst und Spannung diese Ausmaße annahmen, dann werden Sie vielleicht finden, daß irgendeine Form von Psychotherapie hilfreich sein wird.

Die folgenden sind wahrscheinlich die sieben häufigsten und typischsten (oder möglichst typischen) Arten und Weisen, wie sich die inneren Symptome einer situationsbedingten Störung im Verhalten äußern.

1. Man stellt fest, daß unbedeutende Lebensprobleme und kleine Enttäuschungen sich zu großer emotionaler Verwirrung aufbauschen, die gekennzeichnet ist durch ein Übermaß an Ärger, Wut oder Verdrossenheit.
2. Es fällt einem immer schwerer, mit anderen Menschen auszukommen und umgekehrt; geringe Duldsamkeit, Nörgeln und das ständige Suchen nach einem Sündenbock sind hier die Kennzeichen.
3. Man findet die kleinen Freuden des Lebens nicht länger befriedigend; man wird gleichgültig, sogar ungeduldig, empfindet die Routine zutiefst langweilig und trägt dauernd Verlangen nach »Gipfel«-Erlebnissen.
4. Man kann sich nicht davon abhalten, ständig über seine Ängste und unheilvollen Ahnungen nachzudenken.
5. Man bekommt regelrecht Angst vor Menschen und/oder Situationen, die einen früher nie beunruhigt hatten.
6. Man wird mißtrauisch gegen Menschen und ihre Motive – besonders gegen Menschen, die ihre Anteilnahme bekunden sowie ihren Wunsch »zu helfen«.
7. Man kommt sich immer unzulänglicher vor und steht Qualen aus, weil man an sich selbst zweifelt und kein Selbstvertrauen mehr hat.

Da vorübergehende situationsbedingte Persönlichkeitsstörungen den Wirklichkeitssinn nicht signifikant beeinträchtigen, sollten Sie eigentlich imstande sein, die Symptome dieser Störungen ohne weiteres zu erkennen. Wenn Sie merken, daß sich eine oder mehrere dieser Verhaltensweisen in einem bedenklichen Ausmaß auf Ihr Leben auswirken, dann sollten Sie zu dem Schluß kommen, daß eine Form von situationsbedingter Störung so weit fortgeschritten ist, daß es gerechtfertigt ist, sofort für Abhilfe zu sorgen, vorausgesetzt, Sie wollen es nicht riskieren, die Lösung Ihres Problems dem Wirken der Zeit zu überlassen. Aber es wäre höchst vermessen – und könnte sogar gefährlich sein –, wenn irgend jemand, und sei es auch ein professioneller Therapeut, Ihnen auf ein paar Seiten eines Buches oder einer Zeitschrift Ratschläge erteilte, wie Ihr Problem zu bekämpfen sei. Der ganze Zweck der Psychotherapie, wenn Sie an ein Heilmittel dieser Art glauben, ist nicht, praktische Verordnungen anzubieten, sondern Sie zu ermutigen und Ihnen behilflich zu sein, diejenigen schlecht funktionierenden Seiten Ihrer Persönlichkeit ans Licht zu bringen, die in erster Linie dazu beigetragen haben, Ihre psychischen Schwierigkeiten hervorzurufen.

Wenn eine emotionale Störung von vorübergehender, situationsbedingter Art allzu quälend wird oder zu lange anhält, sollte man wie bei einer Krankheit verfahren, die ärztlich behandelt werden muß, wie bei einem Schnupfen, der sich verschlimmert. Damit meine ich nicht, daß Sie zur nächsten Gruppentherapie oder unbedingt zum nächsten Psychiater laufen sollten. Als erstes sollten Sie Ihren Hausarzt konsultieren. Er wird Ihnen vielleicht empfehlen, einen Psychiater aufzusuchen, oder Ihnen eine Behandlung in einer Klinik oder einem Krankenhaus vorschlagen. Oder womöglich kann er selbst Ihnen Erleichterung verschaffen. Wenn er ein tüchtiger Arzt ist (und sonst wäre er wohl nicht Ihr Hausarzt), wird er als erstes natürlich die Möglichkeit ausschließen, daß Ihr Problem durch eine organische Erkrankung verursacht wurde – zum Beispiel Vitaminmangel, vaskuläre Schwäche oder eine Störung im Stoffwechsel- oder hormonalen Gleichgewicht –, ehe er Sie an einen Psychotherapeuten überweist.

Ebenso wie aus einer Erkältung, wenn sie nicht behandelt wird, eine Lungenentzündung entstehen kann, können sich vorübergehende situationsbedingte Störungen zu schwereren Neurosen entwickeln. Aber das bedeutet nicht, daß alle Neurosen die Folge nicht behandelter situationsbedingter Störungen sind. Obwohl die Symptome der Neurose denen situationsbedingter Störungen ähnlich und oft sogar mit ihnen identisch sind – wenngleich sie stärker empfunden werden –, sind die Ursprünge der Neurose erheblich vielfältiger und geheimnisvoller. Die Beschleunigungsfaktoren lassen sich schwerer isolieren und definieren, und dadurch wird es viel schwieriger, die zugrunde liegenden Ursachen herauszufinden.

Wenn sich bei Ihnen irgendwelche der Anzeichen bemerkbar machen, die ich als charakteristisch für vorübergehende situationsbedingte Störungen aufgeführt habe, und zwar sehr heftig bemerkbar machen, oder wenn Sie längere Zeit hindurch von schwerer Depression oder Angst heimgesucht werden, für die Sie keinen äußeren Grund finden können, oder wenn Ihr Verhalten ganz oder teilweise durch anscheinend irrationale obsessive oder zwanghafte Triebimpulse gekennzeichnet ist, oder wenn Sie in ständigem Schrecken vor etwas leben, das für andere ganz gewöhnlich und normal ist, etwa Essen, oder wenn bei Ihnen angesichts von Streß körperliche Schmerzen oder Funktionsstörungen auftreten, oder wenn Sie an entscheidendem Gedächtnisverlust leiden oder merken, daß Sie bei schwerer Verantwortung die Fassung verlieren, oder wenn Ihnen danach zumute ist, sich umzubringen, ohne daß Sie einen besonderen Grund haben, abgesehen davon, daß eine schwere Verzweiflung auf Ihnen lastet – wenn einer oder mehrere dieser Zustände für Ihr gegenwärtiges Leben charakteristisch ist, dann haben Sie wahrscheinlich eine »klinische Neurose«, wie die Psychotherapie sie nennt.

Bei einer Neurose vollzieht sich die Desorganisation der Psyche nur partiell, im Gegensatz zu ihrer völligen Desintegration bei einer Psychose. Obwohl es Ihnen vielleicht schwerer fallen wird, sich mit der Tatsache vertraut zu machen, daß Sie an einer Geistesstörung leiden, sind Sie dennoch, zumindest zeitweise, bei so klarem Verstand, daß Sie das Vorhandensein der Symptome erkennen und beschließen, nach einer Möglichkeit zu suchen, von ihnen befreit zu werden.

Neurose wird ihrem Ursprung nach als dynamisch angesehen, das heißt, genaugenommen als das Ergebnis psychischer Konditionierung, Erfahrungen und Schwächen. Leider ähneln indes viele neurotische Symptome denen, die man bei organisch-neurologischen Krankheiten findet.[8] Darum sollten Sie, wenn Sie irgendwelche Anzeichen einer seelisch-emotionalen Funktionsstörung bemerken, sich zuerst einer gründlichen ärztlichen Untersuchung unterziehen, um die Möglichkeit organischer Krankheiten auszuschließen, ehe Sie sich in psychotherapeutische Behandlung begeben. Ich kann ganz kategorisch sagen, daß jeder Psychotherapeut, der Sie zur Therapie annimmt, ohne von Ihnen selbst oder von Ihrem Arzt eine vollständige Krankengeschichte erhalten zu haben, ein Psychotherapeut ist, von dem Sie sich fernhalten sollten.

Weil eine Neurose, welcher Art auch immer, ihrem Ursprung nach als dynamisch angesehen wird, halten analytische Psychotherapeuten sie für das Ergebnis eines langfristigen, ungelösten Konflikts zwischen dem Es und dem Ich. Weniger traditionelle Therapeuten sehen sie im allgemeinen als das Ergebnis eines Konflikts zwischen dem Streben eines Individuums nach »Selbstverwirklichung« und den solchem Streben durch die Umwelt auferlegten Beschränkungen. Neuerdings entstandene Therapien betrachten die Neurose als das Ergebnis des Lernens falscher Verhaltensgewohnheiten in früheren Jahren. Aber wie immer sie angesehen wird, von allen Formen der Therapie wird die Neurose für behandelbar und in vielen Fällen für heilbar gehalten.

Der häufigste Typus der neurotischen Störung ist die *frei flottierende neurotische Angst.* Angst kommt bei allen Arten von Neurose vor, aber in diesen Fällen ist sie gewöhnlich ein Geschehen, das von anderen Symptomen stammt. Bei der Angstneurose ist reine, unerklärliche Angst das hauptsächliche und oft einzige Symptom. Wer von diesem Leiden befallen ist, verspürt eine

8 Ich kenne eine Frau, die acht Monate lang von einem Psychiater auf Konversionshysterie behandelt wurde, ehe man entdeckte, daß sie die ganze Zeit Rückenmarkkrebs hatte.

überwältigende Reaktion auf alles, was ihn psychisch quält. Die Reaktion offenbart sich emotional in einer Art erregter Verzweiflung; körperlich in Durchfall, häufigem Wasserlassen, Herzklopfen, Zittern, Schlaflosigkeit, Appetitlosigkeit oder irgendeiner anderen Abnormität. Der Betroffene verspürt gewöhnlich auch ein undefinierbares, aber sehr starkes Unbehagen, das Vorgefühl einer unmittelbar bevorstehenden Katastrophe.

Da Angst eine derartige Neurose beherrscht und da Angst bei jeder Form von Neurose auftritt, kann die Art einer Neurose erst voll und ganz erkannt werden, wenn das Element der Angst verstanden wird. Angst ist einer der wenigen medizinischen Begriffe, der gleichzeitig ein Symptom, das Leiden, welches das Symptom verursacht, und die emotionale Reaktion auf das Leiden und sein Symptom bezeichnet. Angst ist ein dreifaches Merkmal von Abnormität. Dennoch ist sie auch ein Wirkfaktor des normalen Funktionierens. Sie ist, mit anderen Worten, sowohl auf normales als auch auf abnormes Verhalten oder Stimmungen anwendbar. Der Unterschied zwischen den beiden Verhaltensweisen ist abhängig von der hervorrufenden Ursache, dem Zeitfaktor, den Umweltverhältnissen und dem Individuum selbst. Angst um das Leben eines geliebten Menschen, der im Krieg an der Front kämpft, ist normal. Wenn diese Angst nach Beendigung des Krieges anhält, könnte sie als abnorm bezeichnet werden.

Angst vor dem persönlichen Schicksal ist normal, wenn sie durch realen Streß, Enttäuschungen oder Herausforderungen heraufbeschworen wird, sofern die fördernden Umstände dem Ausmaß der Angst entsprechen. Eine leichte Depression in Verbindung mit Furcht vor der Zukunft, wenn man gerade seine Stellung verloren hat, ist zu erwarten. Aber wenn dieselbe Art von Depression und Furcht auftauchen, ohne daß ein angemessener fördernder Umstand gegeben ist – wenn Depression und Angst innerlich hervorgerufen werden –, dann macht man einen abnormen Prozeß durch.

Wir alle wissen, daß direkte Äußerungen der inneren Furcht oder des Schreckens von der Gesellschaft als unannehmbar angesehen werden. Die verschiedenen Theorien der Psychotherapie sind sich im allgemeinen darüber einig, daß Individuen auf ihre psychischen Konflikte mit Furcht und Schrecken reagieren. Da die unmittelbare Äußerung derartiger Emotionen durch die ungeschriebenen Gesetze der Gesellschaft untersagt ist, werden sie von dem Leidenden in Angst umgewandelt – eine gesellschaftlich erträglichere Reaktion. Furcht und Schrecken sind Instinkte; Angst ist also eine verhüllte, affektive Äußerung der Instinktimpulse.

Die Psychotherapien sind sich im allgemeinen auch darüber einig, daß Instinkte oder Triebe *ideationale* Äußerungsformen haben (das heißt, geistige Bilder oder Ideen begleiten jeden instinktiven Drang) und daß bei schwerem psychischen Konflikt vermöge des Verdrängungsmechanismus die ideationale Äußerung eines Triebes aus der bewußten Sphäre verschwindet, wenn sie sich dort überhaupt befindet, oder im Unbewußten bleibt. Dementsprechend können ideationale Äußerungen von Triebimpulsen drei mögliche Wege einschlagen: 1. totale Unterdrükkung, 2. Manifestation in der Maske eines bestimmten Typs von Emotion oder Stimmung oder 3. Verwandlung in allgemeine Angst. Im ersten Fall ist man unter Beherrschung der Furcht funktionstüchtig. Im zweiten Fall ist man mehr oder weniger gleichmäßig funktionstüchtig bei teilweiser Kontrolle. Erst wenn der psychische Apparat den dritten Weg einschlägt, büßt man seine Kontrolle größtenteils ein, und die Folge ist Neurose.

Neurotische Angst kann alle möglichen Ursachen haben, deren Erklärung von den psychotherapeutischen Theorien abhängt, denen Sie beipflichten. Doch welche Theorie auch immer Sie bevorzugen, alle schreiben den Ursprung einer Angst der Vergangenheit des Betreffenden zu. Angst mag mit spezifischen Gedanken oder Ideen verknüpft sein; oder sie kann ohne ideationale Verbindung vorhanden sein, und dann wird sie als »frei flottierende« Angst bezeichnet. Sie ist oft von physischen Symptomen begleitet, von denen viele auf einen engen organisch-physiologischen Zusammenhang mit den Nebennieren, dem Sympathikussystem[9] und nach den Ergebnissen von neueren Untersuchun-

[9] Der Sympathikus ist der Teil des autonomen oder vegetativen Nervensystems, der die Innervation der glatten Muskeln und endokrinen Drüsen besorgt. Ihm obliegen unwillkürliche Funktionen wie die Erweiterung der Blutgefäße und der Ausstoß der Drüsensekretion als Reaktion auf bedrohliche Reize.

gen möglicherweise sogar mit den die Emotion steuernden Zentren des Gehirns selbst hinweisen. Ein solcher Hinweis läßt darauf schließen, daß die neurotische Angst, obwohl ihrem Ursprung nach psychisch, in ihrer mechanischen Funktion organisch ist und eines Tages durch die Biochemie geheilt oder in Schach gehalten werden kann.

Wenn Ihr Problem eine Neurose ist, gleich welcher Art – Depression mit Selbstmordgefahr, zwanghafte Kleptomanie, Bathophobie (Höhenangst. Anm. d. Red.), Dissoziation oder dergleichen –, können Sie sicher sein, daß ihr wichtigstes emotionales Merkmal intensive, ausgeprägte, extreme Angst ist. Eine solche Angst kann oft aufreibend und ständig beeinträchtigend sein. Obwohl die biochemische Forschung hoffen läßt, daß eines Tages eine Heilungsmöglichkeit für solche Angst, vielleicht sogar eine Immunisierung dagegen gefunden wird, gibt es im Augenblick nur zwei Heilungsmöglichkeiten, entweder die Zeit oder irgendeine Form der Psychotherapie mit den mechanischen und chemischen Hilfsmitteln, die dazu gehören. Die Zeit hat sich in der Tat als ein etwas erfolgreicherer Heiler erwiesen; indes ist Geduld niemals eine Tugend des Neurotikers gewesen, und außerdem gibt auch die Zeit keine Garantie.

Was sollen Sie also tun? Die Antwort liegt auf der Hand. Wenn Sie bereit sind, den Versuch zu machen, Ihr Problem zu überwinden, dann suchen Sie bei der Psychotherapie die Hilfe, die sie verheißt.

3. Die Ausbildung des Psychotherapeuten

Es gibt viele Beweise, welche die Behauptung erhärten, daß nicht die Art der Psychotherapie entscheidend ist für den Erfolg oder Mißerfolg einer Psychotherapie, sondern daß es auf den Psychotherapeuten ankommt. Psychotherapien sind nicht greifbare Instrumente wie Skalpelle oder Zangen; bestenfalls sind sie abstrakte Werkzeuge. Dennoch können sie den Händen derjenigen, die sie anwenden, entgleiten und weiteren Schaden anrichten.

Wenn wir physisch krank sind und uns einem chirurgischen Eingriff unterziehen müssen, bemühen wir uns natürlich, uns der Dienste des bestmöglichen Chirurgen mit der sichersten Hand und der größten Erfahrung zu versichern. Es ist uns gleichgültig, welche Art Skalpell er zu verwenden gedenkt, wir interessieren uns nur für seine chirurgischen Qualifikationen. Wir würden uns nicht gern unter das Messer eines erfahrenen Chirurgen begeben, wenn er nicht viele Erfolge vorzuweisen hätte. Noch weniger wären wir bereit, uns einem Chirurgen anzuvertrauen, der gerade erst mit dem Studium fertig ist und noch keine Erfahrungen gesammelt hat, oder einem Assistenzarzt, der nur bei Operationen zugeschaut hat, oder einem Röntgenarzt, der glaubt, er habe so viele Aufnahmen des menschlichen Körpers gesehen, daß er auch imstande sei, ihn aufzuschneiden; oder gar einem charismatischen, aber schlecht bezahlten Krankenpfleger, der glaubt, Operationen seien eine gute Gelegenheit, nebenher etwas Geld zu verdienen. Doch wenn es sich um Psychotherapie handelt, tun viele von uns genau das. Wir reagieren nur auf den Therapeuten, nicht auf die Therapie.

In der Geschichte der modernen psychotherapeutischen Theorie gibt es genug Rechtfertigungen dafür. In erster Linie hat die Freudsche Theorie besonderen Nachdruck auf die therapeutische Beziehung gelegt, das heißt, die Beziehung zwischen dem Therapeuten und dem Patienten. Wie sich diese Beziehung gestaltet, bestimmt Freud zufolge weitgehend den Erfolg oder Mißerfolg der Therapie. Hauptmerkmal ist der von Freud als *Übertragung* bezeichnete Prozeß (der Patient überträgt Zuneigung zu anderen und Feindschaft gegen andere auf den Psychotherapeuten). Ein therapeutischer Fortschritt ist unmöglich, sofern der Patient nicht grundsätzlich Vertrauen zum Therapeuten hat. Durch die Übertragung wird der Therapeut ein Ersatz für die Eltern des Patienten und spielt eine immer wichtigere Rolle in seinem Leben. Die Rolle beruht in erster Linie auf Phantasie – einer Phantasie, die laut Freud notwendig ist, weil sie dazu beiträgt, daß der Patient seine eigenen Phantasien und seine unrealistische Einstellung zum Leben begreift.

Eben wegen der Art der therapeutischen Beziehung, die traditionell auf der Phantasie beruht, ist es kein Wunder, daß der grundlegende Faktor für den Fall, daß jemandem die Psychotherapie verlockend erscheint, der Therapeut ist und nicht die Therapie. In der gesamten psychoanalytischen Literatur, aus der die meisten Formen der Psychotherapie ihre Grundprinzipien beziehen, ist immer die Ansicht vertreten worden, daß die therapeutische Beziehung letztlich über den Erfolg einer Therapie entscheidet. Daher scheint es so zu sein, daß Menschen, die eine Psychotherapie brauchen oder suchen, von vornherein dazu neigen, die Wirksamkeit und Leistungsfähigkeit einer Therapie danach zu beurteilen, *wer* sie durchführt – und nicht nach den Qualifikationen, der Ausbildung oder Erfahrung des jeweiligen Therapeuten. Das ist natürlich eine weitere Erklärung für die Verbreitung von Psychotherapien und Psychotherapeuten: je größer die Rolle, die das »Wer« für die Leistungsfähigkeit der Therapie spielt, um so mehr »Wers« sind aufgetaucht, die glauben, sie könnten genausogut eine Therapie verabfolgen wie jeder andere; dazu bedürfe es nur eines verständnisvollen Gebarens, einer überzeugenden Redeweise und einer attraktiven, wenn nicht gar charismatischen Persönlichkeit.

Das ist eine ernste Kritik, entweder an der tatsächlichen Ineffizienz der Psychotherapie oder an ihrer allgemeinen Wirksamkeit. Jedenfalls wird damit die Frage aufgeworfen: Wenn jedermann Psychotherapie verabfolgen kann, warum wenden dann manche Leute unheimlich viel Geld und ein halbes Dutzend Jahre auf, um qualifizierte, akademisch ausgebildete Psychotherapeuten zu werden? Und das wirft die nächste Frage auf: Angenommen, jeder, der sich auf das Gebiet der Psychotherapie begibt, wird dazu hauptsächlich durch den Wunsch angeregt, anderen zu helfen (bestenfalls eine zweifelhafte Annahme), welcher Unterschied besteht dann zwischen einem vorzüglich ausgebildeten, hochqualifizierten Therapeuten und dem kaum ausgebildeten und weniger qualifizierten? Insbesondere, wenn der letztere aus der Sicht der Patienten oder Klienten doppelt so tüchtig ist wie der erstere?

Ebenso wie es viele Arten von Psychotherapie gibt, gibt es viele Arten von Psychotherapeuten und viele Möglichkeiten, wie man es wird. Der der Tradition am meisten entsprechende und wohl auch immer noch angesehenste Weg ist, es Freud gleichzutun und Arzt zu werden. Das erfordert am meisten Geld, Zeit, Studium und Berufsausbildung, aber zu guter Letzt kann sich der Therapeut den begehrten Titel Psychiater zulegen. Nur ein Arzt darf sich Psychiater nennen.

Psychiatrie ist die ursprüngliche und traditionelle Form der Psychotherapie. Einst wurde sie als die einzig legitime Form angesehen, und viele Psychiater sehen sie noch heute als die einzig legitime Form an. Ohne im Augenblick auf die Vor- und Nachteile einer solchen dogmatischen Erörterung einzugehen, besteht kein Zweifel daran, daß unter all den Spielarten von Therapeuten nur die Psychiater von Rechts wegen befugt sind, Psychopharmaka wie Tranquilizer und Antidepressiva zu verschreiben oder zu verabfolgen; nur die Psychiater sind von Rechts wegen befugt, die verschiedenen Formen der Schockbehandlung anzuwenden; nur die Psychiater sind von Rechts wegen befugt, klinisch-organische Laboratoriumsuntersuchungen vorzunehmen, um eine genaue Diagnose stellen zu können; und nur die Psychiater sind von Rechts wegen befugt, Patienten in Krankenhäuser einzuweisen. Mit anderen Worten, nur den Psychiatern steht das gesamte bekannte Zubehör für eine vollständige psychotherapeutische Behandlung zur Verfügung.

Innerhalb des medizinischen Spezialgebiets der Psychiatrie

gibt es zwei theoretische Untergliederungen, denen die Ärzte angehören. Der Unterschied zwischen beiden ist groß und oft Ursache scharfer Auseinandersetzungen. Viele Psychiater führen ihre therapeutische Praxis nach den Theorien und Verfahren der einen oder anderen Schule der orthodoxen Psychoanalyse oder lassen sich zumindest von den Lehren Freuds, Jungs oder eines anderen der frühen Erneuerer der Psychoanalyse inspirieren und beschränken sich bei ihren Therapien auf diese Lehren. Andere Psychiater halten sich nicht so strikt an die klassischen psychoanalytischen Techniken und bedienen sich einer Mischung von Methoden, die von den traditionellsten bis zu den avantgardistischsten reichen.

Die Angehörigen der ersten Gruppe sind nicht nur als Psychiater, sondern auch als Psychoanalytiker bekannt. Sie werden sozusagen anerkannte Psychoanalytiker, denn nach Beendigung des medizinischen Studiums und der vorgeschriebenen Spezialausbildung, die erforderlich ist, um als Facharzt für Psychiatrie approbiert zu werden, erhalten sie eine noch speziellere Ausbildung an einem psychoanalytischen Institut unter der Schirmherrschaft der Psychoanalytischen Gesellschaft.

Die andere Gruppe – Ärzte, die auf diese Spezialausbildung und das Zertifikat in Psychoanalyse verzichten – bleibt schlicht Psychiater. Die meisten Psychoanalytiker, mit denen ich gesprochen habe, betrachten die nicht psychoanalytisch ausgebildeten Psychiater als minder qualifizierte Fachleute. Sie halten sie nicht für fähig, ihren Patienten alle Förderung und all die Hilfsmittel der, wie sie glauben, einzigen umfassenden und erschöpfenden Methode zur Behandlung einer psychischen Krankheit zu bieten. Die meisten nicht-analytischen Psychiater – diejenigen, die sich aus verschiedenen therapeutischen Theorien und Techniken etwas herauspicken – beurteilen ihre mehr kämpferischen, ausschließlich auf Analyse ausgerichteten Kollegen weniger dogmatisch. Sie sind sehr beschlagen in der Freudschen Theorie, sind aber der Meinung, sie sei zu einschränkend und setze sich selbst Grenzen. »Die reine Psychoanalyse ignoriert die mittlerweile unbestreitbare Tatsache, daß die sozialen Gegebenheiten zu den Leiden unserer Patienten beitragen«, sagte mir ein nichtfreudscher

Psychiater. »Analytiker als eine Klasse sind zu sehr bestrebt, den Schluß zu ziehen, daß die Hauptursachen des Leidens eines Patienten – jedes Patienten – ausschließlich in ihm selbst liegen, und damit gehen sie einfach über die Bedrückung durch die Umwelt hinweg, die zu der Störung beigetragen haben kann. Insofern ein Psychotherapeut zum Beispiel das Leiden eines Patienten den ungelösten ödipalen Konflikten zuschreibt, läßt er implizite die sozialen Zwänge – etwa introvertierte oder tyrannische Eltern – unberücksichtigt. Dennoch mag das Verhalten des Patienten eine Reaktion darauf sein.«

Das würde einem als gemäßigte und vernünftige Kritik erscheinen, wäre es nicht eine Tatsache, daß die gewöhnliche, eklektische Psychiatrie auch keine nennenswert höhere Erfolgsquote nachweisen kann als die klassische psychoanalytische Psychotherapie. Wir wissen jetzt, daß selbst die wohlwollendsten Untersuchungen über die Ergebnisse der orthodoxen Psychoanalyse einen Prozentsatz von »Heilungen« und »Fast-Heilungen« aufzeigen, der sich nicht von den Ergebnissen anderer therapeutischer Methoden unterscheidet. In der Tat haben die entmutigenden Statistiken, die schon seit Ende der 1950er Jahre vom Untersuchungsausschuß der Amerikanischen Psychoanalytischen Gesellschaft zusammengestellt wurden, den Vorsitzenden dieses Ausschusses veranlaßt, »ausdrücklich zu erklären ... daß diese Gesellschaft nicht den Anspruch therapeutischer Nützlichkeit für die psychoanalytischen Methoden erhoben hat.«[1]

Nächst der ärztlichen Ausbildung ist der angesehenste und zeitraubendste Weg, um den Status eines vollgültigen akademisch ausgebildeten Psychotherapeuten zu erlangen, das Studium der Psychologie mit abschließendem Diplom (und evtl. auch Promotion). Der Student erhält während des Universitätsstudiums eine gründliche Einführung in alle Gebiete der akademischen Psychologie und wird ausführlich mit den Theorien und Techniken der Psychotherapie, auch der Freudschen, vertraut gemacht. Das Stu-

1 Dieses Zitat stammt von dem Psychologen Hans J. Eysenck und erscheint auf Seite 4 des von Eysenck herausgegebenen Buches *Behavior Therapy and Neuroses*, Pergamon Press, New York 1960.

dium schließt mit der Diplomarbeit (und der Promotion) ab. Wenn das Berufsziel die Ausübung der Psychotherapie ist, wird das Thema der Diplomarbeit in die klinische Psychologie fallen, doch könnte sie auch ein anderes Fachgebiet behandeln, etwa pädagogische Psychologie, Sozialarbeit oder ein entsprechendes Gebiet der zwischenmenschlichen Beziehungen.

Mit dem Diplom wird man als ausgebildeter Psychologe angesehen und ist theoretisch befugt, Psychotherapie zu verabfolgen, zumindest in der »Gesprächs«-Form. Aber es ist unwahrscheinlich, daß ein ernsthafter junger Psychologe gleich eine eigene Praxis eröffnet und darauf wartet, daß sich die Patienten oder Klienten einfinden. Erst muß er Erfahrung sammeln und einen Ruf bekommen. Während des Studiums wird bei ihm höchstwahrscheinlich ein Interesse an einer bestimmten Theorie oder Methode der Psychotherapie erwacht sein. Daher werden sich frisch gebackene Psychotherapeuten wahrscheinlich um eine Anstellung in einem Rahmen bemühen, in dem sie weitere Berufserfahrungen sammeln und eine Ausbildung in den therapeutischen Techniken ihrer Wahl erhalten können. Eine solche Anstellung mag den Anfänger in viele verschiedene Bereiche bringen: Schulen, Kliniken, Institute, Sozial- und Wohlfahrtsämter, militärische Dienststellen, Regierungsprojekte und Dutzende andere. Auf diese Weise werden die jungen Psychotherapeuten die meisten oder alle der technischen Fertigkeiten, die sie in der akademischen Ausbildung erlangt haben, in der praktischen Anwendung beobachten, von der Statistik bis zur Kunst der Beratung. So erlangen sie Selbstvertrauen und Zutrauen zu den therapeutischen Techniken, die sie gelernt haben.

Das ist jedoch nur eine von vielen Möglichkeiten, und es ist zweifelhaft, ob auch nur die Hälfte der Psychologen, die sich Psychotherapeuten nennen, auf diese Weise vorgegangen sind. Kurz gesagt, viele Wege führen zu dem Berufsziel Psychotherapeut, und für Psychologen mit Diplom oder Doktortitel sind sie sehr viel mannigfaltiger als für den Arzt, der Psychiater wird.

Als Gruppe befassen sich die akademisch ausgebildeten psychotherapeutischen Psychologen im allgemeinen mit einer viel größeren Zahl von therapeutischen Theorien und Methoden als die Psychiater. Das ist teilweise auf die Tatsache zurückzuführen, daß ihnen nicht dieselben Mittel zur Verfügung stehen wie den Psychiatern – Medikamente, Schockbehandlung und dergleichen. Die meisten Psychiater werden Spezialisten auf ihrem Gebiet, weil sie Psychoanalyse oder Abkömmlinge davon in Verbindung mit den modernsten diagnostischen und Behandlungshilfsmitteln praktizieren wollen.

Andererseits haben die meisten Psychologen ihrer Ansicht nach einen beträchtlich besseren Blick für seelische Krankheiten und für die Demoralisierung des einzelnen Menschen. In vieler Hinsicht erfahren sie während ihrer Ausbildung mehr als Psychiater über die Ursache von Neurosen und die Vielzahl der therapeutischen Theorien; infolgedessen neigen die Psychologen im großen und ganzen zu der Meinung, sie seien besser gerüstet als Psychiater, um eine umfassendere Skala von seelischen und emotionalen Störungen zu behandeln. Dessenungeachtet ist ein Großteil der psychologischen Therapie ebenso auf Analyse ausgerichtet wie die psychiatrische Therapie; viele Psychologen sind sogar selbst Psychoanalytiker.

In diesem Zusammenhang sei auf einen Irrtum vieler Laien hingewiesen, die glauben, um Psychoanalyse praktizieren zu können, müsse ein Therapeut Psychiater sein. Das stimmt nicht. Jeder, der an der Universität Medizin, Psychologie oder eine verwandte Disziplin studiert und ein Examen abgelegt hat, kann – vorausgesetzt, er ist bereit, Zeit und Geld für die von den psychoanalytischen Instituten gebotene Spezialausbildung aufzuwenden – praktizierender Psychoanalytiker werden. Mit anderen Worten, nicht alle Psychoanalytiker sind Psychiater. Viele haben in Psychologie promoviert, andere haben ein Diplom in mit der Psychologie verwandten Fächern wie Pädagogik und Sozialwissenschaften erworben.

Ein Psychologe, der Zeit und Geld dafür aufwendet, ein anerkannter Psychoanalytiker zu werden, wird sich in seiner Therapie gewöhnlich der Theorien und Techniken der Analyse bedienen. Das wirft die Frage auf: Was ist Psychoanalyse heute eigentlich?

Es gibt im Grunde drei Versionen der Analyse, die in der heutigen allgemeinen psychotherapeutischen Praxis angewandt werden. Die erste ist die orthodoxe *Freudsche* Analyse mit ihrer komplizierten Theorie über die innere Dynamik der seelischen Krankheit und mit ihrer strengen Methode.

Die zweite ist ein Verfahren, das man *abgewandelte* Analyse nennen könnte. Dazu gehören alle die Verfeinerungen und/oder Abwandlungen, die von den frühen Freudschen Dissidenten eingeführt und von den Schülern dieser Dissidenten überliefert wurden. Die Adlersche Individualpsychologie, die Jungsche analytische Psychologie, die Ranksche Geburtstrauma-Analyse und Liebestherapie, die Existenzanalyse von Binswanger und seinen Schülern, die Daseinsanalyse von Medard Boß (in erster Linie eine europäische Richtung), die Logotherapie von Victor Frankl und die Techniken der interpersonalen Theorie von Karen Horney und Harry Stack Sullivan sind nur eine Handvoll Beispiele für die abgewandelte Analyse. Alle unterscheiden sich mehr oder weniger von der Freudschen Theorie – hauptsächlich in der Frage, wie weit die Sexualität für die Persönlichkeitsentwicklung bestimmend ist –, aber alle halten an den von Freud erarbeiteten, allgemeinen psychoanalytischen Techniken fest.

Der dritte, heute angewandte Typus der Analyse kann *eklektische* Analyse genannt werden. Die eklektische Analyse ist eine Methode, die sowohl von der Freudschen als auch von der abgewandelten analytischen Theorie und Technik einige Elemente übernommen hat. Andrew Salter, Psychologe und Verfechter der Verhaltenstherapie, der einen Großteil seines Berufslebens darauf verwandt hat, die Psychoanalyse als wirkungsvolle therapeutische Methode in Mißkredit zu bringen, schreibt in seinem Buch *The Case Against Psychoanalysis:*

»Die meisten Psychoanalytiker praktizieren jetzt Kryptoanalyse. Sie behalten ihre sexuelle Monomanie und die psychoanalytische Terminologie für sich und verschleiern damit vor dem Patienten die Tatsache, daß sie sich obsoleter Methoden bedienen. Oder sie sprechen gelehrt von den neueren Freudschen Entdekkungen und verwenden dieselben altmodischen Methoden.«[2]

Wenn wir Salters professionelle Verachtung für die analytische Therapie beiseite lassen, wäre es nicht falsch zu sagen, daß

2 Citadel Press, New York 1968, S. VI.

die von ihm so genannte Kryptoanalyse das ist, was ich als eklektische Analyse bezeichnet habe. Relativ wenige unter allen Therapeuten, die heute als ihre wichtigste Technik die Psychoanalyse anwenden, halten sich ausschließlich an den orthodoxen Freudianismus oder auch nur an dessen Abwandlungen. Fast jeder ausgebildete Analytiker braut sich aus Theorien und Techniken des Freudschen und der von Freud abgeleiteten Modelle seine eigene Mixtur zusammen.

Obwohl die psychoanalytischen Techniken für zahlreiche von der Psychologie herkommende Therapeuten die einzige Methode darstellen, ziehen es viele andere Psychologen vor, die formale Ausbildung in der Psychoanalyse zu vermeiden, oder sie können sie sich nicht leisten. Infolgedessen werden sie Psychotherapeuten anderer Couleur. Zwar werden sich einige von ihnen gewisser analytischer Techniken bedienen, doch werden die meisten ein eklektisches Verfahren anwenden, vielleicht durchsetzt mit den Theorien und Techniken, die eine bevorzugte therapeutische Schule entwickelt hat, etwa die *klientenbezogene*, die *Gestalt-* oder *Lerntheorie*-Schulen. Die von Psychologen und in verwandten Disziplinen ausgebildeten Therapeuten verabfolgte Psychotherapie zerfällt also in drei Kategorien: 1. psychoanalytische Therapie; 2. eklektische Therapie; 3. ausgesprochen nichtanalytische Therapie. In allen drei Kategorien ist der Therapeut, sofern er nicht Psychiater bzw. Arzt ist, nicht in der Lage, die medizinischen Zutaten zur Psychotherapie zu verabfolgen – Laboruntersuchungen zum Beispiel oder Medikamente und andere Formen der »Nicht-Gesprächs«-Behandlung.

Viele Psychiater und Psychologen (bei denen es viel üblicher ist) bieten Psychotherapie als Einzeltherapie oder als Gruppentherapie an, entweder in ihrer privaten Praxis, in Kliniken oder in den Instituten. Institute werden gewöhnlich nicht nur gegründet, um möglichst viele Menschen therapeutisch zu behandeln, sondern auch, um das Interesse an einer bestimmten Form der Therapie zu fördern – gewöhnlich die eines Therapeuten, dessen Theorien und Techniken innerhalb und außerhalb der psychotherapeutischen Gemeinde einige Aufmerksamkeit erregt haben.

In der psychotherapeutischen Bewegung ist seit langem ein

interner Disput über die Frage im Gange, wer eigentlich dazu qualifiziert sei, Psychotherapie zu praktizieren. Diese Auseinandersetzung geht in der Tat bis auf Freud zurück, der behauptete, die Psychoanalyse sei eher ein Zweig der Psychologie als der Medizin, und der gleichermaßen Mediziner und Nichtmediziner für den Beruf des analytischen Psychotherapeuten ausbildete. Die Streitfrage spitzte sich zu, als Theodor Reik, einer von Freuds Schützlingen und eher Psychologe als Arzt, 1926 wegen Kurpfuscherei angezeigt wurde, mit der Begründung, er sei kein Arzt und daher nicht qualifiziert, Psychotherapie zu praktizieren. Freud verfaßte eine temperamentvolle Verteidigungsschrift für die nicht ärztlich ausgebildeten Therapeuten, die unter dem unglücklichen Titel *Die Frage der Laienanalyse* als Buch veröffentlicht wurde. In diesem Buch vertrat Freud den Standpunkt, daß man nicht Arzt zu sein brauche, um erfolgreich Psychotherapie zu praktizieren. Der Erfolg der Therapie hänge nicht von medizinischem Wissen ab, sondern davon, daß man die Theorien und Techniken der Psychoanalyse verstehe und in ihnen ausgebildet sei. Daher sei jeder, der sie beherrsche, qualifiziert, Psychotherapie zu praktizieren.

Zu dieser Zeit lag Freud auch mit der amerikanischen Abteilung der Internationalen Psychoanalytischen Gesellschaft (deren geistiger Vater er war) wegen derselben Frage in Fehde. Der Amerikanischen Psychoanalytischen Gesellschaft, die damals noch in den Kinderschuhen steckte, gehörten fast ausschließlich Ärzte (Psychiater) an. Sie waren sich durchaus der Verachtung bewußt, die die ärztliche Wissenschaft und altmodische psychiatrische Auffassungen der Psychoanalyse entgegenbrachten, und sie wollten unbedingt anerkannt werden. Daher war es undenkbar, einen Standpunkt zu unterstützen, der eine nicht-ärztliche Psychotherapie begünstigte. Im Jahr 1929 regte Freud an, die Amerikanische Psychoanalytische Gesellschaft wegen ihrer Ablehnung der nicht-ärztlichen Psychotherapie aus der internationalen Gruppe auszuschließen. Freud verlor die Schlacht, und die Amerikanische Psychoanalytische Gesellschaft blieb in erster Linie eine Gemeinschaft von Ärzten.

Aber der Zweite Weltkrieg und seine Nachwehen brachten

mehrere bedeutsame Veränderungen auf dem Gebiet der Psychohygiene mit sich. Der Krieg hatte die psychoanalytische Bewegung in Europa fast ausgelöscht, und wie ich schon erwähnt habe, suchten zahllose führende Analytiker – von denen viele keine Ärzte waren – in Amerika Zuflucht. Viele wurden in die Amerikanische Psychoanalytische Gesellschaft aufgenommen, aber die Nichtmediziner erhielten nur eine besondere, begrenzte Mitgliedschaft. Wiederum war es Theodor Reik, der die anschließende Kontroverse in Gang brachte. Er lehnte einen solchen Status ab, nannte ihn entwürdigend und eine »Mitgliedschaft zweiter Klasse«, und 1949 scharte er eine Reihe anderer, nichtärztlich ausgebildeter Psychotherapeuten um sich und gründete die Nationale Psychologische Gesellschaft für Psychoanalyse (NPAP) als Ersatzvereinigung und Ausbildungsstätte.

Bis dahin mußte sich jeder, der Psychotherapeut werden wollte, in Einrichtungen unter der Schirmherrschaft der Amerikanischen Psychoanalytischen Gesellschaft (APA) ausbilden lassen. Das bedeutete, daß die einzigen Psychoanalytiker, die in Amerika offiziell praktizieren konnten, Ärzte sein mußten. Mit seiner NPAP erschloß Reik die Ausübung der Psychotherapie auch nicht-ärztlichen Therapeuten, etwa Psychologen.

Noch bedeutsamer war vielleicht, daß der Krieg zu den größten Anstrengungen auf dem Gebiet der Psychohygiene anregte, die die USA je unternommen hatten. Die Streitkräfte und die Fürsorgeverwaltung für Kriegsteilnehmer (*Veterans Administration*) bildeten zahllose Psychologen und Sozialarbeiter – Leute, die nie daran gedacht hatten, psychisch Kranke zu behandeln – in den Techniken der Beratung und Psychotherapie aus. Außerdem weckten Psychiater wie die Brüder Menninger und andere, die sowohl psychoanalytisch orientiert als auch damit beschäftigt waren, psychohygienische Programme in großem Maßstab für die breite Masse des Volkes zu fördern, das Interesse an neuen, weniger zeitraubenden Methoden der Psychotherapie, um den rasch wachsenden Bedarf zu befriedigen. Psychoanalyse vier- oder fünfmal wöchentlich auf der Couch war ein Luxus, mit dem im Nachkriegsamerika die steigende Massennachfrage nach psychischer Betreuung kaum gedeckt werden konnte.

Angesichts des Bedarfs, und nachdem die restriktiven, elitären Befähigungsnachweise der professionellen Psychotherapie durch die Haltung der Regierung und durch Männer wie Reik und seine Schüler gelockert waren, ließen sich klinische Psychologen, die ursprünglich für psychologische Tests ausgebildet worden waren, von Psychiatern in Kliniken, in den psychiatrischen Abteilungen gewöhnlicher Krankenhäuser und in Heilanstalten schnell in Psychotherapie ausbilden. Es waren draufgängerische Leute, und einige waren sogar so tollkühn, eine Privatpraxis zu eröffnen. Mitte der 1950er Jahre waren die offiziellen psychiatrischen Gruppen – die exklusive APA und auch die demokratischere NPAP – beunruhigt durch die Konkurrenz, die diese nicht-medizinisch und nicht-psychoanalytisch ausgebildeten Therapeuten für sie darstellten. Deshalb versuchten sie über eine Lobby eine Gesetzgebung in verschiedenen Staaten zu erreichen, die die Ausübung der Psychotherapie auf sie beschränken sollte.

Die neuen Therapeuten, immer noch hauptsächlich Psychologen aus verschiedenen Berufszweigen und angeführt von ihren psychologischen Gesellschaften in den einzelnen Staaten, gingen zum Gegenangriff über, indem sie in ihren jeweiligen Parlamenten Gesetzesvorlagen befürworteten, die in vielen Fällen auch verabschiedet wurden, wonach Psychologen nach Ausstellung eines »Zertifikats« berechtigt sind, Psychotherapie zu praktizieren.

Viele dieser Gesetze haben indes, statt die Frage zu klären, wer Psychotherapie praktizieren darf und wer nicht, in Amerika praktisch jedermann Tür und Tor zur Psychotherapie geöffnet. Da im Staat New York die größte Zahl von Psychotherapeuten des ganzen Landes konzentriert ist, dürfte es aufschlußreich sein, sich kurz die Geschichte des Konflikts zu vergegenwärtigen, der seit 1956 schwelte, als das *New York State Psychology Certification Law* eingeführt wurde – angeblich, um die aufblühende Psychotherapie-Industrie in Schach zu halten.

So, wie das Gesetz verabschiedet wurde, stellte es einen Kompromiß dar zwischen verschiedenen antagonistischen Kräften: den akademischen Psychologen, vertreten durch die Psychologische Gesellschaft des Staates New York, die bestrebt war, die Psychotherapie allen anerkannt Graduierten der Psychologie zu erschließen, die sie praktizieren wollten; den psychoanalytischen Psychologen, vertreten durch Reiks NPAP; organisierten Psychiatern; und anderen Gruppen, die die Öffentlichkeit vor Quacksalbern und Scharlatanen schützen wollten, die von der Psychotherapie angezogen wurden wie verstreute Nägel von einem Magneten.

Den akademischen Psychologen gelang es, ein Examen sowie die Promotion als die beiden einzigen Grundbedingungen für die Berechtigung durchzusetzen, »Psychologie zu praktizieren« – worunter das Praktizieren der Psychotherapie ebenso verstanden wurde wie die traditionelleren Anwendungsgebiete der Psychologie, etwa psychologische Tests, Gutachten, statistische Erhebungen und dergleichen.

Die NPAP und andere Vertreter der nicht-ärztlichen psychoanalytischen Psychotherapeuten, die mit analytischen Ausbildungsprogrammen und in Kliniken beschäftigt waren, wandten sich gegen das Gesetz, und zwar mit der Begründung, daß der Doktorgrad ein akademischer Grad sei, daß die Universitäten keine Programme in Psychologie bieten, die eine angemessene Ausbildung in der psychoanalytischen Theorie und Technik gewährleisten, und ebensowenig eine angemessene Überwachung in der Praxis; außerdem werde keine persönliche Analyse verlangt, eine Bedingung, die seit der Entstehung des Berufs jeder Auszubildende erfüllen mußte.[3]

Nach sehr langer und oft scharfer Debatte über das Gesetz wurde als Kompromiß eine Ausnahmeklausel angefügt, die es vielen bereits praktizierenden Psychotherapeuten ermöglichte, sich auch ohne Doktorgrad um das »Zertifikat« zu bewerben. Der letzte wichtige Kompromiß, der der ärztlichen Opposition gegen

3 Der Mangel an Freudscher analytischer Ausbildung in Universitätsprogrammen, der auch heute noch offenkundig ist, läßt sich auf die Tatsache zurückführen, daß zu der Zeit, als solche Programme eingeführt wurden, die Analyse in Amerika noch eine ausschließlich ärztliche Angelegenheit war. Daß Freud die Schlacht um eine nicht-ärztliche Analyse verlor, war vermutlich so einschneidend, wie er es damals ansah, denn es trug weiter zur Entfremdung der Psychoanalyse von den Universitäten bei. Tatsächlich gibt es keine psychologische Fakultät mit einer vorwiegend Freudschen Ausrichtung, obwohl es Fakultäten gibt, die ein Dutzend verschiedener psychologisch ausgerichteter Therapietheorien und -techniken vertreten.

das Gesetz die Spitze nehmen sollte, sah vor, daß Psychologen nicht (wie Ärzte) approbiert, sondern nur durch das Zertifikat »anerkannt« werden. Das Gesetz bestimmte, daß niemand sich Psychologe nennen darf, sofern er nicht »anerkannt« ist. Es hinderte niemanden daran, sich Psychoanalytiker oder Psychotherapeut zu nennen oder irgendeine Form von Psychotherapie zu praktizieren – nur Psychologe durfte er sich nicht nennen. Diese Lücke im Gesetz öffnete jedermann Tür und Tor, der Psychotherapie praktizieren wollte, obwohl offiziell nur approbierte Ärzte oder »anerkannte« Psychologen und »anerkannte« Sozialarbeiter dazu berechtigt waren.

In den Jahren nach dem *»Certification«*-Gesetz in New York von 1956 bildeten einige Institute und Kliniken weiterhin »nicht anerkannte« Psychotherapeuten aus – Leute, die nicht in Psychologie oder einer verwandten Verhaltenswissenschaft promoviert haben. Sie taten es aus zumindest drei Gründen. Der eine war, daß die Leiter der verschiedenen Institute und Kliniken einen größeren Stab von Therapeuten brauchten, um die wachsende Zahl von Patienten und Klienten zu versorgen; natürlich wollten sie Therapeuten haben, die in den von den jeweiligen Instituten und Kliniken propagierten Techniken ausgebildet waren, um eine möglichst große Verbreitung ihrer Theorien über »seelisches und emotionales Wohlbefinden« zu gewährleisten. Durch die Erreichung dieses Ziels würden die Institute und Kliniken im Geschäft bleiben.

Der zweite Grund mag ein wenig uneigennütziger gewesen sein, denn es ließ sich nicht leugnen, daß der Bedarf an Psychotherapie, besonders an der billigen, kurzfristigen Form, mit einer Geschwindigkeit in die Höhe schnellte, die in keinem Verhältnis stand zu dem Angebot an verfügbaren Therapeuten. Das Land wurde kränker, und Therapeuten aller Schattierungen – und ebenso die jungen idealistischen Studenten, die gerade vom College kamen – hatten den aufrichtigen Wunsch, zur Besserung der Lage beizutragen. Ich erinnere mich, daß Ende der fünfziger und Anfang der sechziger Jahre fast jeder graduierte Psychologe, den ich in New York traf, danach lechzte, Therapeut zu werden, und daß fast jeder Student, den ich kannte, als Hauptfach Psychologie gewählt hatte, um später »den Menschen zu helfen«. Viele von ihnen verließen nach Erlangung des ersten akademischen Grades die Universität und traten bei einem psychotherapeutischen Institut ein, um eine Lehre als Therapeut zu beginnen.

Der dritte Grund beruhte auf Zynismus angesichts der Widersprüche im *Certification Law*. Matthew Besdine, Präsident der NPAP (eine der Gruppen, die auch weiterhin nicht-promovierte Therapeuten ausbildete), behauptete kürzlich, daß 1970 im ganzen Staat nicht mehr als fünfundzwanzig Personen in klinischer Psychologie promovierten. Er wies weiter darauf hin, daß die Mehrzahl von ihnen nach der Promotion noch eine zusätzliche Ausbildung benötigte, um erfahrene Therapeuten zu werden. Und er bestätigte, daß viele akademisch ausgebildete Psychologen ohne eine Ausbildung in Psychotherapie einfach deswegen »anerkannt« werden, weil sie den Doktorgrad haben, und wenn sie dann in die klinische Praxis gehen, werden sie »rechtlich anerkannte Quacksalber«.

Die bittere Schlußfolgerung ist, daß, wenn das Gesetz auf diese Weise Quacksalberei fördert, dann auch jeder völlig unausgebildete und unqualifizierte Erdarbeiter ebenso berechtigt ist, praktizierender Psychotherapeut zu werden wie ein zum Doktor promovierter Psychologe. Wie sich die Dinge in der Psychotherapie entwickelt haben, nicht nur in New York, sondern in den ganzen Vereinigten Staaten, wäre es keineswegs verwunderlich, wenn ein Erdarbeiter seinen Spaten wegwirft, sich Psychotherapeut nennt und eine Praxis eröffnet. Es wäre noch weniger verwunderlich, wenn eine lange Schlange von Patienten vor seiner Tür wartet. Denn abgesehen von der Schwierigkeit, zwischen den Methoden und der Wirksamkeit einer Vielzahl von Psychotherapien zu unterscheiden, wird die Öffentlichkeit am meisten verwirrt durch die Frage: Wer kann oder sollte Psychotherapeut sein und wer nicht? Offen gestanden, in Anbetracht der doktrinären Interessenkonflikte, die zwischen sämtlichen Schulen der Psychotherapie bestehen, bezweifle ich, daß es, möglicherweise mit Ausnahme des Obersten Gerichts der Vereinigten Staaten, einen Menschen oder eine Institution auf Erden gibt, die objektiv diese Frage entscheiden könnte. Und in Anbetracht der Verstöße gegen die Ethik und der ausgesprochen kriminellen Verletzungen der individuellen Menschenrechte, die ein Hauptmerkmal mancher psychotherapeutischer Praktiken zu werden scheinen, mag es gut sein, daß das Oberste Gericht eines Tages die endgültige Antwort wird erteilen müssen.

Ich will damit nicht sagen, daß der mangelhaft ausgebildete paraprofessionelle Psychotherapeut etwa weniger Hochachtung oder Vertrauen verdient, bloß weil er paraprofessionell ist. Vor allem sollte nicht übersehen werden, daß fast alle vorliegenden Hinweise dafür sprechen, daß es der Therapeut ist, der für den Patienten zählt, nicht die Therapie. Angesichts der Mehrdeutigkeit der staatlichen Gesetze darüber, wer nach Ausbildung und Erfahrung dafür qualifiziert ist, Psychotherapie zu praktizieren, kann dem angehenden Patienten oder Klienten nur der Rat erteilt werden, sehr vorsichtig zu sein, wenn er nach einer Psychotherapie Ausschau hält, denn im großen und ganzen wird sein Wohlergehen von keinerlei Überwachungsstelle geschützt, außer vielleicht von Berufsverbänden. Ich sage »vielleicht«, denn wie die Geschichte gezeigt hat, hackt eine Krähe der anderen kein Auge aus. Mit anderen Worten, eine Beschwerde, die bei einem Berufsverband gegen eines seiner Mitglieder wegen eines Vergehens vorgebracht wird, landet gewöhnlich in der Ablage.

Praktisch ist also der einzig greifbare Vorteil, wenn Sie sich der Dienste eines »anerkannten« Psychologen versichern, der gleiche, den Sie haben würden, wenn Sie sich der Dienste eines approbierten Psychiaters versichern (alle Psychiater müssen natürlich approbiert sein, weil sie Ärzte sind; das Zertifikat eines Psychologen entspricht der Approbation eines Psychiaters). Der Vorteil besteht darin, daß die Versicherungsgesellschaft, sofern Sie eine Krankenversicherung abgeschlossen haben und die Versicherung die Kosten einer psychotherapeutischen Behandlung übernimmt, einen anerkanten Psychologen genauso bezahlen wird wie einen approbierten Psychiater.* Dementsprechend liegt

* Diese Gleichstellung von Psychologen und Psychiatern vor der Krankenversicherung gilt in der Bundesrepublik nicht; den Psychologen wird bislang über eine fachärztliche gutachterliche Äußerung von Psychiatern die Psychotherapie »delegiert« (Anm. d. Red.).

auch der greifbarste Vorteil für einen Psychologen, der sich die Mühe macht, zu promovieren und damit anerkannt zu werden, in dem Umstand, daß er später Mehreinnahmen haben wird, wenn er auch Krankenkassenpatienten behandeln kann.

Wie bei jedem Gewerbe, mit dem leicht Geld zu verdienen ist, gibt es auch natürlich hier viele Mißstände. Überall in den USA sind nicht-anerkannte Psychologen, paraprofessionelle Therapeuten mit geringer akademischer Vorbildung und ohne einen höheren akademischen Grad in den psychologischen Disziplinen und sogar Nichtfachleute ohne psychologische Ausbildung oder Examina als »anerkannte« Psychologen aufgetaucht. Die meisten sind nicht dreist genug, sich als approbierte Psychiater auszugeben, denn das wird schwer bestraft. Deshalb geben sie sich mit dem »anerkannten Psychologen« zufrieden, lassen sich als solchen ins Telefonbuch eintragen, eröffnen Institute und Kliniken, verschicken üppige Broschüren, und manche erwerben sogar von Postversand-»Diplomfabriken« einen »Dr. phil.«-Grad, um die Urkunde an die Wand des Sprechzimmers zu hängen. Die meisten dieser Unternehmer leben sehr gut von den Einnahmen aus Versicherungsleistungen – bis sie geschnappt werden, wenn sie geschnappt werden. Eine Untersuchungen der *Daily News* in New York im Herbst 1972 enthüllte, daß es allein im Stadtgebiet von New York Hunderte von nicht anerkannten und vielfach unausgebildeten Psychotherapeuten und psychotherapeutische »Institute« gab, die sich als »anerkannt« ausgaben. Diese nicht akkreditierten Personen und privaten Gesellschaften wendeten, wie die Zeitung feststellte, »ohne staatliche Kontrolle möglicherweise gefährliche Methoden bei arglosen Patienten« an. Viele von ihnen »gaben Versicherungsträgern wissentlich falsche Behandlungen an ... Die Versicherungsträger verließen sich auf derartig falsche Informationen und bezahlten prompt die für geleistete Dienste eingereichten Rechnungen ...«[4]

Man kann also auf alle mögliche Weise Psychotherapeut werden. Wie man ein redlicher Psychotherapeut wird, ist eine ganz andere Sache.

[4] »Betrügerischer Psycho-Laden aufgeflogen«, *New York Daily News*, 4. Oktober 1972, S. 3.

Eine dritte Kategorie von Therapeuten, der paraprofessionelle, hat wahrscheinlich die größte Auswahl von Möglichkeiten, um zu einer therapeutischen Praxis zu gelangen. Er mag ein College absolviert, irgendein Fach von Ackerbau und Viehzucht bis zur Zoologie studiert und von Psychologie nicht mehr mitbekommen haben als den vorgeschriebenen Kursus in Psychologie I im ersten Semester.

Oder er mag ein College-Absolvent sein, der ein starkes Interesse an Psychologie bekundete, so viele vorgeschriebene und freiwillige Kurse in diesem Fach wie möglich belegte, dem es aber an den Geldmitteln oder der Geduld mangelte, das Studium an der Universität fortzusetzen.

Er könnte auch ein *Junior College* oder eine Fachschule für das Gesundheitswesen oder den Schuldienst besucht haben. Vielleicht hat er auch nur die höhere Schule oder eine Berufsschule absolviert und ist entweder beim Militär oder im Berufsleben mit Psychotherapie in Berührung gekommen und hat bei sich eine Begabung und ein Interesse festgestellt, anderen Menschen bei ihren Problemen zu helfen.

Wie immer ihre Vorbildung aussehen mag, es ist wahrscheinlich, daß Paraprofessionelle ihre Stellung auf dem Weg über persönliche Erfahrungen mit der Psychotherapie erlangt haben. Vermutlich haben sie eigene Probleme gehabt und selbst eine Psychotherapie durchgemacht, waren fasziniert von der Erfahrung charismatischer, mitfühlender Therapeuten, gewöhnten sich ihre Begriffe und ihre Fachsprache an und wurden verlockt durch das psychische und in vielen Fällen auch finanzielle Entgelt, das sie sich erhofften, wenn sie wie ihre Psychotherapeuten würden. Von da ist es nur noch ein Schritt zu irgendeiner Art von Ausbildung in der Therapietechnik. Eine solche Ausbildung findet gewöhnlich in der ersten Therapie statt, mit der sie in Berührung kommen, unter der Leitung des ersten Therapeuten, den sie kennenlernen, im Rahmen des therapeutischen Instituts oder der Klinik, die mit dieser Therapie und diesem Therapeuten gleichgesetzt wird, und gewöhnlich erfolgt die Ausbildung in den Techniken der Gruppen- und nicht der Einzelpsychotherapie. Die Kühneren unter ihnen machen sich dann bald selbständig, während die weniger Unternehmungslustigen festangestellte Therapeuten in Instituten oder Kliniken bleiben oder Assistenten von überlasteten Therapeuten werden, die eine große Privatpraxis führen.[5]

Ebenso wie die 1950er Jahre zur Blütezeit der Psychologen-Therapeuten wurden, waren die 1960er Jahre das Jahrzehnt, in dem die Paraprofessionellen in den Vordergrund rückten. Ihr Vehikel war das Aufkommen der Gruppentherapie.

Die Gruppenbewegung, die in den 1930er Jahren in Gang kam, erlebte ihren größten Auftrieb nach dem Zweiten Weltkrieg, als sich der Bedarf an Massen-Psychotherapie sprunghaft erhöhte. Während der 1950er Jahre wiederum breitete sich die Gruppentherapie aus, teilweise wegen des allgemeinen Bedarfs, unmittelbarer aber deswegen, weil die Einzeltherapie es mit der besonderen Art von neuen Patienten nicht aufnehmen konnte, den sogenannten Demoralisierten, die sich bei vielen Therapeuten einfanden.

Gefördert durch die entseelenden Mechanismen einer Nachkriegstechnologie, die den Willen zum Leben (Lust) und zum Tode (Schmerz) – widersprüchlicherweise in gleichem Maße und mit gleicher Leichtigkeit – hervorbrachten, wurde der amerikanische Charakter, der bereits durch seine Psychohistorie, wie die Freudianer sie nennen könnten, konditioniert war, ein fruchtbarer Nährboden für persönliche Isolierung und Entfremdung – für psychische Einsamkeit. Diese Einsamkeit verwandelte sich in Symptome, die sich von jenen der konventionellen psychischen Störungen ziemlich deutlich unterscheiden. Mit ihrer Entfremdung und Einsamkeit schien diese neue Gruppe von Patienten eine Entwicklung in Gang zu setzen, die seitdem ein Merkmal

5 Zwar erhalten einige Paraprofessionelle ihre Ausbildung bei Psychiatern und bei durch Diplom anerkannten Psychologen, doch wird die überwiegende Mehrzahl in weniger angesehenem professionellem Rahmen von weniger angesehenen professionellen Praktikern geschult – wenn wir unter »angesehen« theoretisch qualifiziert verstehen. Man hört freilich das Argument, daß viele weniger angesehene Praktiker tatsächlich die erfolgreicheren Therapeuten sind. Vieles spricht für die Richtigkeit dieses Arguments, insbesondere die Leichtigkeit, mit der weniger angesehene Praktiker, eben weil sie kein verfahrenstechnisches Dogma haben, positive therapeutische Beziehungen herstellen.

unserer Gesellschaft geworden ist. Der Psychiater Rollo May bemerkte einmal dazu: »Vieles weist darauf hin, daß unter dem Gefühl der Isolierung, der Entfremdung des eigenen Selbst von der Welt, nicht nur kranke Menschen leiden, sondern auch unzählige ›normale‹.«[6]

Die Einzelpsychotherapie war einigermaßen ratlos, wie mit diesem entfremdeten, »entseelten«, aber vernünftigen Patienten zu verfahren sei. Die neuen Symptome paßten zu keinem der klassischen Schemata. Der neue Typ des Leidenden war zwar sprachlich gewandt, aber insgesamt in seiner Interaktion mit anderen eher passiv. Die Vorstellung von Selbstbehauptung schien ihm irgendwie fremd zu sein. Ein Grundbestandteil seines Charakters zog es weitgehend vor, gesagt zu bekommen, was er tun soll, statt selbst Entscheidungen zu treffen. Tatsächlich war ihm der Gedanke, mit der Welt *konfrontiert* zu sein und in seinem persönlichen Leben *Entscheidungen zu treffen*, irgendwie fremd. Womit konnte er schon konfrontiert sein? Maschinen! Und was gab es zu entscheiden? Nichts – die wichtigen Entscheidungen wurden ja von den Maschinen getroffen!

Das war »existentielle Angst« oder »existentielle Depression«, und davon lebte die existentielle und humanistische Einzelpsychotherapie mit ihrer Betonung der Konfrontation und Wahl (Entscheidungen treffen) in den vierziger und fünfziger Jahren. Aber abgesehen davon, daß sie nicht in genügender Zahl für leidende Menschen zur Verfügung stand, vermochte eine solche Therapie genausowenig wie frühere Formen der Therapie, eben durch ihren individuellen Charakter, ein quälendes Bedürfnis der Isolierten und Entfremdeten zu befriedigen: das Bedürfnis, der Einsamkeit zu entkommen.

Gruppentherapie schien die Lösung zu sein. Sie war nicht nur eine Form der Psychotherapie, die für sehr viel mehr Menschen und zu geringeren Kosten erreichbar war; wichtiger war, daß sie einen Rahmen bot, in dem im Idealfall eine große Zahl der Einsamen sich einer mit dem anderen identfizieren und ineinander einfühlen konnte. Sie waren nicht mehr einsam – oder zumindest hatten sie in ihrer Einsamkeit Gesellschaft.

6 *Existential Psychology*, 2. Aufl., New York 1969, S. 46.

Unter diesen Bedingungen blühte die Gruppentherapie auf. Die Soziologen hatten schon seit Jahren erklärt, daß es in einer »außengeleiteten« Gesellschaft, wie es die unsrige geworden war, für den einzelnen fast unmöglich sei, irgendeine Art von Autonomie geltend zu machen. Selbst die hervorragendsten zeitgenössischen Sozialwissenschaftler sind sich darüber einig, daß es nur wenige, sehr seltene Alternativen zu der einengenden Struktur einer außengeleiteten, technologischen Kultur gibt, besonders für den Mittelstand und die unteren Schichten der Bevölkerung. Soziologisch war es also verständlich, daß die Bewegung der Gruppentherapie sich entfaltete. Da die meisten Menschen sich durch die üblichen Vorgänge in der Gesellschaft gegängelt und eingeengt fühlten und die Psychotherapie im Rahmen einer Gruppe zumindest eine teilweise Lockerung der Fesseln bot, fand eine solche Therapie einen sehr fruchtbaren Boden vor.

Zuerst war es nur eine Bemühung, die Gruppentherapie der breiten Masse zugänglicher zu machen, doch dann entwickelte die neue Form ihre eigenen Grundprinzipien ganz unabhängig von denen der traditionellen Gruppentherapie. Das Ergebnis war eine völlig neue und radikale Infragestellung der psychohygienischen Bewegung in Amerika. In einer Zeit weitverbreiteter Enttäuschung über die Autorität und einer Suche nach neuen Ausdrucksformen entstand eine Vielzahl von sehr unterschiedlichen Schulen der Gruppen-Psychotherapie. Marathon-Therapie, Begegnungsgruppen, Gestalt-Therapie, transaktionale Therapie, Sensitivity-Training, Nackt-Therapie, Berührungstherapie, Schrei-Therapie, Entscheidungstherapie und viele Spielarten von ihnen schossen als *»growth centers«*, wie derartige Institute genannt werden, aus dem Boden. Sie boten ein »kaltes Büffet« an diversen Techniken, das seinen Ursprung hauptsächlich in existentialistischem und humanistischem Jargon und in der Theorie hatte, daß die unmittelbare und ungehinderte Äußerung von Gefühlen irgendwie therapeutisch wirksam sei.

Diese neue Richtung, bestenfalls unwissenschaftlich und in mancher Hinsicht den Theorien ähnlich, die Freud bereits zu Beginn seiner Laufbahn hatte aufgeben müssen, wurde in psychologischen Kreisen als die »dritte Kraft« bekannt und fand in der Öffentlichkeit recht große Zustimmung. Später erzielte sie tiefe Einbrüche an den Universitäten und drang allmählich in die heiligen Hallen der Psychologie ein; schließlich erlangte sie offizielle Anerkennung als humanistische psychologische Bewegung. Tatsächlich gibt es heute eine Abteilung für Humanistische Psychologie in der Amerikanischen Psychologischen Gesellschaft, und Befürworter der Bewegung haben führende Stellungen in vielen traditionellen psychotherapeutischen Organisationen inne.

Die neuen Versionen der Gruppentherapie waren mit ihrer Ermutigung zur sofortigen, totalen Äußerung von Gefühl und Frustration ihrem Wesen nach anti-psychoanalytisch und anti-intellektuell. Eine der schwerwiegenden Konsequenzen dieses Trends war die Verbreitung quasi-psychotherapeutischer Techniken unter einer größeren Zahl von Menschen denn je zuvor. Manche Praktiker glauben, daß fast jeder, der an einer Form der neuen Gruppentherapien teilgenommen hatte, leicht dazu ausgebildet werden kann, Gruppen zu leiten. Die Ausbildung von Nichtfachleuten in der Praxis verschiedener Therapieformen ist ein weitverbreitetes und oft lukratives Geschäft.

Dies war die Geburtsstunde der vierten Kategorie von Psychotherapeuten – der nicht-professionellen. Der Nicht-Professionelle ist jemand, der bis zu dem Zeitpunkt, da er an irgendeiner Form von Therapie teilnimmt, höchstwahrscheinlich nichts von ihrer Theorie und Geschichte und ihren Techniken wußte und nicht darin ausgebildet war. Gewöhnlich läßt er erst dann, wenn er selbst eine Therapie mitgemacht hat, ein Interesse daran erkennen – und dann im allgemeinen nur an der Anwendung der Therapie.

Damit soll nicht gesagt sein, daß alle Therapeuten, die nach den Grundsätzen der humanistischen Psychologie eine Therapie leiten, nicht-professionell oder para-professionell sind. Viele vorzüglich ausgebildete Psychologen und sogar Psychiater haben sich der Richtung angeschlossen und verfahren bei ihren Therapiesitzungen nach den Grundsätzen der neuen Gruppenbewegung.

Indes ist geschätzt worden, daß etwa zwei Drittel der Mißstände, die in der heutigen Psychotherapie auftreten, im Rahmen dieser neuen Gruppen vorkommen.[7] Annähernd zehn Millionen Amerikaner haben diese Formen der Gruppentherapie kennengelernt – entweder bei obligatorischen Sensitivity-Training-Programmen, die von Lehranstalten oder Firmen vorgeschrieben werden, oder bei freiwilliger Teilnahme an Begegnungsgruppen und anderen »Therapie«-Programmen, die von Kliniken, Instituten und dergleichen durchgeführt werden. Die »Unfallziffer« bei solchen Programmen wird von der verantwortungsbewußten therapeutischen Gemeinde auf zehn bis 25 Prozent geschätzt, je nachdem, wer die Schätzung vornimmt. Als »Unfall« wird ein neues Symptom oder eine Reihe von Symptomen bezeichnet, die nach der Teilnahme an einer der neuen, weitgehend unüberwachten und nicht fachmännisch geleiteten Therapien auftreten. Diese hohe Unfallziffer wird hauptsächlich der großen Zahl von nichtprofessionell ausgebildeten und überwachten Therapeuten, die solche Therapien leiten, zugeschrieben. Ein traditioneller Psychotherapeut, mit dem ich sprach, meinte: »Die Leute haben immer behauptet, die Arbeit, die ich tue, nütze nicht viel, und niemandem gehe es nach der Analyse wirklich besser. Das bekümmerte mich früher, aber jetzt nicht mehr. Denn meine Art der Therapie schadet wenigstens nicht. Ich behandele kranke Menschen und versuche, sie gesund zu machen. Wenn das nicht immer gelingt – na schön! Aber diese neuen sogenannten Therapien – die behandeln wahrscheinlich auch gesunde Leute und machen sie krank.«

Der erste Gedanke, der einem in den Sinn kommt, ist, Ihnen, dem Leser, den Rat zu erteilen, den unzählige Autoritäten schon unzählige Male anderen erteilt haben, nämlich sich von dem nicht-professionellen Therapeuten fernzuhalten. Aber wenn man sich dann überlegt, daß die Hauptanziehungskraft und vielleicht auch die Wirksamkeit der Psychotherapie stets mehr auf der Begabung der Therapeuten als auf den Theorien der Therapien beruhen, dann zögert man, einen solchen Rat zu erteilen. Man kann bestenfalls Vorsicht empfehlen.

Vorsicht ist indes keine ausreichende Warnung im Hinblick auf die fünfte und letzte Gruppe in unserer Kollektion von Psy-

7 Vgl. zum Beispiel *The Encounter Game* des Psychologen Bruce L. Maliver, Stein & Stein, New York 1972.

chotherapeuten. Das ist der Schwindler-Therapeut, der wenig oder gar keine Bildung, Ausbildung oder Interesse an der Psychotherapie hat – abgesehen von einem starken pekuniären Interesse –, der sich als qualifizierter Therapeut ausgibt, sich als solcher anpreist und in der psychologischen Leichtgläubigkeit und ehrfürchtigen Scheu vieler Menschen eine Goldgrube findet. Man hört allenthalben, daß solche Leute als Scharlatane und Quacksalber bezeichnet werden, aber diese Bezeichnungen können auch für approbierte Psychiater und anerkannte Psychologen gelten. Diese Leute sind mehr als Scharlatane, mehr als Quacksalber. Denn da das, was sie tun, in vielen Staaten dank fragwürdiger oder gar keiner Gesetze legal ist, werden sie am zutreffendsten als begabte Hausierer und Hochstapler beschrieben.

Als solche kann man sie wegen ihres unternehmerischen Einfallsreichtums bewundern. Sie arbeiten auf nicht viel andere Weise als die Innovatoren in der Wirtschaft und Industrie, denen von unserer Gesellschaft höchster Beifall gezollt wird. In der Tat ist ihre Ausnutzung des Systems der freien Marktwirtschaft und der Werbepsychologie den modernsten, allgemein akzeptierten Geschäftspraktiken ebenbürtig. Man kann sogar sagen, sie handeln mit denselben Waren wie unsere führenden Reklame- und Kommunikationsgenies, nämlich der menschlichen Angst. Ihre Verheißungen sind so marktschreierisch und unbewiesen wie die Behauptung, ein Mundwasser sei besser als ein anderes. Dennoch ist es angesichts der Geschichte der westlichen Konsumgesellschaften kein Wunder, daß Psychotherapie in mancher Beziehung einfach ein weiteres Produkt geworden ist, das auf den Markt gebracht und verkauft wird. Alle Bestandteile des Geschäfts stimmen: die allgemeine Leichtgläubigkeit und Angst, die der Psychotherapie innewohnende Verheißung, die Qual des Lebens zu erleichtern, und die Werbung- und Absatzausrichtung unserer Kultur. Letzten Endes ist es die Öffentlichkeit – oder ein großer Teil von ihr –, die die Voraussetzungen schafft, unter denen die Schwindel-Psychotherapie blüht und gedeiht. Ohne eine ökologische Bewegung auf dem Gebiet der Psychohygiene werden die anrüchigen, die geistige Umwelt verschmutzenden Elemente der zur Industrie gewordenen Psychotherapie weiterhin blühen und gedeihen. Diese geistige Umweltverschmutzung wird auch nicht nur von den Hochstaplern und psychischen Taschendieben der Industrie verübt; sie dringt aus allen Winkeln und Ritzen der Psychotherapie, wenngleich von dem »qualifizierten« Ende der Skala in geringerem Ausmaß als von dem »unqualifizierten«.

Es gibt Therapeuten, die von dem echten Wunsch beseelt sind, ihren Patienten oder Klienten zu helfen, und die dank einer Kombination von Intelligenz, Sensibilität, Erfahrung, Wissen und persönlicher Ausstrahlung das Potential besitzen, dies bis zu einem gewissen Grad zu leisten. Es gibt andere, die ebenso aufrichtig motiviert sind, denen aber im allgemeinen eine oder mehrere der Eigenschaften der ersteren fehlen und damit auch das Potential zu helfen. Schließlich gibt es den Therapeuten, dem sowohl die Motivation als auch die Qualifikationen abgehen und dem das Potential zu helfen daher doppelt fehlt.[8]

Das sind Verallgemeinerungen, ich weiß, aber wohl keine unbilligen. Denn trotz des Faktors »persönliches Charisma«, von dem ich gesagt habe, daß er letztlich entscheidend sei für den Erfolg oder Mißerfolg der psychotherapeutischen Beziehung, sind Erfolg oder Mißerfolg der Beziehung nicht unbedingt entscheidend für den Erfolg oder Mißerfolg einer Therapiemethode (obwohl viele naive Therapeuten dazu neigen, die letztere nach der ersteren zu beurteilen). Schließlich ist Psychotherapie immer noch Psychotherapie – *was* gesagt wird, zählt, nicht, *wie* es gesagt wird. Der Psychotherapeut verkörpert die Form der therapeutischen Erfahrung; die Psychotherapie – ihr Grundprinzip und ihre Techniken – verkörpert die Substanz.

Was unsere drei Gruppen von Therapeuten betrifft, so geht aus zahllosen Untersuchungen hervor, daß positive Ergebnisse, wenn sie überhaupt erzielt werden, am häufigsten bei den Therapien vorkommen, die von Therapeuten der ersten Art vertreten werden. Die Untersuchungen zeigen auch, daß die Mehrzahl dieser Therapeuten, abgesehen von ihren persönlichen charismatischen

[8] Man könnte eine vierte Kategorie aufstellen: der Therapeut, der nicht nur nicht helfen kann, sondern eindeutig Schaden anrichtet. Von ihm werden wir noch hören.

Eigenschaften, von der Kultur der Psychotherapie durchdrungen ist. Sie sind wie große Orchesterdirigenten – sie wissen fast alles, was es über Musik zu wissen gibt, können jede Partitur auswendig dirigieren und Form wie Substanz einer Komposition zu einem ästhetischen Ganzen gestalten.

4. Sigmund Freud – Psychoanalyse

Ebenso wie die Suche der Alchimisten nach dem Stein der Weisen, der gewöhnliches Metall in Gold verwandeln soll, hat das Streben nach einem Rezept für die Heilung psychischer Krankheiten seit Jahrhunderten große Hoffnungen bei den Menschen erweckt. Führend bei dieser Suche waren in den letzten fünfzig Jahren die Apostel der Freudschen psychoanalytischen Lehre. Den Grundprinzipien und Anwendungen dieser Lehre müssen wir uns zuerst zuwenden, wenn wir einen Überblick über die spezifischen Psychotherapien gewinnen wollen, und sei es auch nur, weil das die Schablone war, nach der alle modernen therapeutischen Methoden geprägt wurden.

Die Psychoanalyse betrachtet sich selbst als das psychologische Gegenstück zur Chirurgie, vergleicht ihre Techniken mit den Instrumenten des Chirurgen und strebt als Ziel an, die Funktionen der Psyche wiederherzustellen oder Verletzungen zu beseitigen, so wie der Chirurg die Funktionen des Körpers wiederherstellt oder Verletzungen beseitigt. Die Psychoanalyse versteht die Neurosen als Folge eines tiefsitzenden Konflikts zwischen dem Ich und dem Es, wobei das Es das Sammelbecken der grundlegenden, unbewußten Triebansprüche ist; das Ich ist der Teil der Psyche, der, aufgrund des Kontaktes mit der Umwelt von Bewußtsein durchdrungen, die Vorstellung vom eigenen Selbst in der Welt wird. Dieser Konflikt wird verstärkt durch die Funktion des Überich, wie Freud den dritten Bestandteil der Psyche bezeichnet, der, hauptsächlich infolge früher elterlicher Einflüsse, ungefähr gleichbedeutend mit Gewissen ist. Der Konflikt spielt sich im Unbewußten ab, der Region des Geistes oder der Psyche, die selten dem Bewußtsein ausgesetzt ist und das Sammelbecken für verdrängtes Material, Triebansprüche des Es und Abwehrmechanismen des Ich darstellt.

Das Hauptziel der psychoanalytischen Behandlung ist im allgemeinen, das Es vor allem durch die Konzentration auf seine Antriebskraft, die Libido, von seinen frühen Fixierungen und Fehlanpassungen zu befreien, dadurch das Ich zu stärken und ihm eine neue Richtung und Orientierung zu geben. Das Hauptziel der Freudschen Psychoanalyse besteht darin, all dies dadurch zu erreichen, daß zuerst das Freud zufolge aus sexuellen Gründen verdrängte Material aus dem Unbewußten hervorgeholt und daß dann der ödipale Konflikt, der als Hauptursache aller anderen psychischen Konflikte angesehen wird, gelöst oder wieder gelöst wird.

Wie jede andere Form der Psychotherapie arbeitet die Freudsche Psychoanalyse auf zwei Ebenen. Die erste ist die *theoretische* Ebene, die dem Freudschen Analytiker das Grundprinzip an die Hand gibt. Die zweite ist die *methodologische* Ebene, die dem Analytiker seine Behandlungstechniken liefert. Die zweite beruht natürlich auf der ersten.

Die erste Ebene – die grundlegende Theorie der Freudschen Analyse – kann auf folgende Weise schematisch dargestellt werden:

1. *Sexualität ist die primäre Motivation bei allen unseren Handlungen.*
2. *Alle Träume sind im Grunde Äußerungen geheimer sexueller Strebungen.*
3. *Alle psychischen Probleme sind die Folge von nicht zum Ausdruck gelangter Sexualität.*
4. *Alle Jungen haben den geheimen Wunsch, ihre Väter zu beseitigen und Geschlechtsverkehr mit ihren Müttern zu haben; alle Mädchen haben den umgekehrten Wunsch.*
5. *Das Leben eines Kindes ist von Grund auf sexuell, schon von Geburt an.*
6. *Jeder Mensch schwankt zwischen dem Wunsch nach normaler Sexualität und dem Wunsch nach Homosexualität.*

Das sind die Grundprinzipien der Freudschen Psychoanalyse, die Freud als unwandelbare, auf seinen Beobachtungen und Einsichten beruhende Gesetze aufstellte. Diese Gesetze gelten nicht nur für Neurotiker, sondern auch für alle normalen Menschen.

Im Freudschen Werk ist also die Grenze zwischen Normalität und Neurose im wesentlichen dadurch gekennzeichnet, wie erfolgreich sich ein Mensch den Grundgesetzen angepaßt hat, die sein Leben bestimmen. Wer in irgendeiner Beziehung schlecht angepaßt ist, wird in unterschiedlichem Maße neurotisch und ist ein geeigneter Kandidat für die Behandlung mit Hilfe der Freudschen Psychoanalyse.

Die Freudsche Behandlung der Neurose beruht natürlich auf diesen Theorien; viele der Behandlungstechniken sind darauf abgestimmt. Doch während Freud in seinen Schriften die Theorien wiederholt in aller Klarheit erläuterte, hat er die spezifischen Techniken der Psychoanalyse sehr viel weniger ausführlich dargestellt. Freud wollte damit verhindern, daß seine zukünftigen Patienten seine Bücher lesen und seine Absichten bei der Analyse durchschauen, indem sie nach »Anhaltspunkten« suchen. Es ist auch darauf zurückzuführen, daß Freud glaubte, die Techniken der Analyse könnten nur durch Kontrollanalysen und die Lehranalyse des angehenden Analytikers richtig gelehrt und gelernt werden. Obwohl er es nie schriftlich niedergelegt hat, schien Freud auf dem Standpunkt zu stehen, daß ein guter Analytiker, der die Grundprinzipien und die Theorie sowie die allgemeinen Techniken beherrscht, seine Techniken den Bedürfnissen des jeweiligen Patienten anpassen sollte. Wegen der Vielgestaltigkeit der Neurosen kann man sich nur am Anfang und am Ende der Therapie an entsprechende Regeln und einen klaren Aufbau wie bei einem Schachspiel halten. Alle Analytiker verfahren nach demselben Aufbau und denselben Regeln und haben dasselbe Ziel im Auge. Aber was zwischen dem Anfang und dem Ende geschieht, hängt weitgehend vom Geschick des betreffenden Analytikers ab. So kann man selbst heute kein zuverlässiger Psychoanalytiker werden – wie man ein zuverlässiger Anwalt oder Buchprüfer werden kann –, indem man einfach liest und studiert. Man muß nicht nur lesen und studieren, sondern sich spezifische Ausbildungsverfahren in analytischer Technik an einem psychoanalytischen Institut durchlaufen, unter Aufsicht eines Lehranalytikers Analysen (Kontrollanalysen) durchführen und sich auch einer eingehenden Lehranalyse unterziehen.

Man sollte annehmen, daß, wenn alle diese Einzelheiten so peinlich genau berücksichtigt werden, Scharen von höchst sachverständigen und tüchtigen Heilern hervorgebracht werden. Dem ist leider nicht so. Der Grund dafür liegt in der Tatsache, daß die Psychoanalyse eine Heilmethode ist, die bestenfalls zu zehn Prozent aus Wissenschaft besteht, während die restlichen 90 Prozent reine Spekulation sind. Bei einem so hohen Anteil von Spekulation sind die Techniken zwangsläufig variabel, ungewiß und werden auch ständig abgewandelt, nicht so sehr um den individuellen Bedürfnissen eines Patienten zu entsprechen, sondern weil neue Techniken entwickelt und anstelle derjenigen angewandt werden, die sich als unwirksam oder schädlich erwiesen haben.

Dennoch gibt es gewisse Techniken der Freudschen Analyse, die mehr oder weniger allgemein angewandt werden, welche technischen Eigentümlichkeiten der jeweilige Analytiker auch anhängen mag. Aber ehe wir darauf eingehen, was Sie zu erwarten haben, wenn Sie sich in eine Freudsche Analyse begeben, wollen wir erst feststellen, wer Ihr Analytiker sein könnte und wie er wahrscheinlich auf Ihr Problem reagieren wird.

Ich habe schon darauf hingewiesen, daß ein Freudscher Analytiker entweder ein Facharzt für Psychiatrie ist, ein Diplom-Psychologe mit oder ohne Doktorgrad oder ein Psychotherapeut, der weder Arzt ist noch promoviert hat, aber Psychologie oder eine verwandte Disziplin studiert und eine anerkannte Ausbildung in Psychoanalyse an einem psychoanalytischen Institut erhalten hat.

Es gibt einen vierten Typ des Freudschen Analytikers, der sich unter der Bezeichnung Laienanalytiker betätigt, was gewöhnlich bedeutet, daß er nicht vorschriftsmäßig ausgebildet ist und keine Approbation und kein Diplom besitzt. Es bedeutet nicht automatisch, daß solche Analytiker weniger sachverständig oder tüchtig sind als die drei anderen Gruppen; da die Psychoanalyse eine unsichere und unzuverlässige Wissenschaft ist und es eine Tatsache ist, daß die Wirksamkeit weitgehend vom Können und der Persönlichkeit des Therapeuten abhängt, scheint eine vorschriftsmäßige Ausbildung kaum die wichtigste Voraussetzung für einen erfolgreichen Analytiker zu sein. Dennoch steht der Laienanalytiker wegen der Art seiner Praxis an der Grenze der legitimierten Psychotherapie. Daher werde ich diesen Typus bei der Betrachtung der Freudschen Analyse nicht berücksichtigen.

Bei weitem die meisten Freudschen Analytiker sind Psychiater oder promovierte Psychologen. Um das Recht zu erlangen, sich offiziell Psychoanalytiker zu nennen, muß ein Arzt oder Psychologe nach Abschluß seines Universitätsstudiums eine Ausbildung an einem psychoanalytischen Institut absolvieren, das als Ausbildungsstätte staatlich anerkannt ist. Solche Institute stehen gewöhnlich unter der Leitung der verschiedenen psychoanalytischen Gesellschaften, deren Mitglieder (die bereits praktizierende Analytiker sind) zum Teil als Lehrer und Mentoren fungieren. Eine typische Ausbildung wird sich über drei bis vier Jahre erstrecken und folgende Bereiche umfassen: 1. Seminare, 2. Lehranalyse, 3. supervisierte Behandlungen (Kontrollfälle) und 4. Tätigkeit in einer Klinik oder einem Krankenhaus.

Die Seminararbeit in einem Ausbildungsinstitut soll dem angehenden Analytiker eine umfassende Unterweisung in Theorie und Praxis der Einzelpsychoanalyse vermitteln. Die erste Phase der Seminararbeit erfordert ungefähr ein Jahr, und in dieser Zeit wird der auszubildende Analytiker gewöhnlich seine ersten 200 Stunden der Lehranalyse absolviert haben. Die Lehranalyse wird als ein wesentlicher Teil der psychoanalytischen Ausbildung angesehen. Sie soll den Psychoanalytiker in die Lage versetzen, eigene Persönlichkeitsprobleme zu lösen, die seine Tätigkeit als Analytiker beeinträchtigen könnten, und sie soll dem jungen Analytiker auch Gelegenheit bieten, die Theorien und Methoden der Psychoanalyse vom eigenen Erleben her zu begreifen. Auch wird sie als das fundamentale Mittel angesehen, die Persönlichkeit des angehenden Analytikers zu einem psychodiagnostischen und psychotherapeutischen Instrument zu entwickeln und zu verfeinern.

Zwar stellen die meisten Ausbildungsinstitute keine festen Regeln über die Gesamtzahl der für eine erfolgreiche Lehranalyse erforderlichen Stunden auf, doch wird im allgemeinen ein Minimum von 450 Stunden angenommen, und zwar an fünf Tagen in der Woche je eine Stunde.[1]

Der Anwärter hat gewöhnlich etwa gleichzeitig die Hälfte seiner Lehranalyse und die erste Phase der Seminararbeit beendet. Zu dieser Zeit werden seine Fortschritte von dem Lehranalytiker, den Seminarleitern und der Verwaltung des Instituts überprüft, die darüber befinden, ob er zur zweiten Ausbildungsphase zugelassen werden kann. Die von den meisten Instituten dabei angelegten Maßstäbe sind nicht überaus streng; Drückebergerei allerdings wird nicht belohnt. Wenn die Entscheidung positiv ausfällt, beginnt der Anwärter die zweite Phase, die in der Fortsetzung der Lehranalyse und etwa einem weiteren Jahr der Seminararbeit besteht, das dem Studium von Theorien und Praktiken gewidmet ist, die fortgeschrittener und komplizierter sind als die im ersten Jahr behandelten.

Nach Beendigung der zweiten Ausbildungsphase wird angenommen, daß die Anwärter so weit sind, daß sie unter Aufsicht von Kontrollanalytikern die psychoanalytische Praxis beginnen können. Von Analytikern, die mit dem Institut oder der Klinik, an der sie ausgebildet werden, in Verbindung stehen, werden ihnen Patienten zugewiesen, und während des dritten Ausbildungsjahrs behandeln sie mindestens zwei psychoanalytische Fälle – beide unter Überwachung von zwei verschiedenen Kontrollanalytikern. Wenn diese Phase erfolgreich abgeschlossen ist, muß der Anwärter einem Beurteilungsausschuß des ausbildenden Instituts einen Fall vorstellen. Eine solche Vorstellung soll einen Überblick darüber geben, welche Techniken und Methoden der Diagnose und Behandlung der angehende Analytiker beherrscht, und auch eine Prognose hinsichtlich des Ergebnisses einschließen. Die Fall-Vorstellung soll die Fähigkeit des Anwärters nachweisen, als praktizierender Analytiker ohne Beeinträchtigung durch persönliche Probleme arbeiten zu können. Nach der gelungenen Vorstellung eines Falles erhält der Anwärter ein Zeugnis

1 In der Psychoanalyse und auch in anderen Therapieformen dauert eine »Stunde« in Wirklichkeit fünfzig Minuten. Die Stunde kann kürzer sein, aber nicht länger, denn die Therapeuten legen gern eine Pause von zehn Minuten ein, ehe der nächste Patient kommt.

vom Institut, in dem bescheinigt wird, daß er für die hauptberufliche Ausübung der Psychoanalyse geeignet ist.

Die meisten Institute nehmen keine Bewerber unter 25 Jahren zur Ausbildung an; deshalb ist es angesichts der langen Ausbildungszeit unwahrscheinlich, daß Sie auf einen privat praktizierenden Freudschen Analytiker stoßen, der wesentlich jünger als 30 Jahre ist. Und da es Zeit erfordert, bis sich ein Psychotherapeut eine Privatpraxis aufgebaut hat – sei er nur Arzt oder nicht –, werden Sie frisch gebackene Analytiker vermutlich eher in einer Klinik oder einem Krankenhaus antreffen als in einer Praxis in einem teuren Viertel Ihrer Heimatstadt.

Dennoch machen die meisten Analytiker so schnell als irgend möglich eine Privatpraxis auf. Erstens haben sie eine lange und harte Ausbildungszeit hinter sich, in die sie sehr viel Geld investieren mußten. Sie können nicht ewig von den bescheidenen Gehältern in Kliniken und Krankenhäusern leben. Zweitens sind Neurosen psychische Leiden, die charakteristisch sind für die reichen oder einigermaßen wohlhabenden Schichten. Die Psychosen sind dagegen unter den ärmeren Schichten verbreiteter. In den meisten Anstalten gilt die psychiatrische Arbeit den Psychotikern, die von einer psychischen Krankheit befallen sind, die sogar nach Freuds Ansicht mit Hilfe der Psychoanalyse nicht geheilt werden kann. Außerdem werden die Menschen, die an neurotischen Problemen leiden und im allgemeinen den besser gestellten Kreisen angehören, wahrscheinlich eine private Einzelbehandlung vorziehen und eher bereit sein, dafür zu bezahlen, als sich einer Behandlung in den billigeren Kliniken oder Krankenhäusern zu unterziehen. Deshalb eröffnen viele Psychoanalytiker möglichst schnell eine Privatpraxis, denn hier sind nicht nur ihre Dienste gefragt, sie stoßen auch auf weniger Widerstreben, ihre traditionell hohen Honorare zu bezahlen.

Was die Honorare betrifft, so neigen Zyniker zu der Annahme, Psychoanalytiker seien eine Art von pseudo-ärztlichen Gangstern, denn sie berechneten für eine Stunde 70 Mark oder mehr und erhielten sie auch. Ein alter Witz behauptet, Psychoanalytiker brächten zweierlei fertig: Erst redeten sie einem ein, man sei verrückt, dann bewiesen sie es, indem sie einen veranlaßten, astronomische Summen dafür zu bezahlen, daß sie es gesagt haben.

Man würde meinen, daß ihre traditionell hohen Honorare ein peinliches Thema für Psychoanalytiker seien. Es gibt zwei Gründe, warum sie es nicht sind. Der eine ist, daß die Psychoanalyse den Honoraren wie allem anderen in der therapeutischen Praxis eine fest umschriebene Rolle zugewiesen hat. Mit anderen Worten, die Frage des Honorars ist ein fester Bestandteil der therapeutischen Technik. Die Bereitschaft, hohe Honorare zu bezahlen, wird als Folge des Engagements seitens des Patienten für die therapeutische Beziehung und als Motivation zur Behandlung angesehen. Außerdem sollen die Reaktionen, die Honorare beim Patienten hervorrufen, dem Analytiker bei der Deutung der unbewußten Konflikte des Patienten helfen. Der zweite Grund liegt darin, daß angenommen wird, hohe Honorare führten beim Patienten zu jener Disziplin, die für eine erfolgreiche therapeutische Beziehung notwendig sei. Es sei absolut erforderlich, daß der Patient dem Analytiker vertraue (und an ihn glaube), denn in vielen Fällen werde der Analytiker die wichtigste Person im Leben des Patienten. Die Bereitschaft, die hohen Stundensätze zu zahlen, sei in Wirklichkeit die abermalige Bestätigung dieses Vertrauens. Außerdem sei dadurch gewährleistet, daß sich der Patient an den vom Analytiker festgelegten Zeitplan für die analytischen Sitzungen hält (denn wenn er ohne rechtzeitige Abmeldung eine Sitzung ausfallen läßt, muß er sie dennoch bezahlen).

Die Festsetzung und Bezahlung hoher Honorare sind nicht nur als ein Entgelt für die großen finanziellen Aufwendungen des Analytikers während des Studiums und der Ausbildung gedacht, sondern die psychoanalytische Tradition hat sie auch listig in ein zusätzliches Instrument der Therapie verwandelt. Der großen Mehrzahl der Psychoanalytiker zufolge, die ich während der Vorbereitung dieses Buches interviewt habe, haben die Zyniker nicht recht: Die hohen Honorare haben nichts damit zu tun, daß sie schnell reich werden wollen. Sie sind im Gegenteil sehr nützliche therapeutische Kunstgriffe und somit jeden Pfennig wert, den der Patient bezahlt. Diese Argumentation klingt ein wenig unaufrichtig, ein wenig an den Haaren herbeigezogen, vor allem angesichts der dubiosen Erfolge der Analyse. Doch wenn meine Befragung von Analytikern auch nur einigermaßen repräsentativ ist für alle Angehörigen dieses Berufsstandes, dann kann man sagen, daß die meisten Analytiker diese Ansicht unterschreiben. Ich überlasse es Ihnen, deren Glaubwürdigkeit zu beurteilen.

Bei der Psychoanalyse muß man also vor allem im Auge behalten, daß sie unweigerlich teuer ist. Freud selbst sagte in seiner Arbeit »Zur Einleitung der *Behandlung*«:

»... es handelt sich bei der Psychoanalyse immer um lange Zeiträume, halbe oder ganze Jahre, um längere, als der Erwartung des Kranken entspricht ... Ich halte es überhaupt für würdiger, aber auch für zweckmäßiger, wenn man ihn ... von vornherein auf die Schwierigkeiten und Opfer der analytischen Therapie aufmerksam macht und ihm so jede Berechtigung nimmt, später einmal zu behaupten, man habe ihn in die Behandlung, deren Umfang und Bedeutung er nicht gekannt habe, gelockt.«[2]

Die moderneren Spielarten der Freudschen Analyse erstrecken sich über Zeiträume, die in manchen Fällen bis zu zehn Jahren umfassen. Bei einem Minimum von drei Besuchen in der Woche (im Idealfall sind es indes fünf) und 60,– Mark pro Besuch (ein Honorar, das eher unter dem Durchschnitt liegt) könnten fünf Jahre Analyse leicht annähernd 50 000,– Mark kosten. Bei der Befragung von sechsundsiebzig Patienten, die sich einer Analyse (nicht nur der Freudschen Art) unterzogen hatten oder noch unterziehen, habe ich festgestellt, daß die durchschnittliche Behandlungsdauer derjenigen, die länger als sechs Monate in Behandlung blieben (und das waren zweiundfünfzig von sechsundsiebzig), vier Jahre und zehn Monate betrug.

Warum dauert die Analyse so lange? Es gibt ein Dutzend Antworten auf diese Frage. Die wichtigste beruht auf der Tatsache, daß die Freudschen Theorien, die der Psychoanalyse zugrunde liegen, so absolut unbestimmt sind, daß die auf ihnen aufgebauten Behandlungstechniken keinerlei Hoffnung zulassen, daß je eine einheitliche, präzise Methodologie zustande kommt.

2 G.W., Bd. VIII, S. 462.

Da sich die Psychoanalyse mit der nicht greifbaren Unterwelt des Unbewußten und all seinen verwirrenden Phänomenen befaßt, hat sie eine Bürokratie der Behandlungsmethoden hervorgebracht, die wie jede Bürokratie verfährt – unweigerlich langsam und, wie ich hinzufügen könnte, nicht gerade erfolgreich. Das trifft auf die meisten Formen der analytischen Therapie zu, aber ganz besonders auf die Freudsche Analyse.

Das Ziel der Freudschen Analyse ist es, einen Patienten von quälenden neurotischen Symptomen oder störenden Persönlichkeitszügen zu befreien, die seine befriedigende Anpassung an die Gesellschaft beeinträchtigen. Die meisten *realistischen* Analytiker betrachten das, was sie tun, als eine Art Wiederherstellungsarbeit. Wenn ein Analytiker eine Tätigkeit als mehr ansieht, wenn er erwartet, er könne große Veränderungen herbeiführen, die einer psychischen Wiedergeburt oder einer völligen Umbildung der Persönlichkeit eines Patienten gleichkommen, dann macht er nicht nur sich, sondern auch seinen Patienten etwas vor. Und jeder, der sich einer Freudschen Analyse mit der Vorstellung unterzieht, daß sie sich, wie lange sie auch dauern möge, schließlich in Form einer wunderbaren Verwandlung der Persönlichkeit und des Charakters auszahlen wird, fällt ebenfalls einer Selbsttäuschung zum Opfer. Wie ihre Geschichte deutlich gezeigt hat, ist das Wirkungsvermögen der Analyse sehr begrenzt.

Alle Psychotherapien befassen sich in erster Linie mit der Linderung von Symptomen. Alle stützen sich auf Prinzipien, die den Anspruch erheben, die den Symptomen zugrunde liegenden Ursachen verständlich zu machen. Aber die meisten Therapeuten erkennen die Unbestimmtheit dieser Grundprinzipien und begnügen sich damit, mit Hilfe von gegenwartsorientierten Techniken allein für die Linderung von Symptomen zu sorgen. Nur die Psychoanalyse und speziell die Freudsche Analyse trachtet, Symptome mit Hilfe von vergangenheitsorientierten Techniken zu beseitigen. Wer sich in eine Freudsche Analyse begibt, muß also bereit sein, den quälend langsamen Rückweg in die eigene psychische Kindheit anzutreten.

Wenn Sie beschließen, sich einer orthodoxen Freudschen Analyse zu unterziehen, um auf diese Weise Ihre Probleme zu bewältigen, dann sollten Sie sich darüber im klaren sein, daß die Behandlung durch den Analytiker, sofern er ausgebildet, erfahren und verantwortungsbewußt ist, in dem Augenblick beginnt, in dem Sie sein Sprechzimmer zum Erstinterview betreten. Sie haben »derzeitige« oder »aktuelle« Beschwerden oder »derzeitige« oder »aktuelle« Symptome, wie die Analytiker es nennen. Sie sind nicht nur völlig erfüllt von Ihrem Problem, sondern wahrscheinlich auch abgelenkt durch die normale Nervosität, die eine Begleiterscheinung jeder neuen Erfahrung ist. Außerdem sind Sie von dem starken und dringenden Wunsch bewegt, daß Ihre Symptome so bald als möglich gelindert werden, und hoffnungsvoll erwarten Sie von dem Analytiker, daß er diese Linderung auf der Stelle bewirken werde. Verquickt mit all diesen Gefühlen ist natürlich Ihr Wunsch, auf den Analytiker einen guten Eindruck zu machen und die Zusage zu erhalten, daß er Ihnen helfen werde. Wenn Sie Ihrem zukünftigen Analytiker zum erstenmal begegnen, sind Sie also nicht gerade ein Muster an Objektivität.

Der Analytiker andererseits ist es. Von dem Augenblick an, in dem Sie zur Tür hereinkommen, wird er Sie genau prüfen. Er wird nicht nur Ihr Verhalten daraufhin beobachten, ob es Anhaltspunkte für die Art Ihres Problems bietet, er wird auch Ihre Persönlichkeitsmerkmale unter die Lupe nehmen, um sich ein Bild davon zu machen, ob Sie für seine Art der Analyse geeignet erscheinen. Er wird darauf achten, wie Sie angezogen sind, wie Sie reden und sich benehmen, um daraus Schlüsse zu ziehen in bezug auf Ihre Intelligenz, Ihre Bildung und Ihren Geschmack, Ihren Charakter, Ihre soziale Stellung und Ihre Verläßlichkeit und Selbstdisziplin. Damit hält er nicht nur Ausschau nach Hinweisen auf Ihre psychologische Eignung für die Analyse, sondern auch nach Anzeichen für Ihre Fähigkeit, seine Honorare zu bezahlen, für Ihre Bereitschaft, sie zu bezahlen, und danach, wieviel Engagement und Ausdauer er von Ihnen erwarten kann. Sobald Sie seine Türschwelle überschritten haben, versucht er, sich darüber klar zu werden, ob er Sie zur Therapie annehmen soll oder nicht.

Es mag einige Leser überraschen, daß Analytiker so wählerisch und anspruchsvoll sind, wenn sie sich ihre Patienten aussuchen.

Gewöhnliche Ärzte lehnen Patienten nicht ab, bloß weil sie ihnen nicht gefallen; auch lehnen sie sie nicht ab, weil sie vermuten, es würde Schwierigkeiten bereiten, ihr Honorar einzutreiben. Tatsächlich widerspricht die Vorstellung einer wählerischen Ausübung der Medizin der hippokratischen Tradition.

Auch Psychoanalytiker geben sich als Heiler aus. Dennoch lehnen sie die Behandlung von Patienten oft mit der Begründung ab, daß die Patienten, obwohl sie krank seien, gewisse Kriterien nicht erfüllten. Dieses undemokratische Argument mag in Widerspruch stehen zur ärztlichen Berufsauffassung, daß alle, die um Hilfe bitten, sie erhalten sollten. Indes hat die Psychoanalyse es als unbestreitbare Tatsache hingestellt, daß es manche neurotische Menschen gibt, die nicht so positiv und angemessen auf den psychoanalytischen Prozeß ansprechen, als daß die von beiden Parteien aufgewendete Zeit und Mühe sich lohnten.

Freud war der Meinung, am geeignetsten für die Analyse seien Menschen, die »einen gewissen Bildungsgrad und einen einigermaßen verläßlichen Charakter besitzen«.[3] Das mag auf Sie zutreffen. Genauer gesagt, Sie sind höchstwahrscheinlich zwischen sechzehn und fünfzig Jahre alt (wie Sie sich erinnern werden, ist das die Zeit, in der die meisten Neurosen auftreten), von durchschnittlicher oder überdurchschnittlicher Intelligenz und in guter wirtschaftlicher Lage. Ihr Verstand ist zumindest einigermaßen fähig, Begriffe zu bilden – er erlaubt Ihnen, sich klar und einfallsreich auszudrücken, und ermöglicht Ihnen, die verbalen Mitteilungen von anderen zu begreifen. Sie haben in Ihrem Leben auf einem oder mehreren Gebieten Leistungen vollbracht. Sie sind kein Verbrecher, obwohl sich bei Ihnen gelegentlich eine Neigung zu einem Verhalten zeigt, das ans Verbrecherische grenzt, und Ihre Neurose behindert Sie nicht völlig. Ein einsichtiger Teil Ihres »Ich« erlaubt es Ihnen, einen Schritt zurückzutreten und sich mit einiger Objektivität zu beobachten. Sie können sich damit abfinden, daß Ihr Schicksal zum größten Teil die Folge Ihres Charakters ist, und machen dafür nicht äußere Kräfte verantwortlich, und oft beweisen Sie Mut, wenn Sie wenig schmeichelhafte Aspekte Ihres Charakters erkennen und sie ent-

[3] G.W., Bd. V, S. 21.

hüllen. Schließlich wollen Sie (zumindest bewußt) Ihre Einstellungen oder Lebensweise ändern, um sich selbst zu helfen, und Sie sind im Grunde optimistisch, daß Ihnen das mit Hilfe eines Dritten gelingen werde.

Die Person, die ich eben geschildert habe, ist zusammengestellt aus einer Reihe von Beschreibungen der »idealen Durchschnittspatienten«, die mir 23 orthodoxe Analytiker gaben. Wenn Sie sich in diesem Porträt wiedererkennen und dennoch nicht zur Analyse angenommen wurden, mag es sein, daß der wahre Grund, warum der Analytiker Sie abgelehnt hat, jenseits des Grundprinzips »Psychoanalyse ist nicht für jeden da« liegt.

Wenn der Analytiker beschließt, Sie zur Therapie anzunehmen, dann wird alles, was Sie im Erstinterview von sich haben erkennen lassen, in seinem allerersten psychodiagnostischen Eindruck von Ihrem Problem enthalten sein. Deshalb ist es eine weit klügere Strategie, beim Erstinterview so viel als möglich von Ihrem *wahren* Ich zu zeigen, als zu versuchen, einen vorteilhaften, aber weniger realen Eindruck von Ihrem Charakter, Ihrer Persönlichkeit und Intelligenz zu erwecken. Mit dieser zweiten Methode werden Sie lediglich erreichen, daß es längere Zeit dauert, bis sich der Analytiker über die Art Ihrer Störung klar wird. Ausgebildete und erfahrene Analytiker sind nämlich – denken Sie daran! – im allgemeinen durchaus imstande, deskriptive Diagnosen der verschiedenen Formen von Neurose zu stellen. Erst wenn es darum geht, Gründe für die Neurosen herauszufinden und die Behandlungstechnik festzulegen, tauchen ernstliche Fragen hinsichtlich ihres klinischen Sachverstands auf. Begründungen und Behandlungsverfahren in der Psychoanalyse beruhen natürlich eher auf Theorie als auf Tatsachen.

Wie ich angedeutet habe, beginnt die Therapie beim Erstinterview. Besonders bei der Freudschen Therapie stoßen Sie schon zu diesem Zeitpunkt auf die berühmte, ärgerliche und oft verurteilte Zurückhaltung bei Fragen und Unnahbarkeit des Analytikers. Sie brennen darauf, diesem Sachverständigen, der dem Vernehmen nach aufgrund seiner Ausbildung in der Lage ist, Ihnen zu helfen, von den Symptomen Ihres verwirrenden Problems zu berichten. Aber eben der psychische Mechanismus Ihres Problems beeinträchtigt Ihre Fähigkeit, über das zu sprechen oder genau zu schildern, was Sie quält. Deshalb warten Sie hoffnungsvoll darauf, daß der Analytiker Sie mit einer klugen und fachmännischen Unterhaltung über Ödipuskomplexe, sublimierte Wünsche und dergleichen durch die harte Mauer Ihrer Emotionen hindurchführt. Statt dessen sagt er vielleicht einfach: »Was führt Sie zu mir?« oder »Worin besteht Ihr Problem?«

Damit ist Ihnen die Last aufgebürdet, und schon beginnt das, was die Freudsche Analyse *Übertragung* nennt.

Sie fangen an, von Ihrem Problem zu reden, suchen verzweifelt nach bestimmten Bildern und Ausdrücken, um klarzumachen, was Sie meinen, aber Sie bringen nichts zustande als anscheinend verschwommene und nutzlose Redensarten. Solange Sie reden, wird der Analytiker Sie ruhig gewähren lassen, und wenn Sie eine Pause machen, um Atem zu schöpfen, wird er auch nichts sagen. Erst wenn Sie sich erschöpft haben oder bei Ihrer Erzählung auf einen Widerstand stoßen, der Sie daran hindert, fortzufahren, weil Ihnen das richtige Wort oder die passende Redensart fehlt, wird der Analytiker eine zweite Frage stellen. Diese Frage wird unweigerlich mit einem Anhaltspunkt für Angst zusammenhängen, den er in Ihrer Erzählung entdeckt hat, und wahrscheinlich wird sie verwirrend sein, weil sie Ihnen so banal vorkommt. Nehmen wir an, Sie haben fast beiläufig erwähnt, daß alle Ihre Freunde Ihnen sagen, Sie machten sich zu viele Sorgen. Wenn Sie Ihren Bericht abgeschlossen haben, wird der Analytiker vielleicht fragen: »Worüber machen Sie sich Sorgen?«

Das ist verwirrend, denn Sie sind eigentlich nicht der Meinung, daß Sie sich zu viele Sorgen machen, und außerdem erinnern Sie sich kaum, daß Sie es erwähnt haben. Es ist auch deshalb verwirrend, weil es eine Frage der Art zu sein scheint, die man von einem Priester oder einem Moralprediger erwarten könnte, nicht von einem professionellen Therapeuten, der dazu ausgebildet wurde, sich mit den Feinheiten psychoanalytischer Begriffe und der entsprechenden Syntax zu befassen. Sie vergessen, daß Analytiker dazu ausgebildet werden, sich mit Anhaltspunkten zu befassen, und je belangloser sie erscheinen, für um so ergiebiger und fruchtbarer werden sie gewöhnlich gehalten.

Sie versuchen trotz allem die Frage zu beantworten. Höchstwahrscheinlich werden Sie mit Ihrer Antwort halbherzig abstreiten, was die Frage des Analytikers unterstellte. Sie machen sich eigentlich gar nicht zu viele Sorgen – gewiß, Sie regen sich über manches ziemlich leicht auf, besonders über bestimmte Dinge, aber . . .

Der Analytiker wird Sie vielleicht an dieser Stelle mit einer weiteren verwirrenden Frage unterbrechen, verwirrend insofern, als er nicht zugelassen hat, daß Sie zu Ende führten, was Sie gegen die Kennzeichnung des »Sich übermäßig Sorgen machen« einzuwenden haben. Sie versuchen, den Verlauf des Interviews zu beeinflussen, dem Analytiker zu sagen, was *Sie* für wichtig halten, und wegzulassen, was *Sie* für belanglos halten. Was Ihre Freunde sagen, ist Ihrer Ansicht nach belanglos, und Sie wünschten, Sie hätten es nicht erwähnt. Doch haben Sie jetzt keine Zeit, darüber nachzudenken, denn der Analytiker erwartet eine Antwort auf seine eingeworfene Frage. Was war es doch? Ach ja, er wollte wissen, was Sie besonders aufregt. Verdammt nochmal, denken Sie, wie sind wir überhaupt auf dieses Thema gekommen? Aber Sie versuchen zu antworten. Oh, sagen Sie, Hupen auf der Straße kann Sie rasend machen, und die täglichen Anrufe Ihrer Mutter ebenfalls, und Leute, die viel reden, aber nie wirklich zuhören . . .

»Was geschieht, wenn auf der Straße gehupt wird?« fragt der Analytiker dann womöglich. Sie versuchen es zu erklären, immer noch bemüht, die richtigen Worte zu finden.

»Und was geschieht, wenn Ihre Mutter anruft?«

»Was meinen Sie damit, was geschieht?« antworten Sie vielleicht.

»Wie ist Ihnen dann zumute?« wird der Analytiker fragen. Nachdem Sie Ihre ganzen Kümmernisse aufgezählt haben, wird der Analytiker dann unter Umständen fragen: »Und was ärgert Sie sonst noch?«

So wird der Analytiker das erste oder eine Reihe von Interviews mit Ihnen führen. Anschließend wird er Ihnen entweder sagen: Jawohl, er glaube Ihnen helfen zu können, oder, es tue ihm leid, er könne bei Ihrem besonderen Problem nicht viel tun.

Wenn der Analytiker Sie in die Psychotherapie nimmt – und vorausgesetzt, Sie kommen der Vorstellung vom »idealen Patienten« einigermaßen nahe, und es gibt keinen Grund für die Annahme, daß Sie dieser Vorstellung nicht entsprechen –, dann werden Sie sich kurz über das Honorar unterhalten. Sie haben wahrscheinlich genug Geld, um wenigstens das Honorar für ein paar einleitende Sitzungen zu dem Satz aufzubringen, den der Analytiker berechnet, und selbst wenn Sie empört sind über die Höhe des Honorars, werden Sie, zweifellos mutig, dem ersten Termin zustimmen.

Freud behauptete, daß eine Analyse so gut wie nutzlos sei, wenn sie nicht an fünf oder sechs Tagen in der Woche durchgeführt werde. Die modernen Psychoanalytiker sind sich allgemein darüber einig, daß drei Tage in der Woche genug sind, hauptsächlich aus dem Grund, den ein Analytiker aus Chicago so ausdrückte: »Wenn ich ein paar Jahre lang tagein, tagaus denselben sechs Personen zuhören müßte, dann wäre ich selbst bald reif für die Klapsmühle.« Viele Analytiker gehen noch weiter und geben sich mit ein- oder zweimal in der Woche zufrieden, jeweils eine Stunde. (Natürlich können sie auf diese Weise vier- oder fünfmal so viele Patienten behandeln, was ihrem Bankkonto keinen anhaltenden Schaden zufügt.)

Nachdem Sie zur psychoanalytischen Therapie angenommen worden sind, wird der Analytiker wahrscheinlich eine oder zwei weitere Sitzungen darauf verwenden wollen, Ihr derzeitiges Problem zu erforschen, um eine Diagnose zu stellen und Sie an die Verfahren der Freudschen Therapie zu gewöhnen. Wenn der Analytiker ein verantwortungsbewußter Arzt ist, wird er – wenn es bei Ihnen nicht schon geschehen ist – routinemäßige ärztliche Untersuchungen anordnen, um nach Möglichkeit auszuschließen, daß Ihre derzeitigen Symptome auf eine organische oder physiologische Ursache zurückzuführen sind. Auch wird er Ihre vollständige Anamnese aufnehmen, weil er der Auffassung ist, daß selbst dann, wenn es keine nachweisbare physiologische Ursache gibt, Seele und Körper in zu engem Zusammenhang stehen, als daß man sie als getrennte, nicht wechselseitig aufeinander einwirkende Einheiten ansehen könnte. Vielleicht wird er auch gewisse Medikamente verschreiben – Beruhigungsmittel oder Antidepressiva, je nachdem, wie ausgeprägt Ihre psychischen Symptome sind.

Ein Analytiker, der nicht Arzt ist, wird, wenn er verantwortungsbewußt ist und obwohl er die Untersuchungen nicht selbst verordnen kann, zumindest den Rat geben, sie durchführen zu lassen, ehe er Sie in die Analyse nimmt. Wenn diese Untersuchungen bei Ihnen schon durchgeführt worden sind, wird er wohl von Ihrem Arzt einen Bericht über die Ergebnisse haben wollen, und er sollte auch wissen wollen, ob Sie irgendwelche Medikamente nehmen und welche.

Sobald etwaige physiologische Ursachen Ihrer seelischen Störung ausgeschlossen sind, wird der Analytiker versuchen, eine klinische Diagnose zu stellen. Zuerst wird er zu ermitteln versuchen, ob Ihre Störung psychotischer oder neurotischer Art ist. Das stellt er fest, indem er sich weiterhin anhört, was Sie über Ihre Symptome zu sagen haben, indem er sie beurteilt und auch Ihr Verhalten in Rechnung stellt. Er wird Sie vielleicht einem oder mehreren schriftlichen oder mündlichen Tests unterziehen, um etwaige Vermutungen über die Art Ihrer Erkrankung zu bestätigen, aber da die meisten frei praktizierenden Analytiker sich nicht mit psychotischen Krankheiten befassen, ist es wahrscheinlich (vorausgesetzt, bei Ihrem Problem handelt es sich um eine Neurose oder, was noch günstiger wäre, um einfache Demoralisierung), daß Ihnen die Tests erspart bleiben. Analytiker rühmen sich ihrer auf Beobachtung beruhenden diagnostischen Fähigkeiten, und die meisten Analytiker, die ich interviewt habe, finden psychologische Tests langweilig.

Viele Laien glauben offenbar, daß Psychoanalytiker, wenn sie Diagnosen stellen, wie Versicherungsvertreter vorgehen, die ihre statistischen Tabellen zu Rate ziehen, wenn über Ihre Lebenserwartung gesprochen wird; sie glauben, Therapeuten hätten kleine schwarze Bücher in ihren Schreibtischen, in denen sie bloß nachzuschauen brauchten, um eine bestimmte Diagnose für ein bestimmtes Symptom oder eine Gruppe von Symptomen hervorzuzaubern. Daß diese Ansicht vorherrscht, daran sind die Psychotherapeuten selbst schuld. Die Leichtigkeit, mit der sie diagnostische Redensarten aus dem Ärmel schütteln, hat viele Leute davon überzeugt, daß sie ein neurotisches oder psychotisches Leiden genauso leicht diagnostizieren können wie ein Arzt einen komplizierten Beinbruch, wenn ihm der herausragende Knochen des Patienten gleichsam in die Augen springt. Natürlich sind psychiatrische Diagnosen nicht so einfach, obwohl es richtig ist, daß den Analytikern zusätzlich zu ihrer eigenen Erfahrung gewisse Hilfsmittel wie Leitfäden, Handbücher und dergleichen zur Verfügung stehen.

Nachdem sich der Analytiker davon überzeugt hat, daß Ihr Leiden keine organische Ursache hat, wird sein diagnostisches Verfahren im Idealfall darauf gerichtet sein, festzustellen, ob das Leiden psychodynamisch verursacht und entweder psychotisch oder neurotisch ist. (Für die meisten Analytiker zählt einfache Demoralisierung zu den Neurosen, während Anhänger anderer Therapieschulen es vorziehen, sie als eine besondere Klasse von Störung zu behandeln.) Wenn der Analytiker Ihr Leiden als psychotisch versteht, wird er vielleicht der Meinung sein, daß Ihre Ich-Funktionen die Wirklichkeit noch so unverzerrt erfassen können, daß Sie behandelbar sind. Bei einer großen Zahl von psychotischen Diagnosen ist indes dieses Erfassen der Wirklichkeit nicht vorhanden; dann wird der Analytiker entweder dem Psychotiker oder seiner Familie sagen, daß »andere Vorkehrungen« getroffen werden müssen – gewöhnlich die Einweisung in eine Heilanstalt dieser oder jener Art.

Wenn Sie nach zwei oder drei Besuchen noch im Sprechzimmer des Analytikers sind, können Sie damit rechnen, daß er eine Neurose diagnostiziert hat. Jetzt wird er versuchen, die spezifische Art der Neurose festzustellen – Angst, Depression, Hysterie, Zwangsneurose und dergleichen. Aber die Diagnose sollte hier nicht aufhören. Da die verschiedenen Arten von Neurose oft dieselben Symptome hervorbringen und da Symptome sich oft überschneiden und miteinander verbinden, wird sich der Analytiker bemühen, eine noch spezifischere Kennzeichnung Ihres Leidens herauszufinden. So könnte es sein, daß Ihnen schließlich gesagt wird, Sie leiden an einer »Angstneurose bei gemäßigt zwanghaftem Charakter« oder an einer »neurotischen Depression, begleitet von zwanghaft grüblerischen Zuständen«, oder an dem »Depersonalisationssyndrom, gekennzeichnet durch Dissoziationshysterie«, oder an einer fast unendlichen Vielzahl allgemeiner neurotischer Charakteristika.

Sobald sich der Analytiker auf eine Diagnose festgelegt hat, die er für richtig hält, wird er über Ihr Therapieprogramm nachdenken. Seriöse Psychotherapeuten, die sich an Freuds Vorschriften halten, glauben, die Behandlung müsse, weil jedes neurotische Leiden anders sei, für das spezifische Leiden maßgeschneidert sein. Die Freudschen Analytiker glauben das auch, aber ihre Einstellung zur Therapie wird sich immer an die feststehenden Grenzen der Freudschen Theorie halten. Denn die analytische Therapie zielt in erster Linie darauf ab, das Ich zu stärken, indem die Libido von frühen Fixierungen befreit wird. Nach dem Grundprinzip der Freudschen Analyse haben diese Fixierungen ihren Ursprung in einer abnormen sexuellen Psychodynamik. Das allgemeine Ziel der Freudschen Analyse ist es, die Ursachen der psychosexuellen Abnormität durch eine genau festgelegte Methode aufzudecken: den Prozeß des Redens und Zuhörens und die dazugehörigen Techniken. Innerhalb dieser ziemlich engen Grenzen wird der Analytiker also versuchen, die Behandlung Ihrem Leiden und Ihren Persönlichkeitsmerkmalen, wie er sie begreift, anzupassen.

An diesem Punkt sollte der verantwortungsbewußte Analytiker Ihnen erklären, daß er Sie zwar zur Therapie annimmt, *aber Ihnen eine Heilung nicht versprechen kann.* Kein ehrlicher und aufrichtiger Analytiker – überhaupt kein Psychotherapeut irgendeiner Richtung – kann oder sollte eine solche Voraussage treffen. Vielmehr sollte der Therapeut Sie für einen therapeutischen Arbeitsvertrag gewinnen, der auf der Tatsache beruht, daß er zwar eine stichhaltige Diagnose Ihres Leidens gestellt hat, aber nicht weiß, ob er es zu beseitigen vermag. Gewiß kann er sagen, er glaube, daß der Versuch die Mühe wert sei, doch sollte er Sie warnen, daß es sehr lange dauern könne, bis sich eine Besserung zeige, und daß es auch keine Garantie für eine Besserung gebe.

Wenn der Analytiker über die Behandlungsmethode nachdenkt, wird er Ihnen nicht unbedingt erklären, wie er vorzugehen gedenkt. In vielen Fällen wird das daran liegen, daß er noch keine Ahnung hat, wie er vorgehen soll, abgesehen davon, daß er sich an die üblichen Freudschen Verfahren (die ich gleich beschreiben werde) halten und Sie daran gewöhnen wird.

Das ist die Schwierigkeit bei dem »maßgeschneiderten« Konzept. Obwohl Freud erklärte, die Therapie sollte auf jeden Patienten individuell zugeschnitten sein, hat er mit seinen strengen methodischen Richtlinien dem modernen Freudschen Analytiker nicht viel Spielraum gelassen. Daher muß Ihr Analytiker, nachdem er sich angehört hat, was Sie über Ihre derzeitigen Symptome sagen, und eine Diagnose gestellt hat (die in psychoanalytischer Sicht richtig sein mag, aber womöglich nichts mit Ihrem wirklichen Problem zu tun hat), sich selbst eine überaus wichtige Frage beantworten. Und zwar: Welches ist die Ursache Ihrer Neurose? Auf diese Frage kann es nur eine Antwort geben, wenn der physiologische Faktor ausgeschlossen ist: eine vor langer Zeit eingetretene Fehlentwicklung Ihrer unbewußten psychosexuellen Triebe und eine mangelhafte Auflösung Ihres Ödipuskomplexes. Wie und warum es zu dieser Fehlentwicklung kam, ist die erste Antwort, die er von Ihnen hören will, denn für den Freudschen Analytiker ist diese Antwort der Schlüssel für alle anderen Schlösser Ihrer Psyche.

Die Haupttechnik, die der Analytiker anwendet, um diese Antwort und auch alle späteren zu erhalten, wird *freie Assoziation* genannt; richtiger gesagt, es ist die Haupttechnik, die Sie anwenden sollen. Bei der Freudschen Analyse werden Sie aufgefordert, sich auf eine Couch zu legen, während der Analytiker sich so hinsetzt, daß Sie ihn nicht sehen können. Mit einer anscheinend unpersönlichen Stimme wird er Sie anweisen, alles zu äußern, was Ihnen in den Sinn kommt. Die ersten Male, wenn Sie das tun, wird Ihnen wahrscheinlich seltsam zumute sein – leicht verlegen und unbehaglich –, denn Sie sind nicht daran gewöhnt, Ihren Selbstgesprächen zuzuhören. Die Anwesenheit des Analytikers hinter Ihnen wird Ihnen außerordentlich intensiv bewußt, und dieses Bewußtsein werden Sie als doppelt bedrückend empfinden. So werden Ihre ersten zögernden Versuche, frei zu assoziieren, wohl nicht nur mißlungen erscheinen, sondern auch mißlungen sein, selbst wenn Ihnen der Analytiker versichert, daß Ihr Stottern wie alles andere, was Sie in seinem Sprechzimmer tun, zur Therapie gehört.

Bei den ersten Malen, wenn Sie frei assoziieren, werden Sie wahrscheinlich Äußerungen von sich geben wie »Ich komme mir ein bißchen albern vor ...« oder »Ach, Herr Doktor, muß das wirklich sein?« Auf die erste Feststellung wird der Analytiker wahrscheinlich sofort mit der Frage reagieren: »Warum kommen Sie sich albern vor?« Das war es nicht, worauf Sie gehofft hatten. Sie hatten auf eine Beruhigung irgendeiner Art gehofft, vielleicht sogar auf eine kurze Belehrung, wie man frei assoziiert. Statt dessen hat die geisterhafte Stimme den Spieß umgedreht und Ihnen eine noch größere Last aufgebürdet.

Gewöhnen Sie sich daran! Wenn Sie analysiert werden sollen, werden Sie frei assoziieren müssen. Mit Ihrer Bemerkung, daß Sie sich »albern« vorkommen, haben Sie den einen von vielen *Widerständen* geäußert, die Sie bekunden werden. Der Analytiker wird solche Äußerungen häufig aufgreifen, um den Bereich einzuengen, auf den sich Ihre freien Assoziationen konzentrieren sollten, und um Ihre Gedanken auf einen bestimmten Gegenstand zu lenken, der für Ihre Neurose von Bedeutung sein könnte. Ihre Bemerkung, daß Sie sich »albern« vorkommen, spiegelt, werden Sie sagen, nur Ihre Verlegenheit in dem Augenblick wider, in dem Sie herauszufinden versuchen, wie man frei assoziiert – es sei überhaupt kein Zeichen von Widerstand und habe nichts mit dem psychischen Leiden zu tun, dessentwegen Sie den Analytiker aufgesucht haben. Sie haben unrecht, zumindest in den Augen des Analytikers. Vergessen Sie nicht: Alles, was Sie tun und sagen, und auch wie Sie es tun und sagen, wird für den Analytiker etwas bedeuten. Vielleicht stellt sich heraus, daß dem nicht so ist. Aber immerhin könnte es etwas bedeuten. Vor allem in den ersten Phasen der Behandlung sucht der Analytiker noch nach Anhaltspunkten und Erklärungen für Ihre verletzte Persönlichkeit, denn auf diesen Anhaltspunkten und seinen Erkenntnissen wird er seine autoritative *Deutung* Ihrer Störung schließlich aufbauen. Also, um es zu wiederholen, gewöhnen Sie sich daran!

Falls Sie die zweite der obengenannten Fragen gestellt (»Ach, Herr Doktor, muß das wirklich sein?«) oder eine andere Verlegenheitsfloskel geäußert haben, werden Sie höchstwahrscheinlich eine einsilbige bejahende Antwort erhalten. Gewöhnen Sie sich auch daran! Die Analytiker sind nicht daran interessiert, die Fragen von Patienten zu beantworten; es interessiert sie eher, warum diese Fragen gestellt werden. All das gehört zu dem, was in Ihrem Unbewußten vorgeht. In diesem Fall würde der Analytiker Ihrer Frage nicht viel Bedeutung beimessen, denn er versteht es, warum Ihnen unbehaglich zumute ist. Aber statt Sie anzuleiten, wie Sie beim freien Assoziieren verfahren sollen, wird er, wenn Sie weiterhin stottern und stammeln, Sie wiederum anweisen, sich auf das zu beschränken, was Ihnen in den Sinn kommt, wie schmerzhaft, anscheinend banal und unlogisch es auch sein mag.

Natürlich werden Sie es ihm verübeln, daß er so autoritär und wenig hilfsbereit ist, und so gelangen Sie in das erste Stadium Ihrer sich allmählich verstärkenden *Übertragung* – und damit zur zweiten wichtigen Technik, deren sich die Freudsche Analyse bedient.

Der Analytiker wird Ihnen weiter zusetzten, Sie sollen mit dem freien Assoziieren beginnen, alle Gedanken so, wie sie Ihnen kommen, aussprechen, bis Sie den Dreh heraushaben. Eine typische freie Assoziation beginnt folgendermaßen:

»Ach ja ... wenn ich hier so liege und den grünen Aschbecher auf dem Tisch ansehe, dann fällt mir ein, als ich herkam und an einer Verkehrsampel anhielt, der Fußgängerampel, Sie wissen schon ... ja, es war dieses komische Grün, und da fuhr mir plötzlich der Gedanke an etwas durch den Sinn, was geschehen war, als ich – ach, ich weiß nicht, ungefähr neun oder zehn Jahre alt war. Ich war im Umkleideraum nach der Turnstunde, und die Basketball-Mannschaft von der Uni zog sich gerade um, und ... na, Sie wissen ja, als Kind vergöttert man die Uni-Sportler geradezu, besonders die Stars ... und dieser Typ jedenfalls – ich weiß nicht mehr, wie er heißt, aber er war *der* Star der Mannschaft, und ab und zu sagte er hallo zu mir – jedenfalls war der Basketball-Dreß aus diesem grünen Satin, und das Grün war genau dasselbe wie bei der Verkehrsampel ... und dieser Typ hatte seinen Dreß an und ging nach oben, um sich warmzulaufen, und als er an meinem Spind vorbeikam, tätschelte er mir den Kopf, und ... na, ich war gerade aus der Dusche gekommen und hatte mein Hemd noch nicht an, und als er das tat, streifte seine kurze Hose – diese grünen Satinshorts – meinen Arm, und es war ein ganz komisches Gefühl ... glatt und kühl ... na ja, ungefähr fünf Minuten später ging ich hinauf in die Turnhalle, um mir das Spiel anzusehen, oder zumindest den Anfang, denn ich erinnere mich, daß ich den Schulbus kriegen mußte ... und da liegt dieser Typ auf dem Fußboden in einer Blutlache, und das Blut sprudelt aus einer Halswunde, und alle rennen hin und her und schreien, und ich erinnere mich, daß ich hinging, um zu gucken – irgendein Junge aus einer anderen Schule war in die Turnhalle gekommen, während unsere Mannschaft sich warmlief, und hatte dem Typ vorgeworfen, er habe ihm seine Freundin abspenstig gemacht oder irgendwas, und sie fingen an, sich zu prügeln, und ehe irgend jemand wußte, was geschah, hatte der Junge aus der anderen Schule ein Messer gezogen und es dem Typ in dem grünen Satindreß in den Hals gestoßen ... Ja, ich sagte ja, ich ging hin, um mir den Typ in all dem Blut anzusehen – er war eine Art Held für mich, und er sah zu mir auf mit diesem entsetzlichen Ausdruck in den Augen, als ob ich ihn retten könnte oder so was, und er streckte die Hand nach mir aus, und plötzlich merkte ich, daß er gar kein Held mehr war, wissen Sie, sondern ein ganz gewöhnlicher Mensch ... Und ich erinnere mich, daß ich das ganze Blut auf diesem glatten grünen Satindreß sah, und als ich sah, wie die Fußgängerampel mit genau demselben Grün aufleuchtete, da fragte ich mich plötzlich, wie es wohl ist, wenn man erstochen wird – Sie wissen ja, mit all den Raubmördern und was so alles herumläuft – und dann begann ich mich zu fragen, wie es wäre, wenn Blut grün wäre statt rot, und als ich den Aschbecher bemerkte, kam mir der Gedanke wieder ...«[4]

Es dürfte so viele Deutungen einer solchen freien Assoziation geben, wie es Analytiker gibt. Dieser Auszug soll nur ein Beispiel für eine typische freie Assoziation sein und wird nieman-

[4] Das ist ein wörtlicher Auszug aus einer freien Assoziation eines Patienten, den ich mit Erlaubnis seines Analytikers auf Band aufnahm.

dem zur Deutung angeboten, denn ohne jeden Zusammenhang ist er natürlich bedeutungslos.

Nehmen wir indes an, Sie würden an einem Punkt Ihrer Analyse in dieser Weise frei assoziieren und Ihr Analytiker hätte Ihr Leiden bereits als eine Angstneurose diagnostiziert, begleitet von einer Phobie vor gewissen Pflanzen, die von einer irrationalen Furcht herrührt, Sie würden sterben, wenn Sie Giftsumach erwischen.[5] Man braucht kein Analytiker zu sein, um aus einer an Symbolik so reichen freien Assoziation eine geistreiche Deutung herauszuholen.

Symbolik – das ist der springende Punkt bei der Freudschen Technik des freien Assoziierens. Ziel der Analyse ist es, das ins Unbewußte verdrängte Material auszugraben, jenes Material, das einen übermäßigen psychischen Konflikt und daher eine Neurose hervorruft. Aber nach der Freudschen Theorie kann sich das Unbewußte eben wegen seiner Natur nicht durch bewußte und konventionelle Kommunikationstechniken mitteilen; durch bewußte Verhaltensweisen teile es sich nur indirekt mit, direkter allerdings durch Träume. Der Analytiker kann Ihre Träume nicht beobachten, so daß er auf diesem Weg keinen Zugang zu Ihrem Unbewußten hat. Und natürlich kann er auch Ihr bewußtes Verhalten nicht ständig überwachen, sondern nur einen kleinen Bruchteil, nämlich wenn Sie sich in seinem Sprechzimmer aufhalten. Es muß ein anderer Weg gefunden werden, um immer wieder einen Blick in Ihr Unbewußtes werfen zu können, wo die Ursachen Ihres Leidens liegen.

Diese therapeutische Notwendigkeit hat Freud dazu angeregt, die Technik des freien Assoziierens zu erfinden. Während viele Leute, die mit dieser Technik nicht vertraut sind, sie für Unsinn halten, weil sie buchstäblich mit Unsinn arbeitet, ist sie für den Freudschen Analytiker das wichtigste Mittel, um Zugang zum Unbewußten eines Patienten zu gewinnen. Ebenso wie in Träumen äußert sich auch hier das Unbewußte nur mit Hilfe einer Symbolsprache. Wenn ein Patient also jeweils fünfzig Minuten lang redet und Gedanken und Gefühle enthüllt, die für

[5] Ein Analytiker in Chicago hat einen solchen Patienten in Behandlung; er hat im Sommer eine Todesangst, sich ins Freie zu wagen.

einen Außenstehenden nicht im entferntesten mit seinem Problem zusammenzuhängen scheinen, webt der aufmerksame Analytiker monatelang sorgfältig ein Gewebe aus den Symbolen, die aus dem scheinbar endlosen, unsinnigen Gerede des Patienten auftauchen – Symbole, die nach Ansicht des Analytikers als unterirdische Scheinwerfer dienen, um die Verdrängungen, die in den dunklen Höhlen des Unbewußten des Patienten kauern, zu beleuchten.

Ihr Analytiker wird also großen Respekt vor Ihrem freien Assoziieren haben. Wenn er Sie dazu anstachelt und anspornt, dann erwartet er, daß Sie lernen, es auch zu respektieren, denn für Sie beide ist es der wichtigste Schlüssel zu einer erfolgreichen Therapie.

Analytiker lassen den Patienten die Vorzüge des freien Assoziierens gewöhnlich selbst entdecken. Darum werden Sie in den Anfangsstadien Ihrer Analyse, wenn Sie sich vor Verlegenheit winden und sich fragen, was Sie sagen sollen, sehr wenig Mitgefühl von seiten Ihres Analytikers verspüren. Seine einzige Reaktion wird darin bestehen, daß er Sie energisch dazu anhält, weiterzumachen, bis Sie wahrhaft frei assoziieren können. Sobald das der Fall ist, wird der Analytiker Ihr freies Assoziieren entsprechend dem symbolischen Gewebe leiten, das er aus den Anhaltspunkten in Ihren Monologen zusammenknüpft.

Indes ist freies Assoziieren nicht eigentlich ein Vorgang, den Sie »lernen« könnten, denn das Lernen würde es der Spontaneität berauben, die sein Hauptmerkmal ist. Nachdem Sie aber den Dreh heraushaben, werden Sie wahrscheinlich dennoch ein paar Wochen oder Monate lang vor jeder Sitzung »einstudieren«, was Sie im Sprechzimmer des Analytikers sagen wollen. Ebenso wie Ihre anfänglichen unbehaglichen Gefühle, wenn Sie zuerst frei zu assoziieren versuchen, ist das eine Krücke, die Sie fallenlassen müssen, ehe sich das freie Assoziieren günstig für Sie auswirken kann.

Erst wenn Sie tatsächlich ganz spontan frei assoziieren können, wird die Technik für den therapeutischen Prozeß wirklich bedeutungsvoll. Bei manchen Analysanden mag das bis zu einem Jahr dauern, und das ist einer der Gründe, warum die Analyse so viel Zeit erfordert. Bis Sie die freie Assoziation so anwenden können, wie sie gedacht ist, wird alles, was Sie tun und sagen, in Wirklichkeit nur simuliert sein und daher eher eine Vorbereitung auf die Therapie als die Therapie selbst. Das soll nicht heißen, daß diese Vorbereitungszeit – als solche sieht sie Ihr Analytiker an, wie lange sie auch dauern mag – eine Zeitverschwendung ist; viele Analytiker halten diese Zeit sogar für einen unerläßlichen Teil des analytischen Prozesses, weil sie dem Patienten Gelegenheit gibt, die Grundregeln des Prozesses zu erlernen und, was noch wichtiger ist, sich an die Arbeitsweise des Analytikers zu gewöhnen.

Das ist wichtig! Zweierlei sollten Sie in den frühen Stadien der Analyse lernen. Zunächst das, was Sie nicht »lernen« sollten! Zum Beispiel sollten Sie nicht lernen, frei zu assoziieren, sondern es einfach tun. Ebenso sollten Sie, obwohl Sie mit psychoanalytischen Begriffen konfrontiert sein werden und die psychoanalytische Fachsprache hören, diese Begriffe und diese Fachsprache nicht »lernen«, um Ihrem Analytiker zu imponieren oder zu versuchen, sich dem anzupassen, was Sie für sein Niveau halten. Viele Neulinge in der Analyse tun das, um bei ihren Analytikern Eindruck zu schinden, aber es hat wirklich sehr wenig Sinn, denn der Analytiker braucht Ihr Pseudo-Fachwissen nicht und wird darin gerade das Gegenteil von dem sehen, was Sie ihn merken lassen wollten.

Hingegen ist der Analytiker darauf angewiesen, daß Sie ihm vertrauen, und er möchte vor allem, daß Sie das in den ersten Versuchsstadien der Therapie »lernen«. Ihr Verständnis und Ihre Anerkennung seiner Arbeitsweise sind die ersten Sprossen in der Wand des Vertrauens, die Sie erklimmen müssen, ehe die Wirkung der Therapie einsetzen kann. Dieser Teil der Therapie beginnt natürlich – zumindest seitens des Analytikers – bei Ihrer ersten Begegnung. Sobald er Sie zur Therapie angenommen hat, sollte er Ihnen eine Vorstellung davon vermitteln, wie er arbeitet. Wenn er Sie dann in seine Arbeitsmethoden angemessen eingeführt hat, sollten Sie eigentlich keinen großen Unterschied feststellen zwischen seinem Verhalten bei den ersten Interviews, die hauptsächlich dem Zweck der Diagnose dienen, und bei den späteren Sitzungen der eher spezifischen Therapie. Der Analytiker wird höchstwahrscheinlich zuerst aktiver sein und Fragen stellen, Sie lenken und anleiten und Interesse und Teilnahme bekunden. Beim späteren Verlauf der Therapie wird er ein weniger aktiver Teilnehmer sein, eher ein zurückhaltender Beobachter, und er wird nur gelegentlich eine Bemerkung einstreuen und den Anschein erwecken, als lade er Ihnen die ganze Bürde auf, nachdem Ihnen die Technik des freien Assoziierens nun leichter fällt.

Diese Neigung der Freudschen Analytiker, im Verlauf der Therapie immer zurückhaltender und autoritärer zu werden, ist für Analysanden überall auf der Welt eine Quelle unendlicher Verwirrung und Verärgerung. Ich bin sicher, daß jeder von Ihnen, der Freunde hat, die sich einer Analyse unterziehen, Klagen von ihnen hört über die (ihrer Ansicht nach) grausame Verschlossenheit ihrer Analytiker, und wahrscheinlich haben Sie dies auch schon in Filmen oder Büchern dargestellt gefunden. »Ich bezahle ihm 70 Mark in der Stunde dafür, daß er bloß dasitzt und fragt: ›Und was geschah dann?‹ Jetzt weiß ich, daß ich wirklich verrückt sein muß!«, lautet eine häufige Klage.

Die langen Schweigeperioden des Analytikers, nachdem eine wirksame analytische Beziehung hergestellt ist, sind natürlich ein wesentlicher Bestandteil seiner therapeutischen Technik – einer Technik, die Freud selbst mühsam erarbeitet hat. Die Analytiker nehmen es gewöhnlich mit Humor hin, daß sie nach allgemeiner Vorstellung die Stunden, in denen ihre Patienten frei assoziieren, dazu verwenden, versäumten Schlaf nachzuholen, Gedichte zu schreiben oder sich Tagträumen hinzugeben. Was sie betrifft, gehören derartige Kritiken, mögen sie auch unbegründet sein, zu ihrem Berufsrisiko.

Was ist der Sinn dieser »Schweigebehandlungen«? Erstens soll dadurch der freie Gedankenfluß des Patienten angeregt werden – das wichtigste Mittel für den Analytiker, um zum Unbewußten des Patienten gelangen zu können. Obwohl die Schweigebehandlungen des Analytikers bei den Patienten oft einen größeren psychischen Druck hervorrufen als die Neurosen selbst, vertreten Analytiker die Ansicht, daß ein solcher Druck gesund sei, ein Zeichen von Heilung. Zweitens handelt es sich dabei um einen

Vorgang, den Analytiker »die wirkungsvolle Aufrechterhaltung des Übertragungsphänomens« nennen würden. Die Übertragung – sowohl vom Patienten auf den Analytiker als auch vom Analytiker auf den Patienten – wird, wie ich schon angedeutet habe, als ein wesentlicher Teil des psychoanalytischen Prozesses betrachtet. Nach Ansicht der Freudschen Analytiker ist ihre »Handhabung« sogar entscheidend für Erfolg oder Mißerfolg der Therapie.

Das Phänomen der Übertragung wurde zuerst von Freud beobachtet, und er interpretierte sie als eine natürliche Funktion der verbal durchgeführten Therapie. Dann wies er ihr eine spezifische und wichtige Rolle im therapeutischen Prozeß zu. Ein Analytiker, erklärte er, könne erst dann ein erfahrener Therapeut sein, wenn er Geschick in der Handhabung und Anwendung dieser höchst wichtigen Technik erlangt habe.

Übertragung bedeutet einfach das Hin- und Herfließen persönlicher, intimer, unausgesprochener Gefühle, Einstellungen, Bilder, Gedanken und Vorstellungen zwischen Patient und Therapeut während einer analytischen Psychotherapie. Beim Fließen vom Patienten zum Therapeuten spricht man von *Übertragung,* während das Fließen vom Therapeuten zum Patienten als *Gegenübertragung* gilt.

Die Freudsche Analyse bezeichnet die Übertragung als wichtiges Instrument des Heilungsprozesses, weil sie die Möglichkeit eröffne, daß ein Patient an seinen Therapeuten all die negativen oder unangenehmen Gefühle heftet, die aus anderen Beziehungen des Patienten nachwirken. Ein Patient könne zum Beispiel eine ungelöste ödipale Bindung an Mutter oder Vater oder einen verdrängten Haß auf den andersgeschlechtlichen Elternteil, mit dem er sich im realen Leben nicht identifizieren kann, auf den Analytiker übertragen. Der Analytiker wird ein Ersatz für den ungeliebten Elternteil und spielt eine immer wichtigere Rolle im Leben des Patienten, je weiter die Analyse fortschreitet. Durch eine solche Übertragung sollen die tiefsten Verdrängungen des Patienten zum Vorschein kommen.

Diese Rolle beruht in erster Linie auf der Phantasie des Patienten – einer Phantasie, die nach der Freudschen Theorie notwendig ist, damit der Patient seine ungelösten Komplexe mit dem Analytiker »durcharbeiten« kann. Die anfänglichen Gefühle des Patienten, die auf seinem unbewußten oder verdrängten Haß gegenüber einem realen Elternteil beruhen, sind unweigerlich feindselig. Daher nennt die Freudsche Analyse diese Bindung an den Therapeuten *negative Übertragung*. Indem sie zuläßt, daß der Therapeut vom Patienten benutzt wird, seine verdrängte Feindseligkeit aufzulösen, fördert die Freudsche Analyse die Begründung der *positiven Übertragung*, durch die der Patient angeblich ein Gefühl des Wohlbefindens erlangt – seine Feindseligkeit ist jetzt »durchgearbeitet« und aufgelöst.

Freies Assoziieren und Übertragung folgen aufeinander. Wenn der Patient erst einigermaßen frei assoziiert, folgt eine ungehinderte, ungehemmte Übertragung. Da die Anfangsstadien der Übertragung notwendig, negativ und feindselig sind, muß der Analytiker sehr behutsam mit ihnen umgehen, damit er sich nicht ungeschützt den »Schleudern und Pfeilen entfesselter« Verdrängung seitens des Patienten aussetzt.

Da sich die Übertragung nach der Freudschen Theorie auf einer unbewußten Ebene abspielt, gilt das logischerweise auch für die Gegenübertragung des Therapeuten. Unscharf gebraucht, bezieht sich der Begriff »Übertragung« auf *alle* Gefühle und Reaktionen, die bewußten und die unbewußten, eines Patienten gegenüber seinem Therapeuten. Aber in seinem eigentlichen, begrenzteren Sinn bezieht er sich auf diejenigen Gefühle und Vorstellungen, mit denen der Patient unbewußt auf den Therapeuten so reagiert, als ob er eine wichtige Person seiner Vergangenheit wäre. Ebenso umfaßt der Begriff »Gegenübertragung«, wenn er ungenau gebraucht wird, *alle* Gefühle und Reaktionen des Therapeuten gegenüber dem Patienten. Die Reaktionen des Therapeuten können zwischen Liebe und Abscheu schwanken und ebenso leicht durch Aussehen oder Verhalten eines Patienten beeinflußt werden wie durch die unbewußten Gefühle des Therapeuten (denn auch er ist seinem Unbewußten ausgeliefert, wobei nur zu hoffen ist, daß er den größten Teil seiner psychischen Konflikte, wenn nicht alle, durch seine Lehranalyse gelöst hat). Auch hier gilt, daß die Gegenübertragung in ihrem begrenzteren, genaueren Sinn die Gefühle und Vorstellungen betrifft, mit denen der Therapeut unbewußt auf einen Patienten so reagieren kann, als ob der Patient eine bedeutsame Gestalt aus der psychischen Vergangenheit des Therapeuten wäre. Daher hat der Therapeut die Aufgabe, nicht nur die Übertragung des Patienten richtig zu handhaben, sondern auch seine eigene.

Gegenübertragungen führen, sonderlich wenn sie negativen Charakter haben, zu unerwünschten und ärgerlichen Komplikationen, falls der Analytiker seine unrealistischen Gefühle nicht im Zaum halten kann. Das erklärt zumindest teilweise, warum Analytiker dazu neigen, beim freien Assoziieren schweigsam und unverbindlich zu bleiben. Damit fördern sie nicht nur eine, wie sie meinen, produktive Entfaltung der Übertragung eines Patienten – wie negativ sie anfänglich auch sein mag –, sondern zügeln auch etwaige unbewußte Gegenübertragungen. Die Freudsche Analyse hält eine voll entfaltete Übertragung seitens des Patienten für günstig, weil dies therapeutisch vorteilhaft sei, wenn sie »durchgearbeitet« werde. Sie hält eine Gegenübertragung, auch wenn sie unvermeidlich sei, weil der Analytiker auch nur ein Mensch ist, für eine Behinderung des therapeutischen Fortschritts. Daher muß der Analytiker mit diesen Phänomenen sehr geschickt umgehen, und da liegt ein Teil der Erklärung für seine autoritäre und oft zurückhaltende Beziehung zu den Patienten.

Der Hauptgrund für die Schweigsamkeit eines Analytikers oder seine sehr zurückhaltende Reaktion auf Ihr freies Assoziieren ist indes nach wie vor sein Wunsch (der ihm während seiner Ausbildung anerzogen worden ist), die Spontaneität Ihres freien Assoziierens zu fördern, damit er so viel Material als möglich aus Ihrem Unbewußten herausholen kann. Deshalb wird er dabei wohl nur dann eingreifen, wenn Sie auf Hindernisse stoßen und nicht fortfahren können. Sie werden sich erinnern, daß ich gesagt habe, die Freudschen Analytiker deuteten die Unfähigkeit, mit der freien Assoziation fortzufahren, als Manifestation psychischen Widerstandes seitens des Analysanden. Wenn solche Widerstände auftreten, wird der Analytiker Sie entweder dazu bringen, weiterzumachen oder Sie unterbrechen, um die möglichen Gründe für den Widerstand herauszufinden – vielleicht bietet er sogar vorsichtige Deutungen Ihres Widerstands an, um den Druck, den er verursacht, zu lindern. Im allgemeinen zieht es der Freudsche Analytiker indes vor, möglichst kurz und nur wenig einzugreifen, um den Ablauf der freien Assoziation nicht zu stören.

Worüber werden Sie frei assoziieren? Zu Anfang mag es alles Mögliche sein. Der Analytiker gibt Ihnen keinerlei Anweisungen, sondern besteht nur darauf, daß Sie sprechen. Erst später, wenn Sie sich an das freie Assoziieren gewöhnt haben und der Analytiker ein genaueres Bild von Ihrem Problem und der Art Ihrer Übertragung gewonnen hat, wird er das freie Assoziieren auf die Bereiche Ihrer psychischen Vergangenheit lenken, die seiner Ansicht nach am stärksten mit Ihrem Problem zusammenhängen.

»Nichts Erlebtes wird völlig vergessen«, behauptet die Freudsche Analyse. So mag ein schmerzlicher seelischer Schock in der frühen Kindheit scheinbar in Vergessenheit geraten sein, doch kann er im späteren Leben, etwa unter Belastungen, wieder zum Bewußtsein kommen und damit das psychische Gleichgewicht gefährden. Das ist die Begründung der Freudschen Analyse für die psychodynamische Ätiologie der Neurose. Das seelische Trauma der Kindheit ist lediglich verdrängt und vom Bewußtsein ferngehalten worden, bis ein emotionaler Konflikt das frühere Erlebnis wieder ins Gedächtnis ruft und auf die bewußte Ebene hebt. Solche verdrängten Erlebnisse und die sie begleitenden Emotionen gelten als Komplexe, von denen nach der Freudschen Auffassung der Ödipuskomplex der wichtigste ist. Der am stärksten wirkende Faktor in der Dynamik der Neurose ist die Erinnerung – die unbewußte Erinnerung. Das Ziel des freien Assoziierens ist also, Ihr Gedächtnis zu aktivieren, und auf diese Weise dazu beizutragen, die Türen zu Ihrer psychischen Vergangenheit zu öffnen, damit nicht nur der Analytiker, sondern auch Sie selbst einen Blick hineinwerfen können. Worüber Sie frei assoziieren, ist daher Ihre Vergangenheit, auch wenn sie von der Gegenwart her gesehen wird. Und weil die Freudsche Analyse der Auffassung ist, daß die Ursachen der meisten emotionalen Störungen in der psychosexuellen Vergangenheit liegen – in der

Kindheit und ihrer zwangsläufigen ödipalen Situation –, wird Ihre freie Assoziation schließlich auch eine sexuelle Färbung annehmen.

Der Analytiker ordnet das durch freie Assoziation hervorgebrachte Material ein, indem er sich des *manifesten Inhalts* – der in Worte gefaßten Gesamtheit des hervorgebrachten Materials – bedient, um daraus sein Verständnis des *latenten Inhalts* zu gewinnen. Der latente Inhalt ist die symbolische Bedeutung, die dem zugrunde liegt, was der Patient beim freien Assoziieren äußert. Sie werden sich erinnern, daß ich von Freuds Traumdeutung sagte, sie beziehe sich auf denselben Tatbestand, nämlich auf den *manifesten* und auf den *latenten* Traum. Der Freudsche Analytiker deutet das freie Assoziieren auf ähnliche Weise. Tatsächlich dient der Trauminhalt oft als Ausgangspunkt für das Verfahren des freien Assoziierens, und als Analysand werden Sie unter Umständen aufgefordert, dem Analytiker den Inhalt Ihrer letzten Träume zu erzählen.

Die *Traumdeutung* ist eine weitere häufig angewandte Technik der Analyse. Die Freudsche Analyse hält sie für effektiv, weil während des Schlafs die Zensur und die Abwehrmechanismen des Ich geschwächt seien und unbewußtes Material leichter auftauchen könne. Wenn solches Material im Wachzustand eines Patienten erinnert und berichtet wird, wird es als nützlich angesehen für die Deutung und Formulierung der neurotischen Psychodynamik des Patienten. Freud hielt den Trauminhalt für die symbolische Darstellung realer unbewußter Konflikte, und er war überzeugt, daß gewisse symbolische Bestandteile von Träumen (etwa lange, spitze Gegenstände, welche die Männlichkeit oder den Penis, und warme, weiche, feuchte Dinge, welche die Weiblichkeit oder den Vagina-Uterus-Komplex symbolisieren sollen) ebenso universell sind wie der Ödipuskomplex. Die modernen Freudschen Analytiker pflichten dieser Theorie ebenfalls bei (wenngleich vielleicht nicht ganz so überzeugt von der Allgemeingültigkeit und der starren Bedeutung der Symbole). Wenn also eine Traumdeutung zu Ihrem Therapieprogramm gehören sollte, dann wird ihr Hauptinteresse höchstwahrscheinlich der Sexualität gelten.

Aber in größerem Umfang wird die Traumdeutung gewöhnlich nur bei Patienten angewandt, die täglich analysiert werden. Schon von der Eigenart der Erinnerungsmechanismen her, wobei psychische Widerstände für den Augenblick außer acht gelassen werden, ist es schwierig, sich an Träume zu erinnern. Wir können unsere Träume ganz frisch nur kurze Zeit, nachdem wir aufgewacht sind, erinnern. Wenn uns die Gedanken und normalen Ängste eines neuen Tages beschäftigen – ganz zu schweigen von abnormen Ängsten und Abwehren –, verblaßt in unserer Erinnerung auch der manifeste Inhalt unserer Träume. Daher wird der Patient, der nur ein- oder zweimal in der Woche zur Analyse kommt, nicht sehr ausführlich von Träumen berichten können, die er vor zwei oder drei Nächten gehabt hat. Aufgrund der Honorare, die die meisten Analytiker liquidieren, werden Sie das Sprechzimmer Ihres Therapeuten vermutlich nicht täglich aufsuchen. Erwarten Sie also nicht zuviel von Traumerzählung und -deutung. Das freie Assoziieren wird unverändert im Mittelpunkt Ihrer Therapie stehen.

Wenn Ihre Analyse fortschreitet, besteht der Wert des freien Assoziierens zum großen Teil darin, wieviel *Katharsis* es Ihnen gestattet. Katharsis ist der psychoanalytische Prozeß des spannungslösenden Hervorhebens von verdrängtem Material aus dem Unbewußten. Die Analytiker schätzen den Wert dieses Prozesses sehr hoch ein. Die Katharsis (die gewöhnlich von emotionalem Aufruhr des Patienten begleitet ist) gestattet dem Analytiker, mit Hilfe von Fehlleistungen beim Sprechen oder Verhalten Signale aufzufangen, die ihm deutliche Anhaltspunkte liefern, wie er die Art der Schwierigkeiten seines Patienten einzuschätzen hat. Außerdem glauben die Analytiker, daß die Katharsis heilende Wirkungen ausübt (was wiederum auf dem alten ärztlichen Axiom beruht, daß Schmerz eine Heilung anzeigt).

Freud hätte dem nicht widersprochen. Er stellte sich die Psyche als Ort vor und hielt Gedanken für »Erregungen«, die sich an diesem Ort abspielen. Durch den einfachen Akt des »Aussprechens von Dingen« wurde seiner Ansicht nach also ein Heilungseffekt erzielt, indem Gedanken freigesetzt werden, die sonst unter großem Aufwand an psychischer Energie im Unbewußten festgehalten werden. Die Wirksamkeit der Katharsis sei auf das *Abreagieren*, wie er es nannte, zurückzuführen, also auf die Entladung aufgestauter Emotionen.

Abreagieren ist ein weiteres Behandlungsziel des Freudschen Analytikers. Sie ist eine Reaktion auf den psychoanalytischen Prozeß – Katharsis durch freies Assoziieren –, in deren Verlauf der Patient ein schmerzliches, verdrängtes Erlebnis wiedererlebt und sich dadurch, daß er ihm sowohl verbal als auch durch Handlungen Ausdruck verleiht, von dem emotionalen Druck und dem psychischen Leid, die damit verbunden sind, befreit.

Katharsis wird dadurch ausgelöst, daß der Patient sich entschließt, einem Strom freier Assoziation zu folgen, wo immer er auch hinführen und welche Konsequenzen dies auch nach sich ziehen mag. Diese Entschlossenheit wird gestützt durch die negative Übertragung des Patienten, die der Analytiker sorgfältig gepflegt hat, indem er sich dem Patienten als Ersatzobjekt für seine unbewußte Feindseligkeit angeboten und dem Patienten gegenüber durch Schweigsamkeit Zurückhaltung gewahrt hat. Im Idealfall wird der Patient durch das geschickte Lavieren des Analytikers von dem Wunsch erfüllt sein, »dem werd' ich's zeigen!«, und die Widerstände niederreißen, auf die der Analytiker ihn aufmerksam gemacht hat. Wenn er eine schmerzliche Erinnerung heraufholt, dann muß er der Versuchung widerstehen, sein freies Assoziieren auf weniger unangenehme Bereiche abzulenken und immer weiter bohren. Sobald der Analytiker diese Absicht erkennt, wird er dem Patienten zur Hilfe kommen und ihn höchstwahrscheinlich mit einer Reihe schnell aufeinanderfolgender Fragen weiter antreiben. Mit Hilfe derart positiver Signale des Analytikers gelingt es dem Patienten, den Vorhang des psychischen Schmerzes zumindest teilweise zu durchbrechen und die »Wahrheit« seiner Gefühle zu erkennen. Eine Begleiterscheinung dieses Durchbruchs ist der Schmerz, der »gesunde, heilende Schmerz« des Abreagierens. Nach der Abreaktion läßt der Schmerz nach, und der Patient hat eine neue Einsicht in seine Psyche gewonnen. Die erste Stufe der therapeutischen Leiter ist, jedenfalls theoretisch, erklommen.

Das ist der ideale Prozeß von Katharsis und Abreaktion. Er

folgt allerdings niemals einem so genauen Szenario. Wahrscheinlicher ist es, daß er sich in Intervallen vollzieht, wenn man überhaupt von einem solchen Prozeß sprechen kann. Wenn Sie sich in eine Freudsche Analyse begeben und vorhaben, sie bis zu Ende durchzustehen, dann können Sie immerhin erwarten, daß Ihr Analytiker Sie schließlich zur Katharsis führt.

Wenn es zur Katharsis kommt, dann bedeutet dies, daß Sie die erste Phase Ihrer Analyse hinter sich haben und die zweite beginnen (die meisten Analytiker sind sich darüber einig, daß sich die Psychoanalyse in drei Phasen vollzieht). In der ersten Phase lag die Betonung auf dem freien Assoziieren, und Sie wurden dazu angehalten, alle Ihre Gefühle, Gedanken und Erinnerungen in Worte zu fassen. In seinem Buch *The Technique of Psychoanalytic Therapy* schrieb der Freudsche Analytiker Stephen Lorand:

»Wenn der Patient erkennt, daß er nicht kritisiert wird, verliert er etwas von seiner Angst und seinem Schuldgefühl. Das ist der Grund für die spontane Besserung in der ersten Phase. Es ist notwendig, von Zeit zu Zeit einige oberflächliche Deutungen anzubieten, aber soweit als möglich sollte die Übertragung aus der Diskussion ausgespart werden.«[6]

Mit anderen Worten, die Erfahrung des Aussprechens hat Ihre neurotischen Symptome teilweise gelindert. Aber Sie sind noch nicht »geheilt«. Sie haben die entscheidende zweite Phase erreicht, in der die Aussichten auf einen Erfolg der Therapie weniger von der Erfahrung des Aussprechens als von der Geschicklichkeit des Therapeuten abhängen, den analytischen Prozeß zu lenken und das vom Patienten angebotene Material zu deuten.

Die zweite Phase der Analyse beginnt, wenn ein Patient sich seines Problems deutlicher bewußt wird, die Übertragungsbeziehung intensiviert und infolge dessen Widerstände zu entwickeln beginnt, die viel tiefer sitzen als die Widerstände beim freien Assoziieren. Wenn ein Patient es schafft, bis zur zweiten Phase zu gelangen, liegt es wahrscheinlich daran, daß er Vertrauen zu den therapeutischen Möglichkeiten der Analyse gewonnen hat. Unter dem Eindruck dieses Vertrauens kann er beim Eintritt in

6 International Universities Press, New York 1946, S. 216.

die zweite Phase zurückblicken auf das, was er hinter sich gebracht hat, und das Ausmaß und die Kompliziertheit seines Problems richtig einschätzen. Natürlich werden viele Kritiker behaupten, daß der Patient, wenn er wirklich noch Zutrauen zu seinem Analytiker hat, einer Gehirnwäsche unterzogen worden oder bestenfalls seiner eigenen Suggestibilität erlegen ist.

Ob dem so ist oder nicht, jedenfalls wird sich ein Patient seines Problems deutlicher bewußt – die Vorbedingung für die zweite Phase der analytischen Therapie –, wenn er die Katharsis zu erleben beginnt. Da die wichtigste Technik der zweiten Phase die Handhabung der sich verstärkenden Übertragung des Patienten ist, veranschlagen Analytiker die Katharsis auch deshalb so hoch, weil sie ihnen abzuschätzen ermöglicht, ob die Zeit gekommen ist, da die Übertragung des Patienten in den Mittelpunkt des therapeutischen Prozesses rückt. Der Grund der Wichtigkeit der Übertragung für die zweite Phase liegt darin, daß nach Freuds Ansicht mit ihr die stärkeren Widerstände auftreten. Und Freud erklärte, »der Kampf gegen alle diese Widerstände ist die Hauptarbeit während der analytischen Kur«.

Eine Patientin, die sich seit vier Jahre in einer Freudschen Analyse befand, erklärte mir in einem Gespräch: »Die erste Phase, die Sie erwähnen, ist eine Lappalie gegen das, was nachher kommt. Nach zwei Jahren des freien Assoziierens und ein paar bedrückenden Sitzungen mit emotionalem Erbrechen glaubte ich so weit zu sein, daß ich für geheilt erklärt würde. Statt dessen merkte ich, daß ich gerade erst an meine wirklichen Probleme herankam. Es ist, als wenn man zum Zahnarzt geht, um einen Zahn plombieren zu lassen, und herausfindet, daß das ganze Gebiß verfault ist.« Sie sprach von der zweiten Phase der Freudschen Therapie.

Der entscheidende Punkt in der zweiten Phase wird also die Handhabung Ihrer Übertragung durch den Therapeuten sein, die bereits durch die Phase des freien Assoziierens starken Einfluß auf die therapeutische Beziehung gewonnen hat. Nach der Freudschen Vorstellung vom Behandlungsablauf ist Ihre Übertragung eine unbewußte Fehlidentifizierung mit Ihrem Analytiker, die dazu führt, daß Sie ihm gegenüber sehr ambivalente Gefühle empfinden und sich entsprechend verhalten. Einerseits verkörpert er Ihre Rettung. Andererseits vertritt er alles, was Ihnen an den anderen wichtigen Personen in Ihrem bisherigen Leben verhaßt ist: Ihre unaufgelösten Gefühle gegenüber diesen Personen haben Sie ja in Ihren jetzigen neurotischen Zustand gebracht.

Obwohl Freud die Rolle der Übertragung niemals ausdrücklich beschrieben hat, betonen viele Freudsche Analytiker, daß *nur* Übertragungsdeutungen wirkliche Veränderung am Ich eines Patienten herbeiführen können. Andere gehen noch weiter und behaupten, wirksame Psychoanalyse erfordere eine vollentwikkelte *Übertragungsneurose*. Sie stützen sich dabei auf die Theorie, daß eine solche Neurose, die den Analytiker unmittelbar betreffe, die einzige sei, die er unmittelbar und erfolgreich behandeln könne.

Für den Analytiker ist der Maßstab, der gewissermaßen erkennen läßt, ob eine Analyse erfolgreich sein wird oder nicht, das Vorhandensein des Ödipuskomplexes. Nach dessen Charakter soll sich ermitteln lassen, ob der Patient die Möglichkeit hat, sich von der Vater- oder Mutterfixierung, welche die Grundursache der Neurose ist, zu lösen und ein wahrhaft heterosexuelles Leben zu führen – das heißt, sich einer Welt von Männern und Frauen anzupassen. Ein Analytiker, so lautet die Beweisführung, könne den Charakter des Ödipuskomplexes mittels des freien Assoziierens nur indirekt beurteilen, da es gleichsam voller symbolischer Deutungen des Verdrängten sei. Der Analytiker benötige einen direkten und weniger symbolischen Zugang zum Unbewußten des Patienten, und den könne nur eine Neurose bieten, die genauer zu identifizieren sei.

Eine solche Neurose ist die Übertragungsneurose. Wenn der Patient dazu veranlaßt wird, alle seine Gefühle auf den Analytiker zu richten, ist der Analytiker viel besser in der Lage, a) die wahre Art der psychosexuellen Verdrängungen des Patienten zu erkennen und zu deuten und b) durch interpersonale Deutungen die Widerstände des Patienten aufzudecken und zu überwinden (denn das Überwinden von Widerständen ist das Hauptziel der Behandlung).

In der zweiten Phase der erfolgreichen Analyse ziehen Sie sich also unter der Anleitung Ihres Analytikers eine Übertragungsneurose zu. Alle Ängste und anderen Symptome, die Sie seinerzeit veranlaßt haben, sich einer Therapie zu unterziehen, sind auf neue Wege gebracht worden. Ihr neurotischer Konflikt, bisher vage und allgemein, wird allmählich klar und spezifisch. Die Übertragungsneurose ersetzt Ihre ursprüngliche Neurose und bewirkt im Idealfall, daß nicht nur Ihr Analytiker, sondern auch Sie Ihr Problem viel besser verstehen.

Wie wirkt die Übertragungsneurose? Freud hat ihre Entstehung wahrscheinlich am besten beschrieben. In erster Linie, sagte er, beruht »unser Einfluß wesentlich auf Übertragung«[7], die durch die Anfälligkeit des Patienten für Suggestion zustande kommt. »Das erste Ziel der Behandlung«, fuhr er fort, »bleibt, ihn (den Patienten) an die Kur und an die Person des Arztes zu attachieren. Man braucht nichts anderes dazu zu tun, als ihm Zeit zu lassen. Wenn man ihm ernstes Interesse entgegenbringt, die anfangs auftauchenden Widerstände sorgfältig beseitigt und gewisse Mißgriffe vermeidet, stellt der Patient ein solches Attachement von selbst her.«[7a]

Zwar vermochte Freud offenbar nicht zu erklären, warum es zur Übertragung kommt, doch sah er sie als ein Phänomen an, das gefördert werden müsse. »Der Analytiker tut nichts«, schrieb er, »sie zu provozieren, im Gegenteil hält er sich eher menschlich vom Patienten fern, umgibt seine eigene Person mit einer gewissen Reserve ... Die Gefühlsbeziehung, die der Kranke zu ihm (dem Arzt) annimmt, ... ist von der Natur einer Verliebtheit ... Diese Liebe ist direkt zwangsläufig ... In der analytischen Situation stellt (dieser Charakter der spontanen Verliebtheit) sich ganz regelmäßig her, ohne doch in ihr eine rationale Erklärung zu finden.«[8]

Selten, sagt Freud, sei etwas »ohne rationale Erklärung«, zumal er immer behauptet, die Psychoanalyse sei eine der höchsten Formen des rationalen Denkens. Obwohl er also das Phänomen

7 G.W., Bd. XI, S. 466.
7a G.W., Bd. VIII, S. 473 f.
8 *Die Frage der Laienanalyse*, G.W., Bd. XIV, S. 256.

der Übertragung nicht logisch zu begründen vermochte, so konnte er doch eine geistreiche Mutmaßung anstellen. Und seine Mutmaßung stimmte mit seinen grundlegenden Theorien und ihrer Ausarbeitung zu Beginn seiner Karriere überein. Wie Sie sich erinnern werden, arbeitete Freud zunächst mit Hypnose und Suggestion. Da gegen Ende des vorigen Jahrhunderts mit seinen strengen Sitten und Bräuchen strikte sexuelle Tabus beachtet wurden, begann Freud sich dafür zu interessieren, welche Rolle die Sexualität bei der Entstehung von Neurosen spielte. Aus der Verbindung zwischen den damals vorherrschenden Theorien über Hypnose und seiner Auffassung von Sexualität entstand seine Neurosenlehre. Ein großer Teil der psychoanalytischen Theorie und Technik läßt sich durch dieses Nebeneinander von Hypnose und Sexualität erklären. Nach Freuds Ansicht ist die Übertragung sowohl Suggestion als auch Sexualität.

»Der Patient wiederholt«, sagte er, »in der Form der Verliebtheit in den Analytiker seelische Erlebnisse, die er bereits früher einmal durchgemacht hat – er hat seelische Einstellungen, die bereits in ihm lagen, ... auf den Analytiker übertragen.«[9] An anderer Stelle hieß es: »Wer sich aus der analytischen Arbeit den vollen Eindruck von der Tatsache der Übertragung geholt hat, der kann nicht mehr bezweifeln, von welcher Art die unterdrückten Regungen sind, die sich in den Symptomen dieser Neurosen Ausdruck verschaffen, und verlangt nach keinem kräftigeren Beweis für deren libidinöse Natur. Wir dürfen sagen, unsere Überzeugung von der Bedeutung der Symptome als libidinöse Ersatzbefriedigungen ist erst durch die Einreihung der Übertragung endgültig gefestigt worden.«[10]

In bezug auf die Übertragung sagte Freud: »... wie jede Verliebtheit (drängt sie) alle anderen Inhalte zurück, sie löscht das Interesse an der Kur und an der Genesung aus, kurz, wir können nicht daran zweifeln, sie hat sich an die Stelle der Neurose gesetzt, und unsere Arbeit hat den Erfolg gehabt, eine Form des Krankseins durch eine andere zu vertreiben.«[11] »Hat sich die

9 a.a.O., S. 255.

10 *Vorlesungen zur Einführung in die Psychoanalyse*, G.W., Bd. XI, S. 462 f.

11 *Die Frage der Laienanalyse*, a.a.O., S. 257.

Übertragung erst zu dieser Bedeutung aufgeschwungen, ist es dann nicht unrichtig zu sagen, daß man es nicht mehr mit der früheren Krankheit des Patienten zu tun hat, sondern mit einer neugeschaffenen Neurose, welche die erste ersetzt ... Alle Symptome des Kranken haben ihre ursprüngliche Bedeutung aufgegeben und sich auf einen neuen Sinn eingerichtet ... Die Bewältigung dieser neuen künstlichen Neurose fällt aber zusammen mit der Erledigung der in die Kur mitgebrachten Krankheit, mit der Lösung unserer therapeutischen Aufgabe.«[12]

Obwohl sich Freud über das Phänomen der Übertragung nicht gerade freute, war die Beschreibung, die er von ihr gab, doch ein deutlicher Appell an alle zukünftigen Analytiker, die Übertragungsneurose als eine Technik, »zur Lösung unserer therapeutischen Aufgabe« zu fördern. Und was er beschreibt und vorschreibt, verleiht der Behauptung vieler Kritiker Glaubwürdigkeit, die erklären, selbst wenn ein Patient zu Beginn der Analyse normal sei, werde der analytische Prozeß ihn neurotisch machen.

Ungeachtet der Kritiker können Sie indes jetzt, wenn die zweite Phase Ihrer Analyse beginnt, die Richtung, in die Ihr Analytiker Sie führen wird, und den Grund dafür erkennen. Die Übertragungsneurose ist nach seiner Ansicht der Weg zur Heilung, weil ihre »Bewältigung« nach Freuds Worten »zusammenfällt mit der Erledigung der in die Kur mitgebrachten Krankheit«.

Sobald Ihre Übertragungsneurose eindeutig feststeht, wird der Analytiker den wichtigsten Teil seiner Behandlung beginnen, der darin besteht, Ihre Widerstände zu neutralisieren und zu bewältigen. Nach der Freudschen Theorie gehen Widerstände Hand in Hand mit der Übertragung, und je stärker Ihre Übertragungsreaktionen sind, um so deutlicher werden sich Eigenart und Grund Ihrer Widerstände zeigen.

In der zweiten Phase der Analyse geben Sie das freie Assoziieren keineswegs auf; doch der Analytiker betrachtet es jetzt fast ausschließlich unter dem Gesichtspunkt Ihrer Übertragungsreaktionen. Mittels dieser Reaktionen bemüht sich der Analytiker, Ihre wirkliche ödipale Situation zu erkennen (vergessen Sie nicht,

12 *Vorlesungen zur Einführung in die Psychoanalyse*, a.a.O., S. 462.

daß Sie jetzt zumindest auf unbewußter Ebene in Ihren Analytiker verliebt und von ihm abhängig sind).

Nach der Freudschen Theorie ist die Ursache Ihrer ursprünglichen Neurose eine Stauung des Libidostroms (des Stroms psychosexueller Energie, die Ihr natürlich-animalisches oder Triebleben beherrscht). Die Stauung ist durch Ihren unbewältigten Ödipuskomplex und durch andere Faktoren sexueller Art ausgelöst worden, die aufgrund starker äußerer Einflüsse für Ihr Ich und Überich mit einem Verbot belegt sind. Mit anderen Worten, Ihr Ich befindet sich in einem Konflikt zwischen Ihren starken unbewußten Triebansprüchen – die ihrer Natur nach allemal sexuell sind – und den Beschränkungen, die Sie ihnen aus ebenso unbewußten Schuldgefühlen und aus Angst vor Strafe auferlegt haben. Wann immer Ihre Triebansprüche einen beherrschenden Einfluß zu gewinnen drohten, haben Sie ihnen – wiederum unbewußt und mittels der Tabus, die Ihrer Psyche auferlegt wurden – Widerstand geleistet.

Widerstand wurde also das Charakteristikum Ihres unbewußten Lebens, und die Freudsche Analyse sieht es als ihre wichtigste Aufgabe an, Ihre Widerstände zu brechen, und zwar durch die Auflösung Ihrer fehlgeleiteten ödipalen Bindung, die in Ihrer Übertragungsneurose gegenüber Ihrem Analytiker ihren Niederschlag findet.

Ihre Übertragungsreaktionen, die durch freies Assoziieren ans Licht kommen, werden für Ihre Analyse deshalb als wichtig angesehen, weil sie Ihnen die Möglichkeit geben, Ihre Phantasien (die im Grunde sexuell sind, welche Form auch immer sie annehmen, und aus Ihrer aufgestauten Sexualität resultieren) und Ihre unrealistische Einstellung zum Leben verstehen. Die Übertragungsreaktionen sind in diesem Stadium um so wichtiger, als sie direkte, wenn auch symbolische Äußerungen Ihrer Widerstände sind. Sie richten sich natürlich symbolisch gegen Ihren Analytiker, und der Analytiker hofft, daß Sie durch das »Ausagieren« oder Verbalisieren Ihrer Reaktionen schließlich erkennen werden, daß Ihre symbolischen Reaktionen in Wirklichkeit Widerstände gegen eine angemessene Neuordnung der Beziehung von Es und Ich sind.

Ihre Reaktionen, wie sie sich im »Ausagieren« und Verbalisieren in Form freien Assoziierens äußern, sind auch für Ihren Analytiker wichtig, denn sie spiegeln in seinen Augen genau die Intensität und das Ausmaß Ihrer Widerstände wider. Sie bereiten ihn auch auf seine vorrangige Rolle in der zweiten Phase Ihrer Analyse vor, die in der Deutung Ihrer Widerstände besteht.

Da weite Bereiche der Freudschen Analyse aus freiem Assoziieren bestehen, werden bis zu diesem Punkt hauptsächlich Sie gesprochen haben. Ihr Analytiker hat gelegentlich eingegriffen, wenn er der Meinung war, seine Intervention werde Ihre gebundene psychische Energie freisetzen und dazu beitragen, unbewußtes Material leichter ins Bewußtsein zu heben. Die meisten dieser Interventionen werden die Form von knappen Deutungen annehmen.

Die Deutung hat in der Analyse den Zweck, den Prozeß der Aufdeckung unbewußten Materials zu beschleunigen; das Vorhandensein solchen Materials vermutet der Analytiker aufgrund der Äußerungen des Patienten. Ihr Analytiker hat auf blinde Flecken und Widersprüche in Ihren frei assoziierten Äußerungen geachtet, er hat aus den Träumen, die Sie erzählt haben, Schlüsse gezogen, er hat Ihr Verhalten bei den Therapiesitzungen beobachtet und sich Gedanken darüber gemacht, was Sie über Ihr Verhalten außerhalb der Therapie berichtet haben, und er hat nach Anzeichen für Ihre Gefühle ihm gegenüber geforscht sowie die Art und Weise verfolgt, wie sich Ihre Übertragung entwickelte. Doch wenn er auch gelegentlich knappe Deutungen gegeben haben mag, so wird er doch wichtige Deutungen, die er bisher für sich formuliert hat, nicht geäußert haben. Aber vorausgesetzt, Sie haben den schnellen Gang Ihrer Übertragungsneurose eingeschaltet (wie mühselig Ihnen die Fahrt auch vorkommen mag), dann wird der Analytiker jetzt bereit sein, Ihre Widerstände genauer zu deuten.

Während die Übertragungswiderstände für den Patienten der wichtigste Teil der zweiten Analyse-Phase sind, ist für den Analytiker die Deutung der wichtigste Teil. Wenn der Analytiker auch eine Reihe belangvoller Deutungen gegeben hat, so kann es dennoch sein, daß sie für den Patienten noch nicht viel Sinn ergeben, weil es sich dabei um Fragen handelt, die ihm noch nicht bewußt sind. Daher sollte der Analytiker den Zeitpunkt, zu dem er dem Patienten seine Gedanken darlegt, sehr sorgfältig wählen, damit die Deutungen auch Wirkung erzielen. Das »Timing«, die Wahl des Zeitpunktes, von Deutungen gilt als sehr heikel, da eine vorzeitige Deutung – eine Deutung, die für den Patienten noch keinen Sinn ergibt – abgelehnt wird und damit keinen Nutzen mehr erzielt. Als Faustregel gilt für Analytiker, *auf der vorbewußten Ebene des Patienten* zu deuten, das heißt, unbewußtes Material zu deuten, das der Patient zwar noch nicht selbst erkennt, aber tolerieren und schließlich als eigenes akzeptieren kann. Wenn Ihr Analytiker Ihnen schon frühzeitig in Ihrer Analyse zu verstehen gäbe, seiner Ansicht nach sei Ihre Depression das Resultat fehlgeleiteter psychischer Energie infolge Ihres Widerstandes gegen den verdrängten Wunsch, Ihren Vater umzubringen, dann würden Sie wahrscheinlich behaupten, Ihr Analytiker sei noch verrückter als Sie. Später, wenn Sie einige Ihrer Verdrängungen aufgehoben haben und sich mit dem Gedanken abfinden, daß sich in Ihnen ein verborgenes intensives Geschehen abspielt, dessen Sie sich nicht bewußt waren, wird Ihnen eine solche Deutung unter Umständen verständlicher und akzeptabler erscheinen. Karl Menninger sagte darüber in seinem Buch *The Theory of Psychoanalytic Technique:* »Man sagt dem Patienten das, was er *fast* schon selbst sieht, und man sagt es ihm so, daß sich der Patient, nicht der Analytiker, die Entdeckung als ›Verdienst‹ anrechnet.«[13]

Die Deutungsphase Ihrer Analyse sollte also erst beginnen, wenn Ihr Analytiker sich davon überzeugt hat, daß Sie eine »verläßliche Übertragung« hergestellt haben, um mit Freud zu reden. Was ist eine verläßliche Übertragung? Sie besteht zur Hauptsache in der Fähigkeit, Ihre Bindung an den Analytiker zu erkennen und zu verstehen, was sie bedeutet. Inzwischen werden Sie diese Zuneigung schon verspürt haben – das heißt, Sie werden sich Ihrer sowohl negativen als auch positiven Gefühle von Abhängigkeit bewußt sein. Gleichgültig, was in Ihrem Unbewußten hinsichtlich des Analytikers vorgeht, auf der bewußten

13 *Theory of Psychoanalytic Technique*, New York 1958, S. 610.

und vielleicht auch auf der vorbewußten Ebene haben Sie sich endgültig an ihn gebunden. Jetzt sind Sie für Deutungen zugänglich.

Die Deutungsphase der Analyse führt Sie zum dritten Stadium Ihrer Therapie: der Phase des *Durcharbeitens.* Wenn der Analytiker beginnt, Ihre »wahren« Widerstände und Konflikte zu deuten, wie sie sich in jenen Widerständen und Konflikten widerspiegeln, die Sie bei Ihrer Übertragungsneurose offenbaren, dann werden sich in Ihnen neue Widerstände gegen seine Deutungen aufrichten. Aber inzwischen haben Sie durch Ihre lange analytische Erfahrung »gelernt«, daß a) vieles, was in Ihrem Leben unbewußt war, mit Hilfe des Prozesses der freien Assoziation und Ihrer Übertragungsgefühle bewußt geworden ist und b) Ihr Leben tatsächlich von psychischen Widerständen beherrscht war, von denen Sie bisher keine oder nur undeutliche Kenntnis hatten oder die sie nie hätten zugeben können.[14] Wenn sich in Ihnen angesichts der Deutungen Ihres Analytikers neue Widerstände aufrichten, wird der Analytiker auch diese deuten und damit wiederum neue Widerstände hervorrufen. Damit bringt er einen dynamischen Kreislauf von Widerstand – Deutung – Widerstand in Gang. Wenn Sie sich indes jeder neuen Art von Widerständen bewußt werden, die sich aufgrund der suggestiven Deutungen des Analytikers in Ihrem Bewußtsein aufrichten, wird Ihr gesamter Widerstand gegen die Vorstellung von Widerständen schwächer, und Ihre Bereitschaft wird zunehmen, die immer spezifischeren Deutungen des Analytikers hinsichtlich der Art und Weise Ihrer seelischen Reaktionen und Ihres Verhaltens zu akzeptieren.

Sie sind jetzt in der dritten und letzten Phase Ihrer Therapie, dem »Durcharbeiten« nach dem Freudschen Szenario. Die ununterbrochene Folge von Deutungen des Analytikers und Ihr

[14] Ich sage »gelernt«, denn dieses »Wissen« ist eigentlich weniger wissenschaftlich erlangt als vielmehr durch Ihre zunehmende Vertrautheit mit den Theorien der Analyse und Ihre Indoktrinierung mit diesen Theorien. Es ist nicht wichtig, ob die neu erlangten Informationen richtig sind oder nicht; wichtig ist, daß Sie an sie glauben und ihnen vertrauen und damit auch Ihrem Analytiker. (Und wenn Sie so weit gekommen sind, werden Sie ihm vertrauen.)

zunehmend bewußtes Erkennen und Verstehen der Widerstände, auf welche die Deutungen abzielen, ermöglichen Ihnen, sich selbst die innere Dynamik Ihrer Neurose klarzumachen. Und dabei lockert sich Ihre Abhängigkeit vom Analytiker; allmählich lernen Sie, unabhängig von der Deutungskunst des Analytikers Ihre Gefühle und Reaktionen selbst zu deuten.

Laut der Freudschen Analyse stellt sich Ihre neue Unabhängigkeit dadurch ein, daß Ihr Ich im Verlauf des langen Lernprozesses, den Sie durchgemacht haben, um Ihre frühen unbewußten Fixierungen zu verstehen, gestärkt wurde. Diese Fixierungen zu verstehen, haben Sie dadurch gelernt, daß Sie Ihre Übertragungsbeziehung zu Ihrem Analytiker, die in allen Einzelheiten Ihrer ursprünglichen Fixierungen gefolgt ist, durchschaut haben. Wenn Ihre fixierte libidinöse Energie Ihrem Ich wieder zur Verfügung steht, lernen Sie bewußt und dann unbewußt Ihre Widerstände selbst »durchzuarbeiten«. Und wenn Sie sie mit immer größerem Erfolg durcharbeiten, setzen Sie immer mehr libidinöse Energie frei und stärken Ihr Ich gegen alle Zensurmechanismen, die es vorher beherrscht und die Neurose hervorgerufen hatten.

Das Ziel des letzten Stadiums der Analyse ist es, den Patienten, nachdem er von seiner Übertragungsabhängigkeit befreit und an den Durcharbeitungsprozeß gewöhnt ist, zur Leistungsfähigkeit beim Prozeß der *Sublimierung* zu erziehen. Sublimierung ist der unbewußte seelische Mechanismus, der unannehmbare Triebansprüche in annehmbare Formen der Befriedigung lenkt. Der Mechanismus der Sublimierung hält uns nach Freud seelisch gesund; das Ausmaß unserer Fähigkeit, unsere fixierte libidinöse Energie zu sublimieren, sei der Schlüssel zu unserer Normalität. Das letzte Ziel der Analyse ist es also, den Patienten dadurch, daß man ihm Verständnis für die Dynamik seiner Neurose vermittelt, zu veranlassen, die fehlgeleitete libidinöse Energie, die Hauptursache seiner Neurose, zu sublimieren. Ist Sublimierung erreicht, gilt die »Kur« als beendet.

Natürlich ist die Freudsche Analyse erheblich komplizierter und der Behandlungsweg umständlicher, als es ein schematischer Abriß darstellen kann. Vor allem sind viele Freudsche Analytiker unterschiedlicher Meinung über die Feinheiten der Technik. Auch über gewisse Elemente der Theorie sind sie sich nicht einig; einige messen der sexuellen Ätiologie der Neurose weniger Bedeutung bei, andere lenken die Übertragung aktiver und dergleichen mehr. Es gibt keine »typische« Freudsche Analyse – nicht nur weil alle Neurosen verschieden sind, sondern auch weil die Freudsche Analyse so sehr dem Belieben des einzelnen überlassen und überdies so umstritten ist, daß sie erfolgreich nur im weitest möglichen Rahmen wirken kann.

Die Freudsche Analyse hat einen autoritativen Charakter, der im Widerspruch steht zur Unsicherheit ihrer Dogmen. Die Neigung der Menschen, selbst der gebildeten, alles zu glauben, was ihnen gesagt wird, wenn es nur als offizielle Lehrmeinung hingestellt wird, hat sicherlich mehr zu dem Ansehen beigetragen, dessen sich die Freudsche Analyse erfreut, als alles, was die analytische Therapie von sich aus zu erreichen vermag.

Von daher erklärt sich auch das autoritative Auftreten der Analytiker. Jeder Analytiker, den Sie auch konsultieren mögen, wird sich mit Sicherheit den Anstrich von Weisheit und Selbstvertrauen geben. Leider sind diese Eigenschaften bei allzu vielen Therapeuten keineswegs vorhanden, denn ihre Einstellungen beruhen nun einmal auf den unsicheren und in vielen Fällen unbeweisbaren Lehren der Freudschen Analyse.

Nicht nur die therapeutische Effizienz der Freudschen Analytiker ist fragwürdig, sondern häufig auch ihre persönlichen Motivationen. Wenn Sie sich einer Analyse unterziehen, wird zweifellos eine Zeit kommen, in der Sie *tatsächlich* so etwas verspüren wie Übertragung im Freudschen Sinne. Ihre Gefühle und Reaktionen werden sich überwiegend auf Ihren Analytiker konzentrieren, und ein Gemisch aus Neugier und (vielleicht) Neid wird in Ihrer Einstellung zu ihm beherrschend. Wahrscheinlich wird sogar ein wenig Heldenverehrung dazukommen, denn Sie werden nicht umhin können, die Ungezwungenheit seines Auftretens und die anscheinend wohlgeordnete, von Wohlstand und gutem Geschmack geprägte Umwelt, in der er lebt, zu bewundern. All das wird Ihnen im Vergleich mit Ihrem eigenen mißlichen Zustand besonders begehrenswert erscheinen.

Wir haben gelernt, daß Heldenverehrung von den Analytikern gefördert wird – sie ist einfach notwendig, um die überaus wichtige Übertragung herbeizuführen. Dennoch werden sich die meisten Analytiker Ihnen gegenüber reserviert und sogar autoritär verhalten. Gelegentlich werden sie Ihnen einen flüchtigen Einblick in ihr Leben, in ihr Denken gewähren, aber nur gerade so viel, daß Ihre Neugier und Ihr Neid weiter angeregt werden. All das ist Strategie, um Ihre Übertragung in den Griff zu bekommen. Aber angesichts des unwissenschaftlichen (sogar wissenschaftsfeindlichen) Charakters der Übertragungsmechanismen muß man sich fragen, ob analytische Strategie wirklich der Grund ist, warum Analytiker eine Übertragung fördern.

Eine weitere Frage, was die Motivation betrifft, ergibt sich aus der Tatsache, daß die Patienten auf der Couch liegen müssen. Die meisten Analytiker behaupten, die Patienten seien viel entspannter, wenn sie liegen, und könnten leichter frei assoziieren; daher sei die Couch ein wesentlicher Bestandteil der Therapie. Freud, der dieses Verfahren einführte, meinte, die Couch sei zwar ein Rest der Hypnose-Behandlung, es gebe aber viele Gründe, sie beizubehalten. »Zunächst wegen eines persönlichen Motivs, das andere mit mir teilen mögen«, schrieb er. »Ich vertrage es nicht, acht Stunden täglich (oder länger) von anderen angestarrt zu werden.«[15]

Wenn Freuds Hauptmotiv ein persönliches ist, so scheint es höchst fraglich zu sein, ob das Beharren moderner Analytiker auf Beibehaltung der Couch mit therapeutischer Wirksamkeit zu tun hat, wie sie uns glauben machen möchten. Im übrigen neigen Analytiker genauso zur Heuchelei wie andere Menschen. Durch ihre eigene Brille betrachtet, könnte Freuds Widerwille dagegen, »acht Stunden täglich angestarrt zu werden«, ein wichtiger Hinweis sein, daß Freud selbst tiefergehende psychische Schwierigkeiten hatte. Wenn ein moderner Analytiker auf der Couch besteht, so mag das nicht mehr sein als ein Vorwand, um menschliche Mängel zu tarnen, deren mögliche Enthüllung er fürchtet.

Die vielen analytischen Patienten, mit denen ich sprach, als ich dieses Buch vorbereitete, waren einhellig der Meinung, daß ihre

[15] G.W., Bd. VIII, S. 467.

Analytiker so vollkommen angepaßte Menschen seien, wie es eben möglich sei. Ich fand das nur deshalb überraschend, weil ich vorher angenommen hatte, diese – gebildeten und kultivierten – Leute würden ihre Analytiker ebenso kritisch beurteilen wie andere Leute, etwa ihre Ärzte, Rechtsanwälte, Steuerberater, Chefs und so weiter. Dann wurde mir klar, daß ihre Analytiker für sie viel mehr waren als nur Anbieter von Dienstleistungen. Ihre Analytiker waren für sie gleichsam der letzte Rettungsgürtel auf ihrem Lebensschiff.

Zum Beispiel sprach ich mit einer Frau, die seit dreieinhalb Jahren in der Analyse war. Etwa drei Monate vor unserer Unterhaltung hatte sie mit Lungenkrebs im Krankenhaus gelegen. Der Chirurg, der sie operiert und, wie man hoffte, alle Krebszellen beseitigt hatte, hat ihr buchstäblich das Leben gerettet. Nach den Statistiken über das Wiederauftreten von Krebs hatte sie dank seines Eingriffes die besten Aussichten auf eine krebsfreie Zukunft. Dennoch äußerte sie sich in unserem Gespräch sehr kritisch über den Chirurgen, machte ihn in jeder Hinsicht schlecht, angefangen von seinem Umgang mit Kranken bis zum Fädenziehen. Aber als wir auf ihren Analytiker zu sprechen kamen, war sie geradezu überschwenglich in ihrem Lob und ihrer Bewunderung, obwohl sie bereitwillig zugab, daß sie nach dreieinhalb Jahren der Analyse psychisch schlechter dran war denn je.

Ein weiteres Beispiel ist ein Mann, mit dem ich sprach, ein Mann, der seit fast fünf Jahren dreimal wöchentlich zur Analyse gegangen war. Ich war von einem gemeinsamen Freund, der ihn bei seiner Scheidung als Rechtsanwalt vertreten hatte, an ihn verwiesen worden. Als wir uns trafen, beklagte er sich bitterlich über unseren gemeinsamen Freund, den Rechtsanwalt, der, wie er behauptete, sich bei den Verhandlungen mit dem Anwalt seiner früheren Frau nicht tatkräftig genug für ihn eingesetzt habe. Er meinte, der Anwalt habe hohen Unterhaltszahlungen für die Frau und auch für das Kind zugestimmt, und obendrein sei die Honorarforderung des Anwalts geradezu Wucher gewesen. Dann erging er sich über die Vorzüge seines Analytikers, obwohl er einräumte, daß der jetzige Analytiker sein vierter in fünf Jahren war. Später erfuhr ich, daß der Anwalt, von dem er so wenig hielt, ihn durch geschickte Verhandlungsführung vor einer gerichtlichen Auseinandersetzung mit seiner Frau, die ihn erheblich mehr gekostet hätte, bewahrt und ihm überdies seine beträchtliche persönliche Beteiligung an einer lukrativen Immobilienfirma unangetastet erhalten hatte. Die Rechnung des Anwalts war außerdem nicht höher als der Betrag, den der Mann seinem Analytiker für sieben Besuche bezahlte.

»Warum«, fragte ich eine Dame, »halten Sie so viel von Ihrem Analytiker?«

»Er weiß, um was es geht«, antwortete sie. »Jedenfalls scheint es so.«

»Aber vielleicht stimmt das gar nicht. Wieso sind Sie da so sicher?«

»Na, zumindest weiß er, um was es bei mir geht.«

»Sie meinen, alles, was er sagt, stimmt haargenau?«

»Ach, er sagt nie etwas zu mir.«

»Woher wollen Sie dann wissen, daß er weiß, um was es geht? Woher wollen Sie wissen, daß er nicht selbst ein bißchen verdreht ist?«

»Weil er«, erwiderte sie vollkommen überzeugt, »selbst analysiert worden ist.«

Die Arglosigkeit vieler Analysanden, was die Vorzüge der Analyse angeht, fand ich geradezu bemerkenswert. Frauen, die nicht zögern würden, mit ihrem Metzger um den Preis eines Stückes Rindfleischs zu feilschen, waren überzeugt, daß die Analyse jeden Dollar wert ist, den sie kostet. Männer, die wegen Pfennigbeträgen auf ein Geschäft verzichten würden, zahlten, ohne mit der Wimper zu zucken, 250 Dollar in der Woche, um sich selbst, ihre Frauen oder ihre Kinder einer Analyse zu unterziehen.

Meine Verwunderung verwandelte sich in Ungläubigkeit, als ich einige weitere Fälle untersuchte und dabei sowohl auf fragwürdige Praktiken als auch auf ausgesprochene Fehlbehandlungen verschiedener Analytiker stieß.

Im analytischen Bereich der Psychotherapie wimmelt es nur so von Fehlbehandlungen. Aber schließlich kommen in jedem Beruf Kunstfehler vor. Der einzige Unterschied ist, daß es für Psychoanalytiker – da Analyse eher auf Meinungen, denn auf Tatsachen beruht – kaum objektive Maßstäbe für ein Berufsethos gibt. Tatsächlich scheint in der Analyse bis auf Mord alles angängig zu sein. Die Analyse besitzt diese Handlungsfreiheit in erster Linie deshalb, weil sie außer wissenschaftlich vertretbaren Auffassungen über die Existenz von Neurosen erfolgreich ihre Mythen über den therapeutischen Prozeß verbreitet hat.

Zweifellos ist der Übertragungsprozeß die Ursache für die Arglosigkeit der meisten Analyse-Gläubigen. Das ist ein Gebiet, auf dem Freuds Beobachtungen offenbar zutreffend waren; eine Übertragung der Art, wie er sie beschrieben hat, findet in der analytischen Beziehung tatsächlich statt, wenn auch vielleicht nicht in der vollen symbolischen Ausprägung, den er ihr beigemessen hat.

Wie Sie sich erinnern werden, sucht der Analytiker mit Hilfe der Übertragung die Schwierigkeiten des Patienten zu beheben. Freud sagt: »... Die Absicht, dem Analytiker zu gefallen, seinen Beifall, seine Liebe zu gewinnen ... wird die eigentliche Triebfeder der Mitarbeit des Patienten.«[16] Das heißt mit anderen Worten, daß ein Patient ohne Übertragung keine Fortschritte machen kann. Daher muß der Analytiker mehr als alles andere die Übertragung fördern.

Aber ich habe bereits dargelegt, daß Übertragung auch Abhängigkeit bedeutet, die Abhängigkeit des Patienten vom Analytiker. Wenn eine solche Abhängigkeit hergestellt ist, kann der Analytiker einem Patienten jede Deutung, wie absurd sie auch immer sein mag, anbieten, und der Patient wird sie wahrscheinlich schlucken. Deutungen in der Analyse werden vom Patienten, besonders wenn seine Abhängigkeit fest begründet ist, so aufgefaßt, wie ein Soldat einen Befehl oder ein gläubiger Katholik ein päpstliches Edikt auffaßt: Ihnen liegt eine höhere Weisheit zugrunde, und sie werden daher widerspruchslos akzeptiert. Aufgrund der Übertragung des Patienten wird jede Anregung des Analytikers – wiederum, wie absurd auch immer – nicht als Anregung, sondern als Befehl verstanden.

So bringt der Prozeß der Freudschen Analyse seine eigene

16 *Abriß der Psychoanalyse*, G.W., Bd. XVII, S. 100.

Tyrannei hervor. Viele ihrer Kritiker spotten über ihre wissenschaftlich nicht zu begründende intensive Beschäftigung mit der Sexualität. Andere lehnen sie wegen ihrer nachweislich niedrigen Erfolgsrate ab. Ihr wirkliches Versagen – und auch ihre wirklichen Gefahren – ist in der totalitären Art ihrer psychischen Beeinflussung zu sehen. Diese ihre Eigenart sollte der Leidende überdenken, ehe er sich zur Freudschen Analyse anmeldet.

5. Alfred Adler – Individualpsychologie

Die Begründung der Psychoanalyse durch Freud läßt sich mit der Erfindung des Rades in geschichtlicher Vorzeit vergleichen. Ebenso wie das Rad eine völlig neue, an Möglichkeiten und Vielfältigkeit reiche Gedankenwelt von der physischen Mobilität und Freiheit des Menschen mit sich brachte, so wurde auch die Idee der Psychoanalyse ein Sammelbecken von Möglichkeiten hinsichtlich der seelischen und emotionalen Fähigkeiten des Menschen.

Und ebenso wie die Idee des Rades für eine schier unendliche Zahl von Verwendungszwecken verwertet wurde – um den Menschen aus seiner Isolierung und den Beschränkungen seiner Produktivität zu befreien –, hatte der revolutionäre Gedanke der Psychoanalyse eine ähnliche Vielzahl von Anwendungen zur Folge. Der einzige Unterschied ist, daß das Rad immer rund bleibt, während die Psychoanalyse viele Formen annahm, die vom Freudschen Modell abweichen und oft im Widerspruch zu ihm stehen. Es war, als ob man das runde Rad für nicht vollkommen genug hielte, denn manche versuchten quadratische, ovale, längliche oder rechtwinklige Räder anzufertigen, die ihren Zweck besser erfüllen sollten.

Natürlich war das Rad der Psychoanalyse nicht vollkommen, das heißt, der Vergleich hinkt in dieser Hinsicht. Dennoch ist er aufschlußreich, und er erklärt, warum in den Jahrzehnten, seit Freud die Psychoanalyse entwickelte, die Psychotherapien sich so stark vermehrten. Zwar war das Freudsche Modell nicht vollkommen, doch barg es die Möglichkeit der Vervollkommnung in sich, und wie viele andere unvollkommene Ideen verlangte es nach dem Versuch, es zu verbessern. Aber wie so manch anderer Idee, die zur Perfektionierung auffordert, fehlte dem Modell immer noch die innere Vollkommenheit. So ging es bei seiner Weiterentwicklung im Laufe der Jahre weniger darum, die Fähigkeit zur Vervollkommnung zu verwirklichen, sondern eher darum, »eine bessere Mausefalle zu bauen«.

Als Freud um die Jahrhundertwende für seine Arbeit mit Erfolg belohnt wurde, scharte sich ein Kreis jüngerer Wissenschaftler um ihn, die ebenfalls die Psychiatrie als Beruf erwählt hatten. In diesem Kreis entstanden die ersten Abweichungen von der Freudschen Orthodoxie, entwickelte sich die Neigung der Psychotherapie, sich immer wieder zu spalten und Dutzende und schließlich Hunderte von Schulen und Techniken hervorzubringen. Zu Freuds frühen Schülern gehörten Alfred Adler, Carl Gustav Jung und Otto Rank; diese drei waren es, welche die Lawine der unterschiedlichen Auffassungen ins Rollen brachten.

Dr. Alfred Adler schloß sich 1902 Freuds analytischer Gruppe an. Die Meinungsverschiedenheiten zwischen den beiden über grundlegende Fragen der Theorie verschärften sich immer mehr, bis Adler sich 1911 genötigt sah, sich selbständig zu machen. Danach begann er, seine eigenen Theorien zu formulieren, von denen viele den Freudschen widersprachen. In erster Linie erschien Adler die von Freud vertretene Anschauung vom sexuellen Ursprung aller menschlichen Bestrebungen nicht stichhaltig. Auch glaubte er nicht, daß das Unbewußte das A und O sei. Während Freud den Menschen als Wesen ansah, das von irrationalen Trieben beherrscht ist, von Trieben, die in Zaum gehalten werden müssen, damit der Mensch sich der Umwelt anpassen kann, betonte Adler weniger die psychosexuellen Ursprünge der Motivation, sondern sah den Menschen vielmehr als ein von Natur aus und grundsätzlich zielbewußtes und zielstrebiges Wesen an. Nach Adlers System war der Mensch weit mehr der Herr seines Schicksals als bei Freud, und die Probleme des Menschen waren für Adler eher soziale Probleme als innere Konflikte und sexuell ausgerichtete Neurosen.

Was setzte Adler an die Stelle der so mächtigen Libido der Freudschen Analyse? Er übernahm sein Schlüsselwort von dem deutschen Philosophen Nietzsche und den französischen Moralisten und gelangte zu der Überzeugung, daß der Grundtrieb im menschlichen Leben das Macht- oder Überlegenheitsstreben sei. Als Psychiater, schrieb er später, habe er viele Fälle beobachten können, in denen dieser Trieb an der Entfaltung gehindert worden sei, und so kam er zu dem Schluß, daß solche Frustrationen die Entstehung von Neurosen bewirkten.

Adlers grundlegendes therapeutisches Ziel entsprach dem von Freud: »Heilung« der Neurose. Auch seine Methode war ähnlich: aus dem Patienten selbst die verborgenen Ursachen seiner Angst ans Licht zu bringen. Er glaubte, da jeder Mensch bei seinem Streben nach Überlegenheit unweigerlich auf Hindernisse stoßen werde, sei es die Aufgabe des Psychotherapeuten, die Gründe zu klären, die dazu führen, daß der Mensch entweder an diesen Hindernissen scheitert oder sie überwindet. Da eine Neurose die Folge von blockierten Strebungen nach Überlegenheit sei, werde die Aufdeckung der Ursache die Neurose beseitigen.

Ein einfaches Rezept – viel einfacher als das von Freud. Aber ganz so einfach war es denn auch wieder nicht. Adler meinte, psychische Schwäche beruhe auf einer Organminderwertigkeit oder ihrem auslösenden Faktor im höheren Nervensystem. Frauen tragen die Last zusätzlicher konstitutioneller Schwächen, die ihr Überlegenheitsstreben behindern, so daß sich bei vielen von ihnen ein »männlicher Protest« entwickelt, eine Einstellung, die bei anderen Menschen eine feindselige Haltung hervorruft – was wiederum zu Verbitterung und Groll führt. So verstärkt dieser Teufelskreis die Neurose.

Da es jedoch einige verhältnismäßig nicht-neurotische Menschen gibt und auch viele, die trotz ihrer Neurosen in der Gesellschaft ganz gut zurechtkommen, kann das Problem der Neurose nicht gelöst werden, ehe nicht herausgefunden wird, welcher weitere Wirkfaktor die Unterschiede begründet. Adler brauchte nicht lange zu suchen, um ihn zu entdecken. Er war etwas, seit eh und je Bekanntes, das von Freud als grundlegender Abwehrmechanismus der Psyche bezeichnet worden war – der Mechanismus der *Kompensation*.[1]

Obwohl bereits Freud in seinem Modell der psychischen Funk-

[1] Die bewußten oder unbewußten Versuche eines Menschen, seine wirklichen oder eingebildeten Mängel und Minderwertigkeiten zu überwinden – etwa der kleingewachsene Mann, der laut und aggressiv wird, oder ein Versager, der unwahre Geschichten über seine Leistungen erfindet.

tionen dem Kompensationsprinzip eine wichtige Rolle beimaß, erweiterte erst Adler die Lehre auf neue Weise. Der Nicht-Neurotiker, erklärte er, habe seine Organminderwertigkeit angemessen kompensiert; dem Neurotiker dagegen sei dieser Ausgleich nicht gelungen. Daher war für Adler die Kompensation das vermittelnde Agens im psychischen Konflikt zwischen dem Streben nach Überlegenheit und der Organminderwertigkeit; Kompensation sei der Schlüssel zur psychischen Gesundheit.

Adler begann etwa zur Zeit des Ersten Weltkrieges Psychotherapie nach seiner Theorie zu praktizieren. Er nannte sein System »Individualpsychologie« – keine ganz glückliche Bezeichnung, denn ihr fehlte der therapeutisch zugkräftige Anklang an Psychoanalyse. Er gab ihm diesen Namen, weil er das ganze Individuum behandeln wollte.

Indes beschränkte sich Adler bei seiner Neurosenlehre nicht auf den Faktor Kompensation. Es dauerte nicht lange, bis er das Individuum als Teil eines größeren Ganzen – der Gesellschaft – sowie seine Probleme als Folge des kollektiven Problems des größeren Ganzen ansah. So rückte bei Adler allmählich eine soziologische Betrachtungsweise der Neurose in den Mittelpunkt. Neurose oder Spannung wurden jetzt als das Ergebnis der Eltern-Kind-Beziehung und des Verhältnisses unter Geschwistern angesehen. Nach dieser Auffassung ist es von entscheidender Bedeutung, ob ein Mensch das einzige oder das erste, zweite oder dritte oder jüngste Kind der Familie war.

Als Adler 1926 in die Vereinigten Staaten kam, richtete er Kindertherapie-Kliniken ein, unternahm Vortragsreisen im ganzen Land und tat viel für die Verbreitung seiner Theorien. Da er sich hauptsächlich mit den Problemen von Kindern beschäftigte, fanden seine Gedanken viel Anklang bei fortschrittlichen Erziehern. Die Folge war nicht nur, daß in Amerika eine neue Ära der Kinderpsychologie anbrach, sondern Adlers Theorien über Neurosen und ihre Behandlung auch allgemeine Anerkennung fanden.

Als sich in den 1940er und 1950er Jahren in Amerika das Interesse an der Freudschen Analyse verstärkte, verlor die Adlersche Analyse viel von ihrem Einfluß und wurde nur durch die Bemühungen der von Adlers Tochter geleiteten *Alfred Adler*

Mental Hygienic Clinic in New York lebendig erhalten. Aber in letzter Zeit ist sein Stern bei vielen Psychotherapeuten wieder im Aufsteigen begriffen, bei Psychotherapeuten, die an der Lehre Freuds kritisieren, daß er unpersönlichen Mechanismen und Komplexen in der menschlichen Psyche einen höheren Rang einräumt als dem Charakter und der Selbstbestimmung. Die Adlersche Analyse betont das *Realitätsprinzip*, das heißt den Willen, die gänzlich ichbezogenen Triebe der Kindheit umzuwandeln in annehmbare Sozialgesinnung, von der Adler glaubte, daß sie ebenso universell zur menschlichen Psyche gehöre wie Freuds eher fragwürdiger Ödipuskomplex. Weil das Realitätsprinzip der entscheidende Faktor der Ich-Funktionen ist, der nicht im abgelegenen Bereich des Unbewußten wirksam ist, sondern hier und jetzt in der realen Welt des einzelnen, ist die Einstellung der Adlerschen Analyse zum Patienten viel persönlicher und einfühlender als die der Freudschen Analyse.

Obwohl Adler Freuds komplizierte Topographie der Psyche stark in Zweifel zog, glaubte er an die Existenz eines Ich. Tatsächlich war es nach Adlers Ansicht gerade das Ich, das den Menschen in stärkerem Maße zum Herrn seines Schicksals macht, als er es nach Freuds Ansicht sein kann. Der Mensch sei nicht ein bruchstückhaftes, aus Teilen, Mechanismen und Komplexen bestehendes Wesen, sondern vielmehr ein einheitliches Ganzes, und sein Ich sei zugleich der einigende Faktor seiner Ganzheit und deren Niederschlag. Ein starkes Ich bedeute eine vollständige, gesicherte Einheit, ein schwaches Ich eine unvollständige und daher unsichere Ganzheit. Das Ich ist also die Summe der Ganzheit des einzelnen. Die Adlersche Therapie sieht es daher als ihre erste Aufgabe an, die ganze Person zu verstehen und zu behandeln, um die grundlegende Einheit der Person wiederherzustellen und zu erhalten. Nur die Unversehrtheit der Einheit des Individuums garantiere seine psychische Gesundheit.

Aber was beeinträchtigt oder gefährdet die Einheit? Die Adlersche Therapie findet die Antwort auf diese Frage in Adlers eigenständiger Neurosenlehre: Es ist das Streben nach Überlegenheit und die fehlangepaßten Kompensationen, die solche Strebungen erzeugen können.

Durch seine Betonung der selbstbestimmenden Natur des Menschen näherte sich Adler der Auffassung von einem freien psychischen Willen, die wiederum der Freudschen Auffassung diametral entgegengesetzt war, wonach das Verhalten des Individuums durch seine persönliche psychische Vorgeschichte, besonders seine Kindheit, bestimmt wird. Adler war der Meinung, daß der Mensch – da er eine angeborene Potentialität besitze, die Adler »Gemeinschaftsgefühl« nannte – nach zwei sozialen Zielen strebe und daher eher durch die Zukunft als durch die Vergangenheit motiviert werde. »Jede seelische Erscheinung kann«, schrieb er, »wenn sie uns das Verständnis einer Person ergeben soll, nur als Vorbereitung für ein Ziel aufgefaßt und verstanden werden. Das Endziel erwächst jedem bewußt oder unbewußt ...«[2] Das Streben nach dem Ziel äußert sich häufig als eine *fiktive Zielstrebigkeit,* wenn die Ziele, die einen Menschen motivieren, nicht genaue Wahrnehmungen der Realität sind, sondern verzerrte Anschauungen, die in der Kindheit übernommen wurden. Der sich daraus ergebende Konflikt zwischen Anschauungen und Realität ist das erste Stadium des neurotischen Leidens.

Nach Adlers Ansicht ist das Streben nach Überlegenheit das grundlegende angeborene Motiv menschlichen Verhaltens und die Quelle, aus der sich alle anderen Motive speisen. Als Reaktion auf diesen fundamentalen Trieb strebt jeder Mensch auf seine Weise nach Überlegenheit und entwickelt einen *Lebensstil,* wie Adler ihn nannte – eine Einstellung zum Leben, die mehr ist als die Summe seiner triebmotivierten Verhaltensweisen. Adlers Vorstellung ähnelte derjenigen der Gestaltspsychologie, die das Ganze als mehr ansieht als die Summe seiner Teile. Auch für Adler ist die Ganzheit des Individuums mehr als die Summe seiner Teile, und da sein Lebensstil mehr ist als jeder spezifische Aspekt seines Lebens, stellt er das Leitprinzip dar, der das Individuum auf seine Verhaltensweisen festlegt.

Die Neurose, sagt Adler in seinem Buch *The Science of Living,* kann am besten verstanden werden als »ein Versuch, sich von einem Gefühl der Unterlegenheit zu befreien, um ein Gefühl der

2 *Praxis und Theorie der Individualpsychologie,* Fischer Taschenbücher 6236, S. 21.

Überlegenheit zu erlangen.«[3] Das hauptsächliche Mittel, das bei dem Versuch eingesetzt wird, ist Kompensation. Aber wenn die Kompensation den gewünschten Effekt nicht herbeizuführen vermag, wird sie zur *Überkompensation*. Überkompensation ist eine Äußerung von Fehlanpassung; sie ist ein fehlangepaßter psychischer Vorgang, der einen Menschen veranlaßt, sich aus dem Gemeinschaftsleben zurückzuziehen, und der ihn isoliert, gewöhnlich im kleinen Kreis seiner Familie oder in einer streng begrenzten eigenen Welt. Wenn sich die Überkompensation verstärkt, zieht der Betreffende sich immer mehr aus der sozialen Gemeinschaft zurück – sein angeborenes Gemeinschaftsgefühl ist gefährdet – und flüchtet sich in ein Leben der Einbildung und Phantasie.

Wie Sie sehen, geht Adler und die auf seinen Gedanken aufbauende Psychotherapie davon aus, daß Neurosen primär auf sozialen Faktoren beruhen und weniger auf den inneren mechanischen Kräften, von denen Freud spricht. Da Adler den sozialen Beziehungen so große Bedeutung beimaß, ist es nicht überraschend, daß er seine Vorstellungen von Therapie auf eine therapeutische Beziehung konzentrierte, die eher als *reale* Beziehung und nicht als die künstliche der Freudschen Analyse anzusehen ist, und daß er seine Aufmerksamkeit stärker auf gegenwärtige Probleme und zukünftige Entscheidungen als auf die Vergangenheit richtete. Adler sah die Aufgabe des Therapeuten als in etwa »analog der Funktion der Mutter« an, ein Begriff, der nicht allzu weit entfernt ist von Freuds Konzept der Übertragung, wenn auch qualitativ verschieden. Nach dem Adlerschen System der Therapie soll der Patient Gelegenheit erhalten, Beziehung mit einem anderen fühlenden Menschen aufzunehmen, der sein Gemeinschaftsgefühl fördern und ihm behilflich sein kann, seine sozialen Kontakte außerhalb der Therapie zu verstärken. An der Mutter liegt es, ihrem Kind die Gesellschaft zu erklären; der Therapeut spielt etwa dieselbe Rolle.[4]

Die Aufgabe des Adlerschen Therapeuten ist es, auf sanfte Weise das Vertrauen seines Patienten zu gewinnen und ihm,

3 London 1929, S. 114.

4 Der Begriff »Bemuttern« ist einer jener Begriffe, die in der Geschichte der analytischen Psychotherapie immer wieder auftauchen. Heute spielt er bei gewissen Therapiemethoden eine wichtige Rolle, wie wir später sehen werden.

ohne dabei Zwang auf ihn auszuüben, behilflich zu sein, in seiner Gesellschaft ein Selbstwertgefühl zu entdecken. Zu diesem Zweck – und weil Adler glaubte, daß eine harmonische Beziehung zwischen Patient und Therapeut für die Therapie entscheidend sei – verzichtet die Adlersche Therapie auf die psychoanalytische Couch zugunsten eines unmittelbaren Blickkontakts, wie er einer realen sozialen Beziehung angemessen ist. Natürlich stellt auch die Adlersche Therapie das Phänomen der Übertragung in Rechnung, aber es wird eher als ein Beispiel für das Gemeinschaftsgefühl behandelt, nicht als Technik der Therapie.

Der Adlersche Therapeut kann Arzt, Psychologe oder paraprofessionell sein. Die meisten Adlerianer bieten im allgemeinen eine kürzere Therapie und weniger Sitzungen pro Woche an als die orthodoxen Freudschen Analytiker, und ihre Honorare sind gewöhnlich nicht so hoch. In diesem Rahmen wird der in der Adlerschen Theorie und Methode ausgebildete Therapeut, nachdem er die Möglichkeit einer physiologischen oder organischen Krankheit als Ursache Ihres Problems ausgeschlossen hat – was er als verantwortungsbewußter Arzt tun muß –, Ihre Therapie höchstwahrscheinlich in drei Hauptabschnitte unterteilen.

1. In den ersten Sitzungen wird Sie der Therapeut über Ihre Probleme sprechen lassen. Das ist nicht das freie Assoziieren der Freudschen Analyse, sondern eine einfache, unmittelbare Schilderung der spezifischen Symptome, Probleme und Schwierigkeiten, die Sie in Ihrer Neurose festhalten. Während Sie sprechen, wird der Therapeut teilnehmend zuhören und versuchen, Ihnen sein einfühlendes Verständnis für Ihre Probleme zu vermitteln, gleichzeitig aber auch Schlüsse zu ziehen über deren Ursache und Art, und zwar mittels der Anhaltspunkte, die Ihre Aussagen ihm liefern. Da er in der Adlerschen Theorie ausgebildet ist, wird er besonders Ausschau halten nach Hinweisen auf Ihr Überlegenheitsstreben und auf psychische Blockierungen, die Ihr Minderwertigkeitsgefühl hervorgerufen haben. In der Adlerschen Therapie wird der Prozeß des Überlegenheits-Minderwertigkeits-Konflikts als dynamische Ursache der Neurose angesehen. Schlüssel zum Erfolg des Therapeuten wird daher seine Sensibilität für die Äußerungen Ihres grundlegenden Überlegenheitsstrebens sein.

2. Sobald der Therapeut eine genaue Vorstellung von Ihnen und Ihrem Problem zu haben glaubt, wird er versuchen, *Ihnen Ihr Selbst zu erklären.* In gewisser Beziehung ist das die deutende Phase der Adlerschen Therapie, und zwar insofern, als der Therapeut Ihnen die Theorie der Individualpsychologie eingehend erklären wird, um dann den Zusammenhang herzustellen zwischen dieser Theorie und dem, was Sie ihm berichtet haben, und Ihnen zu zeigen, daß Ihr Leben eine neurotische Äußerung Ihres angeborenen Strebens nach Überlegenheit ist.

3. Die restliche Therapie ist dem Bemühen gewidmet, *Ihr Gemeinschaftsgefühl zu fördern und zu stärken,* und zwar durch soziale Interaktionen innerhalb und außerhalb des Rahmens Ihrer Therapie. Sie werden dazu angehalten werden, Ihr Bedürfnis nach Überlegenheit auf gesunde Weise zu äußern und Ihre sozialen Fähigkeiten direkt bei Ihrem Therapeuten zu erproben, um sie auf diese Weise zu stärken. Sie werden auch aufgefordert, dasselbe in Ihren Beziehungen außerhalb der Therapie zu tun und Ihrem Therapeuten über Ihre Gefühle, Erfolge und Mißerfolge zu berichten. Wiederum durch teilnehmendes Verständnis und Ermutigung wird er Ihre Fortschritte beurteilen und vor dem Hintergrund seiner Erkenntnisse über Ihre sozialen Interaktionen mit ihm und Ihrer Berichte über andere Interaktionen weitere Möglichkeiten vorschlagen, wie Sie Ihr geschwächtes Ich stärken können. Sobald er zu dem Schluß gekommen ist, daß Ihr Gemeinschaftsgefühl seine »normalen« Eigenschaften wiedererlangt hat – daß Sie auf normale Weise Ihren Mann in der Gesellschaft stehen können, ohne auf Überkompensation, die in erster Linie Ihr Problem hervorgerufen hat, länger angewiesen zu sein –, wird er erklären, daß Ihre Neurose glücklich aufgelöst sei, und wird Sie als »geheilt« oder gebessert wieder in die Welt entlassen.

Wie ich schon angedeutet habe, hat Alfred Adler die Entwicklung der Psychotherapie stark beeinflußt, vor allem dadurch, daß er die Begriffe *Minderwertigkeitskomplex, Geschwisterrivalität* und *einfühlendes Verständnis* in die Psychotherapie einführte. Er war in vieler Hinsicht ein Vorläufer der modernen humanistischen, sozial ausgerichteten Betrachtungsweisen der Therapie und hatte eine besonders starke Wirkung auf die Entwicklung der Gruppentherapie.

Doch gibt es wenige Hinweise, die die Behauptungen Adlerscher Therapeuten erhärten können, daß ihre Behandlung die Heilung von Neurosen bewirke. Die Adlersche Therapie erscheint ebenso übervereinfacht, wie die Freudsche Therapie überkompliziert ist. Beide erheben Anspruch auf therapeutische Wirksamkeit aufgrund streng systematischer Deutungen der Neurosenursache, und obwohl beide ein Körnchen Wahrheit enthalten mögen, ist die Adlersche Auffassung ebensowenig wissenschaftlich erhärtet wie die Freudsche.

Die Anziehungskraft der Adlerschen Therapie beruht wahrscheinlich auf ihrer Naivität. Es mag richtig sein, daß neurotische Symptome und neurotisches Verhalten von einer Unfähigkeit herrühren, im Leben seinen Mann zu stehen, weil das Streben nach Überlegenheit erstickt wurde. Aber wenn das die kategorische und allumfassende Lösung des Neurosenproblems wäre, dann würde es uns nicht schwerfallen, es selbst ins reine zu bringen.

Die Adlersche Therapie war die erste der »*Common sense*«-Auffassungen von Therapie, und auf dieser Basis sprach viel für sie, vor allem, da sie dem intellektuellen und begrifflichen Elitedenken des höchst fragwürdigen Freud-Kultes entgegenzuwirken trachtete. Sie bewies, ebenso wie es die Freudsche Analyse bewies, daß das einfache Aussprechen von Problemen gegenüber jemandem, der in der Kunst des Zuhörens ausgebildet und erfahren ist, einen therapeutischen Wert hat. Aber um Aussicht auf Erfolg zu haben, erfordert die Adlersche Analyse ebenso wie die Freudsche, daß der Patient ihr theoretisches und methodologisches Grundprinzip uneingeschränkt akzeptiert. Wiederum läuft alles auf die Suggestibilität des Patienten hinaus. Wenn der Patient gegenüber den suggestiven Elementen der Adlerschen Therapie hinreichend aufgeschlossen ist, mag sich nach einer solchen Therapie eine Besserung einstellen. Ist der Patient nicht genügend suggestibel, kann die Adlersche Therapie nicht viel ausrichten, es sei denn vielleicht, seine sozialen Fertigkeiten zu fördern.

6. C. G. Jung – Analytische Psychologie

Der Freudsche Analytiker fragt sich: Wie ist der Patient so geworden? Der Adlersche Therapeut fragt: Was versucht der Patient zu erreichen, indem er sich so verhält? Der Jungsche Therapeut hat eine andere Art zu fragen: Was symbolisiert das Verhalten des Patienten? Denn Jung glaubte vor allem, daß das Verhalten des Menschen motiviert sei durch die kollektiven Symbole seiner Kultur, die in seiner individuellen Psyche wirksam werden, und daß Neurosen nur aufgelöst werden können, wenn der Patient dazu gebracht werde, die entscheidenden symbolischen Bedeutungen seines Verhaltens zu verstehen.

Carl Gustav Jung, Sproß einer sehr kultivierten Schweizer Familie, war der begabteste von Freuds frühen Mitarbeitern. Wahrscheinlich war seine Begabung der Grund, warum er schließlich mit Freud brach und seine eigene psychoanalytische »Schule« gründete. Die Trennung vollzog sich 1913; sie ergab sich daraus, daß Jung die ödipalen Theorien von Freud nicht akzeptieren zu können glaubte. Aber im Gegensatz zu Adler, der, nachdem er sich von Freud gelöst hatte, ein viel einfacheres System zur Erklärung und Behandlung der Neurosen entwickelte, arbeitete Jung ein System aus, das in seiner Kompliziertheit das Freudsche wie ein Kinderspielzeug erscheinen läßt.

Als Jung sich selbständig machte, hatte er nicht die Absicht, Freuds System zu widerlegen, sondern er wollte nur einen Ersatz für die sexuellen Motive finden, auf denen Freud beharrte. Tatsächlich behielt Jung den größten Teil von Freuds begrifflichem System und seiner Terminologie bei, und erst als sein Interesse an Philosophie, Religion, Astrologie und Mythologie ihn auf den Gedanken brachte, daß es ein *kollektives Unbewußtes* gebe, fand er den Ersatz, nach dem er gesucht hatte. Dr Mensch werde nicht von sexuellen Triebimpulsen motiviert, behauptete er, sondern von einem ganzen Bündel an Mythen und Symbolen der Rasse und Kultur, in die er hineingeboren wurde. Dieses Bündel sei das kollektive Unbewußte.

Jung glaubte, das Unbewußte des Individuums, das mit den Kindheitserlebnissen beginnt, sei einem viel größeren Unbewußtem aufgepfropft, das in seiner eigenen Welt vorhanden ist – nämlich den Erfahrungen seiner Gattung. Das sei ein *reales* Unbewußtes, das in jedem Menschen wirksam sei und das persönliche Unbewußte des einzelnen verdränge und beherrsche. Das *persönliche Unbewußte* sei hauptsächlich das Vehikel des kollektiven Unbewußten, und vom letzteren rühre die Neurose her. Um also die Neurose richtig verstehen und bewältigen zu können, muß ein Mensch weiter zurückgehen in seiner Erfahrung – weiter zurück auf zwei Ebenen, der persönlichen und der kollektiven –, als Freud sich vorstellte, um auf diese Weise die Ursachen seines Problems herauszufinden. Man muß zur frühen Kindheit zurückgehen und nicht nur zur Kindheit. Aber das ist nur ein Teil; man muß auch zur frühen Kindheit der eigenen Gattung und Kultur zurückgehen. Daher ist die Reise nicht nur viel länger als die Freudsche analytische Suche, der Weg ist auch andersartiger. Die bei der Reise angewandte Methode nannte Jung »analytische Psychologie«, aber eine genauere Bezeichnung wäre vielleicht »Psychosynthese« gewesen, denn sein System versuchte ja, die beiden wirkenden Psychen zu einem einzigen, klaren, konfliktfreien Bild des ganzen Wesens zu synthetisieren.

Jung lehnte Freuds Topographie der Seele nicht ab. Statt dessen verdoppelte er sie, um auf diese Weise die Psychopathologie der seelischen Störungen erklären zu können. Das persönliche Unbewußte ist seiner Ansicht nach das Sammelbecken der verdrängten Gedanken und Gefühle, die im Leben des einzelnen auftauchen und bewußten Ausdruck finden in Träumen und gewissen Verhaltensweisen, etwa Versprechern. Mit dieser Auffassung trug er seine Schuld bei Freud ab. Aber das kollektive Unbewußte, das jedes persönliche Unbewußte einhüllt, ist das Sammelbecken verdrängter Gedanken, Gefühle, Empfindungen und Eingebungen, die von der gesamten Ahnenreihe seit grauer Vorzeit erfahren worden sind und durch das kulturell geprägte, archetypische Verhalten jedes Menschen ans Licht kommt.

Die beiden Formen des Unbewußten sind in einem unaufhörlichen Zustand der Interaktion; oder vielmehr haben ihre Bestandteile – die individuelle und die kollektive Libido[1], das individuelle und das kollektive Ich und so weiter – aufeinander eingewirkt. Nach Jungs Theorie ist die Neurose das Ergebnis einer fehlerhaften Interaktion dieser Strukturen der Psyche. Die fehlerhafte Interaktion kommt zustande infolge einer Disharmonie zwischen der *Persona* (dem Fassade-Selbst) und der *Anima* (dem wahren Selbst), die darum wetteifern, das Ich (das ganze Selbst) innerhalb des zweifachen unbewußten Persönlichkeitssystems zu kontrollieren und zu formen.

Bei der Neurose soll das Unbewußte aufgrund dieser unbewußten Aktivität auf zwei Ebenen in verschiedene persönliche Unbewußte aufgespalten werden. Laut Jung gibt es jedoch eine wesentliche Einheit zwischen diesen getrennten Unbewußten, die der in der Jungschen Methode ausgebildete Therapeut leicht beobachten könne. Die Einheit kann verstärkt und wiederhergestellt werden – und damit die Einheit zwischen den beiden Ebenen des Unbewußten – durch eine Methode der Therapie, die den Neurotiker zu guter Letzt dazu bringt, die Mechanik seiner Psyche und die kollektiv-symbolischen Bedeutungen zu verstehen, die seinem Verhalten zugrunde liegen.

Das Ziel der Jungschen Therapie ist es also, die Disharmonie innerhalb der Psyche aufzulösen. Die Behandlung ist eine komplexe Interaktion, die auf all den oben genannten Prinzipien beruht, und zwar nicht nur zwischen dem Patienten und dem Therapeuten, wie bei der Adlerschen Therapie, sondern zwischen den Persönlichkeiten des Patienten und des Therapeuten. Da Persönlichkeit kein konstanter Faktor ist, ist es schwierig, spezifische Techniken wie bei der Freudschen Analyse zu entwickeln, und sie sind auch weniger wichtig als die Begegnung zwischen dem Patienten und dem Therapeuten.

Wenn Sie eine Jungsche Analyse oder Therapie (sie wird kaum je analytische Psychologie genannt) aufsuchen sollten, werden

1 Außer vielen anderen Freudschen Begriffen übernahm Jung auch den der Libido. Aber für ihn ist sie ein Abkömmling der Lebensenergie schlechthin, nicht nur etwas Sexuelles.

Sie feststellen, daß es im allgemeinen vier Stadien der Behandlung gibt, die den drei Phasen der Freudschen Analyse ähnlich sind.

1. Im ersten Stadium wird die Technik der freien Assoziation nach Art der Freudschen Analyse angewandt, aber sie vollzieht sich viel unmittelbarer unter der Kontrolle des Therapeuten. Der Patient wird auch sehr viel von seinen Träumen berichten, die der Therapeut deutet. Da die Jungsche Analyse den Menschen als zielstrebiger ansieht als Freud, wird der Analytiker den Bericht des Patienten so lenken, daß er sich eher auf bedrückende gegenwärtige Sorgen als auf frühere Erinnerungen konzentriert. Durch den Prozeß und unter der Leitung des Analytikers soll es zu einer Katharsis nach Freudscher Art kommen, wobei der Patient eine hilfreiche Abreaktion erfährt, die das schmerzhafte, verdrängte Material seines persönlichen Unbewußten und die symbolisierten Verdrängungen seines kollektiven Unbewußten sichtbar macht.

2. *Aufklärung*, die der Freudschen Deutung entspricht, ist die zweite Phase der Jungschen Analyse. Hier erklärt der Analytiker (natürlich nach der Jungschen Lehre) den Ursprung der Neurose des Patienten. Angenommen, der Patient akzeptiert die Erklärung, dann machen sich beide an den Prozeß des Durcharbeitens der Übertragung, bis der Patient sie als eine wunscherfüllende Phantasie erkennt und mit seinen Widerständen fertigwerden kann.

3. Die Phase der *Erziehung* folgt als nächste. Hier zeigt der Therapeut dem Patienten den Weg zu normalen Funktionsweisen, indem er die symbolische Bedeutung seines neurotischen Verhaltens erklärt und ihn über wünschenswerte und normale Verhaltensweisen unterrichtet. Diese Unterrichtung ergibt sich wiederum aus der Jungschen Auffassung vom Menschen als einem auf ein Ziel und die Zukunft ausgerichteten Wesen.

4. Schließlich macht der Patient die *Wandlung* durch, und während dieser Zeit kehrt er zur normalen Funktionstüchtigkeit zurück und wird von seinem Therapeuten unabhängig.

Wahrscheinlich die wichtigste Technik in der Jungschen Therapie sind Analyse und Deutung von Träumen. Der Jungsche

Therapeut hält Träume aus zumindest zwei Gründen für wichtig. Einmal dreht es sich darum, was der Trauminhalt über die Macht der kollektiven Archetypen aussagt, die im Unbewußten jedes Menschen hausen. Zum anderen dreht es sich darum, was die Träume dem Therapeuten über die Art und den Umfang der Kompensation sagen können, die der Patient als Abwehr gegen die Schwächen seiner Persönlichkeit hervorbringt.

Während der Freudsche Analytiker den Trauminhalt als Ersatzphantasien für unannehmbare sexuelle und soziale Triebregungen ansieht, geht der Jungsche Analytiker darüber hinaus. Er ist geschult worden, Träume nicht nur als Ersatz für äußere Bedürfnisse anzusehen, nicht nur als Fassade von Wunscherfüllung, sondern als den Ausdruck eines noch stärkeren menschlichen Grundbedürfnisses – des Bedürfnisses nach geistiger Bedeutung.

Für den Jungianer sind Träume symbolisch, nicht symptomatisch. Sie offenbaren keine neurotischen Symptome; vielmehr offenbaren sie die Disharmonie der Symbole, die es in jeder menschlichen Seele gibt und die Symptome hervorbringt. In der Freudschen Analyse ist ein Symptom ein Maßstab für die Abweichung von einem angeblich gesunden, normalen Zustand. Aber Jung glaubte, das Ziel der Therapie sei *Selbstentdeckung*, nicht Normalität. Träume stellen die Situation des Neurotikers so dar, wie sie wirklich ist, sowohl äußerlich als auch innerlich, nicht seine frühere Situation. Träume kompensieren die Einseitigkeit der bewußten Anschauung eines Menschen; sie übermitteln potentiell wichtige Botschaften, von denen die Menschen nichts wissen, weil ihr Unbewußtes verschüttet ist, die sie aber erfahren müssen. Diese Botschaften können nach Jungscher Ansicht nur verstanden werden durch Symbole, die wir alle in unserem individuellen Unbewußten besitzen, weil es vom kollektiven Unbewußten beherrscht wird.

Jung verstand unter einem Symbol ein Bild, »das die nur dunkel geahnte Natur des Geistes bestmöglich kennzeichnen soll. Ein Symbol umfaßt nicht und erklärt nicht, sondern weist über sich selbst hinaus auf einen noch jenseitigen, unerfaßlichen, dunkel geahnten Sinn, der in keinem Wort unserer derzeitigen

Sprache sich genügend ausdrücken könnte.«[2] Die Jungsche Analyse geht also davon aus, daß die Probleme eines Menschen in einem unterirdischen Bereich angesiedelt sind, der noch entfernter und weniger faßbar ist als Freuds sexueller Kerker. Ihrem Ursprung nach sind diese Probleme fast mystisch.

Nach Auffassung der Jungschen Analyse betreffen Träume ausschließlich das Verhältnis des Träumers zu seiner eigenen tiefsten Realität. Auch folgen Träume einem Schema; sie haben eine Art Struktur, die mit der archetypischen Konfiguration des kollektiven Unbewußten übereinstimmt. Ein weiteres Ziel der Jungschen Therapie ist es also, den Neurotiker mit den Ursachen und der Bedeutung dieser Schemata vertraut zu machen, um es ihm auf diese Weise zu ermöglichen, innerhalb seiner menschlichen Grenzen seinen eigenen Mythos zu »erleben«. Dem unbewußten Selbst sowohl auf der persönlichen als auch auf der kollektiven Ebene gegenüberzutreten, ist also der Ausgangspunkt der Jungschen Analyse.

Indem er das Grundbedürfnis des Menschen als das Streben nach dem tieferen geistigen Sinn bezeichnete, deutete Jung an, daß religiöse Sehnsucht den Menschen mehr als alles andere motiviert. Doch in der Regel leugnet oder verspottet unsere Kultur die Sehnsucht nach etwas, das den einzelnen transzendiert. Und Freud erklärte, religiöse Sehnsüchte seien Anzeichen einer regressiven und neurotischen Flucht aus der Realität. Daher steht Jung nicht nur in der Frage nach der grundlegenden Ursache der Neurose in Widerspruch zu Freud; er kennzeichnete auch als Symbol der grundlegenden Ursache das, was Freud nur als ein Symptom ansah – das Bedürfnis nach religiösem Erlebnis.

Das Bedürfnis nach Transzendenz ist der fundamentale motivierende Antrieb für menschliches Verhalten. Es ist der primäre Archetypus des Unbewußten, denn dieses Bedürfnis gab es bereits im kollektiven Unbewußten aller Rassen und Kulturen. Dennoch leugnet die moderne Kultur diesen Antrieb. So wird er verdrängt, und aus seiner Verdrängung entsteht die kollektive Anfälligkeit für Neurosen. Und aus dieser kollektiven Anfälligkeit entsteht die individuelle Anfälligkeit für Neurosen.

2 *Seelenprobleme der Gegenwart*, Freiburg 1973, S. 275.

Sie sollten aus meiner zugegebenermaßen skizzenhaften Erklärung der Jungschen Analyse entnehmen, daß sie die bei weitem komplizierteste Art von Psychotherapie ist, der man sich unterziehen kann. Nicht nur ist ihr Grundprinzip beträchtlich unklarer als das Freudsche, auch verlangen ihre Methoden, wenn das überhaupt möglich ist, noch mehr von den Patienten. Wegen der Bedeutung der Traumanalyse in der Jungschen Therapie sollten Sie sich auf häufige Besuche im Sprechzimmer Ihres Therapeuten, auf eine lange Dauer der Therapie und entsprechende Kosten gefaßt machen. Wenn Ihnen indes die Vorstellung Abscheu einflößt, daß Ihre Probleme von einem geheimen, verdrängten Wunsch herrühren, Ihren Vater umzubringen und mit Ihrer Mutter zu schlafen, oder die Vorstellung, daß Ihre Sauberkeitserziehung als Kleinkind daran schuld sei, daß Sie mit Menschen nicht auskommen können, Sie aber dennoch glauben, daß Psychoanalyse die einzige Lösung sei, dann werden Sie sich in einer Jungschen Therapie wohler fühlen als in einer Freudschen.

Als ich dieses Buch vorbereitete, unterzog ich mich kurzen Behandlungen in der Freudschen und der Jungschen Analyse. Der einzige wichtigere Unterschied, den ich in der Praxis zwischen den beiden feststellen konnte, war, daß ich, wenn ich dem Freudschen Analytiker meine Träume erzählte, erfuhr, ich habe Freudsche Träume – daß der Inahlt meiner Träume mit symbolischen Perversionen beladene Ersatzphantasien für meine verdrängten sexuellen Sehnsüchte seien. Wenn ich dieselben Träume dem Jungschen Therapeuten erzählte, erfuhr ich, daß ich Jungsche Träume hatte – diesmal Ersatzphantasien für meine verdrängten religiösen Strebungen. Eine der eindringlicheren Deutungen des Analytikers lautete tatsächlich, ich hätte mein Leben lang »offenbar insgeheim den Wunsch gehabt, Priester zu werden, aber den Wunsch unterdrückt aus Angst, daß Ihre Verwirrung über Ihre wahre sexuelle Natur Sie unwürdig machen würde«. Im Kontext der Träume, die ich erzählte (die ein wenig zu anrüchig waren, um sie hier wiederzugeben), und auch im Kontext mit dem, was der Therapeut über mein Leben wußte (ich bin das, was man einen »entgleisten Katholiken« nennt), klang diese Deutung außerordentlich einleuchtend.

Aber die Deutung derselben Träume durch den Freudschen Analytiker war ebenso einleuchtend. Der Freudsche Analytiker kannte dieselben Fakten aus meinem Leben. Er deutete meine Träume als Hinweis auf einen gefährlich ungelösten Ödipuskomplex, als Widerspiegelung eines starken, geheimen »Wunsches, Ihren Vater zu kastrieren als Vergeltung für seinen entmannenden Einfluß auf Sie als Kind ... Sie haben ihn auf einem oberflächlich symbolischen Niveau kastriert, indem Sie die Religion verschmäht haben, mit der er Sie zu indoktrinieren versuchte, aber Ihre Traumphantasien zeigen, daß Sie sich der Wirkungen Ihres Handelns nicht sicher sind und immer noch den Drang verspüren, diese äußerste Tat zu begehen.«

Was also die Freudsche und die Jungsche Analyse betrifft, so kann ich Ihnen nur den Rat geben, Ihre Wahl zu treffen.

7. Otto Rank

Jung und Adler waren von Freuds abtrünnigen geistigen Kindern die bedeutendsten, denn ihre Systeme übten nach Freuds den größten Einfluß auf die Psychotherapie aus und fanden die weiteste Verbreitung. Der Grund dafür war vielleicht, daß ihre Systeme sich so radikal von dem ihres Lehrers unterschieden; sie boten der Welt klar umrissene Alternativen zu den Formen analytischer Therapie, die den an psychischen Störungen Leidenden zur Verfügung standen. Wenn eine Art von Analyse nicht wirkte, konnte der Patient es immer noch mit einer anderen versuchen.

Gewiß gab es noch andere Dissidenten, sowohl unter den ersten Schülern als auch später, und obwohl keiner von ihnen einen solchen Einfluß auf die Psychoanalyse ausübte, wie Jung und Adler es taten und noch tun, so gelang es doch einigen wenigen, Methoden der analytischen Therapie zu entwickeln, die sich zwar nicht radikal von der Freudschen unterschieden, aber der Therapie zumindest interessante neue Möglichkeiten erschlossen. Einige von ihnen fanden genügend Anhänger für eigene analytische »Schulen«, die sich aus ihren Systemen entwickelten. Noch heute gehören viele dieser Schulen zur analytischen Therapieszene und bilden Psychoanalytiker aus, die ihre Therapie mehr oder weniger in Übereinstimmung mit den von den Gründern entwickelten Theorien und Techniken praktizieren.

Wie wir schon gehört haben, war Otto Rank der dritte der ursprünglichen Freudschen Dissidenten, obwohl seine Ansichten weniger abweichend waren. Wäre Freuds dogmatische Intransigenz nicht immer stärker geworden, wäre Rank vielleicht im Schoße der Freudschen Gemeinde geblieben, hätte Analyse auf seine Art praktiziert, aber sonst seinem Herrn getreulich gedient.

Rank war ein geistvoller, lebhafter Mann, und vermutlich war es auf diese zweite Eigenschaft zurückzuführen, daß es zu Mißhelligkeiten mit Freud kam. Es ärgerte Rank, daß die Analyse, wie Freud und andere Mitglieder des Wiener Kreises sie praktizierten, so unendlich lange Zeit erforderte. Ihm kamen oft blitzartig brillante Einfälle, er neigte dazu, sie sofort zum Ausdruck zu bringen, und die Beschränkungen durch das Schneckentempo der Freudschen Methode bedrückten ihn.

Seine Ungeduld ließ ihn nach einer einfacheren, schneller feststellbaren Erklärung für die Dynamik der Neurose suchen. Es dauerte nicht lange, da hatte er sie gefunden. Er griff eine Vermutung auf, die Freud einmal geäußert, dann aber verworfen hatte, und baute auf der Vorstellung vom Geburtstrauma das einfachere Grundprinzip auf, nach dem er gesucht hatte. Die Theorie vom Geburtstrauma war indes nicht nur ein launiger Einfall. Er glaubte wirklich daran, wie man bei der Lektüre seines Buches *Das Trauma der Geburt* feststellen kann.

Nachdem das Buch 1929 erschienen war, wurde Rank wegen der Kontroverse, die seine Theorie hervorgerufen hatte, aus dem orthodoxen analytischen Kreis ausgestoßen. Er glaubte nun keine Zukunft in Wien mehr zu haben. Eine Zeitlang lebte er in Paris (wo relativ wenig Interesse an irgendeiner Form der Analyse bestand), emigrierte dann nach New York und fand dort wenigstens eine bescheidene Heimat für seine Theorie.

Es ist verwunderlich, daß Ranks Theorie vom Geburtstrauma in den Vereinigten Staaten nicht mehr Anklang fand – in einem Land, wo die einfache Lösung der komplizierten bei weitem vorgezogen wird. Der Hauptgrund für die laue Aufnahme war die Tatsache, daß im Amerika der 1930er Jahre die Psychoanalyse noch in den Kinderschuhen steckte und ihre Rechte und Privilegien von der Handvoll Freudscher Getreuer, aus denen die Amerikanische Psychoanalytische Gesellschaft bestand, eifersüchtig gehütet wurden. Dennoch gab es damals einige angehende Psychiater, denen Ranks Ansichten über die Neurose und seine therapeutischen Techniken überaus einleuchtend erschienen. So entstand eine bescheidene Schule der Rankschen Analyse. Als formale Einführung in die Therapie ist die Schule immer bescheiden geblieben, trotz der Tatsache, daß viele von Ranks Theorien und Techniken von anderen Schulen entlehnt und angewandt wurden.

Obwohl ausgesprochen Ranksche Analytiker heute dünn gesät sind, werden Sie feststellen, wenn Sie zufällig an einen geraten, daß er die Tatsache Ihrer Geburt für die zugrunde liegende Ursache Ihrer psychischen Störung hält. Der Ranksche Therapeut wendet zum größten Teil die orthodoxen Freudschen Analysetechniken an; nur sein Grundprinzip ist anders. Sein Grundprinzip und daher seine Deutungen beruhen auf der Behauptung, daß Ihr unbewußter Geist zerrüttet worden sei durch den starken, aber verdrängten Schmerz, den Sie Ihr ganzes Leben lang verspürt haben infolge der plötzlichen und unerfreulichen Trennung vom Mutterleib. Der Schock, aus der Behaglichkeit des Mutterleibs hinausgedrängt zu werden in eine feindliche Umwelt, erfordere eine infantile Anpassung, die dem neurotischen Prozeß zugrunde liege. Mit anderen Worten, Ihre Neurose rührt unmittelbar von Ihrer Unfähigkeit her, mit dem Trauma Ihrer Geburt fertigzuwerden.

Nach Ranks Ansicht ist das Geburtstrauma ebenso konstant und universal wie Freuds Ödipuskomplex: Es ruft einen den Leib einschnürenden Schmerz hervor, mit dem wir alle belastet seien. Auch habe jeder Mensch infolge des Schocks, unerwartet einer kalten, unpersönlichen Welt ausgeliefert zu sein, unbewußt den Wunsch, in den Mutterleib zurückzukehren, und konzentriere daher sein unbewußtes Leben auf weibliche sexuelle Charakteristika und damit auf die wichtigsten libidinösen Triebregungen, die befriedigt werden müssen.

Wichtiger als die Ranksche Theorie über die Neurose ist die Ranksche Auffassung von der Therapie. Der Ranksche Analytiker legt wenig Wert auf die Phase des freien Assoziierens. Statt dessen beteiligt er sich an einem ungehinderten Meinungsaustausch: Jede psychische Beschwerde, die Sie äußern, deutet er sofort – natürlich im Rahmen des Grundprinzips vom Geburtstrauma. Mit dieser Technik wird bezweckt, Sie zu einem Wiedererleben Ihres Geburtstraumas zu bringen, was sich etwa mit dem Freudschen Prozeß der Katharsis-Abreaktion vergleichen läßt.

Der Ranksche Analytiker erachtet die Tatsache, daß Sie sich um eine Therapie bemüht haben, als eine Äußerung Ihres *Strebens nach Gesundheit*, als einen Wunsch, Ihr Problem zu bewältigen und als unabhängige Person gesund zu werden. Dieses Streben nach Gesundheit ist verknüpft mit dem Lebenswillen oder dem Überlebenswillen um jeden Preis. Mit anderen Worten, es handelt sich um einen Trieb. Sofern ein Therapeut Ihr Streben nach Gesundheit nicht erkennen kann und es nicht fördert, wird er Ihnen wahrscheinlich mehr schaden als nützen. Es ist eine Folge dieser Vorstellung, daß die Ranksche Analyse auch als Willenstherapie bekannt ist.

Das Therapieziel eines Rankschen Therapeuten besteht darin, Ihren Willen und Ihre psychische Unabhängigkeit ständig zu stärken. Es ist die bevorzugte Ranksche Technik, Sie mit Liebe zu überschütten, vor allem wenn Sie angeleitet werden, Ihre Geburt wiederzuerleben. Der Therapeut wird Sie, ganz nach Art des Freudschen Analytikers, dazu anhalten und ermutigen, Ihre bewußten Erinnerungen auszusprechen. Aber bald wird er die Sache in die Hand nehmen und versuchen, diese Erinnerungen konzentriert auf das zu lenken, was er für das bewußt vergessene, aber unbewußt erinnerungsfähige Erlebnis Ihrer Geburt hält.

Er ist der Auffassung, daß der Geburtsvorgang in Ihnen eine Gewohnheitshaltung von primärer Angst, Depression und so weiter als Reaktion auf Ihre infantilen Gefühle der Hilfslosigkeit hervorgerufen hat. Das soll heißen, daß Sie vom ersten Tag an lernten, Ihre Trennungsgefühle fehlanzupassen. Daher waren etwaige spätere Trennungsgefühle, die in Ihrem Leben auftraten, ebenfalls traumatisch, weil Sie unbewußt gelernt hatten, in dieser Weise auf sie zu reagieren. Als Sie sich als Kind dessen bewußt wurden, daß Sie von Ihrer Mutter getrennt wurden, da entstand für Sie ein Konflikt, und aus dieser frühen Gewöhnung an Konflikte entwickelte sich Ihre Neigung, jedesmal in einen tieferen Konflikt zu geraten, wenn Sie eine ähnliche Trennung erlebten.

Wenn Sie Ihr Geburtstrauma wiedererleben und es verstehen, wird dadurch Ihr primärer Konflikt aus dem Weg geräumt. Aber einen so schmerzhaften Prozeß kann man ohne genaue Anleitung und Unterstützung durch einen Dritten, möglichst einen ausgebildeten und einfühlsamen Therapeuten, nicht durchstehen. Und nur dadurch, daß der Therapeut ständig Einfühlungsvermögen und Liebe bekundet, kann er diese Anleitung und Unterstützung gewähren. Wenn Sie Ihre Geburt wiedererleben, begeben Sie sich der Liebe Ihrer Mutter. Ohne Liebe zu leben, und sei es auch nur für eine kurze Zeit, ist schmerzlich. Diese Erfahrung machen zu müssen, bei der primäre Liebe und alle ihre Vorstellungsbilder – mütterlicher Schutz und Beistand – in Ihrem Geist revidiert werden, ist unerträglich. Dennoch müssen Sie, um Ihre Neurose zu bewältigen, diese Erfahrung machen. Deshalb muß der Therapeut versuchen, Ihnen wenigstens ein Abbild der Liebe zu gewähren, deren Sie infolge Ihrer Geburts-Katharsis beraubt sein werden.

Mit viel Liebe und Unterstützung wird sich der Ranksche Therapeut bemühen, Sie durch diese Katharsis zu bringen, wobei angenommen wird, daß Sie danach Ihre im Grunde lieblose Realität erkennen, sie in den Griff bekommen und fähig sein werden, sich ihr normal anzupassen.

Ebenso wie Jung legte Rank mehr Wert auf jetziges Funktionieren und zukünftiges Potential als darauf, unbewußtes Material der Vergangenheit aufzudecken. Das einzige, was wieder ins Bewußtsein gebracht werden sollte, ist Ihr Geburtstrauma. Daher ist nach dem Rankschen Grundprinzip eine solche Therapie am wirkungsvollsten, wenn Ihre jetzigen Emotionen in Worte gefaßt werden. Daraus kann der Therapeut entnehmen, einen wie tiefen Eindruck Ihr Geburtstrauma hinterlassen hat. Durch das Aussprechen in Gegenwart eines liebevollen, verständnisvollen Therapeuten werden Sie nach Ansicht der Rankschen Analyse zu einem neuen Selbstverständnis und einem Gefühl für Selbstbestimmung gelangen.

Die meisten Therapeuten, die die streng Ranksche Analyse praktizieren, sind der Meinung, die Therapie sollte gründlich sein, aber nicht länger als höchstens einige Monate dauern. Eine solche Therapie kann, wenn sie getreulich befolgt wird, aufreibend sein, das heißt, Ihre Zeit und Ihre Gefühle voll beanspruchen. Der Ranksche Analytiker versucht, die Geburtstrauma-Katharsis durch höchst direktive Maßnahmen möglichst schnell herbeizuführen. Gleichzeitig regt er mit Hilfe einer kräftigen Dosis liebevoller Beeinflussung Ihre Übertragung stark an. Die

Therapie findet statt, wenn Sie imstande sind, Ihre primäre Angst aufzudecken und deren Auswirkungen auf Ihre Psyche in Form von Widerständen und Abwehren durchzuarbeiten. Was Sie durcharbeiten, ist die Furcht davor, Ihr Getrenntsein und Ihre Individualität einzugestehen – eine Furcht, die Ihre lebenslängliche Furcht vor der Trennung widerspiegelt. Die Tätigkeit des Analytikers besteht darin, Ihnen behilflich zu sein, daß Sie lernen, sich mit diesem Getrenntsein abzufinden – es sogar zu wünschen –, indem er Ihnen die Übertragungsabhängigkeit von ihm austreibt.

Es gibt heutzutage nicht mehr viele Praktiker der reinen Rankschen Analyse. Die meisten, die sie praktizieren, sind eher Psychologen dieser oder jener Art als Ärzte. Dennoch haben Psychotherapeuten aller Schattierungen viele Techniken der Rankschen Methode übernommen, besonders diejenigen, die mit seinem Konzept der Willenstherapie und Liebesverstärkung zusammenhängen. Mit Ausnahme der Freudschen Analyse wird ungefähr in jeder Therapie sehr viel Nachdruck auf Liebe gelegt. Das gilt vor allem für die heute so beliebten humanistischen Therapien, sei es in der Gruppe oder in Einzelbehandlung.

8. Theodor Reik

Nachdem sich Adler, Jung und Rank zu Beginn dieses Jahrhunderts von Freud losgesagt hatten, war die Psychoanalyse nicht mehr dessen ausschließliche Domäne. Es gab von nun an drei Formen der Analyse: 1. die orthodoxe Freudsche Methode, die weiterhin an Zahl der Praktiker und an Einfluß zunahm; 2. eine neue Kategorie der Analyse, die »abgeleitet« oder »neofreudianisch« genannt wurde, was eine Analyse nach der allgemeinen Theorie von Freud bedeutete, doch mit Abweichungen hinsichtlich spezifischer theoretischer Regeln und therapeutischer Techniken; 3. eine Bewegung, die sich dem Freudschen Modell verpflichtet fühlte, aber der Meinung war, Ursache und Dynamik der Neurose lägen eindeutig anderswo und beruhten hauptsächlich auf Umweltfaktoren. Diese dritte Kategorie ist allgemein bekannt als die *humanistisch-existentialistische* Richtung der Psychoanalyse, und sie führte schließlich zu der großen Vielzahl von quasi- und nicht-analytischen Psychotherapien, die heute im Schwange sind.

Die Reiksche Analyse ist wahrscheinlich diejenige Auffassung der Psychotherapie, die den orthodoxen Freudschen Prinzipien am nächsten blieb, aber dennoch eine deutlich unterschiedliche Theorie über die Entstehung der Neurose enthält. Die Theorie war nicht wirklich neu, sondern eher eine Erweiterung von Freuds Theorie über den Ödipuskomplex. Auch stammte sie nicht eigentlich von Theodor Reik, sondern wurde in den 1930er Jahren von einer Reihe psychoanalytischer Erneuerer entwickelt. Heute gibt es mehrere Interpretationen, von denen die Reiksche Auffassung nur eine ist, aber eine führende. Nach dieser allgemeinen Theorie liegt die Ursache der Neurose nicht in der ödipalen Phase im Leben eines Menschen, sondern in der prä-ödipalen Phase – im Säuglingsalter.

Die Reiksche Schule der Analyse entstand Ende der 1930er

Jahre, als Theodor Reik, der talentierte Psychologe und Psychoanalytiker, der von Freud gründlich ausgebildet worden war, als Flüchtling vor den Nazis in die Vereinigten Staaten kam. Aber da er zufällig Dr. phil. und nicht Dr. med. war, wurde ihm die volle Mitgliedschaft in der Amerikanischen Psychoanalytischen Gesellschaft (APA) verweigert; diese Gesellschaft bestand damals ausschließlich aus Psychiatern, die bestrebt waren, den medizinischen Charakter der psychoanalytischen Behandlung zu bewahren. Obwohl sich Freud sehr für seinen Schüler einsetzte und seine Qualifikationen hervorhob, war die APA unerbittlich in ihrer Verweigerung der vollen Mitgliedschaft; so praktizierte Reik weiterhin selbständig Psychoanalyse und schrieb sein berühmtes Buch *Listening with the Third Ear*, durch das viele nicht-ärztliche Psychotherapeuten auf ihn aufmerksam wurden. Reik wurde bald der Führer von nicht-ärztlichen analytischen Kreisen, und das hatte die Gründung der *National Psychological Association for Psychoanalysis* (NPAP) zur Folge, die die Anerkennung von Psychologen als qualifizierte Praktiker der Psychoanalyse fördern wollte.

Reik war von Freud analysiert und ausgebildet worden. Er hatte auch mit Freud gearbeitet und war ihm treu geblieben, und nur kleine Abweichungen in seiner psychoanalytischen Philosophie kennzeichneten seine Auffassung. Die bedeutsamste Abweichung war sein Zweifel, ob die kindliche Sexualität wirklich die letzte Ursache der Neurose sei.

In den Jahren, bevor sich Reik in Amerika niederließ, hatten sich auch andere getreue Freudianer mit dieser Frage herumgeschlagen. Eine von ihnen war Anna Freud, die Tochter des Meisters, die selbst Psychoanalytikerin geworden war und sich auf Störungen bei Kindern spezialisiert hatte. Aufgrund ihrer Erfahrungen neigte sie zu der Ansicht, daß die Entstehung von Neurosen, die bei Kindern in der prä-ödipalen Phase ihres Lebens auftreten, zeitlich vor dem Ödipuskomplex liegen müsse.

Ein weiterer Zeitgenosse von Reik war Sandor Ferenczi, der seine Ausbildung auch unter Freud erhalten hatte und ebenfalls der Meinung war, daß die Neurose ihren Ursprung in der frühen Kindheit, wenn nicht gar im Säuglingsalter, habe und dann auftrete, wenn es einem Säugling an Verständnis und Liebe seitens der Eltern mangelt.

Eine dritte Zeitgenossin, wenn auch wesentlich jünger, war Melanie Klein, die von Freud und Ferenczi ausgebildet worden war und der Ansicht von Ferenczi über die Neurosenbildung den Vorzug gab. Sie stellte dann eine Theorie auf, die das erste Lebensjahr als den Beginn der Ich- und Überich-Entwicklung annimmt; nach der von ihr entwickelten Auffassung ist die infantile Sexualität im ersten Lebensjahr der entscheidende Faktor für die spätere Entwicklung.

Als Reik nach Amerika kam, brachte er Bruchstücke dieser neuen Theorie über das Säuglingsalter mit und baute sie schließlich in seine eigene psychoanalytische Theorie ein. In der Folge hat sich die Reiksche Richtung der Psychoanalyse, die am Leben erhalten wurde durch die NPAP und die zahlreichen, in deren Institut ausgebildeten Analytiker, zu einer recht weitverbreiteten Schule der Psychotherapie entwickelt. Die Reiksche Methode folgt ziemlich genau der klassischen Freudschen Analyse. Nur ihr theoretisches Prinzip ist leicht abgewandelt; bei den entscheidenden Techniken der Therapie – dem freien Assoziieren, der Katharsis, der Deutung und dem Durcharbeiten – konzentriert man sich also nicht auf die Kindheit des Patienten (fünf bis sieben Jahre), sondern auf das Säuglingsalter.

Heute beinhaltet das Reiksche Grundprinzip, wie es von Reiks führenden Schülern interpretiert wird, in erster Linie den Begriff *Mangel an Bemutterung*[1] im Säuglingsalter, der als Ursache von psychischen Störungen bei Erwachsenen angesehen wird. Nach Reikscher Auffassung bestimmt die Befriedigung der frühkindlichen Es-Triebe unmittelbar die spätere Ich-Entwicklung.

Beim Säugling sind die lebenswichtigen Triebe (die Ausdruck grundlegend animalischer Bedürfnissen sind) auf die Mutter gerichtet. Im Zuge der Erforschung der kindlichen Entwicklung sind zahllose umfangreiche Untersuchungen angestellt worden, die

1 »Bemuttern« bezieht sich auf alle Aspekte der mütterlichen Funktionen – nicht nur auf die physische Präsenz, sondern auch auf die Befriedigung subtilerer infantiler Bedürfnisse durch eine Vielzahl von Bemutterungstechniken, z. B. Streicheln, Schmusen usw.

übereinstimmend gezeigt haben, daß fehlende oder kümmerliche Bemutterung im ersten Lebensjahr sich katastrophal auf die Überlebensfähigkeit eines Säuglings auswirkt, auch wenn die körperlichen, diätetischen, ärztlichen und hygienischen Bedingungen auf einem hohen Niveau gehalten werden. Wenn das körperliche Überleben durch den Mangel an Bemutterung gefährdet ist, dann, so lautet die Reiksche Theorie, muß das psychische Überleben ebenso betroffen sein. Und wenn ein *Mangel* an Bemutterung eine so heimtückische Wirkung hat, dann führt eine *falsche* Bemutterung zu ähnlichen Folgen.

Neben dem einfachen Mangel an Bemutterung gibt es drei Variablen des Bemutterns, die sich unmittelbar auf die psychische Entwicklung eines Säuglings auswirken und daher auch darauf, ob sein späteres Anpassungsverhalten normal oder abnorm wird. Eine Variable ist die *Qualität* des Bemutterns. Sie ist beim Aufziehen von Kindern am wichtigsten. Eine gleichgültige oder verständnislose Mutter ist im Umgang mit ihrem Kind nicht ausreichend sensibel für seine Signale und versteht nicht den ganzen Umfang seiner nicht-verbalen Kommunikation. Wenn der Säugling und später das Kind kein »Feedback« erhält, wird es mutlos und lernt, nur die deutlicheren Signale auszusenden, die auch eine unzulängliche Mutter empfangen kann. Die Nichtanwendung von subtileren und phantasievolleren Signalen hemmt die Entwicklung des Kindes und führt dazu, daß es auf einem mehr augenfälligen, gegenständlichen, beschränkten Niveau stehenbleibt. Dem Kind wird, mit anderen Worten, beigebracht, so zu sein wie seine Mutter: gleichgültig, verständnislos oder gefühllos. Es wird wirklich seiner Mutter Kind, mit dem sie sich wohl fühlt. Es hat keinen anderen Maßstab, nach dem es sich richten kann, als das Milieu und die Kommunikation der Mutter.

Andererseits fängt eine aufgeweckte und sensible Mutter viel mehr Hinweise und Signale ihres Kindes auf und reagiert darauf auf einem immer höheren Kommunikationsniveau, das die Persönlichkeits- und Charakterentwicklung anregt. Zwischen diesen beiden Extremen gibt es eine ganze Skala von Bemutterungsqualitäten.

Die Qualitätsunterschiede des Bemutterns spielen eine entscheidende Rolle in der Entwicklung. Nach der Bemutterungstheorie führen die einem Kind übermittelten Erfahrungen zu neurologischen Veränderungen, die die Grundlage dafür schaffen, daß das Kind zukünftige Erfahrungen verarbeiten kann – etwa so, wie der Computer auf das reagiert, was der Programmierer ihm eingibt. (Die Computer-Analogie kann allerdings nicht zu weit getrieben werden, denn in der Interaktion zwischen Mutter und Kind – ob sie nun von guter oder schlechter Qualität ist – mögen emotionale Faktoren eine Rolle spielen, die den Prozeß verzerren.)

Die *Intensität* der Reaktion und des Engagements einer Mutter ist die zweite bedeutsame Variable der Interaktion zwischen Mutter und Kind. Sie ist genauso unterschiedlich wie die Qualität des Bemutterns – sie reicht von den unbeteiligten Müttern, die ihre Kinder emotional oder physisch sich selbst überlassen oder vernachlässigen, bis zu den zwanghaft überbeteiligten Müttern.

Die *Quantität* des Bemutterns ist die dritte Variable, die die Entwicklung im Säuglingsalter und der Kindheit beeinflußt. Quantität bezieht sich auf den Zeitaufwand bei der Interaktion mit dem Kind – wie lange mit ihm gespielt, geredet, ihm zugehört, es ausgeschimpft, angeregt, geherzt, im Arm gehalten wird oder die Mutter sich nur an ihm freut.

Problematisch ist an diesen Variablen die Art und Weise, wie sie aufeinander einwirken. Mit anderen Worten, eine Mutter kann eine Mutter mit hoher Qualität, mit mittlerer Intensität und niedriger Quantität sein. Das heißt, sie mag im Umgang mit ihrem Kind außerordentlich aufgeschlossen sein und auf die Kommunikation des Kindes angemessen reagieren, aber nicht anhaltend und gleichmäßig genug. Ebenso mag eine Mutter bei hoher Quantität und hoher Intensität des Bemutterns dennoch insofern eine niedrige Qualität aufweisen, als ihre Intelligenz und Sensibilität begrenzt sind. Die möglichen Kombinationen von Bemutterungsmerkmalen sind fast unendlich. Eins der wichtigsten Ziele der Reikschen Therapie ist es, herauszufinden, welche Art von Bemutterung einem Patienten zuteil wurde, um einen Maßstab für seine neurotische Vorgeschichte zu erhalten.

Die Reiksche Theorie ordnet die vielen möglichen Kombinationen des Bemutterns in fünf Kategorien ein: *gleichgültiges* Bemuttern, *widerstrebendes* Bemuttern, *durchschnittliches* Bemuttern, *hingebungsvolles* Bemuttern und »*Jokaste*«-Bemuttern. Die beiden erstgenannten und die letzte führen zweifellos zu Fehlanpassungen und Neurosen. Auch die dritte kann eine schwere Neurose hervorrufen, während die Wahrscheinlichkeit bei der vierten sehr viel geringer ist.

Das »Jokaste«-Bemuttern als spezifische Ursache von Neurosen erhielt seinen Namen auf etwa dieselbe Weise wie der Ödipuskomplex. Sie werden sich erinnern, daß Ödipus eine Gestalt der griechischen Mythologie ist; er tötete unwissentlich seinen Vater und heiratete dann seine Mutter. Seine Mutter hieß Jokaste, und der Begriff »Jokaste«-Bemuttern wurde von den Reikianern geprägt, um damit das hauptsächliche Merkmal dieser Art von Bemuttern auszudrücken. Es wird angenommen, es sei die Folge der emotionalen Aushungerung einer Frau – eben der Deprivation, der Jokaste, die Mutter und Frau von Ödipus, unterworfen war.

Ebenso wie die vier anderen Kategorien des Bemutterns, ist das Jokaste-Bemuttern von den Verfechtern der Reikschen Therapie in beträchtlicher klinischer Ausführlichkeit beschrieben worden. Es heißt, es komme dazu in Familiensituationen, in denen der Vater körperlich und/oder psychisch abwesend ist und als männlicher Einfluß im Haushalt fehlt. Das führt zur emotionalen Aushungerung der Mutter, die ihr Verlangen dann dadurch zu stillen sucht, daß sie ihr Bedürfnis nach Gesellschaft, nach einem Liebesobjekt, nach einem Kind und einem Versorger – nach allem, was eine Frau von ihrem Mann braucht – auf ihr Kind richtet.

Der Jokastekomplex, um einen weiteren Begriff zu prägen, tritt auf, wenn entweder schon ein Kind da ist oder auch erst nach der Geburt eines Kindes. In beiden Fällen stellt die Mutter in Ermangelung eines erwachsenen Mannes eine enge, feste, intime und ausschließliche Liebesbeziehung zu ihrem Kind her, macht es zu ihrem hauptsächlichen Liebesobjekt und überträgt ihm die zukünftige Aufgabe, ihr Gefährte, Beschützer und Versorger zu sein. Der immerwährende Liebespaar-Dialog zwischen Mutter und Kind scheint alle Aspekte der geistigen und emotionalen Entwicklung des Kindes zu beschleunigen. Das Kind ist altklug und läßt viel früher als üblich die Eigenschaften eines Erwachsenen erkennen.

Bis zu einem gewissen Punkt erscheint die Interaktion zwischen Mutter und Kind ideal: Die drei Variablen des Bemutterns sind in hohem Maße wirksam – Qualität, Intensität und Quantität. Aber bald wird die Beziehung auf dem Niveau eines angespannten, alles verzehrenden Liebesverhältnisses unauflöslich und zwanghaft. Jede Trennung von Mutter und Kind wird zu einer doppelten Quelle des Schmerzes, die Folge sind lange, qualvolle Briefe und Telefonanrufe mit immer neuen Gelöbnissen geistiger Treue.

Die Jokaste-Mutter pflegt diese Beziehung noch lange, nachdem sie ihr natürliches Ende hätte gefunden haben sollen. Dadurch verhindert sie, daß ihr Kind die normale Individuation durch Trennung erlebt, die alle Kinder durchmachen sollten. Während der Entwicklung zur Selbständigkeit und einer eigenen Identität wird das Kind im frühen Erwachsenenalter sehr anfällig für Neurose sein.

Ich habe eine extreme Form der Jokaste-Bemutterung geschildert. Der Prozeß kann sich auch in milderer Form abspielen. Jede abnorme Abhängigkeit von Mutter und Kind, die eine ungünstige Entwicklung zur Folge hat, kann spätere neurotische Symptome beim Kind hervorrufen. Durch »Jokaste« verursachte Neurosen verlaufen nicht nach einem bestimmten Schema, aber die Reiksche Analyse sieht das Jokaste-Bemuttern als eins der wichtigeren allgemeinen Syndrome von spezifischen Formen der Neurose und Abnormität an.

Eins davon ist natürlich latente oder offenkundige Homosexualität.[2] Die fast phobische Furcht vor Liebe ist ein weiteres. Kindern einer Jokaste-Mutter fällt es schwer, zu heiraten oder auch nur sexuelle Beziehungen zu unterhalten. Ihre Beziehungen

2 Die Frage, ob Homosexualität normal oder abnorm, ein Zustand geistiger Gesundheit oder Krankheit ist, wird unter Psychotherapeuten noch immer diskutiert. Allgemein scheint man darin übereinzustimmen, daß sie eine Form abnormen Verhaltens, aber keine Krankheit ist.

sind von einer zwanghaften Verquickung von Liebe und Haß geprägt, weil sie sich vor echter Intimität und Liebe fürchten. Wenn sie wirklich heiraten oder ein Verhältnis anknüpfen, dann gewöhnlich interesselos und mit jemandem, der ihnen an sozialer Stellung und Bildung unterlegen ist, um auf diese Weise Ansprüchen und Bedürfnissen zu entgehen, denen sie nicht entsprechen könnten.

Das Jokaste-Bemuttern ist falsches Bemuttern, aber gewöhnlich wirkt es sich nur nachteilig auf Söhne aus. Die anderen Formen des falschen Bemutterns – gleichgültiges, widerstrebendes, durchschnittliches Bemuttern – schädigen auch die psychische Entwicklung von Mädchen. Nach Auffassung der Reikschen Analyse sind Mädchen in vielen Fällen sogar eher einer Schädigung durch falsches Bemuttern ausgesetzt, eben weil sie Mädchen sind und eine angeborene Fähigkeit zum Bemuttern haben, die Männer nicht besitzen.

Wenn Sie sich einer Reikschen Psychotherapie unterziehen sollten, werden Sie feststellen, daß die Methode der Freudschen Analyse ziemlich ähnlich ist. Der einzige wichtige Unterschied in der Technik beruht auf dem Reikschen Theorem, daß die Psychoanalyse eine kreative Zusammenarbeit zwischen Patient und Therapeut darstellt. Höchstwahrscheinlich werden Sie also finden, daß der Reiksche Analytiker an Ihrer mißlichen Lage interessierter ist, mehr Verständnis dafür aufbringt und in seinem Verhältnis zu Ihnen weniger unnahbar und autoritär ist.

Natürlich werden Sie auch feststellen, daß der Kernpunkt der Therapie ein anderer ist. Statt zu versuchen, verdrängte psychosexuelle Störungen aufzudecken, die von Ihrem unaufgelösten Ödipuskomplex herrühren, wird der Reiksche Analytiker im großen und ganzen versuchen, Sie anzuleiten, das verdrängte Material und die blockierten Emotionen aufzudecken, die er für die Folge der Ihnen in Ihrer prä-ödipalen Entwicklung zuteil gewordenen falschen Bemutterung ansieht.

Die Reiksche Analyse, könnte man sagen, schließt die Lücke, die der Streit zwischen der Rankschen und der Freudschen Therapie gelassen hat. Sie entlehnt zwar den größten Teil ihres therapeutischen Grundprinzips von Freud, doch verdankt sie auch

Rank einen Teil, weil er der erste war, der Freuds Ödipus-Schranke durchbrach und dem Psychoanalytiker ein verständnisvolleres Verhalten und eine aktive Rolle in der psychotherapeutischen Beziehung anriet, während er gleichzeitig die fundamentalen Techniken der Freudschen Analyse bewahrte.

Das auf das Säuglingsalter konzentrierte Grundprinzip der Reikschen Therapie stützt sich zum großen Teil auf psychologische und soziologische Forschungen in Form von statistischen Erhebungen, psychologischen Tests und anderen Verfahren, die darauf abzielen, die Korrelation zwischen psychischen Deprivationszuständen des Säuglings und psychischen Störungen des Erwachsenen abzuschätzen. Solche Forschungen werden gewöhnlich an Universitäten betrieben. Das professionelle Interesse an der Reikschen Therapie konzentriert sich also vor allem auf die psychologischen und soziologischen Fakultäten der Universitäten. Infolgedessen haben die meisten praktizierenden Reikschen Analytiker gewöhnlich eine psychologische und soziologische Ausbildung und keine medizinische. Ein weiterer Grund, warum man wenige Psychiater finden wird, die die Reiksche Analyse praktizieren, ist natürlich, daß Reik selbst Psychologe war.

Als therapeutische Methode scheint für die Reiksche Analyse mehr zu sprechen als für andere Formen der Analyse, vor allem angesichts der umfangreichen, dokumentarisch belegten Untersuchungen, die vorgelegt wurden, um ihren Theorien über das Säuglingsalter und das Bemuttern wissenschaftliche Glaubwürdigkeit zu verleihen. Wenn es stimmt, daß Formen von psychischer Deprivation im Säuglingsalter wirklich die Ursache von Neurosen sind, dann gibt es allerdings noch wenig wissenschaftliche Beweise dafür, daß die Reiksche psychoanalytische Methode imstande ist, es erfolgreich mit der Ursache aufzunehmen.

9. Karen Horney

Karen Horney, die einzige Frau, die sich nicht nur gegen das Freudsche Grundprinzip auflehnte, sondern auch eine eigenständige Schule der Psychoanalyse gründete, findet heutzutage vor allem in der Bewegung zur Befreiung der Frau Beachtung, die in ihr gewissermaßen ein Symbol des Kampfes gegen die männlich ausgerichtete und von Männern beherrschte Bastion der Psychoanalyse sieht. Schon 1917 focht Horney als kaum flügge gewordene Psychiaterin Freuds Schilderung der Frauen an, der sie als kastrierte Männer hinstellte, von Penisneid oder dem irrationalen Wunsch nach dem männlichen Geschlechtsorgan getrieben. Während ihrer Tätigkeit in Berlin und ebenso in den zwanzig Jahren bis zu ihrem Tod im Jahre 1952, in denen sie in den Vereinigten Staaten Psychoanalyse praktizierte, setzte sie ihren Kampf gegen die orthodoxe Einstellung fort. Aber daß Karen Horney und die orthodoxe Analyse unterschiedliche Auffassungen von der Psychotherapie hatten, sollte bedeutsamere Konsequenzen haben als nur den ideologischen Streit zwischen Frauen und Männern.

Zwar bezogen sich ihre ursprünglichen Zweifel an der orthodoxen Psychoanalyse auf Freuds Ansichten von Frauen, doch ging Horneys Opposition über Meinungsverschiedenheiten über die weibliche Psychologie hinaus und richtete sich gegen seine höchst mechanistischen und deterministischen Lehren. Als sie 1932 aus Deutschland in die Vereinigten Staaten auswanderte, fiel ihr auf, wie unterschiedlich die beiden Gesellschaften waren, und sie begann, sich mehr auf die kulturellen Faktoren bei der Persönlichkeitsbildung und der Neurosenentstehung zu konzentrieren. Die amerikanische Gesellschaft war bereits stark von Zwängen geprägt und auf Leistung ausgerichtet; ihr als Außenseiterin schien es, daß diese Zwänge und Belastungen bei den psychischen Schwierigkeiten der Amerikaner eine Rolle spielten –

zumindest bei denjenigen, die sie behandelte. Schließlich lehnte sie Freuds Standpunkt ab, der nicht einzusehen vermochte, welchen entscheidenden Einfluß die Gesellschaft auf die Prägung der Persönlichkeit ausübt, und bestritt seine pessimistische Vorstellung vom Menschen als einem ausschließlich von seinen Trieben motivierten Lebewesen.

Horney behauptete, daß jeder Mensch die Fähigkeit habe, sich zu formen. »Ich glaube daran, daß ein Mensch sich ändern kann, solange er lebt[1], sagte sie. Jeder Mensch habe einen grundlegenden, wenn auch leicht zu durchkreuzenden Antrieb, seine besten angeborenen Möglichkeiten zu entwickeln – einen Trieb, der ebenso fundamental sei wie der Wunsch eines Kindes, zu laufen, und der zu dem Prozeß führe, den Horney den »Kampf um Selbstverwirklichung« nennt.

Ihrer Ansicht nach ist die treibende Kraft für das Verhalten von Männern wie auch von Frauen nicht Sexualität oder Aggression, wie Freud meinte, sondern das *Bedürfnis nach Sicherheit.* Wenn ein Kind in eine Umgebung hineingeboren wird, die ihm, aus welchen Gründen auch immer, nicht das Gefühl vermittelt, geliebt und geborgen zu sein, dann ist die Folge, daß es von einer entsetzlichen *basalen Angst* befallen wird, die es zwingt, nach Anerkennung durch andere zu streben. Dieses zwanghafte Streben nach Anerkennung führt zu allzu großer Unterwürfigkeit, Überaggressivität oder zur Menschenscheu.

Zum Anfangsstadium ihrer Theorie über die Dynamik der Neurose gelangte Horney, indem sie einer Denkrichtung folgte, die der von Alfred Adler ähnlich war und auch auf der Linie der Reikschen Schule lag, die ihre Ideen gleichzeitig entwickelte. Sie alle gehörten zu der neuen Richtung, die die Ursachen von Neurosen sozialen und Umweltfaktoren zuschreibt – eine Richtung, die unvermeidlich schien angesichts der höchst unterschiedlichen Lebensqualität in den Vereinigten Staaten. Bisher ist praktisch jeder Freudsche Schüler oder Dissident, der nach Amerika gekommen ist, von der Idee der sozialen Faktoren beeinflußt worden. Das mag erklären, warum Freud nach seinem einzigen kurzen Besuch im Jahre 1909 niemals nach Amerika zurückkehrte

1 *Unsere inneren Konflikte,* Kindler, München 1973, S. 16.

und warum er es sich immer angelegen sein ließ, die amerikanische Lebensweise zu geißeln. Vielleicht hatte er bereits erkannt, daß seine Theorien leicht zu durchschauen sind, wenn sie an den unzusammenhängenden, polyglotten Zügen des amerikanischen Charakters gemessen werden, und fürchtete, er werde sie angesichts der Unmenge widersprüchlicher Tatbestände verteidigen müssen. Natürlich ist es eine Ironie, daß gerade in den Vereinigten Staaten die Psychoanalyse ihren größten Erfolg hatte.

Horney stellte dann die Behauptung auf, daß das Verhaltensmuster, das ein Mensch unbewußt übernimmt, teilweise von den Stereotypen seiner Kultur abhängt (hier machte sie eine Anleihe bei Jung). In der amerikanischen Kultur mag sich ein Mädchen zum Beispiel am sichersten fühlen, wenn es unterwürfig und willfährig ist und diese Rolle »ausagiert«; ein Junge mag sich am sichersten fühlen, wenn er lernt, brutal zu sein. Im Gegensatz zu dem Gesunden, der je nach der gegebenen Situation spontan von einer Verhaltensweise anderen Menschen gegenüber auf eine andere umschalten kann, wird ein Neurotiker von seinen zwanghaften Bedürfnissen getrieben.

Die Folge ist ein innerer Konflikt mit jenem gesünderen, spontaneren Teil des Individuums, den Horney das »reale Selbst« nannte. Eine sekundäre Folge ist, daß in der Phantasie desselben Individuums ein grandioses, idealisiertes Selbst entsteht. Ein Beispiel mag den Horneyschen Gedanken von dem zwanghaften Streben nach Anerkennung, das durch kulturellen Druck hervorgerufen wird, veranschaulichen: Ein Mensch von normaler Intelligenz mag unbewußt[2] das Gefühl haben, er müsse außerordentlich geistreich sein, und sobald andere Menschen erkannt haben, wie geistreich er sei, werde er in der Welt sicher und geschützt sein. Dann schickt er sich an, Ruhm und Ehre zu erlangen, was von vornherein zum Scheitern verurteilt ist und dazu führt, daß ihm zu guter Letzt sein reales Selbst verhaßt ist und die Fähigkeiten, die er wirklich besitzt, brachliegen.

Laut Horney wählt der Neurotiker gewöhnlich Elemente seiner

2 Zwar lehnte Horney Freuds Lehren über die spezifische Dynamik der Neurose ab, seinen Behauptungen über den psychischen Aufbau widersprach sie indes nicht.

Kultur, die bewundert werden, und dann erhebt er sie zu persönlichen, inneren Geboten. Horney fand zum Beispiel, daß viele Frauen zwanghaft glaubten, sie müßten vollkommene Ehefrauen und Mütter sein, denn so wollte es der Mythos der Gesellschaft. Wenn es ihnen nicht gelang, wurden sie von Selbstverachtung überwältigt und waren prädestiniert für schwerere Formen der Neurose. Wir seien alle Kinder unserer Kultur, schloß sie. Den Neurotiker »könnten wir ein Stiefkind unserer Kultur nennen.«[3]

Horney war die erste der europäischen Psychiater, die ausschließlich die streßreichen Umstände der amerikanischen Gesellschaft für die Ursache von Neurosen bei Amerikanern hielt, und man könnte sagen, daß sie den Gedanken entwickelte, jede Neurose sei ihrem Charakter nach ethnisch – das heißt, es gibt eine amerikanische Neurose, eine italienische Neurose, eine russische Neurose und so weiter. Sie war besonders entsetzt darüber, welcher Wert in der amerikanischen Gesellschaft dem Erfolg beigemessen wird, und stellte fest, einen wie hohen Tribut an Gefühlsleben er unter den Angehörigen dieser Kultur forderte. Erfolg, meinte sie, ist ein Begriff, der unweigerlich Mißerfolg mit einschließt, und unter ihren Patienten fand sie viele, die das Gefühl hatten, das Leben beruhe im Grunde auf Gewinnen oder Verlieren. Doch gerade wegen der Art des Wettbewerbs, sagte sie, müssen die Verlierer in der Mehrzahl sein und von Neid und Abscheu vor sich selbst geplagt werden. Und selbst die Gewinner im amerikanischen Leben fühlen sich unsicher, weil sie sich der Mischung von Bewunderung und Feindseligkeit bewußt sind, die die Verlierer ihnen entgegenbringen. Daher die riesigen, abgelegenen, von Mauern umgebenen Landsitze der Reichen: Je größer der Erfolg, um so größer das Bedürfnis, sich hinter Mauern abzusondern.

Horneys Gedanken fanden ihren Niederschlag in ihrem ersten und bekanntesten Buch, *Der neurotische Mensch unserer Zeit*. Darin schrieb sie, die amerikanische Kultur enthalte grundlegende Widersprüche, die sich im Leben jedes einzelnen widerspiegelten. Zum Beispiel wird uns beigebracht, den Erfolg zu

[3] *Der neurotische Mensch unserer Zeit*, Kindler, München 1974[7], S. 181.

vergöttern, doch gleichzeitig werden wir dazu angehalten, Demut und Selbstlosigkeit zu bewundern. Auch wird uns beigebracht, nach Beliebtheit und Liebe zu streben, während wir gleichzeitig in einem allgegenwärtigen Konkurrenzgeist aufwachsen und erzogen werden. Jede menschliche Beziehung – sogar zwischen Angehörigen derselben Familie – ist vergiftet durch diese tiefverwurzelte Rivalität, die bewirkt, daß echte Wärme und Sicherheit sehr schwer zu finden sind.

Ein weiterer Widerspruch, schrieb Horney, besteht zwischen der künstlichen Stimulierung von Wünschen durch die Werbung und der Unmöglichkeit für die meisten Menschen, sie sich zu erfüllen. Und letztlich stehe auch der allgemein verbreitete Mythos unserer Kultur, daß der einzelne sein eigenes Schicksal bestimmen könne, im Widerspruch zur Wirklichkeit, denn tatsächlich haben wir sehr wenig Einfluß auf unsere äußeren Lebensumstände. »Das Resultat für den einzelnen«, schrieb Horney, »ist ein Schwanken zwischen dem Gefühl grenzenloser Macht ... und dem Gefühl völliger Hilflosigkeit.«[4]

Während Horneys frühe Schriften sich auf Neurosen als Störungen der sozialen Beziehungen konzentrierten, wichen ihre späteren Bücher von einer ausschließlich sozialen Ausrichtung ab und legten mehr Nachdruck auf die Störungsbedingungen innerhalb der Psyche. Sie war der Meinung, daß der Beginn von Neurosen eine Folge der Bemühungen des Individuums sei, der von der Isolierung und Hilflosigkeit des realen Selbst herrührenden Grundangst zu entfliehen. Diese Bemühungen führen zur Erschaffung eines idealisierten Ebenbildes; aber dieses Ebenbild wird um einen hohen Preis erschaffen, denn es wird mehr als nur eine falsche Vorstellung vom eigenen Wert und der Bedeutung des einzelnen – es wird vielmehr ein verzehrendes Ungeheuer, auf das alle Energien des Individuums gerichtet sind. Statt realistisch und wohlüberlegt zu leben, versucht der Neurotiker, sein idealisiertes Ich zu verwirklichen, ein irriges und unmögliches Ziel. Um die Vollkommenheit seines idealisierten Ebenbildes zu erreichen, muß er »nach weltlichem Ruhm streben« und neurotische Ansprüche an andere erheben. Aus diesem Streben heraus

[4] a.a.O.

stellt sich bei ihm ein »neurotischer Stolz« ein, dann ein »Stolz-System«, in dem er sich auf sein idealisiertes Selbst festlegt.

Aber es gibt immer noch ein reales Selbst, verborgen unter den Masken, die es unbewußt angelegt hat. So ist ein weiterer Preis für ein idealisiertes Ebenbild der Haß auf das reale Selbst – und er ist unvermeidlich, weil das reale Selbst dem nach Vollkommenheit strebenden idealisierten Ebenbild so fern ist. Das tatsächliche Wesen des Neurotikers ist so unvollkommen, und seine nagenden Gedanken an diese Unvollkommenheit sind so anhaltend, daß dieses Wesen ihm abscheulich erscheint.

In ihren späteren Jahren verstand Horney unter Neurose nicht nur Störungen im Verhältnis zu anderen, sondern auch die Störungen im Verhältnis zu sich selbst, die die äußeren Störungen verursachten und die sie für die fundamentalen hielt. Das neurotische Stolz-System und sein Konflikt mit dem realen Selbst wurden der Kernpunkt ihrer Neurosenlehre.

Horneys Gedanken über die Therapie wandelten sich ungefähr ebenso wie ihre Vorstellungen von der Neurose. In ihrem frühen Werk zielte ihr Verfahren bei der Therapie in erster Linie darauf ab, den Patienten behilflich zu sein, gute Beziehungen zu anderen herzustellen, mit anderen Worten, die Therapie sollte *stützend* sein. Später, als ihre Theorien über die neurotische Dynamik sich festigten, legte sie mehr Nachdruck auf eine *aufdeckende* Art der Therapie. Die Schubkraft ihrer Methode wurde die *Selbstverwirklichung*, das heißt, der Patient wird dazu gebracht, das falsche Ebenbild zu erkennen, das er geschaffen hat, und ihm wird geholfen, dieses Ebenbild aufzugeben, um seine Energien freizusetzen für die volle Entwicklung seines realen Selbst.

In den 1940er Jahren erlangte Karen Horney große Popularität, hauptsächlich wohl deshalb, weil die verschiedenen Bücher, die sie schrieb, offenbar den gesunden Menschenverstand ansprachen. Sie hatte viele Anhänger unter den jüngeren, in Amerika geborenen Psychiatern, und 1955, drei Jahre nach ihrem Tod, wurde zur Erinnerung an sie von Freunden, ehemaligen Patienten und Psychotherapeuten, die daran interessiert waren, das Horneysche analytische Grundprinzip lebendig zu erhalten, die *Karen Horney Clinic* in New York eröffnet.

Die Horneysche Analyse folgt im großen und ganzen der Freudschen Verfahrenstechnik mit freier Assoziation, Deutung und Durcharbeiten, und sie ist relativ direktiv und autoritativ. Nur das Ziel der Therapie ist insofern radikal verschieden, als das Grundprinzip ein anderes ist.

Das Ziel der Horneyschen Analyse besteht darin, die Selbstverwirklichung des Patienten zu fördern. In den ersten Stadien der Therapie ist die Hauptschwierigkeit das Widerstreben des Patienten, seinen falschen Stolz aufzugeben, denn es wird angenommen, daß sein Stolz-System ihm die einzige Befriedigung im Leben gewährt und ihm ermöglicht, sein falsches Selbst zu akzeptieren. Durch das freie Assoziieren des Patienten erfährt der Analytiker nicht nur die Merkmale und wichtigen Elemente des falschen Ebenbilds des Patienten, sondern auch, wie tief es sich dem realen Selbst des Patienten eingeprägt hat und wie stark es in seiner Psyche haftet.

Obwohl das falsche Stolz-System auf falschen Vorstellungen beruht, ist es für den Patienten doch erschreckend, es aufzugeben, denn damit beraubt er sich seiner einzigen Sicherheit und des Gefühls der Geborgenheit. Seine Abwehr zielt hauptsächlich darauf ab, seinen psychischen Status quo zu erhalten, obwohl doch die neurotische Störung, die aus seinem Stolz-System resultierte, der Grund ist, warum er die Therapie aufsuchte.

So findet in der Therapie ein heftiger Kampf statt, zumindest auf psychischer Ebene, und oft auch auf der körperlichen. Der Therapeut hat sich darauf festgelegt, dem Patienten eine neue Ausrichtung zu geben, indem er ihn zum Selbstverständnis führt. Der Patient hat sich – jedenfalls zuerst – rational darauf festgelegt, dieses Verständnis zu erlangen, aber gleichzeitig hat er sich psychisch darauf festgelegt, sich dem zu widersetzen. Deshalb sind seine Widerstände stark.

Die Horneysche Therapie besteht also zuerst darin, diese Widerstände abzubauen, indem sie aufgedeckt werden, damit der Patient sie erkennen kann, und sie ihm dann zu deuten. Aber der Patient muß sowohl verstandesmäßig als auch gefühlsmäßig verstehen, auf welche spezifische Weise sein Stolz-System sein Leben verformt; er muß lernen, sein Streben nach Ruhm und seinen

Selbsthaß intuitiv zu begreifen. Es reicht nicht aus, daß er die allgemeinen Faktoren seiner Neurose verstandesmäßig begreift. Weil diese Faktoren – das Bedürfnis, ein falsches Ebenbild zu erschaffen und zu erhalten, und der sich daraus ergebende Haß auf sein reales Selbst – ihrem Ursprung nach unbewußt sind, muß sein verstandesmäßiges Wissen begleitet sein von dem gefühlsmäßigen Erkennen der Tatsache, daß sie in ihm vorhanden sind. Das emotionale Erkennen wird erreicht durch das wiederholte Durcharbeiten spezifischer Widerstände, bis erkannt wird, daß sie unwahre und nicht wünschenswerte Aspekte des Charakters des Patienten sind, sondern eben Widerstände. Sobald das erreicht ist, vermag der Patient seine Widerstände zu sublimieren und damit auch das Bedürfnis, sich selbst zu idealisieren und zu verfälschen.

Im Einklang mit diesem Ziel der Horneyschen Therapie steht das andere primäre Ziel, nämlich den Patienten nachzuerziehen, damit er sein reales Selbst akzeptiert. Die ersten Stadien der Therapie sind für den Patienten ein desillusionierender Prozeß. Nachdem sein Stolz-System und das idealisierte Ebenbild beseitigt sind, erkennt der Patient, daß er nicht so vollkommen ist, wie er glaubte. Diejenigen Eigenschaften seines realen Selbst, die er fürchtete und verachtete, sind alles, was ihm geblieben ist. Aber er braucht sich nicht allein mit ihnen auseinanderzusetzen. Auf den Prozeß des Abbaus folgt ein realistischerer Wiederaufbau der konstruktiven Kräfte seines realen Selbst unter der Anleitung des Analytikers. Während der Analytiker beim Niederreißen des falschen Ebenbilds des Patienten grob, unnachgiebig, sogar grausam sein mußte, wird er freundlich, aufmunternd und hilfreich sein, wenn er den Patienten anleitet, sein reales Selbst zu akzeptieren.

Die Horneysche Therapie dauert gewöhnlich nicht halb so lange wie eine orthodoxe Analyse und ist auch nicht so teuer. Dank einer Tradition, die Karen Horney selbst begründet hat und die fortgesetzt wird von der *Karen Horney Clinic*, an der die meisten Horneyschen Therapeuten ausgebildet werden und an der mehr als achtzig Psychiater arbeiten, richten sich die Honorare im wesentlichen nach der Zahlungsfähigkeit und dem Einkommen des Patienten.

Die Horneysche Therapie wird von den eher orthodoxen Angehörigen des psychoanalytischen Berufs seit langem als allzu vereinfacht und daher wirkungslos kritisiert. Indes scheinen die 23 000 Personen, die sich 1972 zur Behandlung in der *Karen Horney Clinic* anmeldeten, dafür zu sprechen, daß die breite Öffentlichkeit an ihre Wirksamkeit glaubt. Natürlich haben die Horneyschen Therapeuten nicht etwa emsiger als die Freudschen, Jungschen oder Reikschen objektives Beweismaterial zur Erhärtung ihrer Behauptungen über die Wirksamkeit ihrer Methode vorgelegt. Immerhin, 23 000 Personen ...

Wenn nichts anderes, dann könnten wir daraus jedenfalls folgern, daß es einfach keine Möglichkeit gibt, die mitwirkenden Faktoren bei Erfolg oder Mißerfolg in der Psychotherapie zu objektivieren. Da die Macht der Suggestion so stark ist, mag es sein, daß man hinsichtlich der Wirksamkeit irgendeiner Therapie nur subjektive Schlußfolgerungen ziehen kann: Wenn Sie eine Horneysche Neurose haben, dann bietet die Horneysche Analyse größere Aussichten, sie zu lindern, als etwa die Freudsche oder Jungsche. Dabei bleibt nur eine Frage unbeantwortet: Wer beurteilt letztlich, was für eine Neurose Sie haben, wenn Sie überhaupt eine haben?

10. Harry Stack Sullivan

Einer von Karen Horneys engen Freunden in ihren ersten New Yorker Jahren war ein amerikanischer Psychiater mit Namen Harry Stack Sullivan. Er war nach der orthodoxen Freudschen Methode und ihrer Technik der Psychoanalyse ausgebildet worden, doch ebenso wie Horney in letzter Zeit beeindruckt von Alfred Adlers Gedanken über Umwelteinflüsse.

Als Karen Horney 1934 aus Chicago (ihrem ersten Aufenthaltsort in den Vereinigten Staaten) nach New York kam, fand sie einen verständnisvollen Anhänger in Sullivan, der ebenfalls an einer nicht-sexuellen Theorie über die Entstehung von Neurosen arbeitete. Die beiden pflegten sich allwöchentlich in einem Restaurant zu treffen, oft mit noch anderen gleichgesinnten Kollegen, um zwanglos über Psychiatrie und verwandte Themen zu diskutieren. Alle Mitglieder dieser Gruppe, der Sullivan den launigen Namen »*Zodiac Club*« verliehen hatte, hatten allmählich immer stärker werdende Bedenken gegen die Freudsche Theorie und Therapie. Und fast alle lehnten sie später entschieden ab.

Horney stand an der Spitze der Freudschen Dissidenten, und nachdem 1939 ihr zweites Buch, *Neue Wege in der Psychoanalyse*, erschienen war, wurde sie von der orthodoxen Freudschen Gemeinde scharf kritisiert, und es wurde ihr die Berechtigung abgesprochen, am *New York Psychoanalysis Institute* als Lehranalytikerin tätig zu sein. Als sie aus dem Institut ausschied, schloß sich Harry Stack Sullivan ihr an – er trat ebenfalls zurück und unterstützte sie bei der Gründung einer *Association for the Advancement of Psychoanalysis*, die der Förderung der Horneyschen Theorien über die sozialen Faktoren dienen sollte.

Nach Horney wurde Sullivan der wichtigste psychoanalytische Verfechter des Gedankens, daß kulturelle Faktoren die fundamentalen Ursachen von Neurosen seien. Doch bald fühlte er sich eingeengt durch eine von ihm entdeckte, schwerwiegende Unvollständigkeit in Horneys System. So trennten sich die beiden 1943, und Sullivan machte sich daran, das Gerippe des Horneyschen Grundprinzips mit Fleisch zu umgeben.

Sie werden aus dem letzten Kapitel noch in Erinnerung haben, daß Karen Horney ursprünglich deshalb von der Freudschen Theorie abgewichen war, weil sie die Meinung vertrat, daß Neurosen Manifestationen von Störungen in den sozialen Beziehungen seien. Weitgehend darauf gestützt, baute Harry Stack Sullivan eine wohldurchdachte und viel komplexere Theorie der Persönlichkeit, der Neurosen und der Psychotherapie auf, deren Kernpunkt der Gedanke ist, daß die menschliche Persönlichkeit ganz und gar das Produkt interpersonaler Kräfte sei. Dieser Gedanke kann nicht genug hervorgehoben werden, wenn über Sullivansche Analyse gesprochen wird, denn nach seinem System ist alles, was menschlich genannt werden kann, *nur* die Folge von interpersonalen Aktionen und Reaktionen. Sullivan war hinsichtlich dieser Regel ebenso unerbittlich wie Freud hinsichtlich seines sexuellen Grundprinzips. Für Sullivan waren die letzte Ursache der Neurose also die interpersonalen Beziehungen zwischen den Menschen, hauptsächlich auf unbewußter Ebene.

Zum Hauptsymptom der Neurose – Angst – kommt es nach Sullivan zuerst durch interpersonale Einflüsse in der Säuglingszeit. Wenn der Mensch, der den Säugling bemuttert, ständig ängstlich, verärgert oder sonst emotional erregt oder verwirrt ist, dann werden gleichartige Unlustgefühle bei dem Kind geweckt. Die Angst wird nicht durch furchterregende Objekte außerhalb des Körpers ausgelöst wie die Angst durch das Geburtstrauma bei Rank und die Angst vor Minderwertigkeit bei Adler. Auch wird diese Angst nicht durch ein Geschehen im Körper des Säuglings hervorgerufen wie nach dem Ferenczi-Klein-Reik-Prinzip. Vielmehr ergibt sie sich aus dem interpersonalen, angsterregenden Einfluß der Mutter oder des bemutternden Menschen.

Gleichfalls entstehen Gefühle von Einsamkeit, Verzweiflung, Schuld- und sonstige Unlustgefühle im interpersonalen Kontext, nicht anders als Lustgefühle wie Liebe. Handlungen, welche die vom Kind erfahrenen Unlustspannungen beseitigen, werden dann später, wenn der Säugling älter wird und seine Erfahrungen ordnet, mit Selbstachtung und Selbstschätzung assoziiert. Das Selbst oder das, was Sullivan das Selbst-System nennt, wird zum integralen Teil der Organisierung seines Erlebens. Tatsächlich wird es ein feststehendes Muster für das Agieren und Reagieren, und jeder Versuch, das Muster zu ändern, erweckt Angst. Versuche, die Organisierung des Selbst-Systems zu schützen, bezeichnete Sullivan als »Sicherheitsoperationen«.

Sullivan verfolgte die Persönlichkeitsentwicklung durch eine Reihe von Phasen, denen er allerdings weniger Bedeutung beimaß als Freud. Es ist nicht nötig, ausführlich auf diese Phasen einzugehen, um seine interpersonale Theorie zu verstehen. Es genügt, wenn man weiß, daß jede Phase eine weitere Stärkung des Selbst-Systems des Individuums und seines Aktions-Reaktions-Verhaltensmusters darstellt. Natürlich stellt jede Phase auch eine Intensivierung der interpersonalen Einflüsse auf die Psyche des einzelnen dar; wenn er das Leben schon mit einer großen Dosis Angst beginnt, wird er in seinen späteren Entwicklungsphasen wahrscheinlich seinem anfänglichen Angstmuster entsprechend agieren und reagieren und damit seine Angstbereitschaft intensivieren.

Weil Sullivan die interpersonale Dynamik als die entscheidende Funktion der Neurose ansah, war er der Meinung, daß die Therapie ein interpersonaler Prozeß sein müsse. Wenn die Neurose durch interpersonale Erfahrungen hervorgerufen wird, kann sie nur durch denselben Prozeß beseitigt werden. Deshalb betrachtet sich der Sullivansche Therapeut nicht als objektiven, autoritativen Fachmann, der als Zuschauer beobachtet, Anleitungen und Ratschläge gibt, sondern er sieht sich als aktiven, engagierten Teilnehmer am therapeutischen Prozeß, der unmittelbar daran partizipiert. Er ist Teilnehmer *und* Beobachter.

In der Sullivanschen analytischen Therapie ist der Therapeut ein Instrument der Beobachtung, doch für den Patienten gleichzeitig eine wirksame Quelle neuer psychischer Beeinflussung und Energie. Der Patient kommt zur Therapie in der Erwartung, etwas Neues über sich zu erfahren, etwas, das ihm ermöglichen soll, ohne Furcht sein neurotisches Aktions-Reaktions-Muster zu durchbrechen. Die Aufgabe des Therapeuten ist es, ihm dieses neue Wissen zu vermitteln, indem er den Patienten zum Verständnis der Dynamik seiner Angst und anderer Symptome im Kontext der Sullivanschen Neurosenerklärung hinführt. Der Therapeut muß also nicht nur die Interaktion beherrschen, sondern auch imstande sein, das Sullivansche Grundprinzip überzeugend darzustellen – den Patienten zu überzeugen, daß seine (des Therapeuten) Erklärung richtig ist.

Ebenso wie Angst und andere neurotische Symptome durch interpersonalen Austausch hervorgerufen werden, sollen in der Sullivanschen Therapie nicht-neurotische Gefühle durch interpersonalen Austausch geweckt werden. Mit anderen Worten, Angst wird gelernt, und daher kann sie auch wieder abgelegt werden. Angst als ein Aktions-Reaktions-Muster wird, wenn sie einmal gelernt ist, eine sich verstärkende Gewohnheit; um sie zu lindern, muß man sie sich also »abgewöhnen«. Das geschieht auf drei Ebenen, die denen ähneln, die Freud das Bewußte, das Vorbewußte und das Unbewußte nannte.

Sullivan bezeichnete den Prozeß des menschlichen Erkennens (die Art und Weise, wie wir etwas wahrnehmen, lernen und wissen) als ausschließlich interpersonal und unterteilte ihn in drei Kategorien: 1. den *prototaktischen* Prozeß, durch den wir nur primitive und ungeordnete Information aufnehmen; 2. den *parataktischen* Prozeß, durch den wir geordnete, aber verzerrte Information aufnehmen; und 3. den *syntaktischen* Prozeß, durch den wir geordnete, rationale und realistische Informationen aufnehmen. Oft beruhen, wie er sagte, die realen interpersonalen Einflüsse, die in der Therapiebeziehung wirksam werden, auf *parataktischen Verzerrungen* – das heißt, die Interaktion des Patienten mit dem Therapeuten entspricht den Diktaten seines parataktischen kognitiven Prozesses. Die drei Prozesse des Erkennens sind natürlich psychobiologisch (natürliche Funktionen des menschlichen Organismus), aber das Gleichgewicht zwischen den dreien wird unmittelbar determiniert durch die psychokulturellen und interpersonalen Faktoren im Leben jedes Menschen. Bei demjenigen, der eine psychisch relativ gesunde Säuglingszeit gehabt hat, wird die syntaktische Kategorie im kognitiven

Prozeß vorherrschen. Andererseits wird sich bei demjenigen, der als Säugling ungünstigen interpersonalen Einflüssen ausgesetzt war, die parataktische Kategorie im kognitiven Prozeß stark bemerkbar machen oder ihn vielleicht beherrschen und in den interpersonalen Beziehungen des Betreffenden zu seiner Welt zu verzerrten Wahrnehmungen führen. Wenn die interpersonalen Beziehungen parataktisch verzerrt sind, werden diese Verzerrungen auch im Verhältnis zum Therapeuten deutlich. So kann der Therapeut durch Einschätzung der Übertragungsverzerrungen des Patienten den Grad und die Schwere seiner Neurose ermessen.

Parataktische Verzerrung ist also das hauptsächliche klinische Symptom der Neurose. Das hervorragende Merkmal der parataktischen Verzerrung ist nach Sullivans Theroie die *Personifizierung*. Wegen der ungesunden interpersonalen Einflüsse in jungen Jahren hat der Betreffende nicht gelernt, andere Menschen so zu sehen und so auf sie zu reagieren, wie sie sind; statt dessen »personifiziert« er sie und reagiert auf die sich daraus ergebenden, falsch projizierten Bilder. Weil die einzig wirkungsvolle Weise, wie er interpersonale Beziehungen herstellen kann, das »Personifizieren« ist und die Therapiebeziehung eine sehr anspruchsvoll interpersonale Beziehung ist, wird der Patient also den Therapeuten »personifizieren« und sich ein falsches Bild von der realen Person machen. Und weil die Übertragung – das Hauptmerkmal der Therapiebeziehung – eine so intensive interpersonale Beziehung ist, wird der Patient aus dem Therapeuten die primäre »Personifikation« seines interpersonalen Bezugssystems machen. Das Ziel der Sullivanschen Therapie ist es, den Patienten zu einer spontanen Erkenntnis seiner parataktischen Verzerrungen zu bringen, so daß er sie nicht mehr benötigt. Er soll sich also über die Art seiner Übertragung in all ihren Ausmaßen klar werden und darauf hinarbeiten, seinen Analytiker zu »entpersonifizieren«. Die »Entpersonifizierung« seines Analytikers ist für den Patienten eine Gelegenheit, zu lernen, wie man ohne parataktische Verzerrung interpersonal agiert. Er kann dann das, was er gelernt hat, auf die »Entpersonifizierung« anderer Menschen in seiner interpersonalen Welt anwenden. Je mehr er sich daran gewöhnt, wirkliche statt fiktive Beziehungen zu haben, um so weniger Angst wird er empfinden.

Natürlich unterläuft jedem ein gewisses Maß an parataktischen Verzerrungen, einmal, weil parataktisches Denken nach der Sullivanschen Theorie eine normale Funktion des seelischen Systems ist, und zum anderen, weil niemand eine vollkommen störungsfreie Vergangenheit hat. Aber nur, wenn der parataktische Prozeß überstimuliert wird, und zwar durch die Beimischung grundlegender infantiler Angst und das spätere Streben nach Sicherheit, das durch solche Angst in Gang gebracht wird – ein Streben, das durch kulturelle Prozesse und kulturelle Normen determiniert wird –, nur bei solcher Überstimulierung entwickelt sich eine Neurose. Und da eine solche Neurose tief verwurzelt ist und sicher seit längerer Zeit besteht, wird die Therapie für gewöhnlich von nicht allzu kurzer Dauer sein.

Ungeachtet der Tatsache, daß sich ihr Grundprinzip deutlich vom Freudschen unterscheidet, wendet die Sullivansche Therapie im allgemeinen die Techniken der orthodoxen Analyse an. Ihr fehlt nur die traditionelle autoritäre Zurückhaltung des orthodoxen Analytikers. Tatsächlich partizipiert der Sullivansche Analytiker ziemlich aktiv an der Therapiebeziehung, gerade wegen des interpersonalen Unterbaues der Sullivanschen Theorie.

Die Sullivansche Therapie besteht aus drei unterschiedlichen Phasen. Die erste ist die *Aufnahme (inception)*, während derer sich der Therapeut Ihr derzeitiges Problem anhört und die wichtigsten Formalitäten erledigt, um dann eine interpersonale Beziehung herzustellen. Diese Formalitäten bestehen vor allem darin, Sie über das Sullivansche Grundprinzip aufzuklären. Der Therapeut wird Ihnen sagen, was er bereits über Ihr Problem weiß, nachdem er es durch die Brille der interpersonalen Neurosentheorie betrachtet hat; er wird die allgemeinen Grundregeln der Therapie umreißen und nochmals auf die einschlägigen wichtigsten Punkte des Sullivanschen Systems hinweisen, und er wird die Gründe erklären, warum er gerade die Therapiebeziehung herstellt, die er ausgewählt hat.[1]

1 Natürlich ist es unmöglich, und das gilt für alle Formen der Psychotherapie, die in diesem Buch behandelt werden, genau zu schildern, wie ein be-

Die zweite Phase wird *Erkundung (reconnaisance)* genannt. Hier wird der Therapeut versuchen, aus Ihnen eine möglichst vollständige persönliche und soziale Vorgeschichte herauszuholen; er wird zu klären versuchen, »wer« Sie sind und was in Ihrer Vergangenheit Sie zu dem gemacht hat, was Sie sind. In dieser Phase ist sein Ziel nicht, eine Diagnose zu stellen, sondern zu sondieren und Informationen zu sammeln über Ihre frühere und jetzige interpersonale Dynamik. Obwohl Sie sehr viel reden werden, wird der Bericht über Ihre früheren und jetzigen Probleme nicht die Form einer regelrechten freien Assoziation annehmen; vielmehr wird der Therapeut Sie anleiten und ausfragen und sehr aktiv in die Richtung lenken, die ihn aus therapeutischen Gründen interessiert.

Die Erkundungsphase führt zur *ausführlichen Ermittlung (detailed inquiry)*, der dritten und wichtigsten Phase der Sullivanschen Therapie. Hier wird sich der Therapeut auf die spezifischen fehlerhaften Elemente Ihrer interpersonalen Persönlichkeit konzentrieren, die er für die fundamentalen Ursachen Ihres Problems hält. Während der Erkundung hat er eine Reihe von Hypothesen über den Grund Ihrer Schwierigkeiten aufgestellt; jetzt wird er in Gesprächen mit Ihnen, in einem Prozeß des Gebens und Nehmens, durch den sich die interpersonale Beziehung sehr verstärkt, diese Hypothesen über Sie und Ihre Situation prüfen. Er wird für gegenseitige Empathie oder »reziproke Emotion« sorgen und die Art Ihrer Interaktion mit ihm genau überwachen. Bei der Intensivierung der Beziehung hat er dreierlei im Sinn: Erstens ermöglicht sie ihm, die Art und Schwächen Ihrer interpersonalen Fertigkeiten präzise abzuschätzen (deren Stärkung eines der Ziele der Therapie ist); zweitens bewirkt sie Ihre vollständige Übertragung und setzt damit Ihre parataktischen Verzerrungen (in Form Ihrer »Personifizierung« des Therapeuten) und Ihre unbewußten Widerstände, sie zu ändern, frei; und drittens bietet sie Ihnen psychische Unterstützung und stärkt durch die Wirkung

stimmter Therapeut sich verhalten wird. Das hängt von seinen persönlichen Eigenheiten und Vorlieben ab. Ich kann Ihnen hier nur eine Vorstellung davon vermitteln, wie eine bestimmte Therapie sich wahrscheinlich gestalten wird, unabhängig von der Persönlichkeit und dem Charakter des Therapeuten.

des Prozesses der reziproken Emotion Ihren Willen, mit der Therapie fortzufahren.

Dann wird Ihnen der Therapeut Ihre Verzerrungen deuten und versuchen, Ihnen zu zeigen, wie sie sich in Ihrer Beziehung zu ihm auswirken. Danach wird die Therapie zu einem Prozeß des Durcharbeitens Ihrer Widerstände etwa auf dieselbe Weise wie bei der traditionellen Analyse. Aber zum Durcharbeiten gehört das gleichzeitige Lernen neuer interpersonaler Verhaltensmuster, so daß Sie, wenn Sie Ihre Verzerrungen allmählich erkennen und überwinden, imstande sein werden, sie durch gesunde Reaktionen zu ersetzen. Dieses Lernen erfordert Übung in der Anwendung richtiger interpersonaler Fertigkeiten; Ihnen werden daher interpersonale Aufgaben gestellt werden, zuerst in Ihrer Beziehung zu dem Therapeuten, dann in Ihren Beziehungen außerhalb der Therapie. Diese Aufgaben werden hauptsächlich in bewußten Entpersonifizierungsübungen bestehen, die dazu beitragen sollen, Ihre unbewußten interpersonalen Fertigkeiten zu stärken, damit Sie Ihre neurotischen Bedürfnisse durch gesunde ersetzen können.

Das bringt Sie in die vierte und letzte Phase der Therapie, den *Abschluß (termination)*. Der Analytiker wird rekapitulieren, was Sie gelernt haben, und es in einer Form zusammenfassen, deren Sie sich in Ihrem tagtäglichen Leben bedienen können, wenn Sie allmählich die Therapie nicht mehr brauchen. In der Abschlußphase werden Sie Ihre interpersonalen Übungen fortsetzen, und es wird Ihnen gezeigt, wie sie nach Beendigung der Therapie einzusetzen sind, damit Sie eine von Verzerrungen befreite Beziehung zu Ihrer Umwelt aufrechterhalten können. Wenn der Therapeut der Meinung ist, daß Sie Ihr Bedürfnis nach Verzerrungen überwunden und einen gesunden Ersatz gefunden haben, wird er Sie als »geheilt«, als fähig erachten, es ohne ihn mit dem Leben aufzunehmen.

Die Sullivansche Analyse war die erste psychotherapeutische Methode, die den Standpunkt vertrat, daß die Ursachen der Neurose zu tief verwurzelt seien, als daß sie unmittelbar angegangen werden können; außerdem werden die Ursachen, da sie kulturell und interpersonal sind, im Leben eines Menschen immer vorhanden sein. Statt also Zeit mit dem Versuch zu verschwenden, die Neurose dadurch zu lindern, daß der Neurotiker von den Ursachen seiner Störung befreit wird, sollte die Psychotherapie darauf ausgerichtet sein, dem Patienten die psychischen Hilfsmittel zu geben, die er braucht, um seine Neurose, ungeachtet ihrer Ursachen, zu überwinden.

11. Weitere analytische Psychotherapien

Freud starb 1939. Nicht lange danach gewann die von den Auffassungen Adlers, Reiks, Horneys und Sullivans geprägte sozialhumanistische Richtung in der Psychoanalyse Einfluß in Amerika. Und dann dauerte es wiederum nicht lange, da sah es so aus, als ob es kaum einen Psychoanalytiker auf der Welt gäbe, der nicht mit einer eigenen revolutionären neuen Theorie über Ursachen, Behandlung und Heilung der Neurose daherkäme.

Die meisten dieser Theorien waren zum Glück kurzlebig, aber einige – weitgehend Variationen zu den Themen der Lehre über die Sozialfaktoren – fanden Anhänger und haben sich in verschiedenen Aufmachungen bis auf den heutigen Tag erhalten.

Erich Fromm

Einer der jüngeren Psychotherapeuten, die sich mit Karen Horney und Harry Stack Sullivan bei den wöchentlichen Zusammenkünften im »Zodiac Club« trafen, war ebenfalls ein Flüchtling aus dem Nazi-Deutschland, ein Soziologe und Psychologe mit Namen Erich Fromm. Fromm wurde Mitglied der *Association for the Advancement of Psychoanalysis,* nachdem Horney nach ihrem Ausschluß aus dem *New York Psychoanalytic Institute* diese Gesellschaft gegründet hatte; aber 1943 folgte er Sullivan, als dieser sich von der Horney-Gruppe trennte.

Fromm stimmte den kulturell orientierten Ansichten von Horney und Sullivan in voller Überzeugung zu, obwohl er später zu der Auffassung kam, daß Horneys therapeutische Praktiken für den einzelnen Patienten weitgehend wirkungslos seien, sofern nicht entsprechende Methoden auch für die Kultur erdacht und auf sie angewandt werden können, für die Kultur nämlich, die den Neurotiker zu dem gemacht hat, was er ist. Auch meinte er, daß die Sullivansche interpersonale Methode nicht ausreiche für den Kampf gegen Neurosen; er sah die individuelle Neurose als eine sich ausbreitende Krankheit an, die von der Gesellschaft verursacht ist und zugleich die elementaren Mängel der Kultur aufzeigt. Die einzige Möglichkeit, die Neurose zu heilen, bestehe darin, alle und jeden einer Psychoanalyse zu unterziehen und damit die Gesellschaft insgesamt zu heilen. Da das schlechterdings unmöglich ist, versuchte Fromm dieses Ziel dadurch zu erreichen, daß er Bücher schrieb, in denen er die Leiden der Gesellschaft analysierte und soziologische Ratschläge gab, um sie zu heilen.

Mit Büchern wie *Kunst des Liebens* und *Die Furcht vor der Freiheit* wurde Fromm der große Philosoph der amerikanischen Nachkriegsgesellschaft; Hunderte von angehenden Psychoanalytikern übernahmen sein Grundprinzip.

Die Frommsche Analyse weicht nicht wesentlich von den analytischen Techniken Horneys und Sullivans ab, doch sie fügt der analytischen Methode und dem therapeutischen Ziel eine neue Dimension hinzu. Diese Dimension besteht darin, daß Fromm ausdrücklich hervorhebt, die individuellen Probleme des Patienten seien in einem größeren soziologischen Bezugsrahmen zu betrachten.

Der Frommsche Analytiker sieht den Patienten – und möchte von ihm so gesehen werden – vor dem Hintergrund der gesamten Gesellschaft; damit hilft er dem Patienten, einen Teil seines Schuldgefühls über seinen Zustand auszuräumen, und zwingt ihn gleichzeitig, seinen kleinen Teil Verantwortung sowohl für seinen Zustand als auch für den Zustand der Gesellschaft zu übernehmen. Der Neurotiker ist nicht nur ein Opfer, er hat auch unbewußt zugestimmt und daran mitgewirkt, daß er Opfer wurde, weil er sich bisher widerstandslos der beeinträchtigenden Gesellschaft verbunden fühlte. Wenn er die unmittelbare kausale Dynamik seiner Neurose versteht, dann ist das nur ein Teil einer wirkungsvollen Behandlung. Damit die Behandlung wirklich erfolgreich ist, muß der Patient auch seine Rolle in der kausalen Dynamik verstehen, und das kann nur erreicht werden auf dem Wege über psychosoziologische Erkenntnisse. Sobald er diese

Erkenntnisse erlangt hat, wird der Patient bewußt ablehnen, sich weiterhin selbst zum Opfer zu machen, und wird sich bemühen, die Gesellschaft zu ändern, damit eine solche Dynamik schließlich nicht mehr wirksam werden kann.

Der Frommianer glaubt, daß der Mensch von Natur aus zur Individuation fähig sei, daß er kreative Lösungen für seine Probleme zu finden und rationale Anpassung an seine Umwelt zu erreichen vermöge. Dem entgegen steht indes sein regressives biologisches Erbe, das ihn dazu verleitet, zugunsten seiner Triebregungen, der sozio-kulturellen Zwänge und Autoritäten auf seine Selbstbeherrschung zu verzichten. Nach der Frommschen Theorie gehört das Dilemma des Menschen und daher sein Problem einfach zu seinem Dasein; seine einzigartige evolutionäre Stellung befähigt ihn, sich dafür zu entscheiden, daß er sich der Sicherheit der triebhaften Kontrolle seines Verhaltens begibt zugunsten des Strebens nach individueller menschlicher Freiheit. Aber der Preis für diese Freiheit ist Einsamkeit und Isolierung. Wenn seine sozio-kulturelle Umwelt störungsfrei ist, kann sie sein Wachstum, seine Eigenliebe und sein Selbstverständnis fördern, ihn befähigen, andere zu verstehen und zu lieben und die Freude *harmonischer Beziehungen* und der *Verbundenheit* zu empfinden. Ist seine Umwelt ungesund, kann sie falsche Bedürfnisse und ein Streben nach falscher Sicherheit in ihm wecken – die Quelle seiner größten Schwierigkeiten. Die Neurose zu behandeln bedeutet also, nicht nur die unmittelbaren psychischen Probleme des Frommschen Patienten zu behandeln, sondern auch seine Umwelt.

Franz Alexander

Als Karen Horney 1932 in die Vereinigten Staaten kam, bot ihr Franz Alexander, Gründer und Direktor des *Chicago Institute of Psychoanalysis,* den Posten eines stellvertretenden Direktors an. Alexander, ein ungarischer Psychiater, hatte Horney in Berlin kennengelernt und war erst kurz vor ihr nach Amerika gekommen. Karen Horney nahm das Angebot gern an, aber da Alexander ein strenger Freudianer war, wurde ihr Verhältnis bald gespannt, und Horney ging schließlich nach New York.

Alexander blieb sein Leben lang dem Freudschen Grundprinzip treu, aber mit der Zeit stellten sich bei ihm Zweifel ein, ob die Langwierigkeit der Freudschen Psychoanalyse tatsächlich notwendig sei. Diese Therapiemethode schränkte nicht nur die Praxis eines Analytikers ein, sondern beeinträchtigte wegen ihrer Kosten auch die Ausbreitung der Analyse. So entwickelten Alexander und seine Mitarbeiter am Chicagoer Institut ein verkürztes Verfahren der Analyse, das als »Chicagoer Schule« oder »intensive kurzfristige psychoanalytische Therapie« bekannt wurde.

Alexander setzte die Bedeutung von Einsicht in der Therapie – das heißt, daß der Patient seine Motive völlig verstehen muß, ehe sein Zustand sich bessern kann – auf ein Mindestmaß herab, denn die Einsicht ist der Hauptgrund, warum die Freudsche Analyse so lange dauert. Anstelle der Einsicht setzte Alexander *korrektive emotionale Erfahrungen,* die er als Schlüssel für eine wirkungsvolle Therapie ansah. Das Vehikel solcher Erfahrungen war der Prozeß der Katharsis und Abreaktion.

Wenn Sie an einen Analytiker geraten sollten, der nach der Alexanderschen Methoden praktiziert, werden Sie wahrscheinlich feststellen, daß er in den ersten Phasen der Therapie sehr viel direktiver ist als ein eher traditioneller Analytiker. Schon in den ersten Sitzungen wird er versuchen, zu einer dynamisch orientierten Diagnose zu gelangen – einer weitgehend Freudschen allerdings –, und eine Entscheidung treffen, welche emotionalen Erfahrungen Sie machen müssen. Der Alexandersche Analytiker sieht die Wiedergewinnung verdrängter Erinnerungen nicht als irgendein mystisches Fundament der therapeutischen Entwicklung an, sondern eher als Zeichen dafür, daß eine Besserung eingetreten ist. Daher werden Sie zum freien Assoziieren aufgefordert, aber in einer viel intensiveren und konzentrierteren Weise, als es in der orthodoxen Analyse der Fall wäre. Der Analytiker wird versuchen, Sie unmittelbar an jene Erinnerungen heranzuführen, die er für die Ursache Ihrer Schwierigkeit hält, und wird Sie dann zwingen, sie so schnell wie möglich ans Licht zu bringen, damit die Katharsis-Abreaktion stattfinden kann. Mit jeder

Abreaktion, die Sie durchmachen, kommen Sie der Linderung Ihres Problems näher.

Der Alexandersche Analytiker ist flexibel in der Anpassung seiner Techniken an den einzelnen Patienten: Manche brauchen mehr Anleitung, andere weniger. Wenn er viel von einer intensiven Behandlung hält, wird er vier oder fünf Sitzungen in der Woche ansetzen; aber er wird Unterbrechungen eintreten lassen oder die Therapie sogar früher beenden, weil er der Meinung ist, wenn eine Behandlung zu lange dauert, werde das eine übermäßige Abhängigkeit des Patienten von der Therapie und dem Therapeuten begünstigen. Er legt beträchtlich weniger Wert auf die Übertragungsbeziehung als der traditionelle Praktiker und betrachtet die Therapie als eine »reale« Beziehung, von der der Patient sehr viel profitieren könne, auch ohne eine echte Übertragung. Schließlich wird der Alexandersche Analytiker eher dazu neigen, unmittelbare Maßnahmen zu verordnen, die der Patient ergreifen sollte, um sein Leben außerhalb der Therapie zu ändern.

Wilhelm Reich

Wilhelm Reich war ein weiterer der abtrünnigen Freudianer, die vor dem Krieg in die Vereinigten Staaten kamen und dort ein fasziniertes Publikum vorfanden. Im Gegensatz zu den anderen wurde er indes eine *cause célèbre,* aus Gründen, die wenig mit der Praxis der Psychoanalyse zu tun haben.

Von allen Neofreudianern war Reich derjenige, dessen Ansichten am radikalsten von Freuds Auffassungen sowohl hinsichtlich der Neurosenlehre als auch der Therapiemethoden abwichen. Reich glaubte, daß der Charakter nicht eine Manifestation der Persönlichkeit sei, sondern aus Schichten von Widerständen oder Schutzmechanismen bestehe, als ein Panzer um die Persönlichkeit liege, der beseitigt werden müsse, ehe die Therapie beginnen könne. Der Panzer offenbare sich in der Körperbildung – mit anderen Worten, der menschliche Körper ist das physische Abbild des Seelischen, und der Therapeut kann nur über den Körper zum Seelischen gelangen.

Reichs Theorie fand in der Welt der Psychologie und Psychotherapie zunächst ernsthafte Beachtung, bis er weitere Behauptungen über das Verhältnis zwischen Sexualität und Erotik einerseits und Therapie andererseits aufzustellen begann. Im Gegensatz zu Freud glaubte er, die Menschheit könnte ihre Kulturen ohne Unbehagen aufbauen, wenn sie nur zu lernen vermöchte, wie die Lebensenergie, die alles hervorbringt, nutzbar zu machen sei. Er behauptete, es gebe eine fundamentale, universelle Energie, die die ganze Natur durchströmt. Beim Menschen ströme diese Energie – keineswegs Freuds Libido – nicht ungehindert und rufe Krankheit und Desorganisation hervor.

Was ist diese fundamentale Energie der Menschheit? Was erklärt die Kontinuität in der Generationenabfolge? Die Sexualität, war Reichs Antwort. Die Sexualität ist der primäre menschliche Trieb, ja, der Urtrieb aller Lebewesen. Daher müsse die sexuelle Energie die menschliche Manifestation der fundamentalen Energie des Universums sein. Um den Menschen von seinen Mißlichkeiten zu befreien, müßten wir eine Methode finden, um diese Energie auf physiologisch harmonische Weise nutzbar zu machen und zu lenken. Durch die Harmonisierung der sexuellen Energie im Körper müßte die Seele ebenso harmonisiert werden.

Aber was ist das Wesentliche an der Sexualität? fragte Reich dann. Der Orgasmus, lautete seine Antwort. Im Orgasmus liegt das Geheimnis der Harmonisierung der sexuellen Energie und damit der universalen Energie.

Mittlerweile begannen die Leute sich über Reich zu wundern. War er ein Quacksalber, ein verrückter Wissenschaftler oder ein genialer Prophet? Diejenigen, die den beiden ersten Etiketten zuneigten, erhielten bald Antworten auf ihre Fragen, die ihnen gewiß als Bestätigung erschienen.

Nach Reichs Ansicht waren gute Orgasmen gewissermaßen das Fundament guter Gesellschaften. 1939 behauptete er, er habe im Verlauf seiner Orgasmusforschungen die Lebensenergie des Universums isoliert. Er nannte diese Energie »Orgon« und baute »Akkumulatoren«, um sie zu speichern und zu kontrollieren.

Seine Erfindung, den »Orgonkasten«, brachte er auf den Markt und versicherte, das konzentrierte Orgon könne Krankheiten heilen.

Der Orgonkasten wurde große Mode bei einem Teil der Öffentlichkeit, der die Heilung unheilbarer Krankheiten stets dringend ersehnt. Tausende von Menschen in verschiedenen Stadien unheilbarer Krankheiten bemühten sich um einen solchen Kasten. Sogar Leute mit leichten Krankheiten, sowohl seelischen als auch körperlichen, kauften die Kästen und waren übereinstimmend der Meinung, nach dem Sitzen darin fühlten sie sich besser.

Wiederum die Macht der Suggestion? Wer weiß. Jedenfalls nahm die *Federal Food and Drug Administration*, die US-Behörde für Lebensmittel- und Drogenüberwachung, Anstoß an Reichs Behauptungen; die Verkäufe wurden schließlich verboten, Reichs Kästen vernichtet und sogar einige von seinen Büchern und Schriften verbrannt. Er wurde wegen Mißachtung des Gerichts zu einer Gefängnisstrafe verurteilt und starb 1957 im Alter von 60 Jahren an einem Herzanfall im Gefängnis – wie manche behaupten, in geistiger Umnachtung.

Die Reichsche Tradition lebte indes fort, und heute kann man von einer Erneuerung der Therapie sprechen, die auf Reichs Theorien über Orgon, Sexualität, Orgasmus und die Leib-Seele-Beziehung beruht. Die meisten Reichschen Therapeuten haben seine Behauptungen, er habe die universelle Lebensenergie nutzbar gemacht, ad acta gelegt, rechnen es ihm aber als Verdienst an, daß er eine Korrelation zwischen sexueller Energie und universeller Energie gefunden hat. Sie halten die sexuelle Energie für die menschliche Manifestation der universellen Energie, die das Gleichgewicht der ganzen Natur aufrechterhalte, und glauben wie Reich, daß Kurzschlüsse der sexuellen Energie die Ursache des psychischen Elends der Menschen seien. Da der Orgasmus der Höhepunkt der sexuellen Energie sei, müßten Störungen im Fluß dieser Energie daher rühren, daß der Orgasmus jahrhundertelang von den Menschen schlecht gehandhabt worden sei.

Auch sei der Körper das Spiegelbild der Seele und die Sexualität die höchste Funktion des Körpers. Da der Orgasmus den Höhepunkt der Sexualität bildet, ist er das Erlebnis, welches das äußere Erleben des Menschen am klarsten und unmittelbarsten mit seiner Psyche verbindet. Mit anderen Worten, ein gesunder Orgasmus bedeutet eine gesunde Seele.

Mit diesen und anderen Elementen der Reichschen Theorie als Ausgangspunkt für seine Therapiepraxis unternimmt es der Reichsche Therapeut, den Patienten durch einen Prozeß zu führen, bei dem zuerst die körperlichen Abwehrmechanismen beseitigt werden, um auf diese Weise die entsprechenden seelischen Abwehren auszuschalten; dann wird der aufnahmefähigen Psyche mit Hilfe ihres menschlichen Äquivalents ein ausgewogener Strom universeller Energie zugeführt – eine richtig erzeugte Sexualenergie, gesundet durch die voll ausgeschöpfte und verwertete orgastische Potenz.

Der Orgasmus ist also das Kernstück der Reichschen Therapie. Zur Beseitigung der Abwehrkräfte wird eine Vielzahl von Techniken angewandt, dazu gehört Schreien, Schlagen und forciertes Erbrechen, um den »Muskelpanzer« zu lockern – die Starrheit des Körpers, von der Reich annahm, daß sie den gesunden Strom des Orgons hemme, und von der seine Schüler behaupten, daß sie den gesunden Strom der Sexualenergie behindere. Gleichzeitig mit dieser Phase der Therapie werden die eigentlichen Techniken zur Verbesserung der Qualität, Beständigkeit und Potenz des Orgasmus angewandt, um einen stärkeren und ausgeglicheneren Strom sexueller Energie in das psychische System zu gewährleisten.

Diese Techniken sind von Therapeut zu Therapeut verschieden, aber gewöhnlich gehören dazu Masturbation, gegenseitiges Masturbieren, Geschlechtsverkehr, andere Formen der sexuellen Interaktion und ein allgemeines Versinken in erotische Gefühle und Vorstellungen – immer eingedenk des Ziels, die Intensität und damit die Qualität des Orgasmus zu verbessern. Die Reichsche Therapie wird einzeln oder in Gruppen verabfolgt, obwohl letzteres vorgezogen wird, weil damit mehr Anlaß zu erotischer Erregung gegeben ist.

Die Reichsche Therapie ist in gewisser Beziehung äußerste Sexualtherapie, wenngleich es ihr erklärtes Ziel ist, die Ursachen der allgemeinen Neurose zu beseitigen, und sie sich nicht darauf beschränkt, sexuelle Leistungen zu steigern. Wie Sie sich vorstellen können, wird nicht viel Reklame dafür gemacht; aber wenn Sie glauben, daß Ihre psychischen Probleme mit Hilfe der Reichschen Methode gemildert werden können, werden Sie wohl durch irgendein Institut für Gruppentherapie eine Adresse bekommen. Doch seien Sie sich darüber klar, daß die Reichsche Therapie sowohl physische als auch emotionale Anforderungen an Sie stellen dürfte, die Sie sich bislang nicht vorstellen können.

Die Existenzanalyse

Ein weiterer moderner Psychoanalytiker, der wie Horney und Fromm eine Reihe populärer Bücher geschrieben hat, ist Rollo May. Er war Schüler von Adler und eine Zeitlang Verfechter der Neurosenlehre von Adler, Horney und Sullivan. Aber zu Beginn seiner Laufbahn hatte er sich in Europa aufgehalten und war dort mit der existentialistischen Bewegung in Berührung gekommen, die unter der anfänglichen Führung von Ludwig Binswanger das europäische Äquivalent zur amerikanischen Beschäftigung mit den Sozialfaktoren wurde.

Binswanger versuchte, das wissenschaftliche Verständnis vom Menschen auf die Struktur seiner totalen Existenz zu gründen statt auf eine psychologische oder behavioristische Theorie, weil er glaubte, daß diese Struktur allen psychischen – bewußten oder unbewußten – Strukturen vorausgehe und ihnen zugrunde liege. Seine Einstellung zur Psychoanalyse beruhte auf dem Argument, daß der Analytiker zuerst diese Struktur und die Art und Weise verstehen müsse, wie sie durch die Lebensgeschichte des Patienten modifiziert sei, und dann erst versuchen solle, den Patienten erfahren zu lassen, wie die Modifikation verhindere, daß er sich über die potentielle Fülle seines Menschlichseins klar wird. Der Analytiker geht eine Partnerschaft mit dem Patienten ein, die auf ihrem gemeinsamen Menschlichsein, ihrer harmonischen Verbindung und Liebe beruht.

Binswangers Theorie war hervorgegangen aus dem existentialistischen Denken der deutschen Vorkriegs-Philosophen Martin

Heidegger und Edmund Husserl, welche die Ansicht vertraten, daß die Existenz des Menschen, sein Dasein, seinem Wesen, dem Sosein, vorangehe, und daß sein Wesen nur unter dem Gesichtspunkt seiner Existenz verstanden werden könne. Als der Existentialismus, hauptsächlich dank dem französischen Philosophen Jean-Paul Sartre, in der Nachkriegszeit eine Art kultureller Volksbewegung wurde, faßte die existentialistische Richtung in der Psychotherapie auch in Amerika Fuß, und es kam zu einer gegenseitigen Befruchtung mit der bereits einflußreichen Richtung in der amerikanischen Therapie, die das Humanistische und die Sozialfaktoren in den Mittelpunkt ihrer Überlegungen gestellt hatte. Die gegenseitige Befruchtung wurde auch dadurch gefördert, daß man intensiv über den Sinn der individuellen Existenz im Zusammenhang mit einer zunehmend technologischen und unpersönlichen Umwelt nachdachte. Heute ist die existentialistische Auffassung nicht mit einer bestimmten Schule der Psychotherapie gleichzusetzen, doch behaupten viele Therapeuten, daß sie Existenzanalyse praktizieren. Ebenso wie Rollo May, der wahrscheinlich bekannteste Existenzanalytiker, sind die meisten eher Psychologen als Mediziner.

Die Existenzanalyse geht davon aus, daß jede Neurose existentiell begründet sei. Sie behauptet, da jeder Mensch auf sein eigenes Dasein angewiesen sei, um sich selbst zu verstehen, sei er »allein« auf der Welt. Dieses Alleinsein wird dann verstärkt durch seine Bemühungen, in seinem Dasein einen Sinn zu finden. Da er bei diesem Streben durch die Gesellschaft behindert wird und ihm sein Alleinsein auch gar nicht richtig zum Bewußtsein kommt, verstärkt sich seine Isolierung, der Sinn rückt immer weiter in die Ferne, und der Mensch bekommt Angst – eine Angst, die eher existentiell begründet als das Ergebnis von Streß und Trauma ist, denn sie entsteht aus existentieller Einsamkeit. Die Folge sind Neurosen, und wie immer ihre Symptome sein mögen, es sind *existentielle Neurosen.* Zur Heilung bedarf es einer existentiellen Therapie: einer Therapie, die den Neurotiker zum Verständnis seines Alleinseins und schließlich zu dem Sinn hinführt, den er allein nicht zu entdecken vermochte.

Existenzanalytiker bedienen sich der allgemeinen Methodologie der orthodoxen Psychoanalyse, doch legen sie auf spezifische Techniken viel weniger Wert. Die existentiellen Praktiker sind einhellig der Meinung, die westliche Kultur sei dermaßen technisch ausgerichtet, daß dadurch die wirkliche Qualität der menschlichen Funktionen zum großen Teil verloren gehe. Sie sind nicht der Meinung, daß auf Technik Verständnis folge, sondern erklären, daß die Technik dem Verständnis folgen sollte.

Die existentielle Psychotherapie versteht sich also als Anschauung vom Menschen, die dem einzelnen eine allgemeine Lebens- und Einstellungsphilosophie vermitteln soll und keine spezifische Lebenstechniken. Das Ziel des Analytikers ist es, die spezifische Existenz seines Patienten in aller Tiefe und Vollständigkeit als ein »in der Welt Sein« zu verstehen – ein Ausdruck, mit dem die Existentialisten die Einmaligkeit der menschlichen Existenz bezeichnen. Keine Methode oder Technik ist angemessen, wenn sie für den einzelnen Patienten nicht angemessen ist. Das bedeutet, daß die analytischen Therapeuten, die sich als Existentialisten verstehen, eine Vielfalt von therapeutischen Methoden verwenden. Einige bedienen sich immer noch der Couch und der freien Assoziation wie die traditionelle Analyse, während andere ihren Patienten gegenübersitzen und womöglich viel oder auch wenig reden.

In gewisser Beziehung weichen allerdings alle Existenztherapeuten von der traditionellen analytischen Praxis ab, denn welche Technik sie auch anwenden, sie konzentriert sich immer auf die Gegenwart und weniger auf die Vergangenheit. Das ist das gemeinsame Element der existentialistischen Therapien – der Gedanke, daß die Existenz eines bestimmten Patienten in einem bestimmten Augenblick hier und jetzt die einzige Möglichkeit darstellt, um psychoanalytisches Verständnis zu erlangen. Mit anderen Worten, ehe der Patient sein Sosein verstehen kann, muß er sein Dasein verstehen.

In dieser Hinsicht messen die Existenztherapeuten dem *Begegnungsfaktor* in der Therapiebeziehung große Bedeutung bei; sie sprechen mit dem Patienten ausführlich über die Notwendigkeit, eine »reale Beziehung« herzustellen, die die vollständige und ungehinderte »Präsenz« des Therapeuten und des Patienten erfordere, sowie über die Art dieser Beziehung. Die Beziehungsform ist nicht die traditionelle Freudsche Übertragung. Volle menschliche Präsenz bedeutet erheblich mehr als der von Freud als Übertragung bezeichnete mechanistische Gefühls- und Gedankenaustausch, bei dem sich die Beteiligten einander nähern wie Dingen oder Objekten. Es handelt sich vielmehr um einen fast mystischen Austausch; viele Existentialisten berufen sich auf die Religionsphilosophen Paul Tillich und Martin Buber, wenn sie diesen Austausch veranschaulichen wollen. In seinem Buch *Ich und Du*, das mit Elementen existentialistischen Denkens durchsetzt ist, unterscheidet Buber zwischen »realer« Beziehung oder »sinnvoller« Begegnung und dem mechanischen Austausch, wie ihn die »Übertragung« oder das Betrachten von anderen als Objekte bedeute. Laut der Existenzanalyse muß eine reale Beziehung – die auf Liebe, gegenseitiger Empathie und so weiter beruht – hergestellt werden, damit die Therapie sinnvoll ist. Denn ohne diesen Sinn wird die Therapie, die im Grunde ein Suchen nach dem tieferen Sinn ist, vergeblich bleiben.

Das letzte Ziel der Existenztherapie ist es, den Patienten dazu zu bringen, daß er seinem eigenen Erleben in voller Bewußtheit und Unmittelbarkeit entgegentritt und die schwer faßbaren und verborgenen Qualitäten seines Daseins als real hinnimmt. »Bewußtheit« ist der Schlachtruf der Existenztherapie, und der Therapeut wird den Patienten ständig mit nach Bewußtheit zielenden Fragen bombardieren – »Wer sind Sie?« »Wo sind Sie?« –, um die Bewußtheitsmechanismen des Patienten zu üben und ihm behilflich zu sein, sein eigenes Dasein zu erforschen, damit er die entsprechenden Antworten findet.

Das letztlich entscheidende Charakteristikum der Existenztherapie ist die Hervorhebung des *Engagements*. Wie die Existentialisten sich dieser Idee bedienen, ist manchmal schwer zu begreifen, aber sie bedeutet offenbar, daß ein Patient, ehe er neue Einsichten und neues Wissen erlangen kann, die notwendig sind, um bedeutsame Veränderungen in seinem Leben herbeizuführen, den Entschluß fassen muß, sich unwiderruflich auf eine existentialistische Ausrichtung des Lebens festzulegen. Dieser »Entschluß« wird gewöhnlich schrittweise in dem frühen und mittleren Stadium der Therapie gefaßt und geschieht teils bewußt, teils unbewußt. Es ist kein Entschluß im üblichen Sinne des Wortes, eher eine allgemeine Neuausrichtung der Daseinseinstellung und -auffassung – Rollo May hat dies »Einstellung zum Engagement« genannt.

May ist einer der führenden Verfechter und vielleicht der bekannteste Praktiker der Existenz-Psychoanalyse in Amerika. Aber die existentialistische Theorie der Analyse ist immer noch in Europa verwurzelt und fand vor allem Ausdruck in der *Daseinsanalyse* von Medard Boß, einem Schweizer Psychoanalytiker, der sowohl von Freud als auch von Jung geschult wurde, aber deren bio-deterministische Theorien über die Neurosenentstehung ablehnte und sich statt dessen den existentialistischen Gedanken des Philosophen Heidegger zuwandte.

Seinen Glauben an die Wirksamkeit der Techniken orthodoxer Analyse bewahrte Boß allerdings. Deshalb widmet sich die Daseinsanalyse nachdrücklich den Träumen und der Traumdeutung; Träume sind für sie nicht nur Bilder, Symbole oder Darstellungen, wie Freud behauptete, sondern werden als real betrachtet. Für die Daseinsanalytiker ist Träumen nur eine andere Weise des »in der Welt Sein« und enthüllt daher die realen Probleme des Träumers, nicht seine symbolischen. Im Traumzustand zeigen sich widerstrebende Verhaltensweisen, die im Wachzustand noch nicht akzeptiert werden und dem Träumer noch nicht zum Bewußtsein gekommen sind. Daher sind Träume für den Daseinsanalytiker ein wichtiges Hilfsmittel, um Art und Charakter einer »existentiellen Neurose« eines Patienten zu diagnostizieren.

Die Daseinsanalyse geht davon aus, daß alle Menschen, weil sie von Natur aus allein in der Welt sind, eine angeborene existentielle Angst haben. Bei Neurotikern hat sich diese Angst unbewußt intensiviert. Sie sind sich nicht im klaren darüber, wie begrenzt ihre Freiheit ist, denn sie haben niemals Freiheit kennengelernt. Das Ziel der Daseinsanalyse ist, ihnen zu zeigen, in welchen Bereichen und auf welche Weise ihre Freiheit begrenzt ist, und ihnen einen ersten Einblick davon zu vermitteln, daß die Möglichkeit einer größeren Freiheit besteht, als sie geahnt haben.

Da es weder in Europa noch in den Vereinigten Staaten bedeutsame Untersuchungen über die Ergebnisse der existentiellen Therapiemethoden gibt, ist es sehr schwierig, deren Wirksamkeit zu beurteilen. Ihr Grundprinzip ist noch schwerer zu begreifen als das anderer Therapieformen, und alle von mir interviewten Personen, die sich einer Existenzanalyse unterzogen hatten oder noch dabei waren, mußten die Waffen strecken bei dem Versuch, sie einigermaßen genau zu erklären. Außerdem dachten die meisten von ihnen ernstlich daran, die Therapie abzubrechen, sofern sie es nicht schon getan hatten, da sich keine (für sie) meßbaren Ergebnisse eingestellt hatten.

Die Logotherapie

Eine weitere existentialistische Methode der Psychotherapie – obwohl es sich dabei strenggenommen nicht um eine Form der Analyse handelt – ist die von dem Österreicher Viktor Frankl entwickelte Logotherapie. Ihr lagen Frankls Beobachtungen von Häftlingen in deutschen Konzentrationslagern zugrunde, ferner die allgemeine Suche nach einem Sinn, die sich in den Nachkriegsjahren erst in Europa und dann auch nach Amerika ausbreitete.

Für den Psychiater Frankl ist die primäre menschliche Motivation das Streben, im Leben einen Sinn zu finden. Der Mensch habe einen fundamentalen »Willen zum Sinn«. Umweltfaktoren, Vererbung und Triebe seien keineswegs die Determinanten des Verhaltens, denn die Menschen könnten wählen, was sie tun und was werden wollen, und könnten sich nach selbstgesteckten Zielen ausrichten. Indem sie Ziele verfolgen, verfolgen sie den Sinn ihrer selbst. Eine seelische Störung stellt sich ein, wenn ihr Willen zum Sinn frustriert wird.

Frankls Logotherapie, die heutzutage in den Vereinigten Staaten in beträchtlichem Umfang praktiziert wird, beruht auf dem oben dargestellten Grundprinzip. Die Auswirkungen von Frustrationen des Willens zum Sinn bezeichnet sie als *existentielles Vakuum,* die Beseitigung dieses Vakuums gilt als das Ziel der Therapie. Wenn ein Mensch unglücklich ist, dann als Folge davon, daß sein Leben keinen Sinn hat und in ihm ein existentielles Vakuum besteht. Wenn er indes einen Sinn findet, ist er glücklich. Der Mensch kann also nicht nach Glück streben; Glück ist ein Nebenprodukt, nicht ein Ziel an sich.

Aber das Grundprinzip »Sinn« der Logotherapie hat nicht dieselbe Bedeutung wie das Grundprinzip »Sinn« anderer existentialistischer Therapien. »Es gibt keinen universalen Sinn des Lebens« schrieb Frankl in seinem Buch *Man's Search for Meaning*[1], »sondern nur den einmaligen Sinn individueller Situationen.« Außerdem erklärt er, dieser Sinn müsse außerhalb des Individuums liegen: »Der Sinn, den ein Mensch zu erfüllen hat, ist etwas, das über ihn hinausweist, er ist niemals einfach in ihm.« Also ist der Mensch angehalten, sich nicht einen Sinn zu erfinden, sondern ihn zu entdecken. Dabei soll ihm die Logotherapie behilflich sein.

Der Ausdruck »Logotherapie« geht auf das griechische *logos* zurück, das sowohl »Wort« als auch »Vernunft« bedeutet. Worte und Denkfähigkeit des Menschen bilden gemeinsam den Sinn, den der Mensch Dingen beimißt. So ist also der »Logos« eines Menschen – seine Art, Sinn wahrzunehmen und zu artikulieren – Gegenstand der Therapie.

Zusammen mit verschiedenen Praktiken, die sie von traditionellen therapeutischen Methoden übernommen hat, wendet die Logotherapie eine Reihe von ureigenen Techniken an. Eine wichtige ist die sogenannte *paradoxe Intention*, die nach Ansicht der Logotherapeuten sehr erfolgreich sein soll bei der Behandlung von Zwangsneurosen und Phobien. Die paradoxe Intention beruht auf zwei Behauptungen: 1. wenn jemand befürchtet, daß etwas Unangenehmes geschehen werde, dann wird seine *Erwartungsangst* bewirken, daß eben das geschieht, was er fürchtet; 2. wenn jemand allzu sehr beabsichtigt oder wünscht, daß etwas Erfreuliches geschieht, dann verhindert seine *Über-Intention*, daß es geschieht. Um zu bekämpfen, was die Logotherapie als grundlegende Störmechanismen des menschlichen Seelenlebens ansieht – Erwartungsangst und Über-Intention –, fordert sie einen Patienten auf, genau das zu tun, wovor er sich fürchtet. Wenn ein

1 Beacon Press, Boston 1963, S. 36.

Patient eine phobische Angst vor Schlangen hat, soll er Schlangen streicheln. Wenn er vorm Fliegen Angst hat, wird er in ein Flugzeug gesetzt. Die Behandlung soll eine Umkehrung der irrationalen Einstellungen des Patienten dadurch bewirken, daß seine Furcht durch einen paradoxen Wunsch ersetzt wird. Auf diese Weise, so lautet die Theorie, lernt der Patient, daß das, was er fürchtet und dem gegenüber er Erwartungsangst hat, nicht geschehen wird, eben weil er gelernt hat, es sich zu wünschen. Die Logotherapie sagt, dadurch, daß das Furcht-Wunsch-Reaktionsmuster eines Menschen umgekehrt und somit befreit wird, wird auch der Mensch frei, um den richtigen Sinn der Dinge zu entdecken.

Eine weitere wichtige Technik der Logotherapie ist die *Entreflexion.* Sie wird angewandt zur Behandlung von Angst- und Zwangsneurosen, deren Hauptmerkmal die Neigung ist, sich ständig zu beobachten. Ziel ist, die Aufmerksamkeit eines Patienten von seinem Problem auf positivere Aspekte des Lebens zu lenken, etwa auf einen anderen Menschen oder eine Aufgabe.

Die Logotherapie geht etwa auf dieselbe Weise vor wie die verhaltensmodifizierenden Therapien, die heute immer beliebter werden, obwohl deren Grundprinzip ein anderes ist. Die Logotherapie versucht vielmehr, die erlernten Reaktionsmuster eines Patienten auf Umweltreize derart zu ändern, daß seinem »Logos« der reiche Fundus an Sinn in ihm und in den ihn umgebenden Dingen zugänglicher wird. Bei Phobien und zwangsneurotischen Störungen hat die Logotherapie ebenso wie die Verhaltenstherapie gewisse Erfolge erzielt. Was die Erfüllung der Gebote ihres philosophischen Grundprinzips betrifft – Gebote, die der Sinnfindung dienen sollen –, so hat die Logotherapie als Behandlungsform für jene Neurosen, zu deren Hauptsymptomen Sinnlosigkeitsgefühle gehören, indes wenig nachweisbaren Erfolg gehabt.

Die Gestalttherapie

Eine weitere Methode der Psychotherapie ist die Gestalttherapie; sie stammt aus Europa und war eine Reaktion auf die orthodoxen Methoden. In Europa wurde sie stark von der existentialistischen, in Amerika von der sozialorientierten Bewegung beeinflußt. Die Gestalttherapie wird heute in den Vereinigten Staaten noch vielfach praktiziert.

Die Gestalttherapie erhielt ihren Namen von der Schule der Gestaltpsychologie, die sich Ende des 19. Jahrhunderts in Deutschland entwickelte; sie war der Auffassung, der Mensch könne psychologisch nur von seiner Ganzheit her verstanden werden. Indes war die Gestalttherapie weniger ein unmittelbares Nebenprodukt der Gestaltpsychologie als eine Gegenbewegung gegen die Freudsche Analyse und eine Konsequenz der späteren existentialistischen Bewegung. Sie wurde von Frederick (Fritz) S. Perls nach Amerika gebracht, einem deutschen Psychiater, der seine Ausbildung noch unter Freud erhalten hatte und dann in die Vereinigten Staaten ausgewandert war.

Die Gestaltpsychologie vertritt das Prinzip, daß die Gesamtheit des menschlichen Verhaltens mehr sei als die Summe von Verhaltenselementen. Und die Gestalttherapie übernahm dieses Prinzip. Nach der von Perls entwickelten Theorie ist die Persönlichkeit das Ergebnis eines Prozesses ständiger Bildung und Auflösung von wahrgenommenen Gestalten oder wahrgenommenen Ganzheiten. Perls stimmte mit vielen seiner anti-Freudschen Zeitgenossen überein, die versuchten, der Psychoanalyse eine mehr humanistische Ausrichtung zu geben, die darin besteht, daß der Mensch versucht, sein Verhalten aufgrund seiner Wahrnehmungen zu kontrollieren. Indes erklärte Perls, der wichtigste Aspekt der Wahrnehmungen des Menschen sei ihre Organisation – ihre Ganzheit oder Gestaltheit. Mangelhafte Organisation auf der unbewußten Ebene sei die bei weitem wichtigste Ursache von Neurosen.

Die Gestalttherapie ist auf Über-Bewußtsein ausgerichtet. Das Ziel jedes Menschen sei es, die Gesamtheit seines Erlebens vollständig und richtig zu organisieren. Um das zu tun, muß er sich so vollständig wie möglich seiner selbst und anderer – seiner Ganzheit und Gestalt und der anderer – bewußt sein.

Die Therapie ist auch auf das Hier und Jetzt ausgerichtet: Sie konzentriert sich darauf, das Bewußtsein des Patienten vom Hier und Jetzt und seine Empfänglichkeit für unmittelbares Erleben aufzubauen, statt zu versuchen, frühere Probleme zu lösen und Verdrängtes aufzudecken. Nach Auffassung der Gestalttherapie bricht bei der Neurose der Prozeß der fortschreitenden Bildung und Auflösung von organisierten Gestalten zusammen. Daß diese Organisation der Persönlichkeit teilweise scheitert, beeinträchtigt den vollen Kontakt zwischen dem ganzen Sein des Neurotikers und seinem Selbst und der Umwelt. Es verhindert volles Bewußtsein und Spontaneität, um den gegenwärtigen Augenblick richtig erleben zu können. Der Neurotiker nimmt die Außenwelt nicht genau wahr und ist sich oft nicht einmal seiner Körperprozesse bewußt. Er vermag seine Bedürfnisse nicht offen zu äußern und sich auf sie einzustellen. Er ist ganz von sich in Anspruch genommen, und seine Verdrängung von bedeutsamen Erlebnissen verhindert die Bildung starker Gestalten, worunter das »erlebte Phänomen« verstanden wird. Der Neurotiker hat einfach den vollen Kontakt mit seiner »Gegenwart« verloren oder sich selbst daran gehindert, ihn aufzunehmen.

Perls rechtfertigte die Gestalt-Auffassung mit der Behauptung, sie sei die einzige Form der Therapie, die sich unmittelbar mit den realen Ängsten des Patienten befaßt. Die Freudschen Therapien seien »Darüber-reden-Philosophien«, das heißt, sie bestehen auf Distanz und innerem Abstand, während sie *über* Ängste reden. Andere Therapien seien »Du-solltest-Philosophien«; sie beruhten auf Unzufriedenheit mit dem, was ist, und konzentrierten sich auf das, was sein *sollte*. Wieder andere – besonders existentialistische Therapien mit ihrer Suche nach Sinn – seien »Philosophien des Warum«, ihnen gehe es nur um die Frage, *warum* etwas so ist, wie es ist. In der Gestalttherapie, sagte Perls, kommt es allein auf gegenwärtiges Erleben an.

Ebenso wie Reich glaubte Perls, daß die Persönlichkeit eine Panzerung aus Widerständen gegen neues Erleben und auch gegen die Behandlung sei. Aber er war der Meinung, die Panzerung könne überwunden werden, wenn der Patient davon abgehalten werde, über sich und seine Probleme zu reden, und vielmehr dazu angehalten werde, seine Gefühle und Einstellungen durch nicht-verbale Ausdrucksweisen zu offenbaren. Eine psychische Störung sei die Folge, wenn ein Individuum gewissen Dingen den Zugang zu seinem Bewußtsein verweigere; sein unvollständiges Bewußtsein mache ihn unfähig, die Dinge als sinnvolle Ganzheiten zu sehen. Das Ziel der Gestalttherapie ist es also, dem Patienten behilflich zu sein, die fehlenden Teile wiederherzustellen und eine voll integrierte Persönlichkeit zu erlangen, die zu umfassendem Bewußtsein, spontaner Reaktion auf die Umwelt und zu vollständiger Assimilierung des Erlebens fähig ist.

Perls hat eine deskriptive Theorie über den dynamischen Prozeß der Neurosenentstehung ausgearbeitet, die der Gestalttherapie ihre Wirkungskraft verleiht. Die Struktur der Neurose besteht danach aus fünf Schichten. Die erste ist die Schicht der *Klischees,* in der die zwischenmenschlichen Beziehungen nur aus Belanglosigkeiten bestehen. Die zweite ist die Schicht des *Spielens* oder des *»Als ob«;* der Neurotiker läßt nur eine Vorstellung von sich erkennen, nicht sein reales Selbst. Das ist nicht unähnlich der Theorie vom falschen Ebenbild Harry Stack Sullivans. Um etwas zu sein, das er nicht ist, treibt der Neurotiker Spiele und schlüpft in Rollen.

Was geschieht, wenn diese Schicht durchgearbeitet wird, wenn der Therapeut die Rollen beseitigt? Dann kommt die Anti-Existenz hervor, das Nichts, die Leere oder der tote Punkt, der gekennzeichnet ist durch eine *phobische* Haltung. Das ist die dritte Schicht. Auf dieses Gefühl von Sinn- und Ziellosigkeit folgt laut Perls das Erlebnis der *Implosion,* das heißt, der Neurotiker richtet seine Gefühle nach innen, statt nach außen – seine Energien sind erstarrt und verhärtet und nicht elastisch, spontan und expressiv. Wenn der Neurotiker aber dann mit der Leblosigkeit der implosiven Schicht in Berührung gekommen ist, wird die Implosion zur *Explosion,* und in dieser letzten Schicht sah Perls die Möglichkeit, die notwendige gestaltliche Reorganisation zu erreichen, um auf diese Weise die Neurose zu bewältigen. Im explosiven Stadium beginnt der Neurotiker endlich, seine aufgestauten Gefühle freizusetzen, wie abnorm sein Verhalten dann auch sein mag. Aber der Impuls, sich zu äußern, beherrscht ihn jetzt, und wenn diese Ausdruckskraft in Bahnen der »vollen gegenwärtigen Bewußtheit« gelenkt werden kann, vermag der Neurotiker ein »echter, ausdrucksfähiger, verantwortlicher, erlebender« Mensch zu werden.

Sollten Sie sich einer Einzel-Gestalttherapie unterziehen,[2] werden Sie sicher feststellen, daß Ihr Therapeut außerordentlich stark mit Ihrer gegenwärtigen Situation beschäftigt ist. So wie die Gestalttherapie heute praktiziert wird, bleibt die Frage unberücksichtigt, warum Ihr Leben so geworden ist, wie es ist, oder was die vorausgegangenen Ursachen Ihres Problems waren. Die beiden wichtigsten Wörter im Vokabular des Gestalttherapeuten sind »jetzt« und »wie« – es sind »die beiden Beine, auf denen die Gestalttherapie geht und steht«. Die Vergangenheit ist nicht mehr, die Zukunft noch nicht. »Nichts existiert außer dem Hier-und-Jetzt«, erklärt Perls.[3]

Der Therapeut wird sich ständig auf das konzentrieren, was Sie jetzt sind; er wird erreichen wollen, daß Sie sich als ein jetzt-fühlendes und jetzt-erlebendes Geschöpf sehen. Wahrscheinlich wird er höchst aggressiv sein, vielleicht sogar scheinbar tyrannisch bei seinen Versuchen, Ihre wahren, realen, jetzigen Gefühle ans Licht zu bringen. Er ist geschult worden, Sie als verantwortlich für Ihre eigene »Seinsweise« anzusehen; daher müssen Sie zuerst mit Ihrer Verantwortung konfrontiert werden. Letztlich werden nur Sie selbst sich gesund machen können.

Durch sein unablässiges Sondieren wird der Therapeut versuchen, das Bewußtsein Ihrer jetzigen Funktionen zu stärken. Er wird danach trachten, Ihre Erlebnisfähigkeit zu steigern, indem er zum Beispiel die Taktik anwendet, daß er Ihnen verbietet, das Wort »es« und andere indifferente oder passive Redewendungen zu gebrauchen, von denen er glaubt, daß sie ein Mittel seien, um wirkliches, emotionales Erleben zu vermeiden. Er wird Sie herausfordern, wenn er meint, daß Sie Spielchen treiben (was prak-

2 Die Gestalttherapie hat auch bei der Entwicklung der Encounter-Gruppentherapie, auf die ich gleich zu sprechen komme, eine wichtige Rolle gespielt.

3 *Gestalttherapie in Aktion*, Stuttgart 1974.

tisch dauernd der Fall sein wird, bis Sie in der Therapie versiert sind), und er wird Ihnen zusetzen, um Sie hinter Ihren psychischen Fassaden hervorzulocken. Er wird Ihre Emotionen auf Ihre körperlichen Empfindungen lenken, auf Ihre Wahrnehmungen von Ihrer Umwelt, auf Ihr sensorisches Bewußtsein und auf Ihre Gefühle für Sie selbst, für den Therapeuten und für andere – alles um der Erschließung Ihrer gegenwärtigen Erlebnisfähigkeit willen.

Der Gestalttherapeut sieht die Therapiebeziehung als eine Begegnung von zwei Menschen an, und diese Begegnung wird der Hauptmaßstab für die gegenwärtige Bewußtheit und das Erleben des Patienten oder Klienten.[4] Die Gestaltpsychologen halten nichts von der »Deutung der Übertragung«, die ein wichtiger Teil der orthodoxen Analyse ist; für sie ist die Therapie eine reale, interpersonale Begegnung mit allem, was das einschließt, nicht eine Beziehung zwischen einem Fachmann und einem Untergebenen oder ein künstliches Abhängigkeitsverhältnis.

Um Ihre Bewußtheit von Ihrem eigenen Erleben zu fördern, damit Sie Ihre Probleme selbst lösen können und nicht von dem Therapeuten abhängig werden, wird er während der Therapie direkte Fragen kaum jemals beantworten. Statt dessen wird er Sie auffordern, Ihre Fragen als positive Aussagen neu zu formulieren, weil er die Theorie vertritt, daß das Üben von positiven Einstellungen die einzige Möglichkeit darstellt, um die für eine Besserung Ihres Zustandes notwendigen Fertigkeiten im Wahrnehmen und Erleben zu erlangen. Würden Sie den Therapeuten zum Beispiel fragen: »Was stimmt mit mir nicht?«, dann würde er nicht antworten, sondern darauf bestehen, daß Sie den Satz umdrehen und sagen: »Etwas stimmt mit mir nicht, und ich möchte herausfinden, was es ist.«

Sie werden Ihre Träume erzählen müssen, aber auch hier besteht ein Unterschied zur Technik der traditionellen Psychoanalyse. Die Gestalttherapie ist gegen die direkte Deutung von Träumen durch den Therapeuten; sie möchte den Patienten vielmehr

[4] Wir kommen jetzt zu Therapien, bei denen oft der Begriff »Klient« statt »Patient« verwendet wird, und zwar aus Gründen, die ich bereits oben dargelegt habe.

dazu bringen, die Bedeutung seiner Träume selbst herauszufinden. Für den Gestaltpsychologen hat die genaue Deutung von Träumen wenig therapeutischen Wert; wichtig ist die Bedeutung eines Traums als Wahrnehmung des jetzigen Erlebens des Patienten. »Wir deuten den Traum nicht«, sagte Perls, »wir wollen ihn wieder zum Leben erwecken.«

Kurz und gut, der Gestalttherapeut ist sehr aktiv und direktiv in seiner Methode. Seine grundlegende Technik ist psychoanalytisch, aber viele der spezifischen Techniken der orthodoxen Analyse kehrt er um, weil sich seine Therapie auf Ihre gegenwärtige Bewußtheit und auf Ihre Verantwortung für Ihr eigenes Wohlbefinden konzentriert. Da er glaubt, daß Ihre gegenwärtige Persönlichkeit eine Panzerung aus Widerständen ist, die beseitigt werden muß, damit Sie Ihre Gefühle voll erfahren können, wird er Sie in eine oft heftige emotionale Interaktion hineinziehen, Ihre Aussagen in Frage stellen, Ihre Gedanken angreifen und ärgerlich zurückweisen, was er für Ihre Tricks hält. Gleichwohl wird er zeitweise voller Mitgefühl und Ermutigung sein und insgesamt die Rolle eines strengen, aber liebevollen und verständnisvollen Elternteils spielen.

Forschungsmaterial über die Gestalttherapie ist praktisch nicht vorhanden. Die Gestalttherapeuten sind auf das Erleben ausgerichtete, auf die Gegenwart konzentrierte Praktiker (in der Mehrzahl eher Psychologen als Ärzte) und sehr stark an nicht-verbalen Ausdrucksformen interessiert. Die meisten Variablen der Gestalttherapie schließen in der Tat nicht-verbale Faktoren ein, über die sich Untersuchungen schwer durchführen lassen. Deshalb ist es unmöglich, einer objektiven, endgültigen Beurteilung der Wirksamkeit der Therapie auch nur nahezukommen.

Wir können lediglich die Tatsache zur Kenntnis nehmen, daß die Gestalttherapie immer mehr Anklang gefunden hat, seit Perls sie in Amerika einführte. Um sich einer abgedroschenen Redewendung zu bedienen: Etwas Richtiges muß ja wohl dran sein; oder zumindest erweckt sie genügend Erwartungen, um die Sensibilität der Öffentlichkeit anzuregen.

Einige andere analytische Methoden

Wie bereits erwähnt, schossen in den Jahren nach dem Krieg in den Vereinigten Staaten neue psychoanalytische und pseudopsychoanalytische Theorien wie Pilze aus der Erde, hauptsächlich weil die Richtung der humanistischen Psychotherapie, die den sozialen Faktor betonte, immer mehr Einfluß gewann. Es schien, als hätte fast jeder Analytiker auf der Welt die wahre und bisher unentdeckte Heilmethode für Neurosen entdeckt.

Die große Mehrzahl dieser Theorien starb schon bei der Geburt. Gleichwohl sind die meisten der populären Therapieformen, die wir gerade betrachtet haben, das Vermächtnis dieser Jahre; sie haben die Blütezeit der orthodoxen Analyse in den 1950er Jahren überlebt und sind in letzter Zeit, nachdem die orthodoxe Analyse allmählich ihre Vormachtstellung eingebüßt hat, mehr in den Vordergrund getreten. Es gibt noch andere analytische Schulen, die aus diesen Jahren stammen, zwar nicht die Verbreitung fanden wie einige der von uns berücksichtigten Therapien, sich aber dennoch am Leben erhielten und heute in beschränktem Rahmen noch praktiziert werden. Es ist unmöglich, sie alle hier zu besprechen, nicht nur aus Raumgründen, sondern auch, weil die Ähnlichkeiten zwischen ihnen erheblich größer sind als ihre Unterschiede. Einige von ihnen sollen indes kurz erwähnt werden.

Rationale Psychotherapie

Diese Form der Analyse beruht auf den Gedanken des Psychologen Albert Ellis, der seine analytische Prägung über Alfred Adler und Karen Horney auf Freud zurückführt. Der rationale Psychotherapeut vertritt hinsichtlich der Neurosenursache die Theorie über den Einfluß sozialer Faktoren und die allgemeinen Techniken der traditionellen Analyse. Er glaubt, daß Persönlichkeitsprobleme aufgrund der Unfähigkeit des Individuums entstehen, den unmöglichen Maßstäben entsprechend zu leben, die er sich selbst setzt, als Folge der durch seine ererbte und soziale Umwelt an ihn gestellten Anforderungen.

In der Therapie versucht der Therapeut zu zeigen, wie irrational das Verhalten ist, zu dem der Patient durch seine unsinnigen Vorstellungsstrukturen gezwungen wird, die sich aus seinen ihm sozial auferlegten Maßstäben ergeben. Das Ziel der Therapie ist es jedoch nicht, die jeweilige Herkunft dieser Maßstäbe aufzuspüren, sondern den Patienten zu der Einsicht zu bringen, daß sie unrealistisch sind und daß ein weiteres Streben nach diesen Maßstäben es ihm unmöglich macht, in der Gegenwart rational zu leben. Der Patient muß also lernen, seine Maßstäbe einem mehr rationalen und erreichbaren Verhaltensmuster anzupassen.

Die rationale Psychotherapie entlehnt den größten Teil ihrer Theorie verschiedenen anderen Schulen, was ohne weiteres erkennbar sein dürfte. Ihre Anziehungskraft ist offenbar weitgehend darauf zurückzuführen, daß sie großen Wert auf die Gegenwart legt und daß sie pragmatische Methoden verfolgt, um psychische Schwierigkeiten zu beseitigen, die – wenn ihre Ursprünge auch anderswo liegen mögen – nach Ansicht des Patienten dringende Anliegen der Gegenwart sind.

Die Maslowsche Analyse

Dies ist eine weitere Variante des Freudschen Grundprinzips, die einen signifikanten Einfluß auf die Psychotherapie hatte, besonders auf die von Psychologen praktizierte Therapie. Diese Variante wurde in den Nachkriegsjahren von Abraham Maslow entwickelt, der bis zu seinem Tod Professor für Psychologie an der Harvard-Universität und Präsident der Amerikanischen Psychologischen Gesellschaft war.

Das Hauptcharakteristikum der Maslowschen Auffassung ist der Begriff der *Selbstverwirklichung.* Er postulierte, daß alle Menschen einen aktiven Willen zur Gesundheit haben; statt unter dem Einfluß einer starren und deterministischen psychischen Triebstruktur zu stehen, wie Freud behauptete, werden sie beherrscht von einer geschmeidigeren Hierarchie der Motivation, in der rein physiologische Bedürfnisse die am wenigsten wichtigen und rein psychische Bedürfnisse die wichtigsten sind. Maslows Hierarchie beruht auf seiner Beobachtung, daß die meisten

Menschen, selbst wenn ihre physiologischen Bedürfnisse voll befriedigt sind, für Neurosen anfällig sind. Wenn irgendein Bedürfnis nicht befriedigt wird, dann wird der Betreffende von diesem Bedürfnis beherrscht. Je höher der Rang ist, den das unbefriedigte Bedürfnis in der Hierarchie einnimmt, um so intensiver ist seine Herrschaft in psychischer Hinsicht. Das ist, roh umrissen, die Maslowsche Theorie der Neurosenbildung.

Zu den Bedürfnissen der höheren Rangordnung gehören Liebe, Zugehörigkeitsgefühl und Selbstachtung; die Bedürfnisse der höchsten Rangordnung sind Gerechtigkeit, Güte und Ordnung. Die Selbstverwirklichung findet statt, wenn alle diese Bedürfnisse befriedigt werden. Neurotische Störungen sind Anzeichen dafür, daß ein Bedürfnis oder mehrere nicht befriedigt werden. Das Ziel der Therapie ist, den Patienten zur Selbstverwirklichung zu führen, und zwar mit Hilfe analytischer Techniken, die ihm bewußt machen sollen, wie und warum seine dominierenden Bedürfnisse nicht befriedigt werden. Die Techniken sind ihrer Herkunft nach im wesentlichen Freudsche, wurden von Maslow aber abgewandelt, um das Bemühen um die Selbstverwirklichung des Patienten zu unterstützen.

Die Maslowsche Therapie hat im Laufe der Jahre stärkeren Einfluß durch theoretische Formulierungen ausgeübt als durch ihre praktische Anwendung. Dennoch gibt es heute noch Psychotherapeuten, die ihre Praxis auf dem Maslowschen Grundprinzip aufbauen, in genügender Zahl, um die Maslowsche Auffassung interessant zu machen.

Die Eriksonsche Analyse

Von allen analytischen Richtungen, die in der Nachkriegszeit als Reaktion auf den Freudschen Triebdeterminismus entstanden sind und die sozialen Faktoren berücksichtigen, scheint ironischerweise die Methode, die in letzter Zeit den stärksten Anklang fand, die Analyse wieder zu ihren Anfängen zurückgebracht zu haben. Es ist die ursprünglich von dem Harvard-Psychologen Erik Erikson vertretene Auffassung.

Damit soll nicht gesagt sein, daß die Eriksonsche Betrachtungsweise die Psychoanalyse in ihrer alten Form wiederhergestellt hat, sondern daß die Eriksonsche Analyse von allen Theorien nach Freud, die den humanistischen, zwischenmenschlichen Faktor hervorheben, dem Freudschen Modell am treuesten geblieben ist. Gewiß hat sie die Freudsche Theorie überarbeitet und auf den neuesten Stand gebracht, aber dennoch kommt sie heute von allen Nachkriegstheorien der orthodoxen Psychoanalyse am nächsten.

Erikson versuchte, die Freudsche Theorie neu zu formulieren, um sie in Einklang zu bringen mit den modernen Vorstellungen über die Auswirkungen von Gesellschaft und Kultur auf das Seelenleben des Menschen. Indem er das tat, erweiterte er Freuds Begriff vom Ich, räumte seiner Entwicklung vor denen der anderen psychischen Mechanismen Vorrang ein und fügte ihr Phasen hinzu, die über das Pubertätsalter, bei dem Freuds Konzeption stehengeblieben war, hinausgehen. Auch betrachtete er die Persönlichkeitsentwicklung nicht nur als psychosexuell, als entstanden aus der infantilen Sexualität, sondern als psychosozial, entstanden aus der Interaktion zwischen den biopsychischen Trieben des Menschen und den Umwelteinflüssen. Erikson glaubt, daß menschliches Wachstum *epigenetisch* sei – daß es sich nach den Richtlinien eines schon vorher bestehenden Plans entwickele, der, wenn er nicht durchkreuzt wird, in geistiger Gesundheit gipfelt. Wird der Plan indes durchkreuzt – sei es durch gestörte Triebregungen oder durch Umweltbelastung –, dann sind Neurosen die Folge. Und weil die Entwicklung des Menschen nicht nur durch Triebe, sondern durch Triebe *und* Umwelteinflüsse determiniert ist, liegt der unmittelbare Ursprung der Neurose nicht in dem ungelösten Ödipuskomplex, wie Freud meinte, sondern in der ungelösten *Identitätskrise,* die in der Adoleszenz eintritt.

Die Identitätskrise ist der Kernpunkt der Eriksonschen Analyse. Sie ist der entscheidende Maßstab für alles, was im Seelenleben eines Menschen zuvor geschehen ist, und die Determinante für alles, was nachher folgen wird. Daß der Patient sie erkennt und begreift, ist das Ziel der Therapie, denn nur durch ihre Auflösung im Bewußten und Unbewußten des Patienten kann die Neurose beseitigt werden.

Mit dem Postulat der Identitätskrise gelang es Erikson, sozial-existentialistische Ideen mit der orthodoxen Theorie zu verschmelzen, ohne grundlegende Freudsche Prinzipien gänzlich aufzugeben. Es war ein derart idealer Kompromiß, wie man ihn in den Jahren des Dogmenstreites nur hatte erhoffen können, und es gab (und gibt noch immer) viele Psychotherapeuten, die in der Eriksonschen Betrachtungsweise eine großartige Gelegenheit sehen, weiterhin eine mehr oder weniger traditionelle Analyse zu praktizieren, ohne unmodern zu erscheinen.

Die Eriksonsche Analyse verwendet praktisch alle Techniken der orthodoxen Analyse, mildert sie aber mit den Empathie-Sympathie-Techniken der humanistischen Therapien. Der Therapeut spielt eine viel aktivere Rolle und lenkt eher, statt autoritär zu bestimmen. Und da das Eriksonsche Grundprinzip erheblich weniger kompliziert ist als das Freudsche, verwendet er viel Zeit darauf, über Begriffe zu sprechen, die für die meisten Patienten realer und unmittelbarer sind als die verschnörkelten Begriffe der Freudschen Theorie. Bei diesen Konzepten handelt es sich vor allem um die Identitätskrise und ihre Auflösung. Da der Neurotiker die Identitätskrise als eine Art von emotionaler Grundlage seiner jetzigen Krise spürt und daher ihre Bedeutung, wie sie der Analytiker erklärt, leicht zu begreifen und ihre Merkmale aus der Erinnerung zurückzurufen vermag (im Gegensatz zu den Merkmalen des Ödipuskomplexes), erfordert die Eriksonsche Therapie im allgemeinen eine viel kürzere Zeit als die traditionelle Analyse.

Das Ergebnis scheint nach veröffentlichten Untersuchungen zu sein, daß die Eriksonsche Therapie eine höhere statistische Erfolgsrate hat als die streng Freudsche Analyse, vor allem auch deshalb, weil die kürzere Dauer die Patienten ermutigt, bis zum Ende durchzuhalten. Die von mir erwähnten Untersuchungen beruhen indes auf der Behauptung, daß das Erfolgsmoment in direktem Verhältnis zu der Zahl der Patienten steht, die die Therapie »vollenden«. Die tatsächliche Wirksamkeitsrate einer bestimmten Therapie läßt sich objektiv nur schwer ermitteln, wie alle, die es versucht haben, nur zu gut wissen. Daher kann man nicht viel über die Vorzüge der Eriksonschen Therapie gegenüber anderen Formen der Analyse sagen, abgesehen davon, daß sie eine kürzere und billigere Form der konventionellen Psychoanalyse ist. Ihr wirklicher therapeutischer Wert kann nur im Vergleich zum Wert der Psychoanalyse insgesamt beurteilt werden.

12. Die nicht-direktive Beratung oder klientenzentrierte Gesprächstherapie

Der erste großangelegte Versuch, ein völlig neues Verfahren der Psychotherapie zu entwerfen, wurde in der zweiten Hälfte der 1940er Jahre unternommen. Damals begann ein Psychologe mit Namen Carl C. Rogers, zu jener Zeit an der Universität von Chicago tätig, die von ihm »nicht-direktive Beratung« genannte Therapie zu praktizieren und zu lehren. Die Bezeichnung »nicht-direktiv« war der Niederschlag der Antipathie Rogers' gegen die autoritären und auf den Fachmann ausgerichteten psychoanalytischen Techniken, die damals in der Therapie vorherrschten. Später, als Rogers' Theorien sich durchzusetzen begannen, gab er seiner Methode den eher positiven Namen »klientenzentrierte Therapie«, um seine Ansicht zu veranschaulichen, daß es der Patient oder Klient und nicht der Therapeut sei, der in der Therapie die Richtung angeben solle.

Die gegenseitige Befruchtung psychoanalytischer Ideen, die in den unmittelbaren Vor- und Nachkriegsjahren zwischen Europa und Amerika stattfand, führte zu einer Art Aufweichung der doktrinären Haltung der Psychoanalyse und zur humanistisch-kulturellen Neuorientierung ihrer Auffassungen. Zu jener Zeit stand die angewandte Psychologie fast völlig unter dem Einfluß der analytischen Theorie in ihren immer vielfältigeren Formen. Doch Rogers fand, daß diese neuen Theorien hinsichtlich der Wirksamkeit wenige Verbesserungen gegenüber dem ursprünglichen Freudschen Modell boten. Er selbst war nicht von Freud oder einem anderen Träger der klassischen Analyse ausgebildet worden, doch war er als Student und junger Therapeut von Otto Ranks Schriften beeindruckt, besonders von Ranks Eintreten für die Willens- und Liebes-Therapie. Rogers übernahm einige Gedanken Ranks für seine eigene therapeutische Methode und stellte fest, daß die Patienten viel bereitwilliger reagierten als bei den orthodoxen analytischen Methoden. Sodann begann er über seine Methode in seinen Vorlesungen über angewandte Psychologie in Chicago zu sprechen. Er machte sich die Forschungseinrichtungen der Universität zunutze, legte seine Gedanken seinen Assistenten und Mitarbeitern zur kritischen Beurteilung vor und fand Beweise für die Vorzüge seiner Methode. Aus dieser Entdeckung entwickelte sich ein System, gefördert durch die Begeisterung einiger Fakultätskollegen und Schüler von Rogers, und bald machte er sich daran, eine Persönlichkeits- und Neurosentheorie aufzustellen, um seiner Methode den notwendigen theoretischen Unterbau zu geben.

Als Rogers die Einzelheiten seiner Theorie und Methode veröffentlichte – zuerst in Artikeln, dann in Büchern –, stieß er auf großen Widerstand (im Schatten von Freud) in den Kreisen der Psychotherapie. Seine Gedanken wurden als radikale Abweichung von der Orthodoxie angesehen und lösten heftige Reaktionen aus, die bis heute fortdauern. Ein Großteil der Kritik, die ihm zuteil wurde, ist der Tatsache zuzuschreiben, daß er gewagt hatte, eine Theorie über seelische Störungen zu formulieren, die Freud wenig, wenn überhaupt etwas verdankte. Vielleicht ist der Antagonismus auch auf die Fülle von Forschungsergebnissen zurückzuführen, mit denen Rogers seine Schriften anreicherte und die seine Gedanken eindrucksvoll bestätigten. Vorher hatte die Psychotherapie Forschungsunterlagen weitgehend vermieden und sich damit begnügt, ihre Annahmen und Argumente über Wirksamkeit und Erfolg ihrer Verfahren für sich sprechen zu lassen. Rogers führte neue Maßstäbe ein, um seine Behauptungen zu untermauern, und gefährdete damit die dogmatische Gewißheit der traditionellen Psychotherapie.

In Wirklichkeit waren trotz aller Debatten, die sie hervorriefen, Rogers Theorien gar nicht so radikal. Er stützte sich nicht nur sehr stark auf die methodologischen Überlegungen von Otto Rank, sondern auch auf die Theorien von Maslow, Fromm, Horney, Reik und Sullivan; die allgemeine Stoßrichtung seines Systems unterschied sich nicht wesentlich von der ihren. Rogers hielt die Persönlichkeitsentwicklung des Menschen für sozial beeinflußt und die Dynamik der Neurose für sozial determiniert, wie die Neo-Freudianer auch; nur bei seiner Auffassung von

Therapie ließen sich größere Unterschiede feststellen. Dennoch ist Rogers' theoretisches System sehr viel komplexer und erschöpfender als diejenigen der Neo-Freudianer; tatsächlich ist es nach dem Freudschen und Jungschen System wahrscheinlich die umfassendste und komplizierteste Auffassung über die psychische Natur des Menschen, die es je gegeben hat.

Für Rogers ist der einzig angeborene Trieb des Menschen, abgesehen von der Befriedigung seiner biologischen Bedürfnisse, sein Trieb zur *Selbstaktualisierung.* Die Selbstaktualisierung spiegelt sein Bedürfnis wider, sich zu entfalten und seine Erfahrung auf komplexere und kreativere Weise auszuweiten, wenn er heranreift. Dieser Trieb ist die fundamentale, die einzige Quelle psychischer Motivationen für das Verhalten des Menschen.

Im Kontext dieser Grundstruktur aus Trieb und Verhalten bezieht das Verhalten einer Person seinen besonderen Charakter aus ihrer einmaligen Realität. Die Realität eines Individuums wird jedoch gebildet durch seine *Wahrnehmungen der Realität.* Zwar mag es so etwas wie eine objektive, universelle, wahre Realität geben, aber was das Verhalten einer Person beeinflußt, ist nicht unbedingt das, was wahr ist, sondern das, *»was sie als wahr erfährt«.* Daher kann sich das Individuum nur in Übereinstimmung mit seiner *wahrgenommenen Realität aktualisieren.* Weil es innerhalb seiner wahrgenommenen Realität eine Vielzahl von das innere Wachstum und das Selbst fördernden Verhaltensweisen gibt, von Verhaltensweisen, die dazu beitragen können, sein Bedürfnis nach Selbstaktualisierung zu befriedigen, steht es dem Individuum frei, unter den Alternativen und Konsequenzen zu wählen, die seiner Wahrnehmung zugänglich sind.

Aufgrund dieser Auffassung von der psychischen Natur schreibt Rogers dem Menschen verschiedene psychische Mechanismen zu, die als regulierende Komponenten seiner Psyche anzusehen sind. Der vorrangige Mechanismus ist ein *organismischer Bewertungsprozeß,* durch den ein Individuum reflektorisch (unbewußt im Freudschen Sinne) seine ganze Erfahrung als geeignet oder ungeeignet für sein Bedürfnis nach Selbstaktualisierung bewertet. Wenn eine Erfahrung *organismisch* als geeignet *(positiv) bewertet* wird, dürfte das Individuum danach trachten, diese Erfahrung noch einmal zu machen. Wird eine Erfahrung organismisch als ungeeignet *(negativ) bewertet,* dann wird der Betreffende nicht danach trachten, die Erfahrung zu wiederholen, und damit verbundene Verhaltensweisen vermeiden.

Nach Rogers entwickelt sich die menschliche Persönlichkeit vom Kleinkindalter an auf diese Weise. Wegen seines angeborenen Triebs zur Selbstaktualisierung und infolge der Konfrontationen und Interaktionen mit seiner Umwelt, die das Kleinkind während seines Heranwachsens zum Kind und dann zum Jugendlichen erlebt, entwickeln sich beim Individuum mehrere Sub-Bedürfnisse, die als Übersetzungsmechanismen zwischen seiner äußeren Welt der Erfahrungen und seiner inneren Welt der Selbstaktualisierung wirken.

Der erste dieser Mechanismen ist ein *Konzept vom Selbst.* Rogers behauptet, als Folge des Selbstaktualisierungstriebes lerne das Individuum, zwischen seinen Erfahrungen zu unterscheiden: Einige Formen seiner Erfahrungen bringt es in Beziehung zu seiner Umwelt, andere in Beziehung zu seiner eigenen Funktionsweise, ungeachtet seiner Umwelt. Das letztere nennt Rogers *Selbsterfahrung;* er sagt, wenn ein Individuum beginnt, um seine Erfahrungen herum Wahrnehmungen zu organisieren, dann entwickelt es ein Selbst-Konzept.

Aus dem Selbst-Konzept, das auf der Beziehung zur Umwelt basiert, ergibt sich der nächste Vermittlungsmechanismus, nämlich der zwischen der äußeren und der inneren Welt: Dies ist ein *Bedürfnis nach positiver Zuwendung.* Dieses Bedürfnis ist ein wichtiger Bestandteil der Theorie Rogers', denn es ist seiner Ansicht nach *der* Mechanismus, auf dem die Neurose beruht. Wenn ein Mensch beginnt, sein Konzept vom Selbst gegen seine Umwelt – besonders seine soziale Umwelt – abzuwägen, dann erfährt und lernt er, daß die Zuwendung anderer ihm gegenüber einen äußerst entscheidenden Einfluß auf sein Selbst-Konzept hat. Fehlt es ihm an Zuwendung von anderen, ist die Zuwendung negativ, dann leidet sein Selbst-Konzept; ist die Zuwendung positiv, dann wird das Selbst bereichert. Deshalb strebt der Mensch nach positiver Zuwendung von seiten anderer.

Aber indem er das tut, gerät dieses Sub-Bedürfnis in Konflikt mit seinem primären Trieb zur Selbstaktualisierung. Das Streben nach positiver Zuwendung seitens anderer, ein angelernter Trieb, kann eine stärkere Antriebskraft im Verhalten eines Menschen werden als sein angeborener Trieb zur Selbstaktualisierung – ein Trieb, der auf der inneren Bewertung der Erfahrungen (dem organismischen Bewertungsprozeß) beruht, einer Bewertung, die seine Wahrnehmungen von der Realität bestimmt. Dieser Konflikt kann möglicherweise zur Folge haben, daß das Individuum seine Wahrnehmungen der Realität nicht mehr durch seine Selbsterfahrung bezieht, sondern durch die Erfahrungen anderer, so daß es falsche Wahrnehmungen aufnimmt. Diese werden seine, die Selbstaktualisierung fördernde Realität verzerren und sein Selbst-Konzept allmählich unterminieren – zwei Prozesse, die dem neurotischen Prozeß zugrunde liegen.

Der Konflikt kann indes noch ein anderes Ergebnis nach sich ziehen, und zwar entsteht ein *Bedürfnis nach positiver Selbstzuwendung*, dem dritten wichtigen Mechanismus der psychischen Entwicklung. Mit *positiver Selbstzuwendung* reagiert der selbstaktualisierende Trieb auf ein übermäßiges Bedürfnis nach Zuwendung seitens anderer. Dadurch wird dieses Bedürfnis abgeschwächt, der Kampf zwischen Selbstzuwendung und Trieb zur Selbstaktualisierung beigelegt und möglicherweise der angeborene Trieb gegenüber dem angelernten Trieb verstärkt.

Allerdings besteht auch hier eine Gefahr: Wenn eine bestimmte selbstaktualisierende Erfahrung keine positive Zuwendung seitens anderer findet, wird sie aufgrund eines Assoziationsprozesses zum Signal dafür, daß das Individuum keine Selbstzuwendung erhalten wird. So kommt ein vierter Mechanismus ins Spiel, der die selbstaktualisierenden Strebungen des Individuums schützt; Rogers nennt diesen Mechanismus *Wertbedingungen (conditions of worth).*

Unter Wertbedingungen versteht Rogers Zustände, in denen ein Individuum sich nur bedingt bewertet – das heißt, nur wenn es gewissen internalisierten Normen entspricht. Wenn ein Individuum erfährt, daß seine Selbsterfahrungen positive Zuwendung seitens anderer nach sich ziehen oder auf andere Weise damit verknüpft sind, dann erzeugen sie positive Selbstzuwendung.

Wenn Selbsterfahrungen jedoch negative Zuwendung seitens anderer zur Folge haben, dann erzeugen sie negative Selbstzuwendung.

Werden Selbsterfahrungen zu einer Quelle negativer Selbstzuwendung, dann geraten die Erfahrungen in Konflikt mit dem Bedürfnis des Individuums nach positiver Selbstzuwendung – mit seinem fundamentalen Bedürfnis insofern, als es der Reflex seines einzig angeborenen seelischen Triebs ist, der Selbstaktualisierung. Wenn dieser Trieb nach Selbstaktualisierung – das Streben des Individuums, sein wahres Selbst zu manifestieren – auf diese Weise mit negativer Selbstzuwendung assoziiert wird, dann entstehen *Wertbedingungen.*

Wertbedingungen sind also Schutzmechanismen des selbstaktualisierenden Triebs. Aber paradoxerweise dienen sie auch dazu, die Selbstaktualisierung zu *verhindern;* wenn bestimmte Aspekte des Selbst eines Individuums unannehmbar werden, kann das Individuum sein Selbstbild nur unter der Bedingung aufrechterhalten, daß die unannehmbaren Aspekte nicht genau wahrgenommen werden. Seine Wahrnehmungen der Realität oder eines Teils davon sind ungenau, die Wahrnehmungen seines Werts bedingt. Wenn es also nach Selbstaktualisierung strebt, wird sein Streben durch seine Wertbedingungen vereitelt.

Rogers geht in seiner Theorie dann der weiteren Dynamik der Neurosenbildung nach und kommt zu folgender Ansicht: Weil durch den Konflikt zwischen dem wahren inneren Bedürfnis und dem falschen äußeren Bedürfnis Wertbedingungen entstehen, ergibt sich beim Individuum eine *Inkongruenz* zwischen seinem Selbst und seinen Erfahrungen. Haben sich einige Selbsterfahrungen in Quellen negativer Selbstzuwendung oder negativen Selbstwerts verwandelt, dann versucht das Individuum reflektorisch zu vermeiden, daß es sie wahrnimmt, indem es ihnen in seinem Bewußtsein falsche Bedeutungen zuweist. Es verzerrt diese Erfahrungen, damit sie mit seinem jetzt fehlerhaft wahrgenommenen Selbst übereinstimmen. Der Konflikt zwischen dem wahrgenommenen Selbst – einem falschen Bild – und dem angeborenen selbstaktualisierenden Trieb – nach einem wahren Bild – verstärkt sich.

Das Individuum bemüht sich, den Konflikt dadurch zu bewältigen, daß es beginnt, seine Selbsterfahrungen selektiv wahrzunehmen, damit sie mit seinen schutzgewährenden, aber falschen Wertbedingungen übereinstimmen, womit es die Wahrnehmungen seines Selbst weiter verzerrt. Weil es so dringend darauf angewiesen ist, sich weiterhin selbst zu bewerten, kann das Individuum nicht ertragen, daß die Selbsterfahrungen nicht mit seinen Wertbedingungen übereinstimmen.

Damit vollzieht sich ein weiterer Schritt im Neurosenprozeß. Da die Selbsterfahrungen eines Individuums sich gewöhnlich in seinem Verhalten manifestieren oder damit verknüpft sind, werden einige Verhaltensäußerungen mit dem verzerrten Konzept seines Selbst übereinstimmen. Andere haben indes mit Selbsterfahrungen zu tun, von denen das Individuum gelernt hat, sie wegen negativer Zuwendung nicht zu akzeptieren – obwohl sie doch wahre Äußerungen sind, denn sie werden von seinem Trieb zur Selbstaktualisierung ausgelöst. Wenn Selbsterfahrungen, die auf dem Selbstaktualisierungstrieb beruhen, und auch die daraus resultierenden Verhaltensweisen für das Individuum unannehmbar sind – das heißt, wenn sie seine Wertvorbehalte bedrohen oder verletzen –, dann werden diese Erfahrungen und Verhaltensweisen nicht richtig wahrgenommen. Sie werden von dem Individuum reflektorisch verleugnet oder auf verzerrte oder selektive Weise wahrgenommen, damit sie mit dem verzerrten Selbst übereinstimmen.

Da die Selbsterfahrungen eines Individuums immer von seinem angeborenen Trieb zur Selbstaktualisierung angeregt werden und da dieser Trieb unaufhörlich weiterwirkt, setzen sich auch die Selbsterfahrungen fort, obwohl sie im Widerspruch zum Selbst stehen oder *inkongruent* sind. Der anhaltende Konflikt zwischen innerlich motivierter Selbsterfahrung und äußerlich entstandenen Wertbedingungen (entstanden durch die negative Zuwendung seitens anderer in der jeweiligen Gesellschaft) führt schließlich zu Angsterfahrungen.

Angst ist nach Rogers' Theorie eine Reaktion auf und ein Widerstand gegen die Drohung, wahre selbstaktualisierende Erfahrungen könnten das Übergewicht über verzerrte Erfahrungen erlangen und im Bewußtsein des Individuums richtig symbolisiert werden. Falls die wahren Wahrnehmungen in sein Bewußtsein eindringen sollten, würden sie seinen verzerrten Wahrnehmungen widersprechen, gegen seine Wertbedingungen (die selbst verzerrt sind) verstoßen und die Befriedigung seines Bedürfnisses nach positiver Selbstzuwendung verhindern.

Wenn Sie den ziemlich gewundenen Aufbau dieser Theorie aufmerksam verfolgt haben, werden Sie sich erinnern, daß das Bedürfnis nach positiver Selbstzuwendung sozial erlernt und das Ergebnis welcher Verzerrungen in den Selbstwahrnehmungen des Individuums auch immer ist, die notwendig sind, um dieses Bedürfnis zu befriedigen. Weil wahre Wahrnehmungen aufgrund der negativen Zuwendung seitens anderer in der Gesellschaft für das Selbst-Konzept des Individuums unannehmbar geworden sind, bedrohen sie jetzt sein Bedürfnis nach positiver Selbstzuwendung. Sie müssen daran gehindert werden, in das Bewußtsein des Individuums einzudringen, damit sie seine Wahrnehmungen nicht als das enthüllen, was sie sind, und das Individuum dadurch der Sicherheit seiner auf Verzerrung beruhenden Selbstzuwendung berauben. Angst ist der Hauptmechanismus des Widerstands gegen diese Bedrohung. Sie ist auch das Hauptsymptom; sie verrät, daß das Individuum ein verzerrtes Bewußtsein hat. Letztlich ist sie selbst eine verzerrte Erfahrung, der Höhepunkt und die Summe aller früheren verzerrten Erfahrungen des Individuums. Sie ist stärker als jeder andere Mechanismus und hindert das Individuum daran, signifikante und wahrhaft selbstaktualisierende Erfahrungen in sein Bewußtsein aufzunehmen. Wenn sein Bewußtsein sich in starkem Maße gegen solche Erfahrungen absperrt, kommt es zur Neurose.

Angst als Abwehr erzeugt beim Individuum eine immer größere Inkongruenz zwischen seinem vitalen, angeborenen Bedürfnis nach Selbstaktualisierung und seinem Bedürfnis nach positiver Selbstzuwendung. Diese Inkongruenz läuft auf weitere Angst hinaus, die sich in einer Fülle von Abwehren und Abwehrverhalten niederschlägt. Weitere Wahrnehmungsentstellung, die eintritt, wenn das Individuum sich abmüht, seine Selbst-Struktur im Einklang mit seinen Wertbedingungen zu halten, ist eine dieser Abwehrmaßnahmen. Andere gehören zu den klassischen Formen neurotischen Verhaltens wie Rationalisierung und Phobien. Ernstere psychotische Verhaltensweisen wie Paranoia und schizoide Zustände zählen ebenfalls dazu.

Um diesen Prozeß umzukehren, entwickelte Rogers eine Reihe von allgemeinen Zielen der Psychotherapie. Das wichtigste ist, daß der Klient seine Wertbedingungen reduzieren und gleichzeitig seine *bedingungslose* positive Selbstzuwendung verstärken muß. Damit werden die normalen oder fast normalen Funktionen seines fundamentalen selbstaktualisierenden Triebs wiederhergestellt, sein Bewußtsein wird für unverzerrte Wahrnehmungen und Selbsterfahrungen wieder aufgeschlossen, und der Klient wird in die Lage versetzt, bedingungslose positive Selbstzuwendung und vollständige Selbstaktualisierung zu erreichen.

Das wird, wie Roger behauptete, am besten erzielt, wenn der Therapeut einen Gegensatz darstellt zu den Figuren im Leben des Klienten, die ihm keine oder nur eine negative Zuwendung boten und damit den Kreislauf in Gang setzten, der ihn Wertbedingungen aufstellen ließ, um sein Bedürfnis nach positiver Selbstzuwendung zu befriedigen. Mit anderen Worten, der neurotische Zustand des Klienten entsprang ursprünglich der negativen Zuwendung, die in der Vergangenheit seine Selbsterfahrung bei anderen auslöste; der Therapeut muß daher als ein *signifikant anderer* erscheinen, der dem Klienten absolut positive Zuwendung entgegenbringt und diese Zuwendung in »einem Milieu einfühlenden Verständnisses« mitzuteilen vermag.

Rogers' Therapie wurde zuerst aufgrund dieser geforderten Empathie »nicht-direktiv« genannt – der Therapeut soll den Klienten ermutigen, über seine Schwierigkeiten zu sprechen, und verständnisvoll zuhören. Der Name wurde später in klientenzentrierte Therapie umgewandelt, nicht nur, um besser zu veranschaulichen, daß sich die Therapie auf den Klienten konzentriert, sondern auch, weil der Klient dank seines angeborenen Triebes zur Selbstaktualisierung über ein unmittelbares Potential inneren Wachstums verfügt – dank eines Triebes, der nie ausgelöscht wird, wie sehr er auch durch den verzerrten Trieb zu positiver Selbstzuwendung überlagert sein mag.

Die klientenzentrierte Therapie, erheblich weniger kompliziert, hält sich genau an Rogers' Persönlichkeits- und Neurosentheorie. Der Schlüssel der therapeutischen Methode ist Rogers' Glaube an das angeborene Streben nach Selbstaktualisierung. Da dieses Streben der fundamentale Antrieb zur Entwicklung und Entfaltung der Persönlichkeit ist, wird der Therapeut geschult, Bedingungen zu schaffen, unter denen sich der Klient entfalten kann, ohne daß der Therapeut diese Entfaltung lenkt oder arrangiert. Wenn der Therapeut, so wird behauptet, die richtige Atmosphäre herstellen kann, dann wird die angeborene Wachstumsmotivation des Klienten ihm die Richtung weisen, die er einschlagen muß. Wachstum ist gleich Selbstaktualisierung, und Selbstaktualisierung ist gleich echtes und unverzerrtes Bewußtsein, das durch richtig wahrgenommene und positiv bewertete Selbsterfahrungen erlangt wird. Selbsterfahrungen können nur richtig wahrgenommen und positiv bewertet werden, wenn sie mit Hilfe des inneren selbstaktualisierenden Triebs des Klienten ins Bewußtsein steigen. Daher kann der Klient inneres Wachstum einzig und allein durch seine eigenen Wahrnehmungen erreichen, nicht durch die ihm auferlegten (die in erster Linie die Ursache seiner Probleme waren). Der Therapeut kann dabei nur für die richtige Atmosphäre sorgen.

Wie tut er das? Vor allem zeigt er dem Klienten vom ersten Augenblick der Therapie an, daß er selbst nur dazu da ist, ihm unbegrenzte positive Zuwendung zuteil werden zu lassen. Dann erklärt er dem Klienten, er sei in einem Zustand der *Inkongruenz;* zu Beginn der Therapie sei er aber verständlicherweise inkongruent, was den Therapeuten und seine Beziehung zu ihm angehe. Er dagegen, der Therapeut, sei in einem Zustand der *Kongruenz* und bereits in die Beziehung integriert.

Weiterhin erklärt der Therapeut, aufgrund seiner Kongruenz empfinde er bereits eine bedingungslose positive Zuwendung für den Klienten. Der Therapeut hat gelernt, einfühlendes Verständnis für das innere Bezugssystem des Klienten aufzubringen, und wird sich bemühen, diese seine Erfahrung auf den Klienten zu übertragen, in der Hoffnung, daß a) der Klient den Therapeuten als wünschenswerten und signifikanten »anderen« wahrnehmen wird und b) der Klient in der Kongruenz des Therapeuten ein verheißungsvolles Vorbild sehen wird, dem er nacheifern kann.

Sobald der Therapeut sein einfühlendes Verständnis und seine bedingungslose positive Zuwendung – sei es auch nur in minimalem Ausmaß – erfolgreich vermittelt, werden keine weiteren Maßnahmen von seiner Seite für notwendig gehalten, um die richtigen Vorbedingungen für den Beginn der Therapie zu schaffen.

Die klientenzentrierte Therapie ist eine wechselseitige Gesprächserfahrung. Die Therapie geht sozusagen rückwärts, das heißt, sie versucht, denselben Weg in umgekehrter Richtung zurückzulegen, auf dem die jetzige neurotische Angst des Klienten sich vorwärts bewegt hatte. Sie beginnt damit, daß der Klient von seinen gegenwärtigen Schwierigkeiten spricht, sie erklärt und dann allmählich auf die Art der unmittelbar vorangegangenen Schwierigkeiten zu sprechen kommt, die das jetzige Problem herbeigeführt haben; dann geht er noch weiter zurück zu der dritten Gruppe von Schwierigkeiten, zur vierten, zur fünften, oder wie viele Schwierigkeiten auch immer bis zu seiner frühen Kindheit er aufzeigen kann. Im Verlauf des Gesprächs wird der Therapeut einleuchtende Bemerkungen nach Art von Deutungen von sich geben, die auf den Hauptgesichtspunkten der Rogersschen Theorie beruhen. Er wird den Klienten in Diskussionen verwickeln über sein Bewußtsein, seinen selbstaktualisierenden Trieb, seine Selbsterfahrungen, seine Selbstwahrnehmungen, seine Wertbedingungen und so weiter, bis der Klient mit diesen Begriffen vertraut ist und sie allmählich ohne Hilfe des Therapeuten in Verbindung zu sich selbst bringen kann.

Wenn der Klient seine psychische Vorgeschichte im Sinne der Rogersschen Theorie begreift, wird er vorläufige Einsichten gewinnen und Entdeckungen über sich machen. Jede Entdeckung kommt durch sein Reden zustande, und dann und wann wird er in seinen Erinnerungen innehalten, um dem Therapeuten Fragen über deren Bedeutung zu stellen.

Der Therapeut wird natürlich darauf eingehen und die Begeisterung des Klienten über eine bestimmte gewonnene Einsicht teilen. Aber nach einer nur oberflächlichen Deutung – die vor allem darauf abzielt, die Frage des Klienten in ein bestimmtes Bezugssystem zu stellen – wird er die Fragen an den Klienten zurückgeben und ihm gut zureden, er solle die endgültigen Deutungen selbst finden.

Sobald dieser Prozeß der Einsicht und Entdeckung beginnt, nimmt im allgemeinen die Begeisterung des Klienten für die Therapie zu, und gewöhnlich behauptet er, seine seelische Gesundheit habe sich erheblich gebessert. Sein Enthusiasmus, obwohl vom Therapeuten gefördert, wird höchstwahrscheinlich, soweit er sich darauf bezieht, daß er sich besser fühlt, verfrüht sein. Er mag sich wirklich besser fühlen – die nicht-direktive Freundlichkeit des Therapeuten in Verbindung mit seinen eigenen Entdeckungen erfüllen ihren Zweck –, aber vom Standpunkt des Therapeuten hat er noch eine lange Wegstrecke vor sich, bis die letzten Ziele der Therapie erreicht sind.

Die klientenzentrierte Therapie verwendet im Gegensatz zu den meisten anderen Therapien keine spezifischen Techniken. Sie ist nicht-direktiv; so könnte man verkürzt ihre Technik nennen. Sie hält sich an drei allgemeine therapeutische Regeln – *Kongruenz des Therapeuten, bedingungslose positive Zuwendung* und *einfühlendes Verständnis,* die zwar überaus wichtige Bestandteile der klientenzentrierten Methode sind, aber eher als Einstellungen denn als Techniken zu bezeichnen sind. Gerade dann, wenn sich der Enthusiasmus des Klienten zu verstärken beginnt, muß der Therapeut mit diesen drei Einstellungen höchst behutsam umgehen, denn jetzt ist der Klient soweit, daß er einige der Gefühle empfinden kann, die er so lange aus seinem Bewußtsein verdrängt hat.

Kongruenz des Therapeuten bedeutet, daß er in seinen Gefühlen für den Klienten aufrichtig und ehrlich zu sein vermag. Sie bedeutet weiter, daß er mit den Gefühlen, die er empfindet, umgehen kann, soll heißen, er ist imstande, seine Gefühle zu »leben«, sie in seiner Beziehung zum Klienten zu zeigen und, wenn es angebracht ist, zu übertragen.

Die Bedeutung der Kongruenz des Therapeuten beruht auf Rogers' Überzeugung, daß alle therapeutischen Bedingungen miteinander verknüpft sind und sich gegenseitig beeinflussen, während sie auf den Klienten einwirken. Empathie und positive Zuwendung können in der Therapiebeziehung nur bedeutungsvoll sein, wenn sie aufrichtig sind und vom Klienten und vom Therapeuten auch so aufgefaßt werden. Dem Therapeuten ist beigebracht worden, daß er der sein muß, der er ist, daß er keine professionelle Fassade und keine Pose autoritärer Zurückhaltung annehmen darf.

Die zweite Einstellung, die der Therapeut zu vermitteln sucht, ist die der verläßlichen und unerschütterlichen Herzlichkeit, die zu verstehen gibt, daß ihm an dem Klienten liegt und er ihn schätzt. Das ist die bedingungslose positive Zuwendung des Therapeuten, und es liegt auf der Hand, daß sie dem Versuch gilt, den Prozeß umzukehren, durch den die Wertbedingungen des Klienten geschaffen wurden. Der Therapeut wird durch Wort und Tat den Eindruck vermitteln, daß er den Klienten so, wie *er ist*, schätzt, und wird ihm klarmachen, daß es ihm freisteht, seine eigenen Gefühle und Selbsterfahrungen zu besitzen, ohne daß er Gefahr läuft, die Zuwendung seines Therapeuten zu verlieren.

Richtiges, einfühlendes Verständnis seitens des Therapeuten ist das dritte Erfordernis einer wirkungsvollen klientenbezogenen Therapie. Empathie entsteht aus der Fähigkeit des Therapeuten, die jetzige Erfahrung des Klienten aufgrund der Therapiebeziehung von einem Augenblick zum anderen genau zu erspüren. Seine Empathie für die Innenwelt und die Meinungen des Klienten erweckt bei dem Klienten das sichere Gefühl, daß der Therapeut ihn versteht und akzeptiert. Mehr noch, nach Auffassung der klientenbezogenen Therapie ist die Tatsache, daß der Therapeut zu verstehen versucht, dazu geeignet, dem Klienten klarzumachen, daß der Therapeut ihn als Menschen ansieht, der es wert ist, daß man ihn versteht und schätzt.

Im weiteren Verlauf der Therapie wird der Klient im Idealfall durch Beobachten des Therapeuten von sich aus die Vorzüge der Kongruenz und die angenehmen Auswirkungen der bedingungslosen positiven Zuwendung erkennen. Die positive Zuwendung des Therapeuten fördert seine bedingungslose positive Selbstzuwendung, und bald wird sein Bewußtsein aufgeschlossen sein für seine selbst gewonnenen Einsichten, Entdeckungen und

Wahrnehmungen über sich selbst. Wenn der Klient den Kontakt zwischen sich und dem Therapeuten deutlich wahrnimmt, wird er sich darüber klar, was ihm gefehlt hat, und er wird sich dies um so stärker wünschen. Die gegensätzlichen Einstellungen des Therapeuten stacheln seinen selbstaktualisierenden Trieb an, und er beginnt, früher unterdrückte Gefühle und Erfahrungen in sein Bewußtsein steigen zu lassen. Das führt zu bedingungsloser Selbstzuwendung, und an diesem Punkt, so heißt es, sei der Klient zu echter Selbstaktualisierung und bestmöglicher Entfaltung fähig.

Daß die klientenzentrierte Therapie so viel Anklang findet, mag auf die Tatsache zurückzuführen sein, daß sie so trefflich zu demokratischen Traditionen paßt; der Klient wird als Gleichberechtigter behandelt, ihm wird die Verantwortung für seine Heilung übertragen, ohne daß in ihm das Gefühl geweckt wird, er müsse sich der Kontrolle durch Autoritäten oder Fachleute unterwerfen. Die klientenzentrierte Therapie entspricht auch der pragmatischen, problemlösenden Natur des westlich-demokratischen Charakters, und obwohl sie auf einer ausgeklügelten Theorie beruht, ist ihre Methode relativ einfach, direkt und leicht verständlich.

Kritiker behaupten, die klientenzentrierte Methode der Therapie sei naiv und oberflächlich und könne nur bei der Behandlung der leichteren Neuroseformen erfolgreich sein. Einige der Kritiken können mit dem Argument abgetan werden, daß sie von Vertretern therapeutischer Richtungen erhoben werden, in denen der Therapeut der »Star« ist; ihnen ist der Gedanke an eine Therapie unbehaglich, bei der der Therapeut eine so demokratische Rolle spielt wie der klientenbezogene Therapeut. Andere Kritiken sind indes nicht so leicht von der Hand zu weisen.

Zunächst stellt der klientenzentrierte Therapeut keine Diagnose; er setzt voraus, daß alle Neurosen von verhinderter Selbstaktualisierung herrühren. Dann nimmt er an, daß der kranke Klient imstande sei, den Verlauf der Therapie selbst zu bestimmen. Aber wenn er das vermag, dann sollte er auch imstande sein, sein Leben selbst in Ordnung zu bringen, und benötigte keine Therapie. Außerdem geht die klientenbezogene

Therapie von der Voraussetzung aus, daß die Selbstaktualisierung ein universeller, angeborener Trieb des Menschen sei. Diese Hypothese ist nie bewiesen, nicht einmal das Vorhandensein des Triebs zur Selbstaktualisierung ist nachgewiesen worden.

Diese letztere Kritik ist sicherlich stichhaltig, aber sie gilt auch für die meisten anderen Psychotherapien, deren Grundprinzipien allesamt auf unbewiesenen Hypothesen beruhen. Was die anderen Einwände betrifft, so hat sich in dieser Hinsicht die starke Forschungsausrichtung der klientenzentrierten Methode als Trumpfkarte erwiesen. Die Forschung war auf zwei Bereiche abgestellt: auf die Wirksamkeit der Rogersschen Theorie und auf die Wirksamkeit der klientenzentrierten Praxis. Bisher hat sie die Theorie nicht erhärtet; immerhin hat sie bewirkt, daß die Theorie aufgrund entmutigender Resultate ständig überprüft wurde. Indes hat die Forschung viel zur Erhärtung der Behauptung beigetragen, daß die klientenzentrierte Therapie trotz ihrer strittigen Theorie wirksam ist. Sie erklärt nicht, warum und wie, aber aus den nüchternen, nackten Zahlen geht hervor, daß die klientenzentrierte Therapie – über das ganze Spektrum der Neurosen hin – eine beträchtlich höhere Erfolgsrate hat als alle anderen, bisher von mir besprochenen Therapien. Ermutigend dabei ist, daß – obwohl es äußerst schwierig ist, Erfolge in der Psychotherapie objektiv und schlüssig zu beurteilen – die klientenzentrierte Therapie ihre Untersuchungen und Erkenntnisse unparteiischer Überprüfung unterworfen hat, was die anderen Therapien nicht getan haben, sondern statt dessen Erfolge verkündeten. Zum größten Teil haben diese Erkenntnisse der Prüfung standgehalten.

Um es zu wiederholen, niemand weiß, warum die klientenzentrierte Therapie bei der Neurosenbehandlung wirksamer zu sein scheint als, sagen wir, die Psychoanalyse oder die Gestalttheorie. Vielleicht trifft es zu, daß die überwiegende Mehrheit der Menschen, die eine Psychotherapie aufsuchen, im allgemeinen nur an leichteren Formen neurotischer Störungen leiden. Dann würde es zutreffen, daß die Mehrzahl derjenigen, die sich der klientenbezogenen Therapie unterziehen, auch nur an einer leichten Neurose leidet; und vielleicht spricht eine leichte Neurose, da sie nur einen gewissen Mangel an Verhaltenskontrolle bedeutet, am besten auf eine Therapie an, bei der der Klient das Gefühl haben kann, er sei es, der im Grunde die Kontrolle wiedererlangt. Vielleicht spricht eine leichtere Neurose, die darauf schließen läßt, daß der Neurotiker noch weitgehend Kontrolle über seine Funktionen besitzt, nicht auf kompliziertere und autoritärere Therapien an.

Wenn all dies zutrifft, dann wäre auch die Behauptung richtig, daß nur ein kleiner Prozentsatz der psychotherapeutischen Patienten unter schweren Neurosen leidet. Wenn die klientenzentrierte Therapie bei schweren Neurosen nicht helfen kann, wie ihre Kritiker aus den autoritäreren und eher direktiven Schulen behaupten, dann würde sich nach den Gesetzen der Logik ergeben, daß die autoritäreren analytischen Psychotherapien bei schweren Neurosen noch weniger wirkungsvoll sind als bei leichten Formen – eine Schlußfolgerung, die von den meist unparteiischen Untersuchungen bestätigt wird.

All das sind natürlich Mutmaßungen. Es mag auch sein, daß die klientenzentrierte Therapie, weil sie demokratischem Geist und dem Bemühen um Problemlösung entspricht, von allen Psychotherapien am besten in Einklang mit dem amerikanischen Grundbedürfnis steht, das zu bewältigen, was »amerikanische Neurose« genannt werden kann.

13. Die Lerntherapie

Als in den Nachkriegsjahren Freuds deterministisches Modell an Einfluß verlor und die psychotherapeutische Theorie ihre Aufmerksamkeit verschiedenen Auffassungen zuwandte, die kulturelle und soziale Umwelteinflüsse in Rechnung stellen, tauchte ein Themenkomplex auf – er ist Ihnen wahrscheinlich schon aufgefallen –, der die Psychotherapie revolutionieren sollte, auch wenn er zu jener Zeit weitgehend übersehen wurde. Bei diesem Thema geht es um folgende Überlegung: Wenn Neurosen durch die soziale Umwelt determiniert werden, dann müssen auch die Bedingungen und Mechanismen, die Neurosen hervorrufen, durch die Umwelt determiniert und sozial erworben oder angelernt sein.

Als sich das Interesse für die psychotherapeutische Praxis nicht mehr ausschließlich auf den ärztlichen Bereich beschränkte, sondern sich auch auf die Disziplinen Psychologie, Soziologie und Pädagogik ausdehnte, begannen sich immer mehr nicht-ärztliche Therapeuten mit dem Konzept des Lernens zu befassen. Das Ergebnis war die Entwicklung einer völlig neuen Theorie, der Lerntheorie, die die menschliche Persönlichkeit, den Einfluß des Lernens auf das Verhalten, die Neurose und ihre Linderung oder Heilung erklären sollte.

Die lerntheoretische Betrachtungsweise der Psychotherapie hatte viele Begründer – insbesondere Clark Hull, John Dollard, Neal Miller und Edward Shoben, die alle Psychologen waren –, doch ihre Vorgänger waren die russischen Wissenschaftler Iwan Pawlow und Wladimir Bechterew. Anfang der 1950er Jahre unternahmen Dollard, Miller, Shoben und andere mehrere Versuche, in denen sie die damals noch experimentellen Prinzipien der Lerntheorie auf die traditionelle Psychotherapie anwandten, und sie waren dabei so erfolgreich, daß sich das Interesse an der Theorie allenthalben verstärkte. Heute wird die »Lerntherapie«

ausgiebig praktiziert, und zwar als konventionelle und als radikale Behandlung; die radikalen Aspekte werden wir im nächsten Kapitel behandeln.

Laien, die mit der Lerntheorie – besonders mit den Merkmalen der heute immer mehr in Mode kommenden Therapien auf der Grundlage der Verhaltensmodifikation – einigermaßen vertraut sind, neigen zu der Annahme, daß die Lernmethode überaus einfach sei und nichts weiter erfordere, als die Reaktionen des Neurotikers umzukonditionieren. Leider glauben das auch viele mäßig ausgebildete Therapeuten. Das ist eine völlig falsche Auffassung. Jeder, der sich einer Lern- oder Verhaltenstherapie unterzieht, sollte zumindest ein wenig Ahnung haben von der streng wissenschaftlichen Theorie, auf der die Lerntherapie beruht. Eine solche Therapie kann bei gewissen psychischen Störungen sehr erfolgreich sein, wenn sie von einem ausgebildeten und sachkundigen Therapeuten durchgeführt wird. Aber sie kann sehr schädlich sein, wenn jemand sie anwendet, der nicht weiß, was er tut.

Da die Therapie so einfach aussieht, können Sie einzig und allein dann beurteilen, ob sie für Ihr Problem geeignet und der Therapeut qualifiziert ist – falls Sie sich für diese Therapie entscheiden sollten –, wenn Sie die Theorie richtig verstehen.

Die auf der Lerntheorie beruhende Therapie geht von der Annahme aus, daß der menschliche Organismus seine Persönlichkeit primär durch Verhaltensweisen erwirbt, die er bewußt und reflektorisch von seiner sozialen Umwelt lernt. Ein Säugling kommt mit relativ einfachem angeborenem »Rüstzeug« auf die Welt; sein späteres Verhalten wird durch Lernerfahrungen bestimmt, die zu machen ihm sein angeborenes Rüstzeug gestattet.

Die Lerntheorie hat in die Fachsprache der Psychotherapie viele neue Wörter und Ausdrücke eingeführt und die Bedeutung alter Begriffe geändert. Instinkt oder Trieb und Reaktion zum Beispiel sowie andere Ausdrücke und Redewendungen – *Triebreduktion, Verstärkung, Konditionierung* und *Dekonditionierung, Angstvermeidungsverhalten, durch inneren Reiz ausgelöster Konflikt* – haben in der Lerntheorie neue und spezifische Bedeutungen erhalten, die an Komplexität der Theorie gleichkommen. Zumindest einige der Begriffe sollten verstanden werden.

Nach der Lerntheorie beginnt ein Kind von dem Augenblick seiner Geburt an ein spezifisches Verhalten zu lernen. Es lernt mittels der Funktionsweisen seiner angeborenen Ausstattung, das aus angeborenen *spezifischen Reflexen*, angeborenen *Reaktionshierarchien* und angeborenen *physiologischen Trieben* besteht. Diese Mechanismen sind ungelernt, eben weil sie angeboren sind; dennoch stellen sie die Vorbedingungen für den Lernprozeß dar.

Der Lernprozeß kommt zustande durch das Zusammenwirken von vier wichtigen Mechanismen – Instinkt oder Trieb, Signal- oder Hinweis-Reiz, Reaktion und Verstärkung –, und er verläuft in Übereinstimmung mit den Funktionsweisen der angeborenen Ausstattung des menschlichen Organismus. Zum Beispiel ist der bekannte Kniesehnenreflex eine Funktion unserer angeborenen Ausstattung. Bei einem leichten Schlag auf das Knie schnellt der Unterschenkel instinktiv oder reflektorisch hoch. Die Reflexfähigkeit selbst ist ein angeborener *Instinkt* oder *Antrieb*. Der Schlag ist ein Signal oder Signalreiz, auf den das Knie reagiert. Das Hochschnellen des Unterschenkels ist die *Reaktion* – die wahrscheinlichste in der Hierarchie der angeborenen Reaktionen, weil sie die von dem angeborenen Instinkt des Kniesehnereflexes diktierte spezifische Reaktion ist.

Reaktion *ist* Verhalten. Insoweit, als der Kniesehnenreflex – die Reaktion des Unterschenkels – angeboren ist, ist dieses Verhalten nicht gelernt. Jetzt stellen Sie sich einmal ein Experiment vor! Wenn Ihnen die Augen verbunden wären, würde Ihr Unterschenkel automatisch jedesmal hochschnellen, wenn ein Arzt mit einem Hammer an Ihr Knie schlägt. Sie könnten nichts tun, um es zu verhindern. Wenn Ihnen die Augenbinde abgenommen würde und Sie den Hammerschlag kommen sehen könnten, würden Sie dennoch nicht verhindern können, daß Ihr Unterschenkel hochschnellt, wenn der Hammer das Knie berührt. Doch jetzt stellen Sie sich vor, Ihr Knie sei ein paarmal beklopft worden und Ihr Unterschenkel sei jedesmal hochgeschnellt. Mit einemmal tut der Arzt aber nur so, als wollte er an Ihr Knie klopfen, und hält inne, kurz bevor er es berührt. Bei neunundneunzig von hundert Menschen wird der Unterschenkel trotzdem hochschnellen.

Das ist genau die Art und Weise, in der ein Individuum aufgrund seiner angeborenen Lern-Ausstattung von der Umwelt Verhalten lernt. Bisher haben wir den Antrieb, den Signalreiz und die Reaktion betrachtet. Der simulierte Hammerschlag, der kurz vor der Berührung angehalten wird, ist die *Verstärkung;* nach der Lerntheorie wird mit diesem Mechanismus der Prozeß des erlernten Verhaltens abgerundet.

Der Begriff Instinkt oder Antrieb ist eine für das Verständnis der Lerntheorie wichtige Kategorie. Als Instinkt wird jedes Bedürfnis bezeichnet, das stark genug ist, um das Verhalten zu »energetisieren« (ein angeborener physiologischer Instinkt oder ein Bedürfnis energetisiert den Kniesehnenreflex). Indes energetisiert ein Instinkt das Verhalten nur, er bestimmt es nicht (der den Kniesehnenreflex energetisierende Antrieb selbst veranlaßt den Unterschenkel keineswegs hochzuschnellen). Das Verhalten wird energetisiert, bis die Bedürfnisspannung »reduziert« ist (nach dem Hochschnellen des Unterschenkels ist die Reflexenergie vorübergehend reduziert), und dadurch wird Lernen in Gang gesetzt (das Individuum lernt den Unterschenkel beim Anblick des sich nähernden Hammers hochschnellen zu lassen).

Die wichtigste Funktion eines Antriebs ist nach Ansicht der Lerntheorie die Energetisierung menschlichen Verhaltens, ohne daß damit das Verhalten bestimmt oder diktiert würde. Ein hungriger Säugling zum Beispiel wird energetisiert durch Stimulierung aufgrund seines Hungers, aber der Trieb veranlaßt ihn keineswegs, nach Nahrung zu suchen. Bisher hat er in seinem kurzen Leben noch keine Gelegenheit gehabt, zu lernen, eine Korrelation zwischen Nahrung und Hunger herzustellen. Der Säugling wird vielleicht in seinem Bettchen unruhig werden, und wenn sein Bedürfnis an diesem Punkt durch Zufuhr von Nahrung nicht reduziert wird, ruft er eine stärkere Reaktion hervor, das heißt, das Kind wird zu weinen beginnen. Wenn die Bedürfnisspannung immer noch nicht reduziert wird, folgt eine noch stärkere Reaktion: lautes Geschrei.

Wird der Säugling irgendwann in dieser Verhaltensabfolge

gefüttert, wird dadurch die Bedürfnisspannung reduziert. Diese Spannungsreduktion wird ihrerseits die Reaktionen *verstärken* (das heißt, deren Wahrscheinlichkeit erhöhen), die dem Füttern (der Reduktion der Bedürfnisspannung des Säuglings) unmittelbar vorangingen – in diesem Fall Weinen oder Geschrei. Das Zeitintervall zwischen dem Verhalten und der Verstärkung ist eine entscheidende Variable, denn eine Verzögerung schwächt die Wirkung der Verstärkung. Wenn sich der Säugling in den Schlaf weint, ohne daß er gefüttert wurde, und später aufwacht und sofort gefüttert wird, dann erfolgt keine Verstärkung. Wenn er andererseits in unmittelbarer Reaktion auf sein Schreien gefüttert wird, kommt es zu einer intensiven Verstärkung.

Obwohl dieses Beispiel etwas vereinfacht ist, veranschaulicht es doch den zentralen Mechanismus des Lernprozesses, wie die Lerntheorie ihn versteht. Der Hunger eines Säuglings ist ein Verhaltensantrieb. Weinen energetisiert den Trieb derart, daß er Verhalten wird – die wahrscheinlichste Reaktion in einer Rangfolge oder Hierarchie von Reaktionen. Füttern ist Reduktion der Bedürfnisspannung und Verstärkung des Verhaltens. Wiederholte Verstärkung bestimmt das Verhalten, mit anderen Worten, je häufiger ein Säugling als Reaktion auf sein Weinen gefüttert wird, um so schneller wird er lernen, daß Weinen erstens Linderung des Hungers bedeutet und Befriedigung des Bedürfnisses oder Triebs, der von dem unangenehmen Zustand angeregt wird, und daß Weinen zweitens die Befriedigung anderer Bedürfnisse oder Triebe bedeutet, die von anderen unangenehmen Zuständen angeregt werden. Mit anderen Worten, der Säugling lernt ein spezifisches Verhaltensmuster als Reaktion auf spezifische Reize.

Es gibt noch ein weiteres Element, das beim Erlernen von Verhalten eine Rolle spielt: der Signalreiz. Während der Abfolge von Hunger – Weinen – Füttern oder *Antrieb – Reaktion – Verstärkung* nimmt der Säugling unweigerlich viele äußere Faktoren wahr, die nicht unmittelbar mit seinem Hunger zusammenhängen, so die visuelle Natur seiner Umgebung (zum Beispiel, daß Licht brennt oder nicht, oder welche Farbe das Verdeck seines Stubenwagens hat), die Anwesenheit oder Abwesenheit seiner Mutter, die Geräusche und Gerüche und taktilen Eigenschaften seincr Umgebung (etwa die Gewebestruktur seiner Decke). Allerdings werden diese ihn im Grunde nicht berührenden Wahrnehmungselemente indirekt doch mit seinem Zustand in Verbindung gebracht, wenn nämlich der Verstärkungsprozeß wiederholt wird. Schließlich werden sie zu Signalreizen und Bestandteil eben jenes Verhaltenslernprozesses, der von dem ursprünglichen Hungertrieb in Gang gesetzt wurde. Wenn der Säugling zum Beispiel jedesmal die bestimmte Gewebestruktur einer Decke fühlt, sobald sich die Hunger-Weinen-Füttern-Sequenz abspielt, dann dürfte er lernen, diesen taktilen Faktor mit dem unangenehmen Gefühl des Hungers zu assoziieren. Selbst wenn er doch gefüttert wird, kann es sein, daß er wieder zu weinen beginnt, und zwar als Reaktion auf den durch das Gewebe der Decke ausgelösten Antrieb (oder welchen anderen Faktor auch immer er mit dem ursprünglichen Trieb assoziiert). Diese assoziierten Faktoren werden zu Signal- oder Hinweisreizen innerhalb des Lernprozesses. Später erfolgt eine Interaktion mit dem jeweiligen Trieb, welche die spezifische Natur der zukünftigen Reaktionen determiniert.

Nach der Lerntheorie lernen wir alle unser Verhalten durch den Prozeß von *Trieb – Hinweis – Reaktion – Verstärkung.* Sobald dieser Prozeß im Kleinkindalter einmal eingeleitet worden ist, verfahren wir unser Leben lang danach, wenn auch auf viel komplexere Weise.

Der Lernprozeß vollzieht sich auf zweierlei Weise: 1. durch instrumentelle oder operante Konditionierung; 2. durch klassische oder Pawlowsche Konditionierung. Das Beispiel von dem Säugling, der zu weinen lernt, wenn er hungrig ist, ist eine Illustration der operanten Konditionierung. Aufgrund dieser Konditionierung – ein Versuch-Irrtum-Verhalten – erhöht sich die Wahrscheinlichkeit von Reaktionen, die der Triebspannungsreduktion unmittelbar vorangehen. Mit anderen Worten, ein Großteil unseres Verhaltens folgt aus der Tatsache, daß wir gelernt haben, was unsere Bedürfnisse am schnellsten befriedigt und wie wir diese Befriedigungen am schnellsten erreichen können.

Das Beispiel des Kniesehnenreflexes veranschaulicht die *klassische Konditionierung,* ebenso das Beispiel von dem Säugling, der

Umweltfaktoren wahrnimmt und sie als Hinweis-Reize erfährt, wenn er lernt, die Triebspannung dadurch zu reduzieren, daß sein Hunger gestillt wird. Der Prozeß der klassischen Konditionierung beginnt mit einer *unkonditionierten* (oder ungelernten) *Reaktion,* die ausgelöst wird durch einen unkonditionierten Reiz (der Hammer beim Kniesehnenreflex). Der unkonditionierte Reiz ruft eine reflektorische (nicht gelernte) unkonditionierte Reaktion hervor. Wenn indes ein anderer Faktor zu dem Gesamtmuster dazukommt – zum Beispiel das Abnehmen der Augenbinde und die Erwartung des Hammerschlags oder die Gewebestruktur der Decke des schreienden Säuglings –, dann wird daraus ein Hinweis-Reiz, der gelerntes oder konditioniertes Verhalten zur Folge hat.

Selbst wenn der Versuchsperson bei dem Experiment mit dem Kniesehnenreflex die Augen nicht verbunden würden, sondern sie das Experiment von Anfang an ohne Augenbinde erlebte, würde das gleiche Phänomen auftreten. Nehmen wir an, Ihnen wäre vorher noch nie an Ihr Knie geschlagen worden! Beim erstenmal würde Ihr Unterschenkel als Reflex hochschnellen. Beim zweiten, dritten und vierten Male ebenfalls. Beim fünften Male würde der Schlag simuliert, das heißt, er wird angehalten, so daß Ihr Knie nicht berührt wird. Ihr Unterschenkel würde dennoch hochschnellen. Warum? Weil die Bewegung des Hammers für Sie zu einem Hinweis-Reiz geworden ist. Als Sie den ersten und zweiten Schlag beobachteten, interessierten Sie sich nicht für die Bewegung des Hammers, sondern für den Schlag und die Reaktion, die er hervorrief. Aber nach einigen weiteren Schlägen beginnen Sie, eine Assoziation zwischen der Bewegung des Hammers und dem Hochschnellen Ihres Unterschenkels herzustellen. Wenn diese Assoziation hergestellt ist, ruft die Bewegung des Hammers das Hochschnellen Ihres Unterschenkels hervor. Die Bewegung des Hammers, die zuerst belanglos war, ist nun ein Hinweis-Reiz geworden. Die Reaktion Ihres Knies ist nicht mehr unkonditioniert. Das Signal der Hammerbewegung ist ein *konditionierter Reiz* geworden, der den *unkonditionierten Reiz* des Hammerschlags aufhebt. Und ebenso, wie der Reiz konditioniert geworden ist (was bedeutet, daß Sie »gelernt« haben, daß die Bewegung des Hammers mit dem Hochschnellen Ihres Knies verknüpft ist), ist die Reaktion eine *konditionierte Reaktion* geworden.

Um es anders auszudrücken: Ein unkonditionierter Reiz ruft eine unkonditionierte Reaktion hervor. Aber wenn bei irgendeinem anderen, vorher belanglosen Signal wiederholt beobachtet wird, daß es den unkonditionierten Reiz begleitet, dann wird das Signal für den Prozeß »operant« und hat schließlich die Reaktion zur Folge, die vorher von dem unkonditionierten Reiz ausgelöst wurde. Das Signal wird dann also ein konditionierter Reiz (weil beobachtet wurde, daß er wiederholt vorhanden ist, und er somit gelernt wird), und die Reaktion, die er hervorruft, wird daher eine gelernte oder konditionierte Reaktion.[1]

Aber das ist erst der Anfang des Prozesses, in dessen Verlauf wir unser Verhalten lernen. Im Gegensatz zum Organismus von Hunden ist der menschliche Organismus ein komplexes System, das in einer komplexen Umwelt lebt. Reize und Reaktionen bleiben nicht auf einfachem Niveau, sondern steigen zu komplexen Ebenen auf, die sich im menschlichen Organismus widerspiegeln. Ein vom Kleinkind zum Erwachsenen heranwachsendes Individuum – und das ist ein langer, allmählicher und immer komplexer werdender Prozeß unter dem Einfluß der Komplexität der sozialen Umwelt – wird immer komplexeren Reiz-Reaktion-Situationen ausgesetzt, sowohl im Sinne von operanter als auch von klassischer Konditionierung. Die beiden Konditionierungsprozesse verschmelzen miteinander; aber nicht nur das, auch das Trieb-Signalreiz-Reaktion-Verstärkungs-Muster wird sehr viel komplexer. Infolgedessen geschieht das, was die Lerntheorie Konditionierung höherer Ordnung nennt.

Konditionierung höherer Ordnung wird als Prozeß verstan-

[1] Die Lerntheorie der Persönlichkeitsentwicklung stützt sich zum großen Teil auf Pawlows Hunde-Versuche. Zum Beispiel streute Pawlow seinen Hunden Fleischpulver auf die Zunge und rief damit eine unkonditionierte Speichelabsonderung hervor. Dann stellte er gleichzeitig mit der Fleischpulvergabe einen bestimmten Gegenstand in den Hundekäfig. Nach einer Weile hörte er mit der Fleischgabe auf und stellte nur noch den Gegenstand hinein. Jedesmal, wenn der Gegenstand hineingestellt wurde, sonderten die Hunde Speichel ab. Die Speichelabsonderung wurde eine konditionierte Reaktion.

den, bei dem sich innerhalb eines bestimmten Reiz-Reaktions-Musters vielfältige Hinweise herausbilden. Ein vereinfachtes Beispiel wäre etwa, wenn bei einem Pawlowschen Hundeversuch ein zweiter Gegenstand in den Käfig gestellt würde. Sagen wir, der erste Gegenstand ist eine kleine Figur. Wenn kein Futter vorhanden ist, tritt bei dem Hund weiterhin jedesmal Speichelsekretion auf, sobald das Figürchen in den Käfig gestellt wird. Und wenn dann der Hund beim Anblick der Figur immer noch Speichel absondert, wird zusammen mit der Figur ein Fußball in den Käfig gelegt. Nach einer Weile wird die Figur weggelassen und nur der Fußball hineingelegt. Der Hund wird beim Anblick des Fußballs weiter Speichel absondern. Was hat ein Fußball mit dem Geschmack und dem Geruch von Fleisch zu tun? Nichts, natürlich. Nur ist in diesem Fall der Fußball ein weiterer konditionierter Reiz geworden.

Der Prozeß kann mit anderen Gegenständen oder eher abstrakten Signalen wie Geräuschen oder Gerüchen fortgesetzt werden. Ersetzen Sie den Fußball durch Tschaikowskis zweites Klavierkonzert, und der Hund wird dieselbe Reaktion zeigen! Oder ersetzen Sie den Fußball durch einen Spritzer Chanel Nr. 5! Dieselbe Reaktion! Das ist Konditionierung höherer Ordnung beim Hund.

Beim Menschen folgt die Konditionierung höherer Ordnung demselben Prinzip, wenngleich auf viel komplexere und subtilere Weise. Wiederum ein vereinfachtes Beispiel: Sagen wir, Sie sind ein Mann und wurden als Junge von dem übelsten Rabauken der Klasse verprügelt – und nicht nur verprügelt, sondern auch gedemütigt! Jedesmal, wenn Sie den Rabauken anschließend sahen, und das war jeden Tag, löste sein Anblick die Erinnerung an Ihren Schmerz und Ihre Schmach aus. Nehmen wir weiterhin an, daß er Sie von neuem lauthals verspottete, nachdem gerade die Schulglocke nach der letzten Stunde des Tages ertönte! Als er Sie verspottete, verspürten Sie weiteren Schmerz und Schamgefühle, und Sie wurden mißmutig und verschlossen. Bald lernten Sie den Klang der Schulglocke zu fürchten, weil Sie damit die bevorstehende Peinlichkeit assoziierten. Nehmen wir nun an, nach dem Ende des Schuljahres sind die Eltern des Rabauken umgezogen, und Ihr Peiniger kam in eine andere Schule! Trotzdem wurden Sie immer noch, wenn die Glocke nach der letzten Stunde ertönte, mißmutig und verschlossen. Später wurden Sie dann unerklärlicherweise durch den Klang jeder Glocke in diese Stimmung versetzt. Bald begannen Ihre Leistungen darunter zu leiden, Ihre Eltern bekamen blaue Briefe und machten Ihnen Vorwürfe. Ihre Vorwürfe lösten weiteres mißmutiges und verschlossenes Verhalten aus. Gewöhnlich äußerten sie ihre Vorwürfe bei Tisch, und zufälligerweise war das immer der Fall, wenn es Kartoffelbrei gab. Bald schmeckte Ihnen Kartoffelbrei nicht mehr, und jedesmal, wenn Sie gezwungen wurden, ihn zu essen, wurden Sie mißmutig und verschlossen. So setzte sich der Teufelskreis fort, und heute hassen Sie Klingelgeräusche, können Kartoffelbrei nicht ausstehen und zeigen ein Dutzend anderer Merkwürdigkeiten, die von diesem Teufelskreis herrühren.

Das ist ein Beispiel für erlerntes Verhalten durch Konditionierung höherer Ordnung. Das Verhalten ist erlernt, aber mittlerweile sind seine Ursachen und Motivationen so in Ihren Reflex-Mechanismen verankert, daß es einer langen, auf der Lerntheorie basierenden Therapie bedürfte, um sie ans Licht zu bringen. Daß sie ans Licht gebracht werden können, behauptet die Lerntherapie jedenfalls.

Wie? Die Lerntheorie würde sagen, Ihre Schwierigkeit mit dem Kartoffelbrei ist die Folge eines konditionierten Reaktionsmusters höherer Ordnung. Da das ganze Muster ursprünglich genau die entgegengesetzte Wirkung hätte haben können – die Keilerei mit dem Rabauken hätte zu Ihren Gunsten ausgehen können –, hätte es auch zu einer entgegengesetzten Konditionierung kommen können. Und wenn eine entgegengesetzte Konditionierung möglich ist, ist *Gegenkonditionierung* eine Methode, mit deren Hilfe Ihre jetzigen Verhaltensprobleme zu beseitigen sind.

Gegenkonditionierung ist das vorrangige Prinzip der Lerntherapie: Die Konditionierung des ursprünglichen Fehlverhaltens muß zunächst analysiert werden, und dann wird es gegenkonditioniert, bis das gewünschte Verhalten eingeschliffen ist. Ihr jetziges Verhalten ist das Ergebnis einer konditionierten Reaktion auf Kartoffelbrei, die ihrerseits eine konditionierte Reaktion auf die Vorwürfe Ihrer Eltern war, und so weiter bis zum Läuten der Glocke, dem Spott und den Prügeln, die Sie von dem Rabauken bezogen haben. Die Prügel waren der ursprüngliche unkonditionierte Reiz wie der Hammerschlag auf Ihr Knie oder der Hunger des Säuglings. Der spätere Spott des Rabauken waren die primären konditionierten Reize oder Hinweise, und Sie reduzierten Ihre Triebspannung, um weitere seelische Qualen zu vermeiden, indem Sie sich auf sich selbst zurückzogen. Nachdem sich der Spott und Ihre Reaktion des Zurückziehens einige Male wiederholt hatten, verstärkte das Sichzurückziehen Ihr Verhalten. Das Läuten der Glocke, das zuerst ein harmloser Hinweis war, wurde ein *sekundärer Hinweis* – an sich ein konditionierter Reiz. Jedesmal, wenn die Glocke läutete, verstärkte sie Ihr mißmutiges und verschlossenes Verhalten. Nachdem diese Sequenz fehlangepaßten Lernens einmal in Gang gesetzt war, setzte sich der Prozeß immer weiter fort.

Der Lerntherapeut wird wohl versuchen, den ursprünglichen konditionierten Reiz herauszufinden. In Ihrem Fall wird er feststellen, daß es der Spott des Rabauken war. Aber da der Rabauke nicht mehr da ist, kann der Therapeut nicht viel tun, um den durch den Spott repräsentierten Reiz gegenzukonditionieren (es sei denn, er stellt eine künstliche Situation her, in der jemand die Rolle des Rabauken spielt; dies hat man bereits wiederholt getan). Er wird sich also den sekundären konditionierten Reiz vornehmen: die läutende Glocke. Er wird versuchen, das Läuten dadurch gegenzukonditionieren, daß er es mit einem angenehmen (spannungsreduzierenden) Reiz verbindet. Der angenehme Reiz könnte irgend etwas sein, von dem Sie erwähnt haben, daß es Ihnen Freude macht, solange es sich in vernünftigen Grenzen hält. Der Therapeut wird dann in der Therapie wiederholt die Glocke ertönen lassen, und jedesmal wird der Klang begleitet sein von einer Belohnung, nämlich dem, was Ihnen Freude macht. Zu guter Letzt, so lautet die Theorie, wird der konditionierte Reiz (die Glocke) nicht mehr Fehlverhalten hervorrufen, sondern angenehme Reaktionen. Der gegenkonditionierte Reiz wird dann zu einem *sekundären Verstärker*, und Sie werden sich mit der Zeit so verhalten, daß es zu einer Verstärkung kommt. Bald wird das Läuten der Glocke ein dauerhaft geändertes Verhalten hervorrufen.

Das ist wiederum eine allzu vereinfachte Darstellung, aber sie gibt den fundamentalen Prozeß der Lerntherapie genau wieder. Allerdings behandelt sie nur die erste Stufe der Therapie, nämlich die Frage, wie unser Verhalten durch unser Lernen geformt und bestimmt wird. Die nächste Frage lautet: Wie kommen Neurosen zustande?

Neurosen entstehen aus Konflikten, die sich während des Lernprozesses ergeben. Nach der Lerntheorie ist Konflikt die *Tendenz des menschlichen Organismus, zwei oder mehrere miteinander unvereinbare oder widersprüchliche Reaktionen gleichzeitig auszuführen.* Neurose ist also ein Verhalten, das aus der Tatsache resultiert, daß man sich zwei oder mehreren unvereinbaren Reaktionen zugleich gegenübergestellt sieht.

Die Lerntheorie unterscheidet vier Arten von Konflikt:

1. *Appetenz-Appetenz-Konflikt (approach-approach conflict);*
2. *Aversions-Aversions-Konflikt (avoidance-avoidance conflict);*
3. *Appetenz-Aversions-Konflikt (approach-avoidance conflict);*
4. *Doppelter oder multipler Appetenz-Aversions-Konflikt (double or multiple approach-avoidance conflict).*

1. Der *Appetenz-Appetenz-Konflikt* ergibt sich dann, wenn ein Mensch dazu angetrieben wird, sich zwei oder mehreren gewünschten, aber auseinander liegenden Gegenständen oder Zielen zu *nähern,* und dabei weiß oder fühlt, daß die Erreichung des einen Ziels zur Folge hat, daß er das andere oder die anderen Ziele nicht erreicht. Ein typisches Beispiel für diese Art des Konflikts ist der Mann, dem zwei gleichermaßen attraktive Stellungen angeboten werden; nimmt er die eine an, führt das unweigerlich dazu, daß er die zweite nicht bekommt. Ein Konflikt dieser Art wird gewöhnlich leicht gelöst, denn im allgemeinen geschieht irgend etwas, das die Wahl rechtfertigt – in diesem Fall wird die

gewählte Stellung stärker gewünscht, eben weil sie gewählt worden ist.

2. Zum *Aversions-Aversions-Konflikt* kommt es, wenn ein Mensch dazu angeregt wird, zwei oder mehrere unerwünschte Ziele zu vermeiden, weil sie Furcht oder eine andere Form von Unlust erregen. Der Mensch weiß oder fühlt indes, daß die Vermeidung des einen Ziels ihn zwingen wird, das andere hinzunehmen. Einen Konflikt dieser Art erlebt eine Frau, die ihren Ehemann haßt oder fürchtet und gleichzeitig vor den Konsequenzen einer Scheidung zurückschreckt. Die Vermeidung der ersten Furcht zwingt sie, sich der zweiten zu nähern; die Vermeidung der zweiten zwingt sie, sich der ersten zu nähern. Ein derartiger Konflikt läßt sich weniger leicht lösen als ein Appetenz-Appetenz-Konflikt, und das Dilemma kann, wenn es schwierig genug ist, die Frau veranlassen, es mit einem radikalen, gewöhnlich verzweifelten Mittel zu lösen, sei es, daß sie Selbstmord begeht, lesbisch wird oder ihren Mann verläßt.

3. Der *Appetenz-Aversions-Konflikt* ist erheblich unangenehmer als die beiden ersteren, denn er tritt ein, wenn ein bestimmtes Ziel sowohl gewünscht als auch gefürchtet wird. Ein Beispiel für einen typischen Appetenz-Aversions-Konflikt ist eine Frau, die einen gleichgültigen und/oder grausamen Mann hat, von dessen Liebe und Zuneigung sie dennoch völlig abhängig ist. Sie kann ihren Mann wegen ihrer Abhängigkeit nicht meiden, dennoch kann sie sich ihm wegen ihrer Furcht vor ihm oder wegen seiner Ablehnung nicht nähern. Ein solcher Konflikt hat einen negativen Einfluß auf das Verhalten und gilt nach der Lerntheorie als signifikante Ursache von Neurosen.

4. Ebenso wie das Muster unseres Lernprozesses zu guter Letzt aus unzähligen, untereinander zusammenhängenden Antrieben, Hinweisen, Reaktionen und Verstärkungen besteht, hängen auch unsere Konflikte untereinander zusammen. So kommt es zum *doppelten* (oder *multiplen*) *Appetenz-Aversions-Konflikt*, bei dem zwei oder mehrere spezifische Appetenz-Aversions-Konflikte sich miteinander vermengen und dadurch die negative Auswirkung auf das Verhalten verschärfen. Ein Beispiel für den *doppelten* Appetenz-Aversions-Konflikt ist unser Mann mit den

beiden gleich verlockenden Stellenangeboten. Angenommen, es käme hinzu, daß der Mann einesteils wünscht, seine jetzige Stellung aufzugeben, und sich andernteils davor fürchtet. Sein ursprünglicher einfacher Appetenz-Appetenz-Konflikt ist jetzt leicht verschärft durch seinen Appetenz-Aversions-Konflikt; er befindet sich in einer doppelten Appetenz-Aversions-Situation. Angenommen, es käme weiter hinzu, er müßte für den Fall, daß er eine der beiden wünschenswerten Stellungen, in der er beträchtlich mehr verdienen würde als bisher, annimmt, sehr viele Flugreisen unternehmen, doch er habe eine Todesangst vor dem Fliegen. Jetzt befindet er sich in einem *multiplen Appetenz-Aversions-Konflikt.*

Das sind einfache Beispiele für die verschiedenen Konfliktarten. Die verheerende Wirkung des Appetenz-Aversions-Konflikts und des doppelten (oder multiplen) Appetenz-Aversions-Konflikts ergibt sich aus der Tatsache, daß sie ihrer Natur nach unausweichlich sind. Nur wenn außergewöhnliche Bedingungen gegeben sind, kann ein Mensch einen Appetenz-Appetenz-Konflikt und einen Aversions-Aversions-Konflikt ziemlich leicht lösen. Im Fall eines Appetenz-Aversions-Konflikts – besonders bei der doppelten oder multiplen Form – kann man nicht einfach »wegrennen«. Immer wieder sieht man sich einem Dilemma gegenüber.

Wir lernen diese Konflikte ebenso, wie wir das Verhalten lernen, indem wir nämlich in falscher Weise auf Hinweise (konditionierte Reize) reagieren. Wir reagieren falsch, weil wir das bei früheren Erfahrungen bereits »gelernt« haben – und zwar durch unsere früheren konditionierten Reaktionen auf konditionierte Reize.

Wenn wir falsch reagieren, dann versuchen wir zwangsläufig aufgrund des von der Lerntheorie als unwandelbar bezeichneten Lerngesetzes unsere Reaktion durch das Verhalten zu verstärken, von dem wir »gelernt« haben, daß es für diese Verstärkung zweckmäßig ist. Das ist konditionierte Verstärkung. Aber die Verstärkung setzt einen weiteren und jetzt nachhaltiger konditionierten Antrieb frei, der einen weiteren und nachhaltiger konditionierten Reiz erzeugt, und dieser wiederum wird eine nachhaltigere konditionierte Reaktion und Verstärkung hervorrufen. Der Prozeß des Konflikts setzt sich immer weiter fort und erreicht schließlich bei verstärktem Fehlverhalten in der Neurose seinen Höhepunkt.

Die Lerntheorie kennt viele verschiedene Formen der Neurose, aber im allgemeinen bezeichnet sie alle als *fehlangepaßte Verhaltensweisen, die in Selbst-Beeinträchtigung oder Selbst-Bestrafung münden.* Diese Definition wirft indes ein Problem auf. Einerseits behauptet die Theorie, daß alles Verhalten durch den Trieb-Hinweis-Reaktion-Verstärkungsprozeß erlernt werde, wobei die Verstärkung die Hauptgestalterin des Verhaltens sei. Andererseits definiert sie die Neurose als sich selbst bestrafendes Verhalten. Aber warum würde ein Mensch ein Verhalten verstärken, das sich selbst bestraft? Und warum würde er es durch weitere Verstärkungsstrukturen intensivieren und aufrechterhalten? Auf diese Frage hat die Lerntheorie eine Antwort –: sie wird das *neurotische Paradox* genannt und ist durch umfangreiche Tierversuche belegt worden. Es basiert auf dem Begriff *Angst-* oder *Furchtreduktion.*

Sie werden sich erinnern, daß ein Säugling immer unruhiger wird, weint und schreit, bis seine Hungertriebspannung durch Füttern reduziert ist, daß er bald lernt, durch Weinen die Reduktion der Bedürfnisspannung herbeizuführen, und daß er dann aufgrund von Hinweisen lernt, durch Weinen auch andere unangenehme Spannungen zu reduzieren. Das Weinen ist die Verstärkung seiner erlernten oder konditionierten Reaktionen geworden.

Angst und Furcht sind Triebe, die erlernt und durch Konflikt erregt werden. Auf dieselbe Weise wie der Säugling trachtet der Erwachsene, seine konfliktbedingte Angst oder Furcht (die beiden Kategorien sind nicht genau dasselbe) durch jenes Verhalten zu reduzieren, von dem er gelernt hat, daß er es damit am wirkungsvollsten vermag. Weil er gelernt hat, daß ein bestimmtes Verhalten die Furcht reduziert, wird er danach trachten, dieses Verhalten zu wiederholen, oder er wird es verstärken.

Sich selbst beeinträchtigendes oder bestrafendes Verhalten wird durch die gleichen Prinzipien der Verstärkung und des

Lernens wie auch andere Verhaltensweisen begründet und aufrechterhalten. Im Falle der sich selbst beeinträchtigenden und bestrafenden Verhaltensweisen sind die Verstärkungsmuster komplexer, aber im allgemeinen werden sie durch das Bedürfnis ausgelöst, ein Verhalten zu verstärken, das Furcht oder Angst reduziert. Wenn bei einem Menschen eine Neurose – vom Typ des sich selbst beeinträchtigenden und selbst bestrafenden Verhaltens – auftritt, dann bedeutet das also nicht, daß der Betreffende den Wunsch hat, sich zu bestrafen oder sich durch Schmerz Lust zu verschaffen. Es bedeutet vielmehr ein Bedürfnis, sich auf schmerzhafte Weise zu verhalten und dieses Verhalten zu verstärken, *um eine noch schmerzhaftere Alternative zu vermeiden.*

Mit dieser Antwort erklärt die Lerntheorie das neurotische Paradox: Es ist absolut logisch, daß ein Mensch kraft der Mechanismen des Lernprozesses danach trachtet, sich auf eine Weise zu verhalten, die für ihn schmerzhaft ist.

Bisher haben wir gesehen, wie die Lerntheorie an die folgenden Punkte herangeht: 1. an die Mechanismen, durch die wir Verhalten »lernen«; 2. an die vier grundlegenden Konfliktarten, die sich aus dem Lernprozeß ergeben; und 3. an die Frage, wie Furcht und Angst hinzukommen und ertragen werden. Aber das sind noch nicht alle Faktoren, die bei der Dynamik der Neurose eine Rolle spielen. Furcht und Angst selbst rufen nicht notwendigerweise Neurosen hervor. Tatsächlich sind diese erlernten Antriebe sogar häufig vorteilhaft, besonders wenn sie dazu dienen, einen Menschen vor körperlichem Schaden oder vor einem Verhalten zu bewahren, das verhängnisvolle Konsequenzen haben kann (die Furcht vor Strafverfolgung hält zum Beispiel Menschen oft von Gesetzesübertretungen ab). Auch Konflikte bringen nicht unbedingt Neurosen hervor. Nur wenn Furcht oder Angst auf bestimmte Weise mit Konflikten gekoppelt werden, sind die Voraussetzungen für Neurosen gegeben.

Da das Verhalten allgemein durch den Lernprozeß (Trieb-Hinweis-Reaktion-Verstärkung) geprägt wird, geschieht dies nach der Lerntheorie auch bei neurotischem Verhalten. Der wichtigste Faktor des Lernschemas ist die Reiz- oder Hinweis-Phase. Sie ist deshalb so wichtig, weil sie sowohl der Auslöser eines

Antriebs und einer spezifischen Reaktion als auch des schließlichen Spannungsreduktions-Schemas ist, das die Reaktionen aufgrund von Wiederholung und Verstärkung annehmen. Hinweis-Reize sind auch deshalb wichtig, weil sie die Fähigkeit zur Veränderlichkeit, wechselseitiger Verbindung und sekundärer Verstärkung besitzen.

Der Konflikt entsteht also durch Hinweise. Unsere Reaktionen auf Hinweise rufen ein Verhalten hervor, das die mit diesen Hinweisen verbundenen Triebspannungen befriedigend reduziert; dann verstärken wir die Spannungsreduktion, indem wir die Reaktion so lange wiederholen, wie sie das befriedigende Ergebnis herbeiführt. Diese Wiederholung oder Verstärkung wird unser »angelerntes« oder konditioniertes Verhalten.

Aber was geschieht, wenn derselbe Hinweis plötzlich Ausdruck eines anderen Antriebs wird? Nehmen wir zum Beispiel an, daß Sie als Kind einmal fast ertrunken wären und seitdem eine Todesangst davor haben, ins Wasser zu gehen – in jede Art von Wasser – Teiche, Seen oder das Meer. Nicht ins Wasser zu gehen ist Ihre Reaktion auf den Hinweis – auf den Anblick von Wasser –, der Ihren Furchtantrieb widerspiegelt. Sie haben gelernt, daß Ihre Furcht sich reduziert, wenn Sie, wann immer Sie am Meer oder am Dorfteich stehen, nicht ins Wasser gehen. Und solange niemand von Ihnen erwartet, daß Sie ins Wasser gehen, können Sie einen Tag am Meer oder an einem See ertragen, ohne daß Ihre Furcht allzu sehr angestachelt wird. Sie haben Ihre Reaktion verstärkt und ein konditioniertes Verhaltensmuster begründet. Nun nehmen wir weiter an, daß Sie eines Tages mit Ihrem Kind an den Strand gehen, und das Kind läuft hinunter zum Wasser, wie Kinder es gewöhnlich tun! Es ist sonst niemand am Strand, und Sie sind in ein Buch vertieft. Ehe Sie sich versehen, schreit Ihr Kind draußen in der Brandung, wo es keinen Grund mehr unter den Füßen hat, um Hilfe. Was tun Sie dann?

Ihre erste Reaktion ist, sich in die Brandung zu stürzen und Ihr Kind vor dem Ertrinken zu retten. Aber dann erinnern Sie sich – oder Ihr konditionierter Organismus erinnert sich –, daß der Gedanke, ins Wasser zu gehen, Ihre Furcht aktiviert. Sofort kommt Ihre konditionierte Reaktion (nicht ins Wasser zu gehen) ins Spiel. Sie sind jetzt von zwei einander widerstreitenden Trieben erfaßt – der Furcht vor dem Ertrinken und dem Bedürfnis, Ihr Kind zu retten –, und beide spiegeln sich in demselben Hinweis-Reiz wider, dem Wasser. Von Ihnen wird plötzlich verlangt, auf diesen Reiz in völlig entgegengesetzter Weise zu reagieren, und Sie befinden sich mit einemmal in einem multiplen Appetenz-Aversions-Konflikt (der multipel ist, weil er bei allem, was sie tun mögen, noch weitere Konsequenzen einschließt). Was tun Sie dann?

Die meisten Menschen würden sagen, daß sie instinktiv ihre Furcht vor Wasser vergessen und ihr Kind retten würden. Aber seien Sie nicht so sicher! Es gibt Dutzende von verbürgten Fällen, bei denen eben diese Umstände vorlagen, und in der überwiegenden Mehrzahl der Fälle bemühte sich der jeweilige Elternteil nicht, sein Kind zu retten, obwohl er schwimmen konnte.

Das ist ein Beispiel für das, was die Lerntheorie einen durch *äußeren Reiz ausgelösten Konflikt* nennt, eine Art von Konflikt, die zu neurotischem Verhalten führt. Das Verhalten, dessen sich der Mensch bedient, um seine Furcht reduziert zu halten – in diesem Fall, nicht ins Wasser zu gehen –, ist an sich kein neurotisches Verhalten. Aber wenn der Mensch in sich einen weiteren Antrieb verspürt und mit dem ersteren Verhalten darauf reagiert, dann ist das Verhalten neurotisch.

Bei dem durch einen äußeren Reiz ausgelösten Konflikt gibt es eine fast unendliche Vielzahl von Erscheinungsformen, aber er ist nur eine von zwei miteinander in Verbindung stehenden Möglichkeiten für das Entstehen einer Neurose. Die andere ist ein durch *inneren Reiz ausgelöster Konflikt,* und die kommt in der Neurosendynamik sehr viel häufiger vor.

Wenn ein Mensch sichtbare Reaktionen ausführt, dann treten bei ihm gleichzeitig innere Reaktionen wie Denken und Fühlen auf. Wenn seine sichtbaren Reaktionen eine unangenehme Erfahrung mit sich bringen, dann wird die Ausführung dieser Reaktionen zu Hinweis-Reizen für Furcht oder Angst. Da gewisse Gedanken und Gefühle die sichtbaren Reaktionen und ihre unangenehmen Folgen begleiten, können auch sie zu Furcht und Angst auslösenden Hinweis-Reizen werden. Bestimmte Gedanken zu hegen und bestimmte Gefühle zu empfinden – Gedanken und Gefühle, die mit den bestimmten Folgen sichtbarer Reaktionen verbunden sind – kann dann tatsächlich unangenehm werden.

Wenn diese Gedanken und Gefühle innerlich motiviert sind – das heißt, daß sie weiterhin vorhanden sind, nachdem der Mensch aufgehört hat, die Reaktionen zu vollziehen, die sie herbeigeführt haben –, dann werden sie Gegenstand eines Appetenz-Aversions-Konflikts, und ihr Auftreten ist sowohl erwünscht als auch gefürchtet. Erwünscht, weil die ursprüngliche Reaktion angenehm war. Gefürchtet, weil die ursprünglichen Folgen der Reaktion unangenehm waren.

Ein typisches Beispiel für dieses Verhaltensmuster ist das junge Mädchen, das der dringenden Bitte ihres Freundes nach Sexualverkehr nachgibt. Das Mädchen ist noch Jungfrau, hat aber einige Erfahrung in erotischen Vorspielen; ihre Reaktion beruht also auf lustvoller Erwartung. Aber der junge Mann hat kein Einfühlungsvermögen, ist ungeschickt und behandelt das Mädchen grob. Er tut ihr weh, dann dreht er sich auf die Seite und schläft ein. Ist das Sex? denkt das Mädchen. Die Folgen ihrer Reaktion sind unangenehm, und die Gedanken und Gefühle, welche die Folgen begleiten, sind ebenfalls unangenehm. Tatsächlich rufen sie Furcht vor Sex hervor.

Wenn ihre nächsten Erfahrungen ebenso unangenehm sind, wird sich der furchtauslösende Charakter ihrer begleitenden Gedanken und Gefühle verstärken, bis die geweckte Furcht konditioniert ist. Da das Sexualverhalten psychisch motiviert ist, fällt das Mädchen einem internalisierten Konflikt zum Opfer, bei dem seine eigenen unvermeidbaren sexuellen Gedanken und Impulse Angstauslöser sind. Selbst wenn es einen Mann findet, der es die Folgen der sexuellen Reaktionen lustvoll erleben läßt, bleibt die innere Konditionierung bestehen, und das Mädchen wird an jede sexuelle Begegnung mit einer Mischung von Begehren, Angst und Furcht herangehen. Ein solcher internalisierter Konflikt führt bei Frauen oft zu sexuellem Fehlverhalten, »Frigidität« oder Lesbiertum. Ähnliche Konsequenzen ergeben sich bei Männern, wenn bei ihnen derartige internalisierte sexuelle Konflikte vorliegen.

Nach der Lerntheorie ist ein durch inneren Reiz ausgelöster Konflikt der heimtückischste Weg zur Neurose. Der internalisierte Konflikt ist vor allem deshalb so verheerend, weil es kein Entrinnen gibt. Die Hinweis-Reize stammen aus dem Inneren des Menschen und sind so lange vorhanden, wie die Triebe, auf denen sie beruhen, aktiv bleiben. Die wahrscheinlichste Erklärung für die sogenannte »frei flottierende« oder fast ständige Angst lautet, daß eine solche Angst entweder durch viele verschiedene Reize ausgelöst wird, so daß man die Hinweise niemals vermeiden kann, oder daß sie durch Variable ausgelöst wird, die das einzelne Individuum kennzeichnen. Nach Ansicht der Lerntheorie liegt es auf der Hand, daß bei einem Individuum, das sich in einem solchen Konflikt befindet, stets die mit internalisierter Angst assoziierten Signale vorhanden sind: Das Individuum selbst ist die Ursache von Furcht und Angst und daher die Ursache der Neurose.

Die Lerntheorie ist der Ansicht, daß neurotische Symptome *angstvermeidende Verhaltensweisen* sind. Das in Konflikt befindliche Individuum ist in einem Zustand intensiver Triebregungen und hat ein starkes Bedürfnis, den Konflikt entweder zu lösen oder zu vermeiden. Wenn es ihn nicht lösen kann, versucht es, ihn zu vermeiden. Es tut das auf die gleiche Weise, wie es sein gesamtes Verhalten lernt: indem es durch spezifische Reaktionen, die es ihm erleichtern, die Angst zu vermeiden, seine konflikterzeugenden Triebspannungen reduziert. Diese Reaktionen sind angenehm. Daher werden sie verstärkt, damit die Triebspannungen reduziert bleiben, und werden so zu konditioniertem Verhalten.

Neurotische Symptome sind also eine andere Form von angelerntem Verhalten. Phobien sind angelernt, Hysterie und Verdrängung ebenfalls. Die Abwehrmechanismen sind angelernt. Und so weiter. Tatsächlich sind Neurosen angelernt.

Indes sind die konventionellen Symptome nur ein Aspekt der Neurosen, mit dem sich die Lerntherapie befaßt. Sie kennt noch einen weiteren, ausgeprägten Aspekt neurotischen Verhaltens, den sie zu behandeln versucht; sie nennt ihn *neurotische Stupidität*. Die Neurose ist ein Teufelskreis, bei dem der Neurotiker auf eine bestimmte Verhaltensweise »hereinfällt«, weil sie ihm helfen soll, Konflikt-Hinweis-Reize zu vermeiden; aber damit verhindert sie auch das Umlernen aller Verhaltensweisen, die mit dem Konflikt zusammenhängen. Die Unfähigkeit umzulernen ist neurotische Stupidität.

Damit die Neurose gelindert wird, müssen nach der Lerntheorie die Reaktionen auf Konfliktelemente neu gelernt oder rekonditioniert werden. Der Konflikt wird sich nicht von allein in nichts auflösen oder verschwinden. Der gelernte Angstvermeidungsprozeß bewirkt, daß der Neurotiker Hinweis-Reize verzerrt und unzulängliche oder falsche Informationen behält, alles um der Angstreduktion willen, aber auf Kosten späteren Leidens. Das gesamte menschliche Verhalten ist in der Tat Problemlösen – sei es nun gesund oder ungesund. Angst bewirkt, daß sich der Mensch auf Hinweise konzentriert, die sein Problem der Triebreduktion sofort lösen, aber dadurch ist seine Möglichkeit, andere vorhandene Signale zu verwenden, begrenzt. Er hat gelernt, andere Möglichkeiten gar nicht erst zu erforschen, weil er das Hinweis-Reaktions-Muster gefunden hat, an das zu glauben er sich konditioniert hat. Nachdem er darauf konditioniert ist, andere Hinweis-Reaktions-Gelegenheiten nicht zu erforschen, geht ihm die innere Fähigkeit ab, neue Lösungen zu finden. Er leidet an neurotischer Stupidität.

Die Lerntheorie will nicht nur die neurotischen Symptome mildern, sondern auch die neurotische Stupidität beseitigen. Sofern diese nicht gelöscht wird, können die neurotischen Symptome nicht gelindert werden, denn der Patient wird nicht gewillt oder imstande sein, neue Hinweis-Reaktions-Möglichkeiten, neue Lernmuster zu erforschen. Denn wie die Neurose angelernt ist, ist es auch eine Sache des Lernens, nicht neurotisch zu sein.

Es gibt viele methodische Varianten der modernen Lerntherapie, aber alle Methoden verbinden die mechanistischen Techniken der traditionellen Psychoanalyse mit den sozial orientierten Empathie-Techniken humanistischer Bestrebungen wie etwa der klientenzentrierten Therapie. Ungeachtet der letzteren Eigenschaft behält der Lerntherapeut den Gang der Dinge fest in der Hand und ist äußerst direktiv.

Die Lerntherapie sieht es als ihr Ziel an, die falschen oder fehlangepaßten psychischen und emotionalen Gewohnheiten, die der Neurotiker gelernt hat, zu löschen. Da neue Gewohnheiten nur unter neuen Bedingungen gelernt werden können, muß die neurotische Stupidität beseitigt und eine neue Lernsituation geschaffen werden. Eine neue Lernsituation zu schaffen ist also das erste Ziel des Therapeuten.

Wenn Sie einen Lerntherapeuten aufsuchen sollten, wird er Ihnen in groben Umrissen die Lerntheorie erläutern und zu erklären versuchen, warum er glaubt, daß Ihr Problem das Ergebnis der Lerndynamik sei. Dann wird er eine herzliche, von Geduld geprägte Atmosphäre herstellen, die sich deutlich von derjenigen unterscheidet, der Sie in Ihrem täglichen Leben ausgesetzt sind. Schließlich wird er Sie zum freien Assoziieren anhalten. Er wird darauf drängen, daß Sie alles sagen, was Ihnen in den Sinn kommt, und sich bemühen, Ihnen zu zeigen, daß er das, was Sie sagen, nicht verurteilt oder mißbilligt, wie ungeheuerlich es Ihnen auch erscheinen mag. Wenn Sie für die Spannungen und Ängste, die Sie quälen, nicht die richtigen Worte oder Begriffe finden können, wird er sie Ihnen nennen. In der Lerntherapie nennt man das *Etikettieren;* es soll Ihnen erleichtern, geistige Bilder für Gedanken und Emotionen zu akzeptieren, die Sie sonst verdrängen. Wenn Sie so weit sind, das zu akzeptieren, was der Therapeut anbietet, dann haben Sie seiner Meinung nach das erste Stadium bei der Beseitigung Ihrer neurotischen Stupidität hinter sich gebracht – Sie beginnen, aufgeschlossen zu werden für neue Möglichkeiten des Lernens.

Das freie Assoziieren der Lerntherapie soll Sie dazu bringen, bisher tabuisierte Wörter, Gedanken und Gefühle zu äußern, mit denen Sie im täglichen Leben nicht konfrontiert werden, weil Ihre Neurose dies verhindert. Wenn derlei Dinge ausgesprochen werden und der Therapeut und Sie darüber reden, dann soll dadurch erreicht werden, daß die Furcht, die Sie damit verbinden, ausgelöscht wird. Diese Technik stützt sich auf eine Theorie, die besagt: Wenn ehemals furchterregende Hinweise ständig angenehme Konsequenzen haben (der Rahmen der Therapie und die nicht verurteilende Haltung des Therapeuten), dann wird die ursprüngliche Furchtkonditionierung gegenkonditioniert. Diejenigen Hinweise, auf die früher Unannehmlichkeiten folgten, haben jetzt soziale Belohnungen innerhalb der Therapiebeziehung zur Folge.

Eine weitere Technik der Lerntherapie ist die *selektive Wiederholung*. Die Lerntheorie glaubt, daß abgesehen vom Aussprechen ehemals tabuisierter Gedanken und Gefühle, von ihrer Etikettierung und der Diskussion darüber eine zweite wirksame Methode der Gegenkonditionierung darin besteht, daß der Therapeut selektiv wiederholt, was der Patient sagt, oder den Patienten selektiv auffordert, gewisse wichtige Begriffe zu wiederholen. Sie werden feststellen, daß die selektive Wiederholung häufig angewandt wird, wenn der Therapeut der Meinung ist, der gegenkonditionierende Prozeß werde dadurch gefördert, daß Sie Worte, Gedanken und Gefühle wiederholen, die auszusprechen Ihnen wegen ihrer furchtauslösenden Natur immer noch schwerfällt.

Die Freudsche Technik der Deutung ist eine weitere Methode, die vom Lerntherapeuten angewandt wird, wenn auch auf unterschiedliche Weise. Er verwendet sie als eine Technik, um *neue verbale Einheiten zu lehren.* Mit anderen Worten, der Therapeut sieht es als seine Aufgabe an, die Art und Weise zu verändern, wie Sie auf gewisse Signale reagieren. Diese furchterregenden Signale kommen Ihnen immer durch Worte oder Redewendungen zum Bewußtsein. Zum Beispiel (wiederum ein vereinfachtes Beispiel) könnte das Wort »Wecker« für Sie ein furchterregender Hinweis sein, weil Sie damit Zuspätkommen und die damit zusammenhängenden Nachteile verknüpfen – Lohneinbußen vielleicht oder Nachsitzen als Schulkind. Der Therapeut wird versuchen, Ihnen das Wort »Wecker« auf neue Weise zu deuten und Sie dadurch für neue Hinweis-Möglichkeiten aufgeschlossen zu machen. Wenn es etwas Heikleres als »Wecker« ist, also ein Wort oder Begriff, der akute Angst oder Furcht auslöst, dann wird der Therapeut bei seiner Deutung möglichst vorsichtig vorgehen, um Ihre Hinweis-Reize nicht übermäßig zu aktivieren und damit den bereits gewonnenen Boden wieder zu verlieren.

In diesem Zusammenhang wird er eine weitere Technik anwenden, die die Lerntherapie *Hinweis-Differenzierung* nennt. Um das Ziel der Therapie zu erreichen, wird der Therapeut versuchen, Ihnen beizubringen, zwischen früheren furchterregenden Hinweisen und gegenwärtigen ähnlichen Hinweisen zu differenzieren, die keine reale Gefahr darstellen, aber dennoch Furcht auslösen. Wir haben bereits gesehen, wie ein Hinweis-Reiz allein durch seine frühere Konditionierung neurotisches Verhalten hervorrufen kann, selbst wenn der konditionierende Einfluß des Hinweis-Reizes nicht mehr vorhanden ist (die spätere »Frigidität« der erwähnten Jungfrau oder andere sexuelle Funktionsstörungen sind Beispiele dafür). Unterrichtung in der Hinweis-Differenzierung bezweckt, daß Sie besser zwischen dem Furcht-Faktor eines Hinweis-Reizes und dem Nicht-Furcht-Faktor zu unterscheiden lernen, damit Sie sich in unterschiedlichen Situationen angemessen verhalten.

Sobald der Therapeut der Meinung ist, daß Sie durch den bisherigen therapeutischen Prozeß einigermaßen Einblick in die Struktur Ihrer Angst oder Ihr Furchtmuster erlangt haben und sich gezeigt hat, daß Sie teilweise für das neue Lernen aufgeschlossen sind, wird er mit der letzten Technik der Lerntherapie beginnen, nämlich zu zeigen, *wie das in der Therapie Gelernte im wirklichen Leben zu verwenden ist.* Nach der Lerntherapie besteht die Gesprächsphase der Therapie aus zwei Dimensionen: aus der Aneignung neu angewandter Etikette für Hinweis-Reize und dem Erwerb neu gelernter Reaktionen auf die Hinweis-Reize. Aber diese Etiketten und Reaktionen sind in der künstlichen Umgebung des Therapiesettings gelernt worden; sie müssen von Ihnen noch im wirklichen Leben erprobt werden, damit Sie ihren Wert bestätigen können. Wenn also in der Therapie jede neu gelernte Reaktion in Ihre Reaktionsstruktur integriert worden ist, wird Ihnen der Therapeut Aufgaben stellen, die neue Reaktionen erfordern und die Sie außerhalb der Therapie erledigen müssen.

Die Aufgaben können so einfach sein wie die folgende: Sagen wir, bei Ihrer ursprünglichen neurotischen Reaktionsstruktur hatten Sie eine Todesangst vor dem Fliegen – der Gedanke zu fliegen löste wegen irgendeines konditionierten Reizes in Ihrer

Vergangenheit eine lähmende Furcht aus. Sie vermieden die Angst, die dieser Reiz erzeugte, nicht nur dadurch, daß Sie nicht flogen, sondern Sie vermieden es auch, zum Flughafen zu fahren, um irgendwelche Familienmitglieder zu verabschieden, oder sogar durch zwanghaftes Wechseln des Themas, wann immer von Flugzeugen die Rede war. Das Flugzeug – der physische Gegenstand, der Gedanke daran und seine Bezeichnung –, all das waren neurotische Signalreize geworden. Die Furcht vor dem Fliegen war die am wenigsten neurotische Verhaltensweise. Die Furcht, auf den Flughafen zu gehen, war schon etwas neurotischer, denn das bedeutete schließlich keine Gefahr. Die Furcht davor, von Flugzeugen zu reden, und das zwanghafte Wechseln des Themas waren die neurotischsten Elemente Ihres durch die Furcht vor dem Fliegen ausgelösten Verhaltens, denn die Situation war dem Hinweis-Reiz nicht angemessen; dabei bestand überhaupt keine Gefahr für Sie.

Sie sind nun also bereits einige Zeit in der Therapie gewesen (sagen wir, der Grund, warum Sie die Therapie aufgesucht haben, war der, daß Ihre Freunde und die Familie an Ihrem Verhalten Anstoß nahmen). Sie und Ihr Therapeut haben die ganze Struktur Ihrer Phobie und des daraus resultierenden Verhaltens ans Licht gebracht. Ihr Therapeut hat die Technik des Etikettierens, der Hinweis-Differenzierung, der selektiven Wiederholung und die anderen Techniken der Lerntheorie angewandt und Sie so weit aufgeschlossen gemacht, daß Sie wenigstens mit ihm zusammensitzen und behaglich über Flugzeuge reden können. Sobald er sich überzeugt hat, daß Sie in der Therapie die neuen Hinweis-Möglichkeiten akzeptieren, die das Wort »Flugzeug« darstellt, wird er Ihnen die Aufgabe stellen, außerhalb der Therapie mit Ihren Freunden und Familienangehörigen über Flugzeuge zu reden. Sie werden ihm dann über die vielfältigen Gefühle und Gedanken, die Sie dabei gehabt haben, berichten, und er wird danach Ihren Erfolg beurteilen.

Er wird Ihnen immer wieder dieselbe Aufgabe stellen, bis er sicher ist, daß Ihre alten Reaktionen auf das Wort »Flugzeug« gegenkonditioniert sind und Sie eine neue Reaktion auf den Hinweis-Reiz gelernt und sie verstärkt haben. Als nächstes wird er sich mit der Frage befassen, daß es Ihnen schwerfällt, zum Flughafen zu fahren. Zu der Aufgabe, die er Ihnen dabei stellt, wird gehören, daß Sie auf den Flughafen fahren, bis diese Fahrten nicht mehr Ihre alten, angelernten, neurotischen Reaktionen hervorrufen, sondern neu gelernte Reaktionen. Zu guter Letzt wird er sich das Fliegen selbst vornehmen, was bedeutet, daß Sie schließlich eine Flugreise machen müssen, dann eine zweite, eine dritte und so weiter.

Der Prozeß der Lerntherapie besteht im wesentlichen aus folgendem: Es werden neue und angemessene konditionierte Reaktionen auf alte, neurotische, konditionierte Hinweis-Reize gelernt, und sie werden so verstärkt, daß normales oder angemessenes Verhalten an die Stelle des neurotischen tritt.

Die Lerntherapie wird je nach Therapeut in zwei verschiedenen Versionen angeboten. Die erste ist die »führende Therapie«, bei der der Therapeut sehr aktiv beteiligt ist und den Patienten beim Prozeß des Umkonditionierens und Umlernens »führt«. Die andere ist die »reflektive Therapie«, bei der der Therapeut sehr viel weniger aktiv beteiligt ist und den Patienten dazu anhält, selbst möglichst viel über sein Verhalten herauszufinden. Bei beiden Versionen sind die angewandten Techniken in etwa gleich; allerdings dauert die reflektive Therapie, wie man sich denken kann, sehr viel länger. Natürlich rechtfertigt der Therapeut dies damit, daß die reflektive Therapie sehr viel wirkungsvoller sei als die führende Therapie.

Die Frage nach der Wirksamkeit der beiden Versionen – der auf das Gespräch ausgerichteten Lerntherapie im allgemeinen – muß noch beantwortet werden. Zwar hat die Lerntherapie nicht so umfangreiche Forschungsergebnisse über die Wirksamkeit vorgelegt wie die klientenzentrierte Therapie, dennoch besteht Grund zu der Annahme, daß die Lerntherapie eine positive Wirkung bei so spezifischen Leiden wie Phobien und Zwangsneurosen ausüben kann. Aber es scheint, als sei der Lerntherapie von ihrem streitsüchtigeren Abkömmling der Rang abgelaufen worden: der Therapie der Verhaltensmodifikation.

14. Die Verhaltensmodifikation

Von der Lerntherapie kann man sagen, sie befasse sich mit Reaktionen, die einer Stimulierung folgen, oder mit konditionierten Reaktion-Verstärkungs-Mustern, die sich aus der konditionierten Trieb-Hinweis-Struktur ergeben. Die Lerntherapie versucht, die neurotischen Reaktionen eines Menschen auf Signale zu ändern, und zwar durch den Prozeß der Gesprächstherapie, bei dem gleichzeitig neue Reaktionen gelehrt werden.

Um die Mitte der 1960er Jahre tauchte eine Variante dieser behavioristischen Einstellung zur Psychotherapie auf. Statt sich wie bisher mit den Reaktionen zu befassen, die einer Stimulierung folgen, wandte man sich nun den Wirkungen von Reizen zu, die von Handlungen herrühren. Auch diesem Versuch lag die Theorie zugrunde, daß unser Verhalten zum größten Teil durch konditionierendes Lernen bestimmt wird. Indes werde Verhalten nicht durch seine Vorgeschichte festgelegt, sondern durch seine Konsequenzen. Während man sich bis dahin bemühte, Verhalten dadurch zu ändern, daß man das Reaktions-Gewohnheits-System des Individuums therapeutisch behandelte, ging man jetzt davon aus, daß es viel wirkungsvoller sei, sich mit seinen gegenwärtigen und zukünftigen Reaktionsmustern zu befassen.

Die Lerntherapie, in den 1950er Jahren begründet, war eine Weiterentwicklung der frühen klassischen Konditionierungsexperimente des Psychologen Clark Hull, der sich bei seinen Versuchen auf die Laboratoriumsarbeit von Pawlow und auf die Auffassungen des amerikanischen Psychologen John Broadus Watson über die Verhaltensbeeinflussung gestützt hatte.[1] Viele Psychologen haben später dazu beigetragen, daß die Lerntheorie einen überragenden Einfluß gewann. Allerdings blieb sie als eine Form der Psychotherapie im traditionellen Rahmen der langwie-

1 Bekanntlich war es Watson, der »angeboten« hatte, aus jedem Kind ein Genie oder einen Verbrecher zu machen.

rig sondierenden Gesprächstherapie stecken. Die wichtigste Leistung der Lerntheorie war, daß sie die Begriffe »klassische« oder Pawlowsche Konditionierung und »instrumentelle« oder »operante« Konditionierung einführte und auf die Entwicklung der menschlichen Persönlichkeit und ihrer Probleme anwandte.

Ein weiterer Psychologe, der die Lernvorgänge aufgriff, war B. F. Skinner. Er leitete viele Jahre lang ein Tierlaboratorium an der *Harvard University,* das sich Konditionierungs-Tests und der Beeinflussung des Verhaltens von Tieren widmete. Vor etwa dreißig Jahren experimentierte Skinner mit Ratten und Tauben und benutzte dazu eine Apparatur, die mittlerweile als *»Skinner Box«* bekannt ist. In diesen Käfig setzte er eine Taube oder Ratte. Wenn ein schmackhaftes Stückchen Futter in den Käfig fiel, nachdem die Taube gegen einen Knopf gepickt oder die Ratte einen Hebel niedergedrückt hatte, bestand eine hohe Wahrscheinlichkeit, daß die Taube das Picken und die Ratte das Niederdrücken wiederholen würden. Skinner entwickelte eine Konditionierungstheorie, nach der das Futter einen angeborenen oder primären Verstärkungsreiz, das Fressen eine unkonditionierte Reaktion und die Umweltbedingungen, welche die Reaktion bestimmen, das Kontingenzverhältnis* darstellen. Der ganze Prozeß wurde *instrumentelle* oder *operante* Konditionierung genannt. Der Grundgedanke der Beobachtungen Skinners besteht darin, daß Verhalten durch seine Konsequenzen beeinflußt wird, zumindest bei Tieren.

In den folgenden Jahren wurde dieser Gedanke durch weitere Versuche fortentwickelt mit dem Ziel, ihn auch auf Menschen anwenden zu können. Danach wird das menschliche Verhalten zunächst durch seine Konsequenzen *beeinflußt* und so dann durch seine Konsequenzen *determiniert.* Mit anderen Worten, Menschen lernen ihr Verhalten nicht durch Reize oder Signale, sondern *durch die Konsequenzen ihrer Reaktionen* auf diese Reize oder Signale. Daher kann das Verhalten leichter geändert werden, wenn seine Konsequenzen und nicht die Reaktionen eines Individuums auf Reize oder Hinweise geändert werden.

* Z. B. Häufigkeit, zeitliche Reihenfolge, Regelmäßigkeit, Intensität der Konsequenzen (Anm. d. Red.).

Aus diesem Gedankengang entstand eine Therapie, die heute in Fachkreisen als »direkte Verhaltensmodifikation« und in der breiten Öffentlichkeit einfach als »Verhaltenstherapie« bekannt ist. Die einfachere Bezeichnung ist irreführend, denn jede Psychotherapie, sofern sie das Verhalten zu verändern sucht, ist Verhaltenstherapie; indes werde ich mich hier des kürzeren statt des exakten Begriffs bedienen, weil er sich im Sprachgebrauch der Psychotherapie eingebürgert hat und die komplexere Bedeutung darunter verstanden wird.

In vieler Hinsicht ist die der Verhaltenstherapie zugrunde liegende Theorie lediglich eine Erweiterung der im letzten Kapitel ausführlich dargestellten Lerntheorie. Beide stimmen darin überein, daß sich menschliches Verhalten auf umweltbedingte Konditionierung zurückführen läßt. Dennoch bestehen zwischen Lerntheorie und Verhaltenstherapie zwei grundsätzliche Streitfragen. Bei der ersten handelt es sich um die Frage, ob Verhalten primär durch Hinweis-Konditionierung gelernt wird oder durch die konditionierten Konsequenzen von Reaktionen auf Hinweise. Bei der Vormachtstellung, welche die Verhaltenstherapie auf dem gesamten Gebiet der Lerntheorie errungen hat, kann man nur den Schluß ziehen, daß sie die Auseinandersetzung gewinnt.

Die zweite Streitfrage hängt mit der ersten zusammen und dreht sich um die richtige und wirkungsvollste Therapiemethode. Die Lerntherapie hält an der Gesprächs- und Analysemethode immer noch mit der Begründung fest, daß falsch konditionierte Hinweise aufgespürt werden müssen, ehe neues Lernen stattfinden kann. Da sich die Verhaltenstherapie mit den Folgen und nicht mit den Ursprüngen befaßt, lehnt sie die Gesprächs- und Analysemethode in häufig überheblicher und scharfer Weise ab und hält alle anderen Formen der Psychotherapie für völlig nutzlos. Das begründet sie hauptsächlich damit, daß das menschliche Verhalten nichts mit »Psyche«, »Unbewußtem«, »Ich« und anderen geheimnisvollen, ihrer Ansicht nach mythologischen Kategorien der konventionellen Psychotherapie zu tun habe. Die Verhaltenstherapeuten verwahren sich sogar dagegen, als Psychotherapeuten angesehen zu werden, da ein Teil ihrer Gesamtaufgabe gerade darin bestehe, das zu dekonditionieren, was sie für den konditionierten Glauben der Öffentlichkeit an die Wirksamkeit der konventionellen Therapie halten.

Der Leser wird sich erinnern, daß ich oben auf eine Unfähigkeit der traditionellen Psychotherapie hingewiesen habe, nämlich auf ihre Unfähigkeit zu verhindern, daß die Leiden der Gesellschaft sich auszuweiten; ich habe sogar angedeutet, daß sie zu diesen Leiden beigetragen habe, indem sie die öffentliche Meinung mit hoffnungslosen Vorstellungen und einer pessimistischen Terminologie über die menschlichen Funktionsweisen indoktriniert habe. Der Behaviorismus ist die erste therapeutische Richtung, die einen kämpferisch orientierten Plan nicht nur für die Therapie, sondern auch zur Verhinderung psychischer Störungen in großem Maßstab vorgelegt hat. Ironischerweise scheint dieser Plan in der großen Masse mehr Unruhe hervorgerufen zu haben, als er zu beseitigen verhieß.

Die Verhaltenstherapie behauptet: Wenn jemand abweichendes Verhalten (die Behavioristen ziehen es vor, das Wort »neurotisch« zu vermeiden) an den Tag legt, dann liegt sein Versagen an der sozialen und materiellen Umwelt, die sein Verhalten determiniert, und nicht an ihm selbst. Wird die Umwelt verändert, dann werde damit auch das Verhalten des einzelnen verändert. Ist eine Behandlung notwendig, dann wird sie am besten in eben jener Umgebung durchgeführt, die das abweichende Verhalten hervorgerufen hat, nicht in einer künstlichen Umgebung wie dem Sprechzimmer eines Psychotherapeuten oder in einem psychotherapeutischen Institut.

Der Behaviorismus behauptet ferner: Wenn das Verhalten eines einzelnen Individuums durch die Techniken der verhaltensmodifizierenden Therapie verändert werden kann, dann kann auch das Verhalten einer ganzen Gesellschaft verändert werden. Das Verhalten einer Gesellschaft zu verändern bedeutet praktisch, die soziale und materielle Umwelt zu ändern, in der die Individuen ihr Verhalten erlernen. Das Verhalten einer Gesellschaft zu ändern wird daher bedeuten, daß alle Individuen sich besser verhalten und daß das Auftreten abweichenden (neurotischen) Verhaltens einzelner entsprechend zurückgeht.

Das klingt gar nicht schlecht, aber eine wichtige Frage muß

noch beantwortet werden: Wer wird die Veränderung der Gesellschaft herbeiführen? Da stehen einem sofort Visionen von verrückten Verhaltenstechnologen vor Augen, die darauf aus sind, den Willen der Gesellschaft ihren Zwecken zu unterwerfen. Die meisten Kritiker erklären, selbst wenn es möglich wäre, das Verhalten großer Gruppen von Menschen oder gar der Gesellschaft umzuformen, so könnten wir nicht sicher sein, daß die Umformung eine Verbesserung bedeute, und wir hätten auch keine Möglichkeit, die eigentlichen Motive der Veränderer zu überprüfen. Und außerdem sei es besser, in einer bunt gemischten, unterschiedlich geordneten Gesellschaft mit psychischen Störungen und neurotischen Verhaltensweisen zu leben als in einer völlig homogenen Gesellschaft von gesichtslosen, gefühlskalten Menschen ohne Neurosen, die wie Roboter nur auf den konditionierenden Befehl ihrer Führer reagierten.

Das ist natürlich eine allzu große Vereinfachung des Einwandes, aber sie zeigt dessen wesentliche Punkte auf. Die Debatte verschärfte sich, als 1971 in Amerika B. F. Skinners Buch *Jenseits von Freiheit und Würde*[2] erschien, in dem er behauptete, die Technologie der operanten (d. h. konditionierenden) Verhaltensänderung sei bereits erheblich fortgeschritten. »Vielleicht können wir (d. h. die Verhaltenswissenschaft) im Augenblick noch nicht eine wirksame Kultur als Ganzes entwerfen (Skinners Ziel des Behaviorismus), doch können wir Schritt um Schritt bessere Praktiken planen.« Das Buch, das die operante Neukonditionierung unserer gesamten Gesellschaft propagierte, rief ein Protestgeschrei hervor und gab zu Warnungen Anlaß, man dürfe nicht zulassen, daß die Vorstellungen des Behaviorismus weiteren Einfluß gewönnen. Indes kamen die Warnungen zu spät. Wie Skinner erklärt hatte, war die Verhaltenswissenschaft bereits erheblich fortgeschritten, und die individuelle Verhaltenstherapie wurde immer mehr zur Attraktion auf dem Supermarkt der Therapien.

Experimente mit Verhalten wurden vor etwa achtzehn Jahren aus den Tierlaboratorien auf andere Bereiche verlagert. Damals begann eine Gruppe von Skinners Schülern in Harvard, das an

2 Reinbek 1973, S. 161.

Tieren Erlernte auf Menschen anzuwenden – vor allem auf Psychotiker, die in verschiedenen Heilanstalten in der Bostoner Gegend untergebracht waren. Sie stellten fest, daß psychotisches Verhalten durch die Einführung variabler Kontingenzverhältnisse und durch *Verstärkung* kontrolliert und verändert werden kann. Die Verhaltensforschung mit Psychotikern gewann an Zulauf, als sich immer mehr junge Psychologen für eine therapeutische Arbeit interessierten, die einen wissenschaftlicheren Anstrich hatte als eine Tätigkeit, für die Schätzungen und Mutmaßungen charakteristisch sind. Um die Mitte der 1960er Jahre wandten behavioristisch ausgebildete Psychologen, die in die therapeutische Praxis gingen, operante Methoden auch auf neurotisches Verhalten an; im Laufe weniger Jahre hatten sich das Grundprinzip und die Techniken des Behaviorismus mit der Geschwindigkeit eines Steppenbrandes ausgebreitet.

Wie die Lerntherapie – wie übrigens alle psychotherapeutischen Schulen – weist die Verhaltenstherapie in der Praxis viele Formen auf. Welche Unterschiede in spezifischen Techniken auch bestehen mögen, insgesamt ist die technische Methode fest verankert in dem Gedanken, daß neurotisches oder abweichendes Verhalten angelernt sei und nur verändert werden könne durch Umlernen und Rekonditionieren. Und wie es zwischen der Lerntherapie und der Verhaltenstherapie Meinungsverschiedenheiten darüber gibt, wie Neurosen gelernt werden, bestehen auch unterschiedliche Auffassungen über spezifische Techniken des Umlernens und Rekonditionierens. Die Verhaltenstherapeuten betonen mehr als Lerntherapeuten die *direkte* Gegenkonditionierung von Reaktionen auf Signale der Umwelt und die Einflüsse der positiven Verstärkung von Reaktionen. Sie behaupten, Neurose oder abweichendes Verhalten seien unmittelbare Folge von falschen Reaktionen, die *durch die Konsequenzen* dieser Reaktionen positiv verstärkt worden seien; daher könne nicht-abweichendes Verhalten nur gelernt werden, wenn der starke positive Verstärkungsprozeß beim Neurotiker selbst rekonditioniert werde, und nicht nur die Signale, auf die er reagiere.

Die Verhaltenstherapeuten schenken dem Konflikt, dem theoretischen Kernstück des Lernprinzips, sehr wenig Aufmerksamkeit. Auch der internalisierte Konflikt bleibt unberücksichtigt, ebenso jedes andere Konzept, das einen Anflug von Theorie hat. Im wesentlichen betrachten sie Neurosen als übermäßig konditionierte Reaktionen und neurotische Symptome einfach als gelernte Gewohnheiten; es gebe keine Neurose, die einem Symptom zugrunde liegt, sondern nur das Symptom selbst. Daher ist das Symptom das einzige Angriffsziel der Verhaltenstherapie; sie will durch die Anwendung von im Laboratorium geprüften Gegenmaßnahmen die neurotischen Symptome unmittelbar beseitigen. Sie hält sich für einen Feuerwehrmann, der den Brand mit Wasser löscht, während andere Therapien Feuerwehrleute seien, die herumstehen und darüber diskutieren, wie das Feuer ausbrach und was für eine Art Feuer es sein könnte, ehe sie ihre Schläuche ausrollen. Ein so pragmatischer Standpunkt mag auf den ersten Blick verlockend sein, aber der traditionelle Therapeut könnte darauf erwidern, daß verhängnisvolle Folgen eintreten mögen, wenn der Schlauch eingesetzt wird, ehe man weiß, ob es sich um ein Holzfeuer oder um einen Ölbrand handelt.

Der Verhaltenstherapeut wendet Techniken an, die Ähnlichkeit mit denen der Lerntherapie haben. Einige haben allerdings andere Namen, und weil die Verhaltenstherapie weder zur Erforschung der Vergangenheit des Patienten noch zu anderen Methoden der Gesprächstherapie greift, sind ihre Techniken so konzentriert und mikroskopisch genau, daß sie zur Therapie selbst werden. *Desensitivierung* oder *Desensibilisierung* ist der Name der Verhaltenstherapie für das *Dekonditionieren* der Lerntherapie. *Aversionstherapie* heißt bei ihr das *Gegenkonditionieren* der Lerntherapie. *Positive Verstärkung* ist ihr Name für *sekundäre Verstärkung.*

Die Verhaltenstherapie glaubt, daß neurotisches Verhalten und seine Symptome (Depression, Phobie, Zwangsverhalten, Depersonalisation usw.) nicht die Folge eines dynamischen Konflikts sind, sondern nur eine Sache der Gewohnheit. Wenn ein Individuum zum Beispiel in jungen Jahren lernt, sich zwanghaft zu verhalten, wird es sein Leben lang aus Gewohnheit Zwanghaftigkeit zum Ausdruck bringen. Die Zwanghaftigkeit verstärkt sich nicht aufgrund eines inneren oder psychischen Konflikts, sondern weil sie durch Konsequenzen des Handelns immer wieder verstärkt wird. Die Verstärkung selbst wird zur Gewohnheit, die Persönlichkeit des Individuums gerät dadurch immer mehr in den Griff der Zwanghaftigkeit.

Die einzige Möglichkeit, ein derartiges neurotisches Verhalten zu ändern, besteht darin, die gewohnheitsmäßige Zwanghaftigkeit und ihre entsprechende Verstärkung zu durchbrechen. Da in erster Linie die Verstärkung das Zwangsverhalten zur Gewohnheit machte, muß also bei dem Verstärkungsprozeß eingesetzt werden. Mit anderen Worten, statt zwanghaftes Verhalten mit weiterer positiver Verstärkung zu belohnen, wird es mit negativer Verstärkung (aversiver Konditionierung) bestraft, bis die Gewohnheit desensitiviert und gelöscht ist und sich durch eine Ersatzgewohnheit zu äußern sucht. Wenn man sich davon überzeugt hat, daß die neue Gewohnheit vorteilhafter ist, wird sie mit derselben positiven Verstärkung gefördert, die die unerwünschte Gewohnheit begründet hatte.

Die verhaltensmodifizierende Therapie geht im wesentlichen auf diese Weise vor. Oberflächlich betrachtet, ist sie insofern der gewöhnlichen Psychotherapie ähnlich, als auch zu ihr vorwiegend eine Zweier-Beziehung zwischen Klient oder Patient und Therapeut, festgelegte Sitzungen im Sprechzimmer des Therapeuten oder in der Klinik, vom Klienten zu zahlende Honorare und so weiter gehören. Aber damit endet auch die Ähnlichkeit. Es ist wenig oder gar nicht die Rede von Konflikt, neurotischer Dynamik, Träumen, verdrängten Wünschen oder irgendeinem anderen Begriff der orthodoxen Psychotherapie. Im Mittelpunkt der Aufmerksamkeit stehen lediglich Symptome und Verhaltensweisen; und damit ist die insgeheime Erwartung verbunden, daß weiter nichts nötig sei, als die Symptome zu lindern und das Verhalten zu ändern, damit das Leben des Patienten glücklicher und befriedigender verlaufe.

Wenn Sie mit einer Verhaltenstherapie beginnen sollten, hätten Sie als erstes einen Prozeß *systematischer Desensibilisierung* durchzumachen. Zuerst würde der Therapeut mit Ihrer Hilfe eine Rangfolge der angstauslösenden Situationen aufstellen, angefangen mit der Situation, die am stärksten Angst auslöst und mit der Sie im Leben fertig werden müssen, bis hinunter zu den immer weniger angsterregenden Situationen.[3]

Diese Situationen lassen sich teilweise anhand der Art Ihrer neurotischen Symptome erkennen, teilweise anhand dessen, was Sie dem Therapeuten über die Dinge und Situationen sagen können, die Ihnen am meisten Angst bereiten. Wenn Sie eindeutig eine Phobie haben – sagen wir, eine irrationale Angst vor Pferden –, dann wird der Therapeut die Rangfolge furchtauslösender Situationen auf Pferde hin anlegen. Ist Ihr Problem nicht eine Phobie, sondern etwas anderes – chronische Angst zum Beispiel –, dann wird der Therapeut die Rangfolge so aufstellen, daß sie alle möglichen angsterregenden Situationen umfaßt, etwa in ein Zimmer mit fremden Menschen gehen, wenn Sie schüchtern sind, oder auf einer verlassenen Insel leben, wenn Sie aggressiv sind.

Nachdem Sie und der Therapeut sich über die besondere Rangfolge angstauslösender Situationen, die Ihren Problemen am genauesten entsprechen, geeinigt haben, wird Ihnen der Therapeut eine Reihe von Entspannungsübungen beibringen, die es Ihnen ermöglichen sollen, das Angsterregende abzuwehren, wenn Sie mit den jeweiligen Situationen konfrontiert sind. Er wird Sie anleiten, sich eine weniger angsterregende Situation vorzustellen und dabei Entspannungsübungen auszuführen.

Der Zweck dieses ersten therapeutischen Prozesses ist systematische Desensibilisierung. Theoretisch werden Ihre schwächeren Angstreaktionen dadurch gegenkonditioniert, daß Entspannung mit einer vorgestellten beängstigenden Situation gekoppelt wird. Der Therapeut wird Sie dann systematisch die Stufenleiter Ihrer Angst hinaufführen, indem er nach und nach zu jeder höheren Angstsituation in der zwischen Ihnen und ihm vereinbarten Rangfolge fortschreitet. Sie werden ständig gründliche Entspannung mit Ihren vorgestellten Ängsten koppeln, und wenn die Angstreaktionen auf eine Situation desensibilisiert sind, werden Sie sich wahrscheinlich die nächste angsterregende Szene der Rangfolge vorstellen können.

[3] In der Verhaltenstherapie werden Furcht und Angst als Synonyme angesehen. Daher werde ich diese Wörter in diesem Kapitel abwechselnd verwenden.

Beim Lesen werden Sie sich wahrscheinlich gefragt haben: Wenn ich mir furchterregende Situationen vorstellen soll, werden meine Ängste eingebildet sein – was hat das alles dann für einen Sinn? Der Verhaltenstherapeut erwartet natürlich solche Fragen. Wenn Sie ihm die Frage stellen, wird er Ihnen sagen, es handele sich dabei um Lernen. Später wird er von Ihnen verlangen, sich mit Situationen aus dem wirklichen Leben auseinanderzusetzen, die den vorerst nur in Gedanken ausgemalten entsprechen, und mit ihnen auf die gleiche Weise zu verfahren.

Gleichzeitig mit dem Desensibilisierungsprozeß wird der Therapeut die Verfahren der *positiven* und *negativen Verstärkung* anwenden. Mit anderen Worten, wenn Sie sich eine angstauslösende Situation vorstellen und Ihre Angst durch willentliche Entspannung[4] aufheben können, dann werden Sie eine Belohnung erhalten. Wenn Sie sie nicht aufzuheben vermögen, werden Sie entweder keine Belohnung erhalten oder bestraft werden, je nachdem, was der Therapeut vorzieht.

Dieses Verfahren beruht auf der behavioristischen Theorie, daß der Empfang einer Belohnung die Wahrscheinlichkeit erhöht, daß das der Belohnung unmittelbar vorangegangene Verhalten wiederholt wird (Sie erinnern sich der Tauben und Ratten in der Skinner-Box). Aus diesem System von Belohnung und Bestrafung besteht der ganze Prozeß der operanten Konditionierung, der nach Auffassung der Verhaltenstheorie zu Verhaltensstörungen führt. Da der Therapeut bei Ihnen ein bestimmtes Verhalten hervorrufen möchte – das heißt, sich eine beängstigende Situation vorzustellen, ohne Furcht zu verspüren –, werden Sie jedesmal, wenn Ihnen das gelingt, unmittelbar danach eine Belohnung erhalten. Und wenn es Ihnen immer wieder gelingt, werden Sie immer wieder belohnt, bis Sie feststellen, daß die angstfreie Reaktion erwünschter ist als die vorher (kraft Ihrer Gewöhnung) gewünschte ängstliche Reaktion.

Das ist nur das Wesentliche, was sich über die Verhaltensthe-

[4] Diese Prozeduren der Entspannung beruhen auf dem neurologischen Nachweis, daß die Erregung von Furcht eine Funktion des Sympathikussystems ist und Funktionen des Parasympathikus die Funktionen des Sympathikus verhindern. Entspannung ist eine Funktion des Parasympathikus.

rapie sagen ließe. Es geht darum, Ihre früher gewünschten oder befriedigenden Reaktionen, die durch Verstärkung neurotisches Verhalten verursacht haben, in neue gewünschte und befriedigende nicht-neurotische Reaktionen zu verwandeln, die ähnlich verstärkt werden können. In der Verhaltenstherapie werden viele spezifische Techniken angewandt, um dieses Ziel zu erreichen; manche Therapeuten halten viel von strengen Bestrafungs- und Belohnungsverfahren, etwa Verabreichen von Elektroschock (Strafe) und Nichtverabreichen von Elektroschocks (Belohnung), während andere mildere Methoden anwenden.

Früher oder später begibt sich die Verhaltenstherapie aus dem Sprechzimmer des Therapeuten ins tägliche Leben des Patienten, der dann die in der Therapie gelernten Techniken in realen angsterregenden Situationen anwenden soll. Diese Vorstöße wird der Patient zunächst unter direkter Leitung des Therapeuten und später allein unternehmen, wobei er dann über seine Erfolge und Mißerfolge Bericht erstatten soll.

Die erste Phase wird *in-vivo-* oder *Implosionstherapie* genannt. Der Therapeut steht dem Patienten in den am stärksten angstauslösenden Situationen zur Seite, berät ihn, gibt Erklärungen, redet ihm gut zu und ermutigt ihn ständig. Er läßt den Patienten schrittweise vorangehen, setzt ihn jeweils weiteren Angst-Signalen aus, bringt ihm bei, unterschiedlich darauf zu reagieren, und setzt dabei die Techniken der Desensibilisierung und der positiven Verstärkung ein, mit denen der Patient im Sprechzimmer oder in der Klinik vertraut gemacht worden ist.

In der zweiten Phase muß sich der Patient mit diesen Situationen allein auseinandersetzen und die Techniken selbst anwenden. Im Idealfall lernt er, an die Stelle seiner früheren Ängste angstfreies Verhalten zu setzen, und sieht ein, wie vorteilhaft das für ihn sein kann; diese Erkenntnis wird zur höchsten Belohnung, und er wird sich bemühen, sein neues Verhalten dadurch zu verstärken, daß er sich der jeweiligen Situation weiterhin aussetzt.

Die verhaltensmodifizierende Therapie hat eindrucksvolle Leistungen in der Behandlung bestimmter Phobien und Zwangsneurosen aufzuweisen. Aus ihren Forschungsberichten geht hervor, daß sie auch bei anderen neurotischen Leiden, die mehr oder minder eindeutige Ursachen haben, Erfolge erzielt. Weniger gut gelingt ihr der Nachweis, daß eine solche Therapie bei der Behandlung der vielen psychischen Störungen, die komplexere Ursachen haben, erfolgreich ist. Abgesehen von Phobien und ähnlichen Störungen des sichtbaren Verhaltens (Kettenrauchen, Fettleibigkeit, Nägelkauen und dergleichen) haben die meisten neurotischen Probleme, die Leidende eine Therapie aufsuchen lassen, selten eindeutige Ursachen, und der Haupteinwand, der gegen die Verhaltensmodifikation erhoben wurde, lautet, daß sie für die Behandlung komplexer Probleme allzu simpel sei. Bisher scheinen die Forschungsergebnisse diese Kritik zu bestätigen.

»Die Verhaltenstherapie kann also Phobien behandeln«, sagte kürzlich ein New Yorker Psychoanalytiker zu mir. »Na, und? Sie ist dennoch eine unzulängliche Methode. Und wenn sie wirklich einen bestimmten konditionierten Verhaltensaspekt durch Dekonditionieren ändern *kann?* Das Verhalten ist nur ein kleiner Teil des Problems, das in den Mechanismen der Charakterstruktur des Neurotikers liegt . . .«

Der Analytiker schilderte den Fall einer Patientin, die alle möglichen Phobien hatte; unter anderem fürchtete sie sich vor Staubsaugern, in der Öffentlichkeit zu essen, rote Zimmer zu betreten, mit ihrem Namen zu unterschreiben, und sie hatte Angst vor Höhen, Fahrstühlen und Untergrundbahnen. Außerdem war sie »frigide«, gefühlskalt gegenüber ihren Kindern, streitsüchtig mit ihrem Mann und hing übermäßig an einem Kanarienvogel. Das sei der typische Patient, behauptete der Analytiker, der eine Psychotherapie aufsuche oder von seiner Familie zu einem »Seelendoktor« geschickt werde. »Gegen welches Symptom würden die Behavioristen ihre Dekonditionierungstechnik ansetzen?« fragte er.

Ich bat einen Verhaltenstherapeuten, die Frage zu beantworten. Wenn überhaupt ein Symptom gelindert werde, meinte er, vermittele die Verhaltenstherapie ihren Patienten »ein neues Selbstvertrauen«. Er führte dramatische Beispiele dafür an, daß die behavioristische Sexualtherapie und Gewichtstherapie bei vielen Patienten völlige Persönlichkeitsveränderungen bewirkt habe, wodurch nicht nur die Symptome, sondern die ganze Skala neurotischer Leiden und Störungen beseitigt oder gemildert worden seien.

Die heftigen Auseinandersetzungen, die zwischen der konventionellen Psychotherapie und der Verhaltenstherapie geführt werden, sind zumindest gegenwärtig noch subjektiver Natur. Man könnte lediglich sagen, der einzige Vorzug, den die Verhaltenstherapie gegenüber den anderen Therapien besitze, bestehe darin, daß sie die bescheidenste von allen ist: Sie verspricht lediglich eine nachweisbare Linderung von Symptomen und nicht umfassende Selbstverwirklichung und dauerhafte Normalität.

15. Die Hypnotherapie

Die Entwicklung der modernen Psychotherapie Ende des 19. Jahrhunderts war eine Folge der Enttäuschung Freuds über die Hypnose als der damals allgemein angewandten Technik zur Behandlung von Hysterikern. Während des Aufstiegs und der Blütezeit der Freudschen und Neo-Freudschen Analyse wurde die Hypnose noch gelegentlich als Zusatzbehandlung angewandt. Mit dem Aufkommen der als humanistisch bezeichneten Therapien wurde die Hypnose als therapeutische Technik ungebräuchlich. Doch die direkte verhaltensmodifizierende Therapie griff wieder auf sie zurück, und zwar nicht als eine unter mehreren Techniken in der Therapie, sondern als Therapie selbst. Die Hypnotherapie versucht genau dasselbe wie die verhaltensmodifizierende Therapie: den menschlichen Organismus durch Suggestion selektiv neu zu konditionieren. Der Hauptunterschied zwischen beiden besteht darin, daß bei der Hypnotherapie die Suggestion in einem Trance-Zustand erfolgt.

Wahrscheinlich haben Sie schon von Versuchen gehört, die Hypnose bei der Behandlung von Nikotin- und Alkoholsucht sowie Phobien anzuwenden. Im großen und ganzen waren diese Versuche erfolglos. Dennoch gibt es noch eine große Zahl von Hypnotherapeuten, die glauben, die Hypnose berge große therapeutische Möglichkeiten zur Heilung neurotischer Störungen, insbesondere bei solchen, die das physiologische Funktionieren beeinträchtigen (Migräne, Magengeschwüre, Impotenz beispielsweise).

Psychologisch kann Hypnose am besten beschrieben werden als ein künstlich herbeigeführter Zustand *selektiv veränderter sensorischer Wahrnehmung*. Es wird angenommen, daß dieser Zustand mit Hilfe eines höchst komplexen neurologischen Prozesses herbeigeführt wird, der zu kompliziert ist, um ihn hier zu erklären; es sei nur gesagt, daß dabei das autonome Nervensystem (der Teil des Nervensystems, der nicht der willkürlichen Kontrolle unterworfen ist) und diejenigen seiner Funktionen beteiligt sind, die unwillkürliche sensorische Reaktionen des menschlichen Organismus auf Reize auslösen.

Eine Gänsehaut zum Beispiel ist eine unwillkürliche sensorische Reaktion auf Kälte. Theoretisch kann die Hypnose eine Gänsehaut verhindern, indem sie sensorische Reaktionen hervorruft, die auf Kälte so reagieren, als ob sie Hitze wäre. Die Absicht der Hypnotherapie ist es, gewisse sensorische Reaktionen auf Angstreize oder psychische Spannungen in etwa der gleichen Weise neu zu konditionieren, so daß sie keine physiologischen Symptome (Magengeschwüre, Kopfschmerzen und dergleichen) mehr hervorrufen. Nachdem sich der Hypnotherapeut darüber klar geworden ist, welche psychischen Reize welche physiologischen Symptome im Organismus des Patienten hervorrufen, versucht er, durch Hypnose die gewohnten (man könnte sagen, die »angelernten«) Reaktionen des sensorischen Systems auf diese Reize zu löschen. Während der Patient sich in Hypnose befindet, werden gewisse Funktionen seiner sensorischen Wahrnehmung ausgewählt, auf die man sich konzentriert und sie verstärkt, während die Wahrnehmung anderer Sinneseindrücke abgeschwächt und abgelenkt wird. Die zur Verstärkung ausgewählten Sinneseindrücke sind diejenigen, die zur fortschreitenden muskulären und viszeralen Entspannung beitragen; ablenkende und nicht förderliche Sinneseindrücke werden selektiv ausgeschaltet.

Alle psychisch ausgelösten physiologischen Störungen – die als *psychosomatische* Störungen bekannt sind – rühren von mehr oder weniger bewußter psychischer Einwirkung auf die Reflexprogramme des Körpers her, die vom autonomen Nervensystem gesteuert werden. Die Einwirkung wird oft als »Störeffekt« des Zentralnervensystems aufgefaßt. Man nimmt an, daß der Störeffekt in der Hypnose durch unbewußtes Neukonditionieren blockiert oder umgeleitet werden kann, so daß sich normale Reflexmuster durchsetzen können.

Hypnotiseure behaupten, es sei ein altes Mißverständnis, daß die Tätigkeit des autonomen Nervensystems nicht äußerer Modifizierung oder innerer willkürlicher Beeinflussung unterworfen sei. Es ist richtig, daß das autonome System normalerweise unabhängig von bewußter Steuerung funktioniert. Die mechanischen Instruktionen, die die Tätigkeit von Blutgefäßen, Herz, Magen, Lymphknoten, Darm und so weiter regeln, stammen nicht aus den Zentren der bewußten Kontrolle. Ein Mensch kann nicht auf die gleiche Weise sein Herz anweisen, mit Schlagen aufzuhören, wie er willentlich größere (wenn auch vorübergehende) Veränderungen in der Atmung herbeiführen kann.[1] Aber das Muster der vom autonomen Nervensystem hervorgebrachten Reaktionen ist entwicklungsmäßig bestimmt durch Konditionierung und Lernen – was natürlich durch das zentrale oder bewußte Nervensystem vermittelt wird.

Abgesehen von einigen wenigen Ausnahmen, behauptet die Hypnotherapie, sind die eine Identifizierung der Emotionen ermöglichenden Reize und die angemessenen, als Reflexe ablaufenden Reaktionen darauf angelernt; sie sind bei jedem Individuum kulturell, sozial und durch die Umwelt konditioniert. Durch diese Konditionierung ist das autonome Nervensystem daher auf emotionale oder viszerale Reaktionen programmiert, sofern sensorische oder kognitive Auslöser vorhanden sind. Unter normalen Umständen vollziehen sich die Reaktionsmuster, sobald sie ausgelöst sind, automatisch. Schwere oder chronische emotionale Spannungen sind die Folge, wenn niemals zugelassen wird, daß diese Reaktionsmuster auf Appetenz- und Aversions-Situationen wirksam werden oder wenn ihre Abfolge auf irgendeine Weise gestört wird, gewöhnlich aufgrund des ständigen Vorhandenseins voneinander widersprechenden oder gegensätzlichen Auslösern.

Wenn ein Individuum einer Reihe sensorischer oder psychischer Auslöser ausgesetzt ist, die es in Erregung versetzen, dann bereitet sein autonomes Nervensystem seinen Organismus dar-

[1] Neuere Versuche der Verhaltenspsychologie lassen es allerdings als nicht ausgeschlossen erscheinen, daß Menschen ihre nicht-willentlichen Prozesse tatsächlich bewußt beherrschen können; daß sie zum Beispiel bei entsprechendem Training ihren Herzschlag zu beschleunigen und ihren Blutdruck zu erhöhen vermögen.

auf vor, Ärger zum Ausdruck zu bringen. Aber wenn dasselbe sensorische oder kognitive Auslösemuster auch einen starken Reiz enthält, der den Ausdruck von Ärger verbietet – zum Beispiel, wenn der Ärger des Betreffenden seinem Chef gilt –, dann ist ein psycho-physiologischer Konflikt die Folge. Ein solcher Konflikt setzt sich gewöhnlich in eine atypische, sich selbst bestrafende somatische Reaktion um, das heißt, er wird unwillentlich durch den Körper des Betreffenden ausgedrückt. Wenn der Konflikt eine Weile anhält, kommt es zu einer chronischen Äußerung der Störung – oft in Form einer wirklichen körperlichen Krankheit. Mit der Neukonditionierung versucht die Hypnotherapie, dem Patienten die Möglichkeit zu geben, die Reiz-Reaktions-Auslöser, die seine unerwünschten unwillkürlichen Reaktionsmuster hervorgerufen haben, selektiv neu zu lernen oder neu anzuordnen.

Viele Psychoanalytiker wenden Hypnose zusätzlich zum freien Assoziieren an, um das Aufdecken von verdrängtem Material zu fördern, doch Therapeuten, die sich ausschließlich auf Hypnotherapie beschränken, wenden sie zum Zweck der direkten verhaltensmodifizierenden Therapie an. Sie halten ihre Methode für die rascheste, einfachste und billigste Form der Psychotherapie, und viele rühmen sich spektakulärer Erfolge, besonders bei der Linderung psychosomatischer Störungen.

Die hypnotische Eingangsphase beginnt bei einem Erkundungsgespräch, bei dem sich der Hypnotherapeut darüber informiert, wie sein Patient gewöhnlich auf Streßsituationen reagiert. Danach wird er mit der eigentlichen Hypnose beginnen und die uns allen aus Filmen bekannten Methoden anwenden, um einen hypnotischen Zustand herbeizuführen. Wenn der Patient auf Empfindungen von zunehmender Schwere und Wärme oder Prikkeln der Haut – die vom Hypnotiseur suggeriert werden – zu reagieren beginnt, wird er angewiesen, seine Wahrnehmung solcher Empfindungen zu verstärken, indem er ihnen immer mehr Aufmerksamkeit zuwendet.

Wenn der Patient tiefer in die hypnotische Trance gerät und sich einer maximalen Wahrnehmung von Schwere und Wärme seines Körpers nähert, konzentriert er seine Aufmerksamkeit auf die Elemente sensorischer Wahrnehmung (Schwere und Wärme), die zur muskulären und viszeralen Entspannung beitragen und damit zur Verminderung der *kritischen* oder *hemmenden* bewußten Kontrolle. Die immer größere Behaglichkeit aufgrund dieser zunehmenden Entspannung löst die Aufmerksamkeit des Patienten von Wahrnehmungen, die ihn ablenken oder aufspalten. In einem solch entspannten, unkritischen Sinneszustand ist der Patient aufgeschlossen für die *assoziativen* Suggestionen des Therapeuten, die den Patienten dazu veranlassen sollen, neue Möglichkeiten der Interpretation von Empfindungen zu akzeptieren; sie sind das Kernstück des Neukonditionierungsprozesses. Wenn der Therapeut zum Beispiel herausgefunden hat, daß der Patient durch das häufige Bellen des Hundes in der Nachbarschaft stark gestört wird – daß das Bellen zumindest eine der Ursachen seiner physischen Probleme ist –, dann wird er ihn, während er sich in tiefer Trance befindet, durch assoziative Suggestion dazu ermutigen, auf die Vorstellung des bellenden Hundes im Kontext der angenehmen Empfindungen zu reagieren, die er eben jetzt hat. Da die Kritikfähigkeit des Patienten im Trancezustand herabgesetzt ist, wird er theoretisch imstande sein, diese Suggestion in sein Reaktionssystem aufzunehmen, und feststellen, daß das Bellen des Hundes, wie er es sich vorstellt, eher angenehm als unangenehm ist. Wenn die neue Empfindung genügend eingeprägt ist und der Patient aus seiner hypnotischen Trance erwacht, wird er künftig im wirklichen Leben auf das Bellen des Hundes vermutlich ohne stärkeren Groll reagieren.

Das bringt uns auf den zweiten wichtigen Faktor der Hypnotherapie: die *posthypnotische Programmierung*. Nachdem der Therapeut im Laufe einer Reihe hypnotischer Sitzungen das angstauslösende Empfindungssystem des Patienten durch wiederholte assoziative Suggestion neu konditioniert hat, wird er den Patienten in der Anwendung seiner neuen Reaktionen außerhalb der Therapie unterweisen. Der Patient kann natürlich nicht ständig in hypnotischem Zustand leben. Und er kann sich nicht jedesmal selbst hypnotisieren, wenn er mit einer angstauslösenden Situation konfrontiert wird. Deshalb wird ihm beigebracht, in Verbindung mit seinen hypnotisch neu konditionierten

Empfindungsreaktionen die Technik der *Selbstsuggestion* anzuwenden – das heißt, sich jedesmal, wenn er mit angstauslösenden Situationen konfrontiert wird, die angenehmen Empfindungen ins Gedächtnis zu rufen, die er während der Hypnose verspürt hat.

Nach Ansicht vieler Hypnotherapeuten kann die Neukonditionierung der sensorischen Wahrnehmung in nur sechs hypnotherapeutischen Sitzungen erreicht werden, und ein Patient, der sein Leben lang an psychischen Störungen gelitten habe, könne in wenigen Tagen erleben, daß sich sein Leben radikal zum Guten gewendet habe. Aber es gibt viele Stimmen in der Psychotherapie und der psychologischen Forschung, die solche Behauptungen bestreiten und im Gegenteil erklären, die Hypnotherapie habe keinen unmittelbaren therapeutischen Wert.

Dazu gehört Dr. Theodore Barber, der fast fünfzehn Jahre lang in Harvard und anderswo intensive Forschungen über Hypnose betrieben hat. Er behauptet, es lägen keinerlei Beweise dafür vor, daß es überhaupt Hypnose gibt. Seiner Ansicht nach haben wir keine wissenschaftlichen Maßstäbe, um festzustellen, ob sich jemand tatsächlich in einer hypnotischen Trance befindet oder nicht, wenn behauptet wird, er sei es. Seine zahllosen kontrollierten Untersuchungen von sogenannten Hypnotisierten legen den Schluß nahe, daß es so etwas wie eine hypnotische Trance nicht gibt. Der Wissenschaftler weist darauf hin, daß Verfechter der Hypnose zwar behaupten, ein Mensch befolge Suggestionen, weil er in einem hypnotischen Zustand sei, dann aber, wenn sie gefragt werden, woher sie wissen, daß der Mensch überhaupt in einem hypnotischen Zustand sei, antworten: »Weil er die Suggestion befolgt.« Ein solcher Zirkelschluß, meint Dr. Barber, sei kein Beweis dafür, daß es Hypnose wirklich gebe. Seiner Ansicht nach ist der Grund, warum so viele Menschen Hypnose für möglich halten, ihre kulturelle Konditionierung, und der Grund, warum so viele, die behaupten, sie seien hypnotisiert worden, es glauben, sei ihre menschliche Suggestibilität.

Um mir selbst eine Meinung über den Streit zwischen den Anhängern und Gegnern der Hypnose und der Hypnotherapie zu bilden, habe ich mich kürzlich einer Hypnotherapie mit zwölf

Sitzungen unterzogen. Wie bei den meisten Menschen, staut sich bei mir gelegentlich unaufgelöste Angst und äußert sich körperlich. Auch gibt es Zeiten, zu denen ich mich unter dem Streß des täglichen Lebens in ärgerlichen Situationen wiederholt auf erstaunlich irrationale Weise verhalte. Ich bin mir zumindest einiger meiner Schwächen bewußt, aber oft wird meine Wahrnehmung durch meine denkunfähigen Reaktionsmuster ausgelöscht.

Als Ergebnis der Hypnotherapie, der ich mich unterzog, kann ich gewiß sagen, daß ich das *Gefühl* hatte, bei acht der zwölf Sitzungen hypnotisiert worden zu sein. Was die Frage betrifft, ob die Therapie Erfolg gehabt hat oder nicht, so weiß ich nur eins: Obwohl ich mir im hypnotischen Zustand einzubilden vermochte, daß das ununterbrochene Kläffen des Nachbarhundes irgendwie ein nicht ganz und gar unerfreuliches Erlebnis sei, macht mich der Hund im wirklichen Leben nach wie vor verrückt.

16. Weitere nicht-analytische Psychotherapien

Die Zahl der verschiedenen Einzeltherapien, die sich aus der anti-Freudschen Revolution in der Psychotherapie entwickelten, ist nicht abzuschätzen. Die meisten beruhen auf Prinzipien, die sich radikal von dem mittlerweile traditionellen Einheitsprinzip der konventionellen Psychotherapie unterscheiden. Da sie alle eine rasche Behandlung befürworten und rasche Heilung versprechen, kommen sie offenbar der modernen Neigung entgegen, »die Dinge schnell zu erledigen«. Viele von ihnen haben mehr oder weniger Anklang gefunden, und auf einige der populären werden wir in diesem Kapitel einen Blick werfen.

Die paradoxe Therapie oder die Therapie der Beziehungsfalle

Die »paradoxe Therapie« ist eine Methode, die aus der um die Mitte der 1950er Jahre von dem Anthropologen und Psychologen Gregory Bateson vorgelegten Neurosen- und Psychosentheorie der »Beziehungsfalle« *(Double-bind,* Doppelbindung) hervorgegangen ist. Die Theorie besagt, daß Neurosen und Psychosen Folgen der sich widersprechenden »Botschaften« sind, die ein Mensch im Laufe seiner Erziehung als Kind gewöhnlich von den Eltern erhält. Das Kind empfängt widersprüchliche Botschaften von einem oder beiden Elternteilen, und positiv auf die eine Botschaft zu reagieren bedeutet, die andere zurückzuweisen. Das Kind befindet sich bald in einer paradoxen »Beziehungsfalle«, auf welche als einzige Reaktion eine psychische Störung bleibt. Weil neurotische und psychotische Symptome als Folge gestörter Kommunikationsmuster in der Familie entstehen, werden sie als der einzige Fluchtweg angesehen, der dem Betreffenden aus seiner Beziehungsfalle bleibt. Die Symptome sind demnach entstellte Gegenkommunikationen; sie sollen das Individuum von den durch die Beziehungsfalle geschaffenen Paradoxa seines Daseins befreien.

Die paradoxe Therapie verfährt also nach der Theorie, daß es Linderung bedeutet, wenn die Äußerung von neurotischem Verhalten gefördert wird. Jede Therapiesituation ist als ein künstliches harmloses Paradoxon angelegt: Der Therapeut, der sich gewöhnlich der Hypnose bedient, übernimmt die Kontrolle über das unwillkürliche Verhalten des Patienten, indem er ihn anweist, es an den Tag zu legen. Das wird für den Patienten ein neues Paradoxon. Er wird versuchen, diesem neuen Paradoxon, das seine alte Verhaltensweise durchkreuzt, dadurch zu entgehen, daß er spontan ein neues Verhalten produziert. Wenn er sieht, daß dieses neue Verhalten ihm dabei hilft, das künstliche Paradoxon aufzulösen, wird er angeregt, es zu verstärken.

So jedenfalls lautet die Theorie. Der eifrigste Verfechter und Praktiker der paradoxen Therapie ist Milton Erickson, allgemein anerkannt als der führende ärztliche Hypnotiseur in den Vereinigten Staaten. Erickson und seine Anhänger schreiben der paradoxen Therapie eine Wunderwirkung zu, die der von Lourdes würdig ist. Eifrig geißeln sie die konventionelle Therapie als ungeeignet und untauglich und behaupten, die einzige Möglichkeit, das Verhalten eines Menschen zu bessern, sei, ihn zu *zwingen,* in Reaktion auf seine vertrauten neurotischen Ängste ein neues Verhalten anzunehmen. Sobald dieser ungewohnte Schritt getan ist, wird die neue Erfahrung zu einer weiteren Neugestaltung des jeweiligen Reaktionsmusters führen, bis er schließlich eine völlig neue und nicht-neurotische Verhaltensweise gelernt hat.

Die Primärtherapie

Eine weitere Methode, die rasche Heilung verspricht, ist die »Primärtherapie« von Dr. Arthur Janov, dem kalifornischen Psychologen, der vor ein paar Jahren mit der Veröffentlichung seines Buches *Der Urschrei* berühmt wurde. Tatsächlich verspricht Janov nicht nur rasche Heilung, sondern behauptet immer wieder, daß »die Primärtherapie das einzige Heilmittel gegen Neurose« sei.

Janovs Theorie, die seiner Therapie zugrunde liegt, beginnt mit seiner Hypothese über die Persönlichkeitsentwicklung und Neurosenbildung. Er behauptet, vom Säuglingsalter an bilde sich in uns allen ein Fundus an Urschmerz. Er vergleicht ihn gelegentlich mit einem Riesenbehälter und behauptet, bei uns allen habe dieser Behälter denselben Inhalt; er bestehe aus einer Ansammlung all der Schmerzen, die wir infolge ungelöster oder falsch befriedigter Bedürfnisse im Säuglings- und Kindesalter empfunden haben. Wenn wir uns entwickeln und der Urschmerzfundus sich ausweitet, versuchen wir, uns dagegen mit Reaktionen zu wehren, die uns unweigerlich zu Neurotikern machen müssen: Unsere Systeme verschließen sich gewissermaßen, unsere Erinnerungen an die traumatischsten Schmerzen werden getrübt, Muskeln und Organe verspannen und verkrampfen sich, wir verbieten uns, gewisse Gefühle zu empfinden, und gewöhnen uns gewisse Reflexe an als Abwehrmaßnahmen, damit der Urschmerzfundus nicht aufgewühlt wird und uns überschwemmt. Der ganze Abwehrprozeß ruft weitere Schmerzen hervor, der Urschmerzfundus erweitert und vertieft sich trotz der angestrengten Versuche des Individuums, ihn einzudämmen.

Janov lehnt die Freudschen und anderen psychotherapeutischen Techniken zur Aufdeckung dieses Schmerzes ab. Er behauptet, diese Methoden seien untauglich, weil das Nachdenken über die Vergangenheit nur die Kluft zwischen Denken und Fühlen erweitere. »Es ist Zeit«, sagt er, »durch die Symbole hindurchzustoßen, zu dem Bedürfnis zu kommen, die Therapie möglicherweise um Jahre abzukürzen und die Leute gesund zu machen.«[1] Zu diesem Zweck hat er eine Methode entwickelt, die bei konventionellen Therapeuten Stirnrunzeln hervorruft; der Patient wird ermutigt, seinen Schmerz wachzurufen, sich von ihm übermannen zu lassen und ihn dann unkontrolliert hinauszuschreien. Was wird damit erreicht? Die Spannung im Urschmerzfundus, sagt Janov, wird vermindert.

1 »Prince of Wails«, eine Untersuchung von Robert Kaiser, Zeitschrift *Penthouse*, März 1973.

Das Schreien wird *Urschrei* genannt. In der Therapie wird die Regression zu den Quellen des Urschmerzes – einer vernarrten, sich stets einmischenden Mutter, einem ablehnenden, autoritären Vater – bis zu dem Punkt gefördert, an dem der Patient sich auf dem Fußboden winden mag und seinen rasenden Zorn auf einen Elternteil hinausschreit, von dem er sich vernachlässigt oder mißverstanden glaubt. Wenn die Abwehrmechanismen eines Patienten soweit abgebaut sind, wird er wahrscheinlich jedesmal ein *Primal* (Urerlebnis) haben, wenn irgend etwas auftaucht, das ihn an seinen Urschmerz erinnert.

Janov hat eine Theorie aufgestellt, die in ihrer Einfachheit bestechend ist, doch sie beruht auf einem wohldurchdachten und subtilen psychoneurologischen Grundprinzip. Indes hat er dessen Verbreitung mit einer Art prophetischer, dogmatischer Haltung betrieben, die zu gleichen Teilen aus Wissenschaft und Schaugeschäft besteht, so daß es schwierig ist, die Wirksamkeit der Primärtherapie zu beurteilen. Die Psychotherapie hat schon lange aufgezeigt, daß zumindest ein Teil ihres Erfolgs von ihrer Fähigkeit herrührt, die menschliche Unsicherheit, Ungewißheit und Suggestibilität auszuschlachten. Diese Eigenschaften sind seit eh und je ein Bestandteil des menschlichen Charakters gewesen, so daß jeder, der beharrlich behauptet, er habe recht, wahrscheinlich eine größere Anhängerschaft anlocken wird. Wenn er Psychotherapeut ist, wird er gewiß auch eine Reihe therapeutischer Erfolge aufweisen können. Bei all seinen Behauptungen über die ausschließliche Wirksamkeit der Primärtherapie zieht Janov niemals die Möglichkeit in Betracht, daß seine eigene eindrucksvolle Persönlichkeit – und vor allem sein Dogmatismus – eine starke suggestive Wirkung auf seine Patienten ausüben können. Wenn Menschen mit absoluter Bestimmtheit gesagt wird, ihr Verhalten sei auf frühe elterliche Vernachlässigung zurückzuführen, die Erinnerung an diese Vernachlässigung sei tief vergraben, aber fast unmittelbar zugänglich, und sie würden endgültig geheilt werden, sofern sie den Schmerz über die Vernachlässigung empfinden und sich die Lunge aus dem Hals schreien, dann wird sich wahrscheinlich eine große Zahl von Leuten solcher infantiler Traumata erinnern.

Der Umstand, daß eine gewisse Zahl von Menschen, die einer bestimmten Psychotherapie Glauben zu schenken vermögen, dazu gebracht werden kann, daß sie sich aufgrund dieser Therapie besser fühlt, scheint die einzige unabänderliche Tatsache zu sein, die sich nach einem Jahrhundert psychotherapeutischer Praxis herausgestellt hat. Etwaige andere »Tatsachen« hinsichtlich Leistungsfähigkeit und Wirksamkeit der Psychotherapie scheinen unauflöslich mit dieser Tatsache verknüpft bleiben zu müssen.

Die direkte Entscheidungstherapie

Die »direkte Entscheidungstherapie« ist eine neuere Methode, die aus den Beobachtungen des Psychotherapeuten Harold Greenwald hervorgegangen ist. Sie ist eine Gesprächstherapie, die sich auf das Hier und Jetzt im Verhalten eines Individuums konzentriert. Greenwald erklärt, er habe entdeckt, daß die Therapie am erfolgreichsten ist, wenn der Patient *eine Entscheidung trifft*, sich zu ändern. Er kam zu dem Schluß, daß der Schlüssel zur Therapie darin liegen dürfte, daß der Therapeut *direkt* darauf hinarbeitet, die Entscheidung, sich zu ändern, herbeizuführen.

In der direkten Entscheidungstherapie forscht der Therapeut vor allem nicht nach Urschmerzen, nicht nach verdrängten Gefühlen, nicht nach Verhaltenssymptomen, sondern sucht nach den *Entscheidungen*, denen gemäß der Patient sein Innenleben einrichtet. Der Therapeut versucht dann, dem Patienten behilflich zu sein, zu entdecken, daß er sich nach früher getroffenen Entscheidungen richtet, und versucht herauszufinden, welche Vielzahl von Möglichkeiten ihm offensteht, über die Entscheidungen hinaus, die er getroffen hat und die zu seiner Neurose geführt haben. Sobald der Patient die anderen Wahlmöglichkeiten erkennt, versucht der Therapeut, ihn zu neuen Entscheidungen hinzuführen, die sein Verhalten ändern werden.

Nach Greenwalds Theorie treffen Neurotiker ihre »Entscheidungen« auf verschiedene Weise. Manche beschließen, gar nichts zu entscheiden. Andere treffen ihr Leben lang die falschen Entscheidungen; wieder andere treffen »richtige« Entscheidungen, vermögen sie aber nicht durchzuführen. Der Zweck der direkten Entscheidungstherapie ist es, den natürlichen Entscheidungsprozeß des Neurotikers so umzulenken, daß richtige Entscheidungen getroffen und ausgeführt werden können. Das hat zwei Vorteile. Erstens wird sich der Patient bemühen, weiterhin richtige Entscheidungen zu treffen, nachdem er gelernt hat, welch positive Wirkungen sie haben können. Der zweite Vorteil ist, daß im Anschluß an eine erfolgreiche Entscheidung ein Großteil der Aufdeckungsarbeit stattfindet, die in der Psychoanalyse geleistet wird, aber in einem schnelleren Tempo, so daß der Wille des Patienten aufgrund seiner neuen Einsichten gestärkt wird, weitere richtige Entscheidungen zu treffen.

Die bioenergetische Therapie

Wie Sie sich erinnern werden, war Wilhelm Reich der erste Theoretiker, der den menschlichen Körper als Widerspiegelung und Ausdruck der menschlichen Psyche ansah; er nannte den Körper einen Panzer der Persönlichkeit, der beseitigt werden müsse, ehe die Therapie beginnen könne. Eine Spielart oder vielleicht eine Weiterentwicklung dieser Reichschen Auffassung findet sich in den Theorien von Alexander Lowen, eines Psychoanalytikers, der die Ansicht vertritt, daß neurotische Probleme unmittelbar im Körper zum Ausdruck kommen. Die Therapie besteht daher im Ausagieren emotionaler Probleme in der Sprache des Körpers.

In seinem Buch *Betrayal of the Body* schreibt Lowen, daß »ein Körper verloren ist, wenn er eine Quelle von Schmerz und Demütigung wird statt von Schmerz und Stolz ... Die Person lehnt es ab, ihren Körper anzuerkennen oder sich mit ihm zu identifizieren ... Solange der Körper indes ein Objekt des Ichs ist, mag er den Stolz des Ichs befriedigen, doch wird er niemals die Freude und Genugtuung bieten, die der ›lebendige‹ Körper bietet ... Der lebendige Körper ist charakterisiert durch ein eigenes Leben ... Es summt, es vibriert, es strahlt. Es ist gefühlsbeladen ... Die Menschen sind so daran gewöhnt, sich den Körper als ein Instrument oder ein Werkzeug der Psyche vorzustellen, daß sie seine relative Leblosigkeit als einen normalen Zustand hinnehmen . . .«[2]

An irgendeinem Punkt »ihrer verzweifelten Suche nach Identität«, sagt Lowen, müssen die Menschen »sich über den Zustand ihrer Körper klar werden. Sie müssen die Relevanz ihres körperlichen Zustandes für ihre seelischen Funktionen akzeptieren . . . Die Entdeckung, daß der Körper ein eigenes Leben hat und die Fähigkeit, sich selbst zu heilen, ist eine hoffnungsvolle Offenbarung. Die Erkenntnis, daß der Körper selbst Weisheit und Logik besitzt, erweckt einen neuen Respekt vor den triebhaften Lebenskräften.«[3]

Lowen glaubt, daß muskuläre Verspannung ein Grundfaktor bei emotionalen Störungen sei und die Auflösung dieser Spannung eine wirksame Möglichkeit biete, mit den psychischen Problemen fertig zu werden. Der Körper, meint er, besitze eine fundamentale Energie, die *Bioenergie*, die sich in Muskeln und Emotionen gleichermaßen äußere. Jedes neurotische Problem komme in einem körperlichen Pendant zum Ausdruck. Bei der bioenergetischen Methode wird der Körper auf dreierlei Weise in die Therapie einbezogen. Erstens wird er weitgehend entkleidet (viele bioenergetische Therapeuten bestehen auf völliger Nacktheit), damit er für die Deutung des Körperausdrucks und die Analyse von Körperform und -bewegung zugänglich wird. Die Art und Weise, wie ein Individuum seinen Körper zum Ausdruck bringt – schlaffe, zusammengesackte und krumme Haltung oder instinktive Körperbewegungen – ist nach der bioenergetischen Theorie eine Widerspiegelung des Ich-Zustands. Jede Bewegung, Haltung und Konfiguration ist eine Äußerung der unbewußten Körpersprache, die das Unterbewußte des Individuums enthüllt.

Zweitens wird der Körper insofern in die Therapie einbezogen, als seine Energieprozesse durch gelenktes Atmen und Bewegen mobilisiert werden, um die Äußerung von Gefühl zu erleichtern und damit Gelegenheit zur Freisetzung verdrängter Gefühle zu bieten.

Drittens kommen körperliche Kontakte zwischen Patient und

2 Macmillan, New York 1967, S. 26.
3 a.a.O., S. 27.

dem Therapeut hinzu. Der Wunsch nach diesem Kontakt und die Furcht davor sind nach Lowen und seinen Schülern einer der Hauptkonflikte im Leben, unter dem alle Patienten leiden; wenn ein solcher Kontakt im Rahmen der Therapie gefördert werde, könne der Konflikt gelöst werden.

Der körperliche Kontakt zwischen Patient und Therapeut kann alle möglichen Formen annehmen, vom bloßen Berühren und leichten Massieren über Zärtlichkeiten bis zum intensiven Austausch sexueller Kontakte, je nach den besonderen Ängsten und Bedürfnissen des Patienten und den Neigungen des Therapeuten. Theoretisch ist der Zweck dieses Kontakts, durch sinnliche, aber nicht-sexuelle »Erfahrungen« den Widerstand des Patienten zu brechen, doch in Wirklichkeit gibt es viele bioenergetische Therapeuten, die sich das therapeutische Grundprinzip zunutze machen, um ihre eigenen dringlicheren Energiebedürfnisse zu befriedigen.

Die Bioenergetik ist oft »billige Kitzeltherapie« genannt worden, nicht ohne Berechtigung. Ihre Anwendung hat sich in den letzten Jahren auf verschiedene Formen der Gruppen-Bewegungs-Therapie ausgedehnt, und in therapeutischen Kreisen hat das zu einer hitzigen Debatte darüber geführt, ob das ratsam sei – zumal die Menschen dazu neigen, mehr Angst und nicht weniger Angst zu haben, wenn sie gezwungen sind, ihre körperlichen und sexuellen Merkmale mit denen anderer zu vergleichen. Auch werden voyeuristische und exhibitionistische Neigungen gefördert, wenn völlige Nacktheit ein wesentlicher Bestandteil einer derartigen Therapie ist, und die wirklichen Motivationen derjenigen, die sich solchen Gruppen anschließen, sind schwer abzuschätzen. Es steht außer Frage, daß Berühren und Fühlen und andere Aspekte des körperlichen Kontakts im menschlichen Verhalten Hemmungen und Konflikte hervorrufen und daß die Befreiung von solchen Hemmungen nur vorteilhaft sein kann. In Anbetracht des nicht-therapeutischen Potentials der bioenergetischen Therapie (sei es in individuellem oder Gruppen-Rahmen) sollten Sie indes bei Ihrer Wahl des Therapeuten sehr vorsichtig sein, ehe Sie sich zu einer solchen Therapie entschließen, besonders wenn Ihr Ziel eine Therapie und nicht nur eine Gelegenheit für körperliches Vergnügen ist.

Das Rolfing oder die strukturelle Integration

Eine weitere Methode der Behandlung der Psyche und der Emotionen auf dem Weg über den Körper wird nach ihrer Erfinderin Rolfing genannt. Ida Rolf hat die Theorie aufgestellt, daß seelische Desintegration – nämlich Neurose – auf die Desintegration der körperlichen Strukturen zurückzuführen sei. Sie geht von folgendem Gedanken aus: Wenn eine imaginäre gerade Linie durch den Körper gezogen werden kann – die das Ohr, die Schulter, die Hüfte, das Knie und die Knöchel verbindet –, dann befindet die körperliche Struktur sich in einem optimalen Zustand, der seinerseits optimale seelische Funktionen zur Folge hat. Den Körper stellt sie sich als eine Gruppe von Blöcken (Kopf, Brustkorb, Becken, Beine) vor, die gerade übereinander aufgeschichtet sind, so daß sie durch die Schwerkraft im Gleichgewicht gehalten werden. Bei den meisten Menschen, behauptet Rolf, seien einige Blöcke entweder nach vorn oder nach hinten verschoben, verdreht oder irgendwie schlecht ausgerichtet. Die Blöcke müssen dann durch übermäßige Muskelspannung und Beanspruchung des Bindegewebes in dieser desintegrierten Stellung gehalten werden, und all das führe zu neurologischen, seelischen und emotionalen Spannungen, die Neurose verursachen. Das ist eine Umkehrung der ärztlichen Theorie, daß emotionale Spannungen Rückenschmerzen und dergleichen hervorrufen. Hier verursachen Rückenschmerzen emotionale Spannung, obwohl die Rückenschmerzen selbst durch ein psychisches Trauma verursacht sein können, das die Rückenstruktur verzerrte.

Rolfing ist der Prozeß, mit dem die strukturelle Integration des Körpers wiederhergestellt werden soll. Die meisten Rolfer behandeln den Körper als ein physisches Problem und sind nicht eigentlich Psychotherapeuten, obwohl ihre Ziele eindeutig psychotherapeutisch sind. Eine Folge von zehn einstündigen Sitzungen zu 30 Dollar pro Sitzung gilt als normale Behandlungsdauer. Ich habe es ausprobiert und kann berichten, daß der Rolfer sozusagen eine Kombination von Masseur und Chiropraktiker ist. Er arbeitet die zehn Sitzungen hindurch nach einem Standardplan, beginnt mit den oberflächlichen Muskeln und kommt dann zu der tieferen Muskulatur, die die Körperstrukturen stützt. Er übt Druck aus mit Fingerspitzen, Knöcheln, dem Unterarm und Ellbogen, um Muskeln zu strecken und widerstrebendes Gewebe zu lockern, damit die Teile des Körpers wieder in ihre richtige Stellung zurückkehren können. Wer sich dem Rolfing unterzieht, erleidet beträchtliche körperliche und manchmal emotionale Schmerzen[4], besonders wenn Gelenke plötzlich »befreit« werden oder wenn der Rolfer zu Bereichen kommt, die zunächst verkrampft und steif sind.

Die Rolfer glauben, daß die Muskulatur des Körpers emotionale Erinnerungen an die psychischen Traumata enthält, welche die Desintegration des Körpers verursachten. Durch die Tätigkeit des Rolfers werden diese Erinnerungen freigesetzt und die emotionalen Spannungen damit auf den übrigen Organismus verteilt. Auch glauben sie dadurch, daß sie dem Körper seine natürliche Freiheit und Leistungsfähigkeit wiedergeben, den freien Fluß der nährstoffhaltigen Körpersäfte wiederherzustellen und der Psyche einen ausgewogenen Rahmen zu verschaffen, in dem sie funktionieren kann.

In den letzten Jahren haben sich Dutzende anderer psychologischer und physiologischer Therapiemethoden entwickelt, unter denen man wählen kann, aber im wesentlichen sind sie nicht mehr als Neu-Interpretationen oder Integrationen der Theorien und Therapien, die wir berücksichtigt haben. Zweifellos vermochten sie keine Antwort zu geben auf die letzte Frage des in der westlichen Zivilisation seit Jahrhunderten veranstalteten psychotherapeutischen Theoretisierens, wie Neurosen (und im übrigen auch Psychosen) zu heilen seien. Daher kann ich unsere Untersuchung individueller Therapien hier beenden.

[4] Ich finde tatsächlich, daß dies der fortschrittlicheren Form der Folter gleicht, bei der angeblich jeder die Wahrheit sagen soll. Das brachte mich dazu, mir die Frage zu stellen, warum diese Methode nicht in der Psychoanalyse angewandt wird; sie würde den Prozeß des Aufdeckens gewiß beschleunigen.

17. Die Gruppentherapien

Die Revolution in der Psychotherapie, die in den Nachkriegsjahren einsetzte, als die soziale Orientierung und die existentialistische Bewegung eine Verbindung eingingen, kommt am vielfältigsten und deutlichsten in dem Phänomen der heutigen Gruppentherapie zum Ausdruck. Wenn es stimmt, daß die Saat des Untergangs einer Revolution gesät wird, wenn sie ihre Ziele erreicht hat, dann wird die Psychotherapie, wie wir sie kennen, nicht mehr lange bestehen. Denn indem sie die Therapie demokratisierte und allen zugänglich machte, hat die Revolution der Psychotherapie die »Psyche« entwunden und dafür gesorgt, daß sie heute etwas ganz anderes darstellt. Damit hat sie – vielleicht »unbewußt« – deren Unzulänglichkeit als Methode, seelische Krankheiten zu heilen, offen zugegeben.

Seit eh und je hat es auf der Welt Gruppentherapie in Form von religiösen Riten, Stammes-Palavern und anderen Manifestationen organisierter Gruppenkommunikation gegeben. Primitive Regentänze in den Staubwüsten Zentralafrikas, Quäker-Versammlungen in den fruchtbaren Tälern von Pennsylvanien, Erweckungskundgebungen in den amerikanischen Südstaaten, Bürgerversammlungen in New Hampshire, öffentliche Hinrichtungen im alten Westen, Musicals am Broadway und Fußballspiele – sie alle waren und sind auf ihre Weise therapeutisch, und alle erfordern die Teilnahme von Gruppen. Die Psychotherapie erkannte bereits früh in ihrer Entwicklung den therapeutischen Charakter derartiger sozialer Interaktionen; schließlich gab sie ihr eine feste Form als Zusatz zur Einzeltherapie und nannte sie Gruppentherapie.

Der ursprüngliche Gedanke war, mit Hilfe der formalen Gruppentherapie die Prinzipien der Psychoanalyse auf einen Gruppenrahmen zu übertragen, um die Psychotherapie einem größeren Kreis von Menschen zugänglich zu machen. Die Pioniere hatten niemals erwartet, daß eine solche Methode das erreichen könnte, was die Einzeltherapie anstrebte. Man hatte lediglich gehofft, daß die Psychotherapie, weil Menschen ja in Gruppen leben, dazu beitragen könnte, die mit dem sozialen Funktionieren zusammenhängenden Probleme dadurch zu lösen, daß sie in Gruppensituationen beobachtet und behandelt werden.

Aber die Pioniere stellten den Aspekt des modernen Charakters nicht in Rechnung, den der Sozialpsychologe David Riesman in *Die einsame Masse* so treffend beschrieben hat. Der moderne Charakter sei »außengeleitet«, erklärte Riesman. Einer der eigentümlichsten Züge der außengeleiteten Menschen sei ihre Sensibilität für die Auslöser oder Signale von anderen, vor allem der ihnen Gleichgestellten. Weit mehr als innengeleitete Personen stellen sie sich auf die Ansichten und Haltungen der Menschen ein, mit denen sie sich kulturell, religiös und wirtschaftlich idendifizieren (und neigen sogar dazu, ihr Leben nach ihnen auszurichten). Das außengeleitete Individuum wird von dem Wunsch motiviert, zu wissen, was andere von ihm und seiner Lebensweise denken, und von seinem Bedürfnis, ihre Anerkennung für diese doppelten Spiegelbilder seiner selbst zu erhalten. So steht der einzelne erheblich unter *Gruppendruck*, um spezifischen Haltungen und Werten zu entsprechen.

Vielleicht mehr als jedes andere Volk neigen Amerikaner überdies dazu, sich zu *offenbaren;* das Sich-selbst-Offenbaren ist nachgerade eine nationale Zwangshandlung geworden. Ob ein Individuum nun sein »wahres Selbst« offenbart oder nicht, das Bedürfnis ist jedenfalls tief verwurzelt und geht Hand in Hand mit dem Bedürfnis nach Billigung und Anerkennung durch seinesgleichen.

Die Psychoanalyse in der Form, in der sie ursprünglich konzipiert war, befriedigt diese beiden Bedürfnisse unmittelbar, und das ist teilweise der Grund dafür, warum sie in den Vereinigten Staaten so rasch populär wurde. Die Psychoanalyse erfordert *unbedingte* Selbstoffenbarung; sie wird begünstigt durch das technische Mittel der Übertragung, die auf der Beobachtung basiert, daß der Patient nicht umhin kam, sich um die Liebe und Anerkennung des Analytikers zu bemühen. Spätere Formen der

Einzel-Psychotherapie machten sich diese Bedürfnisse in noch stärkerem Maße zunutze, und als die Gruppentherapie aufkam, erschlossen sich neue Möglichkeiten der Bedürfnisbefriedigung. Die Gruppentherapie floriert nicht nur dank dem Bedürfnis ihrer Patienten nach Selbstenthüllung; sie funktioniert auch, weil die Gruppe Druck ausübt – eine Dynamik, die sofort Widerhall fand in der von Riesman beschriebenen Nachkriegsgesellschaft. Landauf, landab erkannten Psychotherapeuten schließlich die Anziehungskraft und die Vorteile der Gruppentherapie, und es dauerte nur wenige Jahre, da war sie die beliebteste Form der Psychotherapie überhaupt.

Aber war das überhaupt Psychotherapie? Bis um die Mitte der 1950er Jahre spielte sich die Gruppentherapie in einem ziemlich konventionellen methodologischen Rahmen ab, der von der Einzel-Psychotherapie übernommen worden war. Eine Gruppe pflegte sich ein- oder zweimal wöchentlich für ein oder zwei Stunden zu treffen, und die acht oder neun (oder weniger) Teilnehmer tauschten unter der Leitung eines ausgebildeten Psychotherapeuten ihre Probleme aus und deuteten gegenseitig Handlungen und Worte. Der Therapeut pflegte eine relativ passive Rolle zu spielen; gelegentlich machte er wohl eine deutende Bemerkung, schlichtete vielleicht einen etwaigen Streit unter den Teilnehmern, aber sonst überließ er es der Dynamik der Gruppe, den Verlauf der Therapie zu bestimmen. Viele Psychotherapeuten halten die Gruppentherapie für nützlich, weil sie die Leute dazu veranlasse, sich in Worten über sich und ihre Probleme zu verbreiten und sich auch realistischer zu sehen, aber sie sprechen einer solchen Therapie die Fähigkeit ab, so gründlich aufzudekken und zu heilen, wie es die Einzel-Psychotherapie vermag. Als wichtigste Neuerung in der Gruppentherapie bis zur Mitte der fünfziger Jahre galt die Tatsache, daß die Patienten gewöhnlich aufgefordert wurden, ihre Therapeuten mit Vornamen anzureden.

All das änderte sich Ende der 1950er Jahre. Als die Gruppentherapie sich ausbreitete, fand sich ein neuer Patiententyp bei den Therapeuten ein. Rollo May beschrieb diesen Typus folgendermaßen: »Vieles deutet darauf hin, daß an dem Gefühl der Isolierung, der Entfremdung des eigenen Selbst von der Welt nicht nur Menschen in einem pathologischen Zustand leiden, sondern heutzutage auch unzählige ›normale‹ Personen.«[1] Mit anderen Worten, der neue Patient war nicht im klinischen Sinne seelisch krank, er hatte nur »die Verbindung zu sich selbst« verloren. Er stellte für die konventionelle Psychotherapie ein Problem dar; er brauchte eigentlich keine Psychotherapie, aber etwas brauchte er doch. Und die Psychotherapie reagierte auf das Problem mit einer Eruption von neuen Gruppentherapien, einer Eruption, die in den nervenaufreibenden späten 1960er Jahren einen fieberhaften Höhepunkt erreichte und sich noch immer nicht gelegt hat.

Eine umfassende Darstellung der Gruppentherapien ließe sich nur schwer in einem Buch unterbringen; in einem Kapitel ist es unmöglich. Aus diesem Grunde – und auch deshalb, weil die modernen Gruppentherapien genaugenommen keine Psychotherapie sind – versuche ich gar nicht erst, das dichte Netzwerk der heute populären Gruppenpsychotherapien ausführlich zu schildern. Ich werde nur versuchen, einige der möglichen Vorteile und Gefahren der Gruppentherapie im allgemeinen zu erläutern, indem ich mich auf zwei der beliebtesten Methoden konzentriere. Aber zuerst ein wenig mehr über den Hintergrund!

Die auffälligsten Neuerungen in der konventionellen Gruppentherapie wurden Ende der 1950er Jahre von Fritz Perls eingeführt, als er begann, die Prinzipien der Einzel-Gestalttherapie auf Gruppen anzuwenden. Perls war zu dem Schluß gelangt, das emotionale Unbehagen komme größtenteils dadurch zustande, daß die Gesellschaft die Menschen daran hindere, ihre Gefühle zum Ausdruck zu bringen. Weil sie ihre Gefühle nicht äußern können, so erklärte er, hätten die Menschen die Fähigkeit, zu fühlen, eingebüßt und vermochten daher nicht mehr ihre volle Funktionsfähigkeit zu erlangen. Perls kombinierte das Gestalt-Grundprinzip, die ganze Person zu behandeln (was er oft »die Löcher ausfüllen« nannte) mit den Gedanken von Jacob L. Moreno (der behauptete, die Gruppentherapie erfunden zu haben) über »*Encounter*« (Begegnung oder Selbsterfahrung) und dem Prinzip des »Hier und Jetzt, nicht des Warum und Wie« der

1 *Existential Psychology*, Random House, New York 1969, S. 46.

Existenzanalyse und formulierte einen radikalen neuen Ansatz zur Gruppentherapie – damit sollten die Menschen wieder »Verbindung mit ihren Gefühlen« herstellen. Durch die Wiederherstellung ihrer Fähigkeit, zu fühlen, meinte Perls, würden die Menschen ihre Frustrationen überwinden, ihr Potential erkennen und sich von Unbehagen befreien können. Auf den ersten Blick schien das ein lohnendes Ziel zu sein.

Bis Perls auf der Bühne erschien, hatte sich die Gruppentherapie an das Freudsche Bezugssystem gehalten. Perls hielt dies für falsch, denn er war der Meinung, es beruhe auf Freuds eigenen psychischen Problemen, die lediglich in psychotherapeutische Techniken umgewandelt worden seien. Freud habe zum Beispiel eine schwere Phobie gehabt, die ihn daran gehindert habe, Menschen ins Gesicht zu sehen, und es sei ihm schrecklich gewesen, angestarrt zu werden. Freud habe diese Situation vermieden, indem er seine Patienten auf die Couch gelegt und sich hinter sie gesetzt habe. Was ursprünglich ein Symptom gewesen sei, habe sich bald als therapeutisches Verfahren eingebürgert; es sei von allen sklavisch übernommen worden, die sich nach dem Freudschen Bezugssystem gerichtet haben. Aber es bringe nicht die beabsichtigte Wirkung mit sich, behauptete Perls, es vereitele das therapeutische Ziel. Begegnung – eindeutige, offene, ehrliche Begegnung – sei Voraussetzung einer wirkungsvollen Therapie.

»Begegnung« wurde der Schlachtruf für Perls' Methode der Einzeltherapie, den er bald ebenso lautstark auf die Gruppentherapie anwandte. Die Encounter-Gruppe sollte binnen kurzem rasche oder radikale Beseitigung persönlicher Probleme bringen, indem sie sich entschieden und – wie sich herausstellte – sehr freizügig mit den Situationsstörungen des Hier-und-Jetzt befaßte. Es gab keine langwierigen Prozesse des »Durcharbeitens«, keine weitschweifigen und kostspieligen Fünfjahrereisen zur »Einsicht«. Die Encounter-Therapie war schnell, billig, tabufrei und hart, manchmal sogar brutal. Alle diese Eigenschaften sagten den Amerikanern zu, die sich stets von Rezepten wie »Die Dinge erledigen« beeindrucken lassen und in vielen Aspekten ihres politischen, ökonomischen und sozialen Lebens pragmatische

Leute sind. Nachdem die Encounter-Gruppentherapie einmal angelaufen war, eroberte sie Amerika im Sturm.

Als aber die Encounter-Bewegung den Freudschen Bezugsrahmen verlassen hatte, war an dessen Stelle wenig geblieben, abgesehen von der »Encounter«-Idee und allen damit zusammenhängenden Unter-Ideen: Ehrlichkeit, brutale Offenheit, Tabufreiheit und vor allem die Inthronisation des »Fühlens« als der wichtigsten menschlichen Eigenschaft. Außer ihrer Maxime »Freien Zugang aller zur Lösung der menschlichen Probleme« hatte sie zuerst keinen eigenen Bezugsrahmen und noch weniger ein Grundprinzip. »Freud hat unrecht, wir haben recht«, war – und ist im wesentlichen noch heute – ihre Rechtfertigung. Warum haben sie recht? Weil, wie sie sagen, Freud unrecht hatte.

Später allerdings hat sich die Bewegung einen Bezugsrahmen geschaffen, vor allem im Verlauf des Erarbeitens von Begriffen und Kategorien, die definieren sollten, was die Encounter-Therapie eigentlich bewirkt. Als diese Begriffe sich einbürgerten, entstanden auf ihrer Grundlage Dutzende von Variationen der Encounter-Gruppentherapie, von denen einige dem Modell von Perls mehr oder weniger treu blieben, während andere grobe, naive Entstellungen waren; aber alle fanden bei einer immer größer werdenden Zahl von Menschen Anklang, die ihr Fühlen wieder beleben wollten.

Perls entwickelte die Encounter-Therapie bereits in den fünfziger Jahren, aber sie setzte sich erst im ganzen Land durch, nachdem er 1964 im Esalen-Institut in Kalifornien begonnen hatte, Trainingskurse abzuhalten. Das Esalen-Institut, nach einem Indianerstamm genannt, der einst an der mittleren kalifornischen Küste lebte, wurde als nicht profitorientierte Organisation gegründet, mit dem Ziel, »neue Wege zu ersinnen, um das menschliche Wachstumspotential zu erweitern«. Es diente eine Zeitlang als geistiger und psychischer Zufluchtsort für Leute, die dem Lebensstil des avantgardistischen Kaliforniens huldigten, und kombinierte Seminare über menschliches Wachstumspotential mit konventioneller Gruppentherapie, Massage und orientalischer Philosophie. Ehe Perls dort auftauchte, war Esalen außerhalb der kalifornischen Schickeria wenig bekannt. Dann aber kam es nicht nur als Ort ins Gespräch, sondern als Methode, und die Art und Weise, wie man in Esalen menschliche Probleme anpackte, wurde bald gleichbedeutend mit Encounter-Gruppentherapie.

Buchstäblich Hunderte von Mini-Esalens sind seitdem im ganzen Land aus den Boden geschossen, und jedes offeriert seine eigene Version der »Wege zur Erweiterung des menschlichen Potentials«. Die Verfahren bedienen sich fast immer irgendeiner Variation der Encounter-Therapie und bereichern sie gewöhnlich um ein ganzes Programm anderer »Techniken«, die von Sex bis zu Spaziergängen in der Natur reichen. Ein Mini-Esalen braucht indes nicht im tiefen Wald oder Gebirge versteckt zu sein; Mini-Esalens gibt es in vielen Formen, bis zu eilig arrangierten Wochenend-Marathons in städtischen Hotelsuiten oder in Vorort-Motels.

Heute kann man vier allgemeine Kategorien von Gruppentherapie unterscheiden: 1. konventionelle Gruppentherapie; 2. Encounter-Gruppentherapie, einschließlich Marathon, Sensitivity-Training und Dutzende anderer Techniken; 3. Sucht-Gruppentherapie; 4. Sex-, Ehe- und Familien-Gruppentherapie.[2]

Sucht-Therapien (für Drogensüchtige, Alkoholiker und so weiter) sind Abkömmlinge der Encounter-Bewegung, aber sie gehen über das hinaus, was uns in diesem Buch beschäftigt. Sex-, Ehe- und Familientherapien wollen am wenigsten Psychotherapien im strengen Sinne des Wortes sein. Sie bemühen sich, zwischenmenschliche Probleme zu lösen, die mehr situativer denn psychologischer Natur sind; also fallen auch sie nicht in unseren Bereich. So erörtern wir nur die konventionelle Gruppentherapie und die Encounter-Gruppentherapie mit all ihren Spielarten.

Konventionelle Gruppentherapie

Zur konventionellen Gruppentherapie gehört jede Gruppentherapie, die auf dem therapeutischen Grundprinzip einer Einzeltherapie beruht. Freudsche und Horneysche Therapeuten, Adler-

2 Sofern dabei außer dem Therapeuten zwei oder mehr Personen beteiligt sind, gelten sie für unsere Zwecke als Gruppentherapien.

sche Therapeuten und Logotherapeuten, klientenzentrierte und lerntheoretische Therapeuten – sie alle betreiben heute Gruppentherapie als Ersatz oder Zusatz zur Einzeltherapie. Und alle wenden im Grunde genommen die gleichen Methoden an wie in der Einzeltherapie.

Es gibt zwei Möglichkeiten, wie Sie in eine konventionelle Gruppe gelangen können: Entweder sind Sie schon Patient eines Therapeuten, der empfiehlt, Sie in einer seiner Gruppen aufzunehmen, sei es aus wirtschaftlichen Gründen (Ihre) oder aus therapeutischen Gründen (seine), oder Sie melden sich bei einem Therapeuten zur Einzeltherapie an, stellen fest, daß er keinen Termin mehr frei hat, und nehmen seinen Vorschlag an, sich statt dessen einer seiner Gruppen anzuschließen. In beiden Fällen wird der Therapeut möglichst dafür sorgen, daß Sie in eine Gruppe kommen, in der die Probleme der Mitglieder von ähnlicher Art sind wie Ihre. Wenn Sie ziemlich ruhig und selbstbeherrscht sind, möchten Sie nicht gern in eine Gruppe stark gestörter Neurotiker gesteckt werden. Und wenn Sie stark gestört sind, wären Sie nicht besonders willkommen in einer Gruppe ruhiger und vernünftiger Teilnehmer (natürlich gibt es Ausnahmen von dieser Regel).

In welche Gruppe Sie auch kommen, vermutlich werden Sie eine Auswahl von Menschen finden (zwischen fünf und fünfzehn an der Zahl), Männer und Frauen aus allen möglichen Berufen, die aber im allgemeinen wirtschaftlich und bildungsmäßig der unteren bis oberen Mittelschicht angehören. In einer typischen konventionellen Gruppe von zehn Mitgliedern können unter den Frauen eine Sekretärin, eine oder zwei Hausfrauen, eine Schauspielerin oder sonstige Künstlerin und vielleicht eine Kosmetikerin oder Krankenschwester sein; unter den Männern ein Bankkassierer, ein jüngerer leitender Angestellter aus der Werbung oder dergleichen, ein Schauspieler oder sonstiger Künstler, vielleicht ein Lastwagenfahrer und ein Student oder Lehrer. Ungefähr ein Drittel der Gruppe dürfte eine höhere Schulbildung genossen haben.

Gebaren, Charakter und Persönlichkeit der Gruppenmitglieder werden wahrscheinlich im großen und ganzen der folgenden Beschreibung entsprechen. Die Leute äußern sich vage über Beschwerden bei sich und anderen, obwohl sie dazu neigen, sich über andere klarer auszudrücken als über sich selbst. Sie werden etwas Mißvergnügtes an sich haben, eine allgemeine Unzufriedenheit mit sich selbst, mit ihrer Lage und ihrer Umgebung. Wenn sie von sich selbst sprechen, werden sie sich an wenig erinnern. Ihre Kindheitserinnerungen werden nicht unbedingt traumatisch oder auch nur unangenehm gewesen sein, aber es wird auch nicht viel geben, das sie optimistisch stimmt. In ihren Berufen und in der Welt im allgemeinen werden sie ganz gut zurechtkommen, ungeachtet der Tatsache, daß sie das, was sie tun, und die Welt, in der sie leben, verachten. Im großen und ganzen werden sie sich bei ihren Interaktionen mit anderen eher passiv verhalten, und am häufigsten werden sie sich über ihre Unfähigkeit beklagen, sich durchzusetzen und mit den Leuten auszukommen.

Der Therapeut sieht in der konventionellen Gruppentherapie sein Ziel nicht so sehr darin, Symptome zu lindern, als vielmehr darin, Ansichten und Einstellungen zu ändern. Die Gruppe wird als günstiger Rahmen dafür betrachtet, da sie die Gesellschaft widerspiegelt. Und da die Gesellschaft, zumindest auf einer Ebene, mit einem Komplex subtilen zwischenmenschlichen Drucks operiert, wird der Therapeut diesen Druck in der Gruppe fördern. Aber wie jede Gruppe in der Gesellschaft, wird auch die Therapiegruppe bald verschiedene Äußerungen sozialer und interpersonaler Fähigkeiten aufzeigen, und ein oder zwei Mitglieder werden eine Neigung zum Dominieren erkennen lassen. Wenn das geschieht und mehrmals geschieht, ist es Sache des Therapeuten, die Gruppe so zu verändern und in sich abzustimmen, daß jeder eine partizipierende Rolle spielen kann.

Wie die Gruppe geleitet wird, hängt vom Therapeuten ab, aber gewöhnlich wird jeder Therapeut sie in demselben Stil leiten, den er in der Einzeltherapie anwendet, das heißt, wenn er im allgemeinen reserviert und autoritär ist und eine ruhige und stille therapeutische Umgebung vorzieht, wird er sich in der Gruppe genauso verhalten, und das wird sich im Gruppenverhalten widerspiegeln. Wenn er andererseits antiautoritär, partizipierend, sehr engagiert und liebevoll in seinem Umgang mit Einzelpatienten ist, dann wird er sich wahrscheinlich in den Gruppen genauso verhalten, und die Gruppen werden dann angeregter und weniger gehemmt sein. Heutzutage werden die meisten konventionellen Gruppentherapien in diesem Stil geleitet, zweifellos eine Folge des Einflusses der Encounter-Bewegung in den letzten fünf oder sechs Jahren.

Den Dreh in der Gruppentherapie herauszubekommen, ist ebenso wichtig, wie den Dreh in der Einzeltherapie herauszufinden. Zu Anfang werden Sie feststellen, daß Sie und die anderen viel Zeit darauf verwenden, sich den Grundregeln anzupassen und zu versuchen, sich an die unübliche Erfahrung zu gewöhnen, vor anderen über sich selbst und Ihre psychischen Probleme zu sprechen (schließlich haben Sie Ihr Leben lang die Wahrheit über sich selbst verheimlicht und nur das offenbart, was Sie für akzeptabel hielten). Das ist der Grund, warum die meisten Therapeuten es für besser halten, wenn ein in der Gruppentherapie unerfahrener Patient in eine bereits bestehende Gruppe kommt und nicht in eine, die gerade erst beginnt; dadurch wird der bereits bestehenden Gruppe nicht nur frisches Blut zugeführt, sondern der Anfänger erhält auch Gelegenheit, die Regeln und Techniken schneller zu lernen. Natürlich mag der Eintritt in eine bereits länger gebildete Gruppe einschüchternd sein für einen wenig selbstbewußten und zaghaften Menschen und seine Chancen, gleich von Anfang an zu partizipieren, vermindern. Aber ein kluger Therapeut dürfte den Mechanismus des Gruppendrucks geschickt handhaben und diesen Nachteil überwinden.

»Partizipation« ist das Schlüsselwort für Gruppen. Zwar werden Sie sich zuerst vor der Partizipation fürchten oder lieber erst eine Weile beobachten wollen, um sich zu orientieren, aber Sie werden feststellen, daß Partizipation obligatorisch ist. Wenn der Therapeut Sie nicht gleich dazu anhält, wird es die Gruppe tun – entweder durch Anstacheln und Sticheln oder schließlich dadurch, daß Sie ignoriert werden, die negative Form des Gruppendrucks.

Und worin besteht die Partizipation? In den meisten konventionellen Gruppen besteht sie in erster Linie darin, daß Sie Ihre Beschwerden, Gedanken, Gefühle, Schwächen und Verdrießlichkeiten artikulieren. Die anderen Gruppenmitglieder werden darüber diskutieren, und zwar nicht nur über das, was Sie sagen, sondern auch darüber, wie Sie es sagen, und Ihre Äußerungen werden beurteilt, interpretiert, angegriffen und nachempfunden. Nicht der Therapeut, sondern die anderen werden es Ihnen sagen, wenn sie glauben, daß Sie die Wahrheit sprechen oder heucheln, um Ihre Abwehrmechanismen intakt zu erhalten oder Ihren Widerstand zu verstärken. Zu guter Letzt wird jeder in der Gruppe zumindest oberflächlich erfahren sein im Umgang mit psychiatrischen Begriffen und mit der Fachsprache der Schule des jeweiligen Therapeuten. Ihre Persönlichkeit und Ihr Charakter werden aufgedeckt, manchmal sanft, manchmal grob, manchmal zutreffend, manchmal unzutreffend, bis Sie – zumindest theoretisch – imstande sind, sich so zu sehen, wie andere Sie sehen, und sich damit abfinden, wer Sie sind und was Sie sind. Wenn es ein Trost für Sie ist, werden Sie Gelegenheit haben, dasselbe für die anderen in der Gruppe zu tun, eine Erfahrung, die laut Gruppentherapie gleichermaßen förderlich für die eigene Selbstverwirklichung sein kann.

Encounter-Gruppentherapie

Encounter-Gruppen, in welchen Formen und Variationen auch immer, verfahren mehr oder weniger in Übereinstimmung mit dem von der konventionellen Gruppentherapie geschaffenen Modell. Einen wichtigen Unterschied gibt es indes. Encounter ist gleichsam eine Religion geworden.

Encounter – wie sie sich aus Fritz Perls' ein wenig mystischen Theorien entwickelte –, ob es sich nun um Marathon, Nackt-, Berührungs-, Schrei- oder meditative Therapie handelt, erhielt mit der Zeit die Bedeutung von »Gemeinschaft«, Gemeinschaft in dem Sinne, daß nicht jemand buchstäblich belehrt wird, nicht von jemandem buchstäblich lernt, sondern daß er gleichzeitig belehrt und lernt. Es bedeutete eine Art von gegenseitigem Gewinn – beeinflussen und zur gleichen Zeit durch denselben Prozeß beeinflußt werden. Es bedeutete eine Art Sozialismus der

Psyche, der dazu verhilft, daß man als Entgelt für die Investitionen der eigenen emotionalen Mühen die Früchte solcher Mühen anderer erhält. In einer Welt, in der Trennung und Isolierung die Norm geworden waren, ist das Gemeinschaftsgefühl, das sich aus diesem Encounter-Konzept ergab, gleichsam die Entdeckung einer großen neuen Lebenskraft, die jedermann Gelegenheit gibt, zur Erlösung auf Erden zu finden, wenn er nur Vorauswissen genug hat, sie als solche zu erkennen. Das Gemeinschaftsgefühl stellte einen Umsturz der alten psychischen Ordnung dar, der alten Methoden, mit denen versucht wurde, irdische Erfüllung zu erlangen. Es sollte ein revolutionärer Kommunismus des Geistes sein – anti-intellektuell, anti-rationalistisch, anti-verbal, gegen alle altmodischen Kategorien, die nach dieser Auffassung den Menschen in seinen dürftigen psychischen Zustand versetzt haben.

Das Amerika der fünfziger und sechziger Jahre – das technologie-übersättigte, »existentiell neurotische« Amerika der »einsamen Masse« – hatte ein überstarkes Bedürfnis nach Glauben, nach Liebe, nach Werten. Die Idee der Encounter-Gruppe mit ihrem anfänglich ungestümen, auf Erlösung ausgerichteten Evangelismus hatte einen starken Einfluß auf diese Einstellung. Aber was als etwas Neues, Spontanes, Unstrukturiertes und voller Überraschungen begann, brachte rasch Lehrer, Hohepriester, offizielle Sprecher, Orthodoxien, Häresien, sogar messianische Ansprüche, Rituale, Dogmen, eine ekklesiastische Fachsprache und eine Schaugeschäft-Werbung vom Billy-Graham-Typ hervor.

Nachdem die Encounter-Gruppen entwickelt waren, wußten die Leute zunächst nicht, wie man sich in ihnen verhält; so kam vieles durch Versuch und Irrtum zustande: durch spontanes Experimentieren in freier Form ohne allzu viele deutliche Erwartungen. Das frühe Encounter-Konzept hatte den Vorteil, neu zu sein; obwohl es auf dem Gedanken der Gruppentherapie beruhte, war es eine völlig neue Ausdrucksform der Gruppenerfahrung, ohne irgendwelche Regeln oder Vorschriften, außer für die Offenbarung von Hier-und-jetzt-Gefühlen. Aber als ob dieser Rahmen nicht genügte, begannen »Experten« sich Übungen auszudenken, welche die Leute in den Encounter-Gruppen ausführen sollten. Zugleich mit dieser Entwicklung entstand der Beruf des »Gruppenführers« oder »Trainers«, der über Normen, Qualifikationen und Möglichkeiten verfügt, Erfolge objetiv darzustellen und sich einen Namen zu machen. Der schnellste, billigste Weg, mit einem solchen Beruf bekannt zu werden, bestand darin, als Erfinder neuer Techniken aufzutreten; die Liste gescheiter Gruppenaktivitäten war endlos. Und folglich erfanden die Leute immer neue Methoden, so daß die Encounter-Gruppenbewegung heute einen gewaltigen eigenen Kanon von Regeln, Techniken und Verboten besitzt. Was als Reaktion auf das von Regeln beherrschte, auf Verbote ausgerichtete, von Technologie erfüllte amerikanische Leben um die Jahrhundertmitte und seine entsprechend gestalteten Therapien begann, ist im Handumdrehen zu einem weiteren Spiegelbild dieses Lebens geworden. Die Encounter-Bewegung, die sich zunächst bemühte, die Frische des affektiven Lebens zu fördern, hat sich in eine Massenbewegung mit eigenen Gesetzen, Begegnungsprozeduren, mit bevorzugten Stätten, mit Gurus, Rezepten, offenbarten Wahrheiten, verbindlichen Hierarchien und Referenzen verwandelt. Gewiß wird man jetzt etwas anderes erfinden müssen, um den Glanz der ursprünglichen Verheißung zu erneuern.

Wie funktioniert die Encounter-Gruppentherapie? Es ist fast unmöglich, eine »typische« Encounter-Gruppe in Aktion zu beschreiben, denn solche Gruppen gibt es in allen möglichen Variationen und Techniken. Eine Gruppe mag das Encounter-Konzept lediglich in einem mehr oder weniger konventionellen Rahmen ohne irgendwelche Ausschmückungen anwenden; eine andere wählt einen Marathon-Rahmen (eine Sitzung, die zwei oder mehr Tage dauert) in Verbindung mit »sensorischen Erweckens«-Übungen, Nackt-, Touch- und/oder sexuellen Techniken der Bioenergetik, transzendentaler Meditation und anderen »Anregungs«-Techniken. Entscheidend für Encounter-Therapie sind indes die Betonung der *Hier-und-jetzt*-Situation und der *Konfrontation* in der Gruppe. Der Encounter-Therapeut[3] legt keinen Wert

[3] Er wird tatsächlich »Führer« genannt. Die meisten Führer von Encounter-Gruppen sind nicht in Psychotherapie ausgebildet, sondern lediglich in Encounter-Therapie oder sind mit ihren Prinzipien vertraut. Es braucht kaum

auf die Vergangenheit eines Individuums oder spielt sie herunter und schenkt seiner Zukunft wenig Aufmerksamkeit. Also erwarten Sie nicht, wenn Sie sich einer Encounter-Gruppe anschließen, daß Sie viel über Ihre Vergangenheit werden sprechen müssen. Der Encounter-Führer wird versuchen, das Interesse der Gruppe auf das JETZT zu konzentrieren und ein *Wahrnehmungs-Kontinuum* herzustellen, so daß die wichtigsten unerledigten Probleme im Leben jedes Mitglieds immer wieder auftauchen und behandelt werden können.

Sie werden dazu angehalten – manchmal sogar gezwungen – werden, vom Standpunkt Ihrer jetzigen Situation und ihrer jetzigen Probleme über sich zu sprechen. Der Führer und auch die anderen Mitglieder werden sich nicht nur für das interessieren, was Sie sagen, sondern wie Sie es sagen, und auch für Ihre Körperbewegungen und andere Hinweise, die Sie in Ihrem Verhalten erkennen lassen. Perls sagte einmal: »Ein guter Therapeut hört nicht auf den Inhalt des Quatsches, den der Patient vorbringt, sondern auf den Klang, die Musik, das Zögern.«

In diesen Worten ist das Grundprinzip der Encounter-Therapie enthalten, wie es sich in den letzten Jahren entwickelt hat – daß das, was immer jemand zu sagen hat, der in eine Gruppe kommt, Quatsch ist. Er quatscht nicht nur anderen etwas vor, sondern auch sich selbst. Das Leben, das er im Kontext dieses Quatsches führte, hat seine psychischen Probleme hervorgerufen. Das erste Ziel der Therapie ist also in Perls' anschaulicher Ausdrucksweise, das Individuum dazu zu bringen, daß es mit Quatschen aufhört.

Als weiteres Ziel gilt, das Verbalisieren aufzugeben und das »Ausagieren« von Gefühlen zu forcieren, damit das Problem des einzelnen in seiner grundlegenden Färbung sichtbar wird. Zuerst wird das Ausagieren zögernd, verlegen, gehemmt sein – für den erfahrenen Encounter-Therapeuten alles Hinweise auf eine Unfähigkeit, zu »fühlen«. Daher ist die Fähigkeit, zu fühlen, der primäre Maßstab der Therapie und die fundamentale mensch-

erwähnt zu werden, daß die überwiegende Mehrzahl der Para- und Nichtprofessionellen, von denen ich weiter oben sprach, in der Encounter-Bewegung tätig ist.

liche Eigenschaft, auf die man hinarbeiten muß. Aber eine Emotion kommt nicht bloß deshalb an die Oberfläche, weil man sie intellektuell herbeizitiert. Man muß geschult oder umgeschult werden, um zu fühlen. Und ehe man etwas oder einen anderen fühlen kann, muß man lernen, sich selbst zu fühlen.

An diesem Punkt werden höchstwahrscheinlich Übungen in »sensorischem Erwecken« einsetzen. Sensorisches Erwecken besteht in dem Versuch, alle Empfindungen und Gefühle bewußt zu machen, die man mit seinem eigenem Körper verspüren kann. Es vollzieht sich im Verlauf eines Prozesses, der eine Art von hypnotischer Trance herbeiführt und bei dem der Führer oder ein von Zeit zu Zeit in die Gruppe gerufener »sensorischer Experte« die Gruppe sich auf den Fußboden oder Rasen legen läßt und Empfindungen »suggeriert«, die die Mitglieder dann verspüren sollen. Der Prozeß eskaliert bis zum Befühlen der Körper von anderen, die auch Ihren Körper befühlen, was den Zweck hat, neue Gefühle zu verspüren. Und so weiter. Bei gewissen Arten von Gruppen werden die Übungen des »sensorischen Erweckens« durch Drogen unterstützt, um die »Wahrnehmung zu steigern«.

Die Encounter-Therapie verbindet das Prinzip neu gelernter Gefühle mit der Maxime der ständigen und immer stärkeren Betonung des JETZT. Der Führer wird jeden Gruppenteilnehmer immer wieder darauf hinweisen, wie schnell er das JETZT verläßt, um sich selbst zu schützen. Das Kontinuum der Wahrnehmung bietet dem Encounter-Therapeuten eine unerschöpfliche Vielzahl von Anwendungsmöglichkeiten; in erster Linie wird es indes als ein wirksamer Weg angesehen, um den einzelnen zum festen Fundament seiner Erfahrungen zu leiten und fort von den endlosen fadenscheinigen Verbalisierungen, Erklärungen, Rationalisierungen und Deutungen, die den »Quatsch« ausmachen, nach dem wir alle instinktiv am liebsten leben. Wahrnehmung körperlicher Gefühle – Empfindungen und Sinneseindrücke – stellt für die Encounter-Therapeuten das sicherste Wissen dar. Indem sie sich auf Körperwahrnehmung konzentrieren, erfüllen sie Perls' Maxime: »Verliert euren Verstand und kommt wieder zu Sinnen!«

Das Element der Konfrontation kehrt in der Encounter-Methode immer wieder. Sie findet zum Beispiel statt, wenn einem Mitglied befohlen wird, »die Runde zu machen«. Der Führer mag zu dem Schluß gekommen sein, daß alle anderen Gruppenmitglieder mit einem von einem Mitglied geäußerten Gefühl *konfrontiert* werden sollten. Der Betreffende hat vielleicht in einem Augenblick starker Erregung, als er glaubte, ungerecht kritisiert worden zu sein, gesagt: »Ich finde, ihr seid ein Haufen gemeiner Mistkerle!« Der Führer sagt dann: »Okay, machen Sie damit die Runde« und befiehlt ihm, das Gefühl allen anderen Mitgliedern gegenüber einzeln zu wiederholen und bei jedem eine erklärende Bemerkung hinzuzufügen (auch dem Führer gegenüber, der ebenfalls als aktives Gruppenmitglied angesehen wird). Diese individuellen Konfrontationen bringen gewöhnlich weitere Gefühle hervor, die stärker personalisiert sein mögen und Schlagen und Knuffen oder Berühren und sanftes Streicheln zur Folge haben können; all das wird gefördert, weil es dem Individuum auch eine Möglichkeit bietet, »mit seinen Gefühlen in Berührung« zu kommen.

Eine weitere Technik der Encounter-Gruppentherapie ist die »Rollen-Umkehrung«, die im wesentlichen aus dem Psychodrama[4] von Jacob L. Moreno stammt und dem Individuum helfen soll, sich darüber klar zu werden, daß sein offenes Verhalten oft die Umkehrung seiner zugrunde liegenden oder latenten Impulse darstellt, das heißt, sein Verhalten ist das Gegenteil der Verhaltensweise, die er einzunehmen wünscht. Wenn zum Beispiel ein Angehöriger der Gruppe behauptet, sein Hauptproblem seien Hemmungen oder übermäßige Schüchternheit, dann wird er aufgefordert, eine Weile die Rolle eines geselligen Exhibitionisten zu spielen. Indem er sich auf ein Gebiet wagt, das für ihn mit Angst verbunden ist, soll er angeblich »Kontakt herstellen« mit dem Teil von ihm, der lange unterdrückt oder verschüttet war, und dadurch ist er gezwungen, mit den Emotionen fertig zu wer-

[4] Das Psychodrama ist eine weitere Form der Gruppentherapie. Das Psychodrama gibt es schon lange, und man könnte es die ursprüngliche Version des Gruppen-Encounter nennen. Dabei spielen die Mitglieder einer Gruppe wie auf einer Bühne »Rollen«; der Therapeut ist der »Regisseur«, die anderen Mitglieder sind das »Publikum« und übernehmen manchmal auch Nebenrollen.

den, die seine Angst hervorruft, statt sie zu vermeiden, wie es seine Gewohnheit war (jedes neurotische Verhalten wird nach Auffassung des Encounter-Grundprinzips durch das Vermeiden unerfreulicher Emotionen herbeigeführt).

Eine weitere Technik ist das »Dranbleiben«. Sie wird in entscheidenden Augenblicken im Verlauf der Therapie angewandt, wenn ein Teilnehmer eine Stimmung, ein Gefühl oder einen Geisteszustand erwähnt, die besonders unangenehm sind und die er, wiederum aus psychischer Gewohnheit, dringend vermeiden oder verbannen möchte. Zum Beispiel könnte er ausrufen: »Ich kann den und den nicht ausstehen, denn er ist immer so verdammt selbstsicher und erinnert mich dauernd daran, wie unzulänglich ich bin.« Der Führer wird dann vielleicht sagen: »Können Sie an diesem Gefühl dranbleiben?« Das ist für den Betreffenden unweigerlich ein frustrierender Augenblick, er hat mit großem Mißvergnügen seine Erfahrung erwähnt und ist jetzt erpicht darauf, die dadurch wachgerufenen Gefühle hinter sich zu lassen. Der Führer mag beinahe unbarmherzig darauf beharren, daß der Betreffende an dem psychischen Schmerz festhält, sich genau darüber ausläßt und ihn der Gruppe zur Diskussion und Kritik vorlegt.

Auch diese Technik soll den einzelnen mit seinem neurotischen Schmerzvermeidungs-Mechanismus konfrontieren. Indem der Führer ihn und auch die übrige Gruppe anhält, »dranzubleiben«, versucht er ihn dazu zu zwingen, eher eine Anpassung als ein Vermeiden von unerfreulichen emotionalen Erfahrungen vorzunehmen. Dadurch, so lautet die Theorie, wird der Betreffende mehr Selbstvertrauen und die Fähigkeit zu größerer Selbständigkeit erlangen.

Wie bei allen anderen Formen der Therapie, die wir in diesem Buch besprochen haben, hat sich auch bei der auf Encounter gerichteten Gruppentherapie herausgestellt, daß ihre Wirksamkeit in der Theorie vielversprechender ist als in Wirklichkeit. Wenn man die Encounter-Therapien – die seriösen im Gegensatz zu den mätzchenhaften, von denen es in letzter Zeit immer mehr gibt – beurteilt, gewinnt man den Eindruck, daß vieles von dem, was diese Therapien verheißen, unmittelbar zusammenhängt mit der Isolierungs- und Entfremdungskrise des Individuums in unserer modernen, technologischen, nicht-fühlenden Gesellschaft. Es kann kein Zweifel sein: Eines der großen Probleme unserer Gesellschaft besteht darin, daß es heutzutage verpönt ist, Gefühle zu äußern. Die meisten Menschen sind gleichermaßen fasziniert und abgestoßen, wenn andere öffentlich ihre Gefühle erkennen lassen, und weil die Gesellschaft die Menschen so erzogen hat, neigen sie dazu, auf Gefühlsäußerungen so zu reagieren, daß sie die Betreffenden als überspannt, sentimental oder ausgesprochen verrückt bezeichnen.

Die Gleichgültigkeit, die Leidenschaftslosigkeit, ja, das Fehlen von menschlichem Gefühl sollten für jedermann ein Grund zur Besorgnis sein, denn nur wenn Gefühle vorhanden sind, können wir beides haben, nämlich nicht nur Nutzen aus der Technologie ziehen, sondern die Lebensqualität, die sie uns bietet, auch genießen und würdigen. So hat die Encounter-Methode der Gruppentherapie die Bedeutung des menschlichen Fühlens in der Hier-und-jetzt-Situation hervorgehoben (und wer auf dieser Welt mit der möglichen Ausnahme von professionellen Mystikern und Seelenwanderungsgläubigen ist nicht in erster Linie mit seinem Wohlergehen hier und jetzt beschäftigt?). Die Encounter-Therapie läßt sich nicht so leicht abspeisen, sie gibt sich nicht mit ausweichenden Antworten zufrieden; ihr Ziel ist vielmehr, den Versuch zu machen, die Leute mit ihren Gefühlen zu konfrontieren, und sie zu veranlassen, diese Gefühle zum Ausdruck zu bringen und in selbstverwirklichender Weise anzuwenden. Irgendwie scheint eine solche Einstellung über die Therapie hinauszugehen; sie hat zumindest theoretisch die Kraft, eine Lebensauffassung zu werden.

Aber die Encounter-Methode hat – wie alle anderen Therapien – versagt. Es ist ihr nicht nur mißlungen, ihr Potential an Lebensauffassung zu verwirklichen, sondern auch ihr Potential als spezifische Form der Therapie. Warum? Weil sie wie die meisten anderen visionären Bewegungen im Laufe der Geschichte einfache Lösungen für unentwirrbar komplexe Probleme vorgeschlagen und ihre Einfachheit dann in das bürokratische Gewand von Techniken, Dogmen und Hierarchien gekleidet hat, um sich in der technologischen Welt Ansehen zu verschaffen. Sie wurde auf ihre Weise genau das, was zu überwinden sie sich vorgenommen hatte, und verwandelte sich damit lediglich in einen weiteren Bestandteil des allgemeinen menschlichen Problems.

Sie hat auch noch auf andere Weise versagt. Sie hat mehr als jede andere Methode therapeutische Quacksalber, Scharlatane und Hochstapler gefördert, die die Naivität und Suggestibilität der gefühls- und empfindungshungrigen Menschen ausbeuten. Aus diesem Grunde hat sie von allen Therapien auch die höchste nachgewiesene »Unfallziffer«; aus ihr ging eine große Zahl von Menschen hervor, die aufgrund dessen, daß sie solchen Einflüssen ausgesetzt waren, eher weiteren Schaden erlitten, als daß sie Hilfe fanden. Die Anziehungskraft der Encounter-Therapie, die verspricht, daß sie den Teilnehmer in die Lage versetzen, sich »anzuregen«, »auszuagieren« und in einer Gruppe gleichgesinnter Menschen »Liebe und Freude« zu erfahren, ist nur zu verständlich, da sie sich an das gewaltige Heer neurotisch einsamer und unglücklicher Bewohner unpersönlicher Städte und Vororte wendet. Die Anziehungskraft beruht im Grunde genommen nicht nur auf dem Bedürfnis dieser Leute, sich an Strohhalme zu klammern; sie lebt auch von deren Unwissenheit.

Tatsächlich fördert die Encounter-Therapie mit ihrer Tendenz: Anti Denken und pro Fühlen eher Unwissen als Wissen, und so findet sie den meisten Anklang bei denjenigen, die über geringe kognitive Wahrnehmung ihrer selbst oder ihrer Umstände verfügen. In einer Gesellschaft wie der unsrigen, in der Gefühl und Sinnlichkeit lange ungerechtfertigterweise unterdrückt wurden, kann sensorische Wahrnehmung – das intensive, schuldfreie Konzentrieren darauf, wie die menschliche und die natürliche Welt aussieht, sich anhört, sich anfühlt und riecht – eine Offenbarung und ein phantastisches Vergnügen sein. Leider kommt es zu dieser Wahrnehmung gewöhnlich gerade in einem Kontext, der ein bereits tiefverwurzeltes Widerstreben gegen den Geist und das Denken verstärkt. Die öffentliche Erziehung, die soziale Konditionierung, die Überfülle an Technologie – all das hat Geistlosigkeit als Lebensauffassung gefördert. Diese Faktoren haben das intellektuelle Erlebnis seiner Bedeutung und seines emotionalen Reizes beraubt. Mit ihrem ausgesprochenen Anti-Intellektualismus und ihrer Besessenheit von den Freuden der sinnlichen Erfahrung und Wahrnehmung verstärkt die Encounter-Therapie die Tendenz, den Geist als den großen Feind alles Natürlichen, Menschlichen und Befriedigenden anzusehen.

Der Anti-Intellektualismus der Encounter-Therapie ist allgemein nicht erkannt worden, weil allzu viele Menschen, die sich ihr unterzogen haben, immer noch in dem Glanz, der Erregung und Glückseligkeit befangen sind, »das Fühlen zu entdecken«. Aber man braucht nur den Sprechern der Encounter-Bewegung zuzuhören oder ihre Literatur zu lesen, um ihre deutlich gegen das Denken gerichtete Neigung zu entdecken. Das Denken ist eine leicht zu treffende Zielscheibe und gewöhnlich der Sündenbock bei den Bemühungen um Rechtfertigung des Encounter-Grundprinzips. Es ist allzu einfach, zu behaupten, wie die Encounter-Therapien es tun, daß wir deshalb seelische Probleme haben, weil wir zu viel denken und zu wenig fühlen. Aber das läßt sich nicht beweisen!

Denn genau das Gegenteil ist wahr. Wir denken nicht genug, und weil wir zugelassen haben, daß die Technologie die Oberhand über uns gewinnt, reagieren wir viszeral, von den Eingeweiden her auf unsere Umwelt; daher fühlen wir zu viel. Unsere ganze Gesellschaft mit ihren unendlich vielen einlullenden technologischen Narkotika hält vom Denken ab und fördert das Fühlen, wenngleich ein Fühlen desensibilisierter, negativer Art. Gewiß, wir rationalisieren, wir intellektualisieren, wir verbalisieren; aber wir denken nicht. Und weil wir nicht denken, können wir nicht fühlen, zumindest nicht auf verständige Weise. Denken und Fühlen sind miteinander verknüpft, das waren sie immer, doch die Encounter-Therapie leugnet dies. Sie wiederholt Perls' Ausspruch: »Verliert euren Verstand und kommt wieder zu Sinnen.« Und das heißt nichts anderes als: »Hört mit Denken auf, fühlt nur, denn im Fühlen liegt euer Heil!«

Der komplexen menschlichen Psyche kommen nur die Komplexitäten des gesamten menschlichen Organismus gleich, und diese Komplexitäten können mit den simplifizierenden Begriffen der encounterorientierten Therapien einfach nicht angegangen werden. Wer das versucht, verhält sich wie jemand, der den Menschen sagt, wenn sie gesunde Lebensmittel essen und eine Menge Vitamine schlucken, dann werden sie nie krank und uralt werden. Gewiß sollten die Menschen ihre Probleme nicht intellektualisieren. Aber das heißt nicht, daß der einzige Weg, sie zu lösen, das Fühlen ist. Sensorisches Wissen ist schön und gut, es ist sogar sehr vonnöten in unserer Gesellschaft. Aber es allein kann nicht die Aufgabe der Therapie erfüllen. Wenn Sinneseindrücke und Gefühl alles wären, was uns in einer Gesellschaft retten könnte, die das Potential des individuellen Wissens, der Bildung und der informierten Tatkraft bereits ernstlich abgewertet hat, damit alle ihre Mitglieder sich ihren Diktaten anpassen, dann würden wir zu einer Kultur gelangen, in der Freundlichkeit und Dummheit sich verdoppelt hätten. Die Technologie des Fühlens ist ebenso eindimensional wie die Technologie der Industrie und des Geldes. Und so, wie die Encounter-Theorie sie anbietet, ist sie ebenso skrupellos totalitär wie die anderen Technologien. Persönliche Einsicht kann nicht ohne Wissen wirksam werden; wenn wir Wissen und Verstand ausklammern, werden wir zu guter Letzt eine Gesellschaft von Schwachsinnigen sein.

18. Die medizinische Psychotherapie

In seinem bekannten Buch *The Making of a Psychiatrist* schrieb David Viscott, seine Enttäuschung über den psychiatrischen Beruf beruhe weitgehend auf der Tatsache, daß die Psychiater, unter denen er in den Jahren seiner Krankenhaus-Ausbildung gearbeitet habe, eigentliche Psychotherapie nur in geringem Maße praktiziert hätten. Er sprach entsetzt von den Opportunisten in diesem Fach, die sich fast ausschließlich auf das Verordnen von Pillen und Elektroschocks verließen, um zu erreichen, was sie hauptsächlich anstrebten, nämlich ihre Bankkonten zu füllen und viel Freizeit für Golf und Tennis zu haben. Medikamente und Elektroschocks sollten Beigaben zur Psychotherapie, nicht Psychotherapie selbst sein. Doch für eine große Zahl von Psychiatern seien sie genau das geworden.

Martin Shephard, ein New Yorker Psychiater, erklärte vor nicht langer Zeit in einem Zeitungsinterview, er gebe den psychiatrischen Beruf auf, weil »es ein Skandal ist, wie die Psychotherapie jetzt hierzulande praktiziert wird . . . es gibt sehr viele Psychotherapeuten, die ihren Patienten nur das Geld abnehmen, ohne ihnen zu helfen.«[1] Zweifellos war ein Umstand, der Shephard verbitterte, die bei Psychiatern immer üblicher werdende Praxis, Medikamente und Elektroschocks *statt* und nicht *in Verbindung mit* der normalen psychotherapeutischen Behandlung zu verabreichen.

Für diejenigen Leser, die mit den medizinischen Zusatzmaßnahmen zur Psychotherapie nicht vertraut sind, mag es nützlich sein, etwas darüber zu erfahren. Hypnose galt früher als Psychotherapiezusatz, aber heute wird sie auch als Form der Therapie angesehen; ihre Anwendung habe ich in Kapitel 15 behandelt. Psychologische Tests werden auch als Therapiezusatz betrachtet,

1 »Psychotherapy is a Scandalous Method of Cheating Patients, Psychiatrist charges«, *The National Inquirer*, 6. September 1973.

doch sie haben kaum medizinischen Charakter und werden heute von Psychiatern nur noch selten angewandt. Klinische und Laboruntersuchungen aufgrund organischer oder physiologischer Störungen sind gewiß Psychotherapiezusätze, aber da sie vor der Aufnahme eines Patienten in die Therapie durchgeführt werden sollten, fallen sie nicht in den Bereich der Behandlungsverfahren. Sie sind diagnostische Hilfsmittel, und natürlich sollte niemand, der an einer schweren oder plötzlichen Verhaltens- oder Charakterstörung leidet, eine Psychotherapie beginnen, ehe das Vorhandensein einer organischen Störung nicht ausgeschlossen wurde.

Die wichtigsten medizinischen Zusätze zur Psychotherapie sind:

1. *Elektroschock-Behandlung;*
2. *Narkoanalyse,* auch *Narkosynthese* genannt;
3. *Pharmakotherapie,* häufiger einfach *Drogentherapie* genannt;
4. *Psychochirurgie.*

Die vierte Kategorie (chirurgische Eingriffe in bestimmte Bereiche des Gehirns, die verschiedene schwere Symptome der Psychose lindern sollen) geht über den Rahmen dieses Buches hinaus; die drei anderen Zusätze werden in der psychiatrischen Praxis häufig angewandt.

Elektroschock-Behandlung

Elektroschock wird oft bei der Behandlung von Krankheitsbildern angewandt, deren periodisch auftretendes Hauptsymptom Depressionen sind. Es ist wichtig, sich zu vergegenwärtigen, daß es sich um eine symptomatische Behandlung handelt (damit wird nur ein Symptom behandelt, nicht die ihm zugrunde liegende Ursache). Es gibt keine Theorie, die erklärte, warum Elektroschocks Depressionen dämpfen.

Bei der Elektroschock-Behandlung wird elektrischer Strom über Elektroden an den Schläfen des Patienten ins Gehirn geleitet. Sie wurde 1938 durch den italienischen Psychiater Ugo Cerletti eingeführt; die Methode resultierte aus Beobachtungen des Verhaltens von Epileptikern nach Krampfzuständen. Der Elektroschock ruft einen Krampf nach Art des großen Anfalls bei der Epilepsie hervor; es ist empirisch nachgewiesen, daß der Schock sich insofern günstig auswirkt, als er *vorübergehend* Depressionen lindert, wenn er vorsichtig verabfolgt wird.

Ursprünglich wurde der Elektroschock ausschließlich für die Behandlung psychotischer Depressionen angewandt, aber heute wird er mehr und mehr auch zur Behandlung von neurotischen und sogar leichten, länger anhaltenden Depressionen verabfolgt. Die Behandlung wird gewöhnlich sechs- bis zwölfmal im Abstand von einigen Tagen wiederholt.

Das Verfahren ist weder unheimlich noch gefährlich; der Patient verliert das Bewußtsein, spürt überhaupt nichts und ist, wenn er aufwacht, müde, jedoch beträchtlich erleichtert. Gewöhnlich nimmt er vorher bestimmte Medikamente ein, so daß er schläft, wenn der Stromstoß verabfolgt wird, wodurch auch die physischen Risiken auf ein Minimum reduziert werden. Der Stromstoß dauert nur noch ein paar Sekunden und fügt dem Gehirn, soweit man weiß, keinen Schaden zu.

Die Elektroschock-Behandlung hat sich für Psychiater als nützlich erwiesen, denen daran gelegen ist, Symptome unrealistischer Depressionen (oder pathologischer Euphorien) zu lindern, um eine konventionelle Gesprächstherapie zu ermöglichen. Der Elektroschock mildert die intensive Beschäftigung des Patienten mit seiner Depression und versetzt ihn in die Lage, therapeutische Aufgaben zu erfüllen. Wenn Ihnen je geraten wird, sich einer Elektroschock-Behandlung zu unterziehen, dann sollten Sie davor keine Angst haben (obwohl Sie sie wahrscheinlich haben werden). Allerdings sollten Sie wissen, warum Ihr Arzt diese Behandlung anwenden möchte, ehe Sie Ihr Einverständnis erklären.

Narkoanalyse

Bei der Narkoanalyse wird dem Patienten ein Barbiturat injiziert; seine Analyse findet in dem anschließenden schlafähnlichen Zustand statt. Das Verfahren wird in der ärztlichen Psychoanalyse ziemlich häufig angewandt, vor allem wenn sich herausstellt, daß das Material, das untersucht werden soll, sich ungewöhnlich schwer aufdecken läßt. Dem liegt die Theorie zugrunde, daß der Patient, sobald er beruhigt und entspannt ist, dem Aufstieg äußerst schmerzlicher Erinnerungen weniger Widerstand entgegensetzt und daß auch seine Reaktionen darauf schwächer sein werden.

Bisher liegen keine Beweise dafür vor, daß die Narkoanalyse in irgendeiner Weise wirksam ist oder zu mehr führt, als daß sich der Patient wohl fühlt und der Analytiker sich respektiert sieht (jeder Arzt, der sich mit der Spritze in der Hand über einen Patienten beugt, flößt dem Kranken Vertrauen und Respekt ein).

Pharmakotherapie

Die Psychopharmakologie wurde um die Mitte der 1950er Jahre populär; damals wurden in den Vereinigten Staaten die sogenannten Tranquilizer bekannt. Die Herstellung von Tranquilizern und Antidepressiva ist inzwischen ein wichtiger Zweig der chemischen Industrie geworden; Werbung für diese Drogen gilt als Haupteinnahmequelle sowohl von Werbeagenturen als auch medizinischer Zeitschriften, in denen die Fabrikate der Hersteller feilgeboten werden.

Neuere Untersuchungen von Arbeitsgruppen der *George Washington University* und des *Institute for Research in Social Behavior* ergaben, daß heute 43 Prozent aller Erwachsenen in den Vereinigten Staaten Tranquilizer und andere vom Arzt verschriebene stimmungsändernde Mittel nehmen (davon 29 Prozent Frauen und 14 Prozent Männer). Das bedeutet, daß knapp über hundert Millionen erwachsene Amerikaner diese Mittel nehmen. In den Untersuchungsergebnissen sind Konsumenten illegal bezogener Drogen, die vor allem unter den jüngeren Generationen beliebt sind, nicht enthalten; aber ich bin sicher, daß die Zahlen über den gesamten Drogenverbrauch schwindelerregend sind. Es sieht so aus, als sei die westliche Welt zu der Überzeugung gelangt, daß es gilt: »Besser leben durch Chemie.«

Die starke Verbreitung stimmungsändernder Drogen ist indes kaum verwunderlich, besonders angesichts der Tatsache, daß sie die Behandlung psychischer Störungen erleichtern. Erstaunlich ist vielmehr, daß so viele Psychotherapeuten sich überhaupt nicht einmal mehr den Anschein geben, als behandelten sie solche Probleme durch konventionelle Therapien, sondern sich daran gewöhnt haben, fast ausschließlich auf die Verordnung derartiger Mittel zurückgreifen. Es ist richtig, stimmungsändernde Drogen bewirken *tatsächlich*, daß man sich besser fühlt, und solange man sie nimmt, wird man sich auch weiterhin besser fühlen. Dadurch resultiert eine starke Abhängigkeit, welche die Therapeuten zwar rasch erkannt haben, die aber viele von ihnen zu ihrem Vorteil verwenden.

Die am häufigsten verschriebenen oder illegal beschafften psychiatrischen Drogen sind derzeit Tranquilizer oder Beruhigungsmittel. Sie unterteilen sich in zwei Kategorien: stärkere und leichtere Mittel. Als Beruhigung gilt die Herbeiführung von Gemütsruhe und Entspannung ohne gleichzeitige Sedierung, motorische Beeinträchtigung oder Euphorie. Tranquilizer wirken hauptsächlich auf die unteren Gehirnzentren. Stärkere Tranquilizer und Neuroleptika (Compazin und Decentan sind die bekannteren) besitzen folgende Eigenschaften:

1. Sie rufen Gemütsruhe und geistige und körperliche Entspannung hervor.
2. Sie sind höchst wirkungsvoll bei der Kontrolle akuter Symptome von Psychotikern.
3. Sie rufen eine relativ hohe Zahl störender und manchmal gefährlicher Nebenwirkungen im Körper hervor.
4. Sie verursachen kaum, wenn überhaupt, Gewöhnung oder Abhängigkeit.

Leichtere Tranquilizer (die bekanntesten sind Equantil, Miltown, Librium und Valium) besitzen folgende Eigenschaften:

1. Sie bewirken Ruhe und Entspannung, aber von anderer Art als die von den schwereren Tranquilizern hervorgerufene.
2. Sie sind nützlich, um nicht-psychotische und nicht-akute Angst und Erregung zu lindern.
3. Störende oder gefährliche Nebenwirkungen sind relativ selten.
4. Zur Gewöhnung oder Abhängigkeit kann es kommen.

Niemand weiß ganz genau, wie diese Mittel wirken, aber sie wirken auf jeden Fall. Interessanterweise hat sich herausgestellt, daß die verschiedenen Tranquilizer jeweils am besten bei bestimmten Symptomen wirken. Für den Fall, daß Sie ein solches Präparat, vor allem ein nicht vom Arzt verschriebenes, nehmen, kann sich durchaus herausstellen, daß es für das jeweilige Symptom, das Sie lindern möchten, nicht geeignet ist. Einige dieser Drogen werden in manchen europäischen Ländern rezeptfrei verkauft; so mancher Reisende deckt sich vertrauensvoll mit Librium oder Valium ein und muß dann feststellen, daß sie nicht so wirken, wie er es erwartet hat.

Eine weitere Gruppe von Psychopharmaka, die ebenfalls häufig genommen werden, sind die *Antidepressiva.* Eine genauere Bezeichnung für diese Medikamente wäre vielleicht: *psychophysiologische Anregungsmittel.* Sie sind in den letzten Jahren verstärkt entwickelt worden und werden heute häufig zur Behandlung von psychiatrisch auffälligen Depressionen verwendet, auch der leichteren Form, von der man bis vor kurzem annahm, daß sie allein auf Psychotherapie anspricht.

Antidepressiva sind weit stärker als Tranquilizer und ihre Wirkungen erheblich komplexer und unter Umständen gefährlich. Wie so oft bei Psychopharmaka, hat sich auch hier herausgestellt, daß die wirksamsten Antidepressiva auch diejenigen mit den womöglich gefährlichsten Nebenwirkungen sind. Die Mittel verhindern die Erzeugung von Monoamin-Oxydase, eines chemischen Körperstoffs, von dem man glaubt, daß er sich auf das Gehirn auswirkt.

Eine zweite Gruppe von Antidepressiva sind die Weckamine (Benzedrin, Pervitin), die zur Abhängigkeit führen können und intensiv aufputschend wirken, wenn sie im Übermaß genommen werden. Es gibt noch verschiedene andere Gruppen von Antidepressiva; genau wie bei den Tranquilizern sind etliche wirksamer als andere, und die Wirksamkeit hängt von der Art der Depression ab. Ferner gibt es noch Mittel für die Behandlung verschiedener psychiatrischer Leiden sowie eine Vielzahl halluzinogener Substanzen wie LSD-25, deren Zusammensetzung nur ein gelernter Chemiker erklären könnte.

Tatsächlich ist die Verwendung von Psychopharmaka für die meisten Laien, die keine biochemischen Kenntnisse besitzen, eine ziemlich verwirrende Angelegenheit. Übrigens für Psychiater und Psychologen in vielen Fällen ebenfalls!

19. Die jüngste Methode

Wie aus diesem Buch ersichtlich, gibt es keine einzige Methode der Psychotherapie, die so wirkungsvoll ist, daß sie die anderen Methoden als überholt oder nutzlos erscheinen ließe. Des weiteren eine Tatsache, mit der ich mich intensiv befaßt habe, daß trotz der Gegensätze zwischen den verschiedenen Psychotherapien und ihren Grundprinzipien zahlreiche Therapieformen Elemente vieler verschiedener Grundprinzipien und Methoden in sich vereinigen. Die wahrscheinlich erfolgreichste Methode hat die Technik der klientenzentrierten Therapie mit der allgemeinen Lerntheorie und Verhaltensmodifikation kombiniert. Vielleicht ist ihre Wirksamkeit auf die Tatsache zurückzuführen, daß beide Richtungen unabhängig voneinander beachtliche Forschungsergebnisse zur Stützung ihrer Erfolgsberichte vorgelegt haben; das ist mehr, als andere Psychotherapien zu leisten vermochten. Jedenfalls sehen viele moderne Therapeuten in den beiden genannten Auffassungen die Möglichkeit einer günstigen Kombination von Vorzügen; sie wird als Methode der *klientenzentrierten, auf Lernen basierenden Psychotherapie* bezeichnet. Meiner Ansicht nach ist diese Form der Psychotherapie – für den Fall, daß Sie sich überhaupt einer Therapie unterziehen wollen – die einzige Methode, die ernstlich in Erwägung gezogen werden sollte. Natürlich hängt viel von der Art Ihrer Neurose ab, aber wenn irgendeine spezifische Therapie die Fähigkeit besitzt, eine bestimmte Neurose zu mildern, dann würde ich meinen, daß die klientenzentrierte, auf Lernen basierende Therapie die besten Aussichten hat, nicht zuletzt aufgrund ihrer Forschungsergebnisse.

Nach der Auffassung der klientenzentrierten, auf Lernen basierenden Therapie sind Sie ein Organismus, der sein Verhalten aufgrund des allgegenwärtigen Wirkens der Verstärkung gelernt hat. Ihre Persönlichkeit wurde durch Konditionierung geformt, Ihre Motivationen rühren von angeborenen und angelernten

Triebregungen her, und die Art Ihrer Frustration und Ihres Konflikts beruht auf der Dynamik der konditionierten multiplen Appetenz-Aversion. Insoweit ist diese Therapie von der Lerntheorie beeinflußt.

Von der klientenzentrierten Theorie hat sie unmittelbar keine Thesen übernommen, sondern nur von der klientenzentrierten Praxis und ihren auf Empathie basierenden Methoden. Allerdings hat sie einen Gedanken, der aus dem klientenzentrierten Grundprinzip stammt, zum zentralen Konzept ihres eigenen Grundprinzips gemacht – ein Konzept, dem wir bisher noch nicht begegnet sind. Es ist die Auffassung, daß wir außer anderen angeborenen Trieben auch ein angeborenes *Bedürfnis nach Stimulierung* haben. Dieses Bedürfnis oder der angeborene primäre Trieb wird oft als *Reizhunger* bezeichnet; ihm ist die Neigung des Menschen zuzuschreiben, ständig nach neuer Erfahrung zu suchen.

Reizhunger läßt sich mit dem Hunger des Säuglings nach Nahrung vergleichen: Wenn ein Säugling nicht gefüttert wird, energetisiert der heftige Appetit seinen Hungertrieb, und er wird instinktiv versuchen, diese Triebspannung durch die am wahrscheinlichsten damit zusammenhängenden Reaktionen zu reduzieren: Erst wird er unruhig werden, dann weinen und, falls nötig, schreien. Das ist anfänglich Reflex-Verhalten; doch dann wird es gelernt, wenn sich das Trieb-Hinweis-Reaktions-Verstärkungsmuster durchsetzt. Der Reizhunger wirkt der klientenzentrierten Lerntheorie zufolge etwa auf die gleiche Weise. Wir alle besitzen einen angeborenen Reizhunger: Wenn Reize fehlen, energetisiert unser angeborenes Streben nach neuer Erfahrung unseren Stimulierungstrieb; instinktiv versuchen wir, diese Triebspannung zu reduzieren, indem wir Stimuli erzeugen. Dadurch, daß wir selbst Reize erzeugen, reduzieren wir unsere Triebspannung und befreien uns damit selbst von den dadurch hervorgerufenen Ängsten. Da unsere auf Reduzierung von Spannung gerichteten Reaktionen behilflich sind, Ängste zu vermeiden, die unser Reizhunger hervorgerufen hat, finden wir solche Reaktionen angenehm und neigen dazu, sie zu verstärken, und damit begründen wir ein gelerntes Verhaltensmuster – ein Verhaltensmuster, das sich oft als neurotisch erweist. Einerseits regt uns der Reizhunger ständig an, nach neuen Erfahrungen und neuen Lösungen für unsere Probleme zu suchen; andererseits neigen wir zu gewissen Formen angstvermeidenden Verhaltens, wenn wir es schwierig oder unmöglich finden, unser angeborenes Bedürfnis nach neuen Erfahrungen und neuen Lösungen zu befriedigen. Daher wird unser Stimulierungstrieb – unser Reizhunger – zu einer wichtigen Ursache neurotischen Verhaltens, denn wir neigen dazu, die Reaktionen zu verstärken, die unseren frustrierten Bedürfnissen entgegenwirken, und die Angstregungen zu reduzieren, die von ihnen herrühren.

Die klientenzentrierte, auf Lernen basierende Therapie sieht die Reizhunger-Reduzierung als Hauptursache der Neurosenbildung an. Die Therapie besteht im wesentlichen in den klientenzentrierten Techniken der Warmherzigkeit, Empathie und positiven Zuwendung, außerdem in dem Bemühen, den Patienten anzuleiten, wie er seine falschen Reizhunger-Reaktionen und -Verstärkungen »umlernen« kann. Sie hält den Reizhunger für die Hauptursache von Konflikten und bemüht sich, den Klienten zu einer Konfrontation mit seinem Appetenz-Aversions-Mechanismus zu bringen, wie er sich im Kontext des Stimulierungstriebs äußert. Indes tut sie das nicht durch die direktiven Techniken der Lern- oder Verhaltenstherapie, sondern durch die nicht-direktiven Techniken der klientenzentrierten Methode. Der Therapeut hat eine vierfache Aufgabe: Erstens versucht er durch anhaltende Bekundungen von Empathie und Sympathie *Bedingungen* zu schaffen, unter denen der Patient oder Klient sein Hauptproblem herauszufinden und darüber zu sprechen vermag. Unter Anwendung derselben Techniken bringt er den Klienten zweitens zu einer Konfrontation mit der *Leitkante (leading edge)* seiner tiefsten Ängste. An diesem Punkt sollte der Klient verbal und verstandesmäßig in der Lage sein, sich der Ursache seines Konflikts zu nähern, doch er ist dann noch nicht imstande, ihn aufzudecken und sich mit ihm abzufinden. Drittens bemächtigt sich der Therapeut – immer noch unter Anwendung von Empathie, Sympathie, Herzlichkeit und Verständnis – der Angstleitkante des Klienten und versucht, durch den konventionellen behavioristischen Prozeß des Neukonditionierens von Hinweisen oder Signalen den Klienten über die Leitkante hinweg zu wahren Natur des Konflikts selbst zu bringen. In Wirklichkeit sucht der Therapeut hier den Klienten »im Zustand« seiner stärksten Angst oder Furcht »festzuhalten« und gleichzeitig ein konditionierendes Gegenmittel zu diesen konditionierten Signalen anzubieten. Weil unterstellt wird, daß der Klient einen angeborenen Trieb hat, neue Lösungen zu finden (das Gegenstück zum »selbstaktualisierenden« Trieb der konventionellen klientenzentrierten Theorie), wird von ihm erwartet, daß er auf ganz natürliche Weise danach streben dürfte, seine neurotischen Symptome zu überwinden, um die Wahrheit über sich und seine Probleme zu entdecken. Er wird also für fähig gehalten, den Verlauf seiner Therapie zu bestimmen, nachdem ihm der Therapeut die entsprechende Richtung gewiesen hat. Die vierte Phase des Prozesses beginnt, wenn der Klient die Leitkante seiner Angst überwindet und zur Erkenntnis seiner realen Grundprobleme gelangt. Sobald dies erreicht ist und gewisse Reizhunger-Reaktionen neukonditioniert sind, ist der Klient, jedenfalls theoretisch, imstande, auf eine konditionierende Umkehrung seines neurotischen Verhaltens hinzuarbeiten.

Die klientenzentrierte, auf Lernen basierende Therapie versucht in der Tat dazu beizutragen, daß der Patient durch kooperative Neukonditionierung seine Probleme selbst zu lösen vermag – kooperativ, das heißt, in Zusammenarbeit zwischen ihm und dem Therapeuten. In diesem Sinne verhilft sie der Psychotherapie wieder zu ihren anfänglichen Idealen, die in den fünfzig Jahren einer erbitterten Auseinandersetzung zwischen der Vielzahl psychotherapeutischer Grundprinzipien gewissermaßen verfälscht worden waren.

Ich will damit nicht sagen, daß die klientenzentrierte, auf Lernen basierende Therapie die definitive oder auch nur eine sinnvolle Antwort auf die Frage ist, ob die Psychotherapie als solche letztlich Gültigkeit besitzt oder nicht. Das Beweismaterial deutet zum größten Teil darauf hin, daß sie sehr wenig Gültigkeit besitzt. Erstens scheinen Beweise dafür vorzuliegen, daß ungefähr zwei Drittel aller Neurosen innerhalb von zwei Jahren spontan von selbst verschwinden. Zweitens waren die meisten Psychotherapien nicht imstande oder bereit, Forschungsergebnisse zur Stützung ihrer Behauptungen vorzulegen; denjenigen, die es getan haben, muß man entgegenhalten: Wenn zwei Drittel der Neurosen spontan von selbst verschwinden, dann folgt daraus, daß in zwei Drittel der Fälle, bei denen sich therapeutische Erfolge nachweisen lassen, die Neurosen sowieso von selbst verschwunden wären, oft in beträchtlich kürzerer Zeit, als die Therapie dazu benötigt. Es folgt weiter daraus, daß Berichte über therapeutische Erfolge – ob damit nun Besserung oder Heilung gemeint ist – zumindest zu zwei Dritteln auf Fällen beruhen, die sich spontan besserten oder geheilt wurden, ohne daß die angewandte Therapie etwas ausrichtete.

Letztlich ist Psychotherapie wohl eine Sache der Überzeugung. Wenn Sie überzeugt davon sind, sie könne Ihnen helfen, wird sie es wahrscheinlich; wenn Sie vom Gegenteil überzeugt sind, wird sie Ihnen wahrscheinlich nicht helfen. Aber »helfen« ist ein relativer Begriff, »nicht helfen« ebenfalls. Wenn Sie stark erkältet sind und den Rat Ihres Arztes befolgen, eine Menge Aspirin zu schlucken, viel Obstsaft zu trinken und ein oder zwei Tage im Bett zu bleiben, und die Erkältung verschwindet, dann können Sie nie sicher sein, ob die Linderung Ihrer Symptome aufgrund der Verordnungen des Arztes eintrat oder durch einen natürlichen Heilungsprozeß. Wenn Sie andererseits eine ernste, lebensgefährliche körperliche Krankheit haben, Ihr Arzt sie diagnostiziert und dann durch Anwendung bestimmter medikamentöser oder chirurgischer Maßnahmen heilt, dann können Sie ziemlich sicher sein, daß die Therapie die Heilung bewirkt hat und nicht ein natürlicher Heilungsprozeß. Neurosen sind der Schnupfen des psychischen Organismus; es gibt dagegen nicht *das eine* Heilverfahren, eine Behandlung ist so gut wie die andere, und es besteht Aussicht, daß die Leiden von selbst heilen, wenn man den Dingen ihren Lauf läßt. Aber wie der Mensch mit Schnupfen auf der Suche nach schnell wirkenden Heilmitteln zu seinem Arzt oder in die Apotheke läuft, ist verständlicherweise auch der Neurotiker nicht bereit, zu warten, daß sein Leiden seinen Lauf nimmt.

Anhang

Psychiatrische und psychotherapeutische Gesellschaften und Institute in der Bundesrepublik

1. Deutsche Vereinigung für Kinder- und Jugendpsychiatrie, Osianderstr. 14, 7400 Tübingen.
2. Deutsche Gesellschaft für Psychiatrie und Nervenheilkunde, Beethovenplatz 4, 8000 München 2.
3. Deutsche Psychoanalytische Vereinigung (Zweig der Internationalen Psychoanalytischen Vereinigung), Neckargasse 7, 7400 Tübingen.
4. Deutsche Psychoanalytische Gesellschaft, Barstraße 24a, 1000 Berlin 31.
5. Deutsche Gesellschaft für Psychotherapie, Psychosomatik und Tiefenpsychologie, Am Schlachtensee 2, 1000 Berlin 37.
6. Berufsverband Deutscher Psychologen, Freiherr-v.-Stein-Straße 48, 6000 Frankfurt (Main).
7. Gesellschaft für wissenschaftliche Gesprächstherapie, Werderstraße 20, 5000 Köln 1.
8. Gesellschaft zur Förderung der Verhaltenstherapie, Kraepelinstraße 10, 8000 München 40.
9. Deutsche Gesellschaft für Gestalttherapie und Kreativitätsforschung, Sandstraße 7, 8702 Würzburg-Oberdürrbach.
10. Deutscher Arbeitskreis für Gruppenpsychotherapie und Gruppendynamik, Königsstraße 66, 4100 Duisburg 1.
11. Allgemeine Ärztliche Gesellschaft für Psychotherapie, Nettelbeckstraße 3, 4000 Düsseldorf.
12. Gesellschaft für analytische Gruppendynamik, Rankestraße 4, 8000 München 40.
13. Deutsche Gesellschaft für Individualpsychologie, Kindermannstraße 7, 8000 München 19.

1. Berliner Psychoanalytisches Institut, Karl-Abraham-Institut, Sulzaer Straße 3, 1000 Berlin 33.
2. Fritz Perls Institut (Gestalttherapie), Sandstraße 7, 8702 Würzburg-Oberdürrbach.
3. Sigmund-Freud-Institut, Myliusstraße 20, 6000 Frankfurt (Main) 1.
4. Bremer Arbeitsgruppe für Psychotherapie, Leher Heerstraße 76, 2800 Bremen 33.
5. Institut für Psychotherapie, Koserstraße 8, 1000 Berlin 33.
6. Institut für Psychoanalyse und Psychotherapie, Staufener Straße 21, 7800 Freiburg.
7. Institut für Psychoanalyse und Psychotherapie, Göttingen, 3405 Tiefenbrunn.

8. Psychosomatische Klinik der Universität Gießen, Ludwigstraße 76, 6300 Gießen.
9. Lehrinstitut für Psychotherapie und Psychoanalyse, Geibelstraße 104, 3000 Hannover.
10. Ausbildungsseminar für Psychotherapie und Psychoanalyse, Voßstraße 2, 6900 Heidelberg.
11. C. G. Jung-Institut Stuttgart, Alexanderstraße 92, 7000 Stuttgart 1.
12. Institut für analytische Psychotherapie im Rheinland, Hohenstaufenring 58, 5000 Köln.
13. Akademie für Psychoanalyse und Psychotherapie, Pettenkoferstraße 22, 8000 München 2.
14. Michael Balint Institut für Psychoanalyse und Psychotherapie, Averhoffstraße 7, 2000 Hamburg 76.
15. Stuttgarter Akademie für Tiefenpsychologie und analytische Psychotherapie, Hohenzollernstraße 26, 7000 Stuttgart 1.
16. Psychoanalytische Arbeitsgemeinschaft Stuttgart-Tübingen, Lohengrinstraße 67, 7000 Stuttgart 70.
17. Psychoanalytische Arbeitsgemeinschaft, Parkstraße 14, 7900 Ulm.
18. Psychoanalytische Arbeitsgemeinschaft Köln-Düsseldorf, Am Sommerberg, 5062 Hoffnungsthal-Köln.
19. Psychoanalytisches Seminar Freiburg, Königsberger Straße 8, 7800 Freiburg-Kappel.
20. Institut für psychische Beratung und Gruppenarbeit, Friedenstraße 8, A–5020 Salzburg.
21. Arbeitskreis Gruppendynamik Münster, Gleiwitzer Straße 73, 4400 Münster.
22. Institut für Forschung und Ausbildung in Kommunikationstherapie und Ehe-, Partnerschafts- und Familienberatung München, Rückerstraße 9, 8000 München.

Weitere Auskünfte erteilen die Psychologischen Universitätsinstitute und die Erziehungsberatungsstellen, deren Anschriften man von den Jugendämtern erfährt, sowie der Berufsverband deutscher Psychologen (Anschrift siehe oben).
Die psychologische Zeitung »Warum« (Adolf Theobald Verlag, Alsterufer 10, 2000 Hamburg 36) hat bis zum Februar 1976 unter der Überschrift »Wenn Sie Probleme haben: zum Beispiel in . . .« einen »psychologischen Führer« für die Städte Hamburg, Köln, Berlin, München und Frankfurt (Main) veröffentlicht, jeweils untergliedert nach Problemen und nach Schwerpunkten der Arbeit einzelner Institutionen. Nach Abschluß der Serie will der Verlag alle Tabellen – nach Städten geordnet – als Sonderdruck und Extra-Service anbieten. Geplant ist außerdem die Veröffentlichung der Anschriften von freien Psychologen und Ärzten mit psychologischer Praxis.

Literaturverzeichnis

Adler, Alfred, *Praxis und Theorie der Individualpsychologie.* Fischer Taschenbuch Bd. 6236. Frankfurt a. M. 1974.

–, »Individual Psychology«. In: C. Murchison (Hg.) *Psychologies of 1930.* Worchester, Mass. 1930.

Alexander, Franz, *Fundamentals of Psychoanalysis.* New York 1948.

–, *Psychoanalysis and Psychotherapy.* New York 1956.

Allport, Gordon, *Becoming: Basis Considerations for a Psychology of Personality.* New Haven 1955. Dt. Ausg.: *Das Werden der Persönlichkeit.* München 1974.

Ayllon, Teodoro und Nathan Azrin, *A Motivating Environment for Therapy and Rehabilitation.* New York 1968.

Bandura, Albert, *Principles of Behavior Modification.* New York 1969.

Barnes, Mary, und Joseph Berke, *Two Accounts of a Journey Through Madness.* New York 1971. Dt. Ausg.: *Meine Reise durch den Wahnsinn.* München 1973.

Bateson, Gregory, *Steps to an Ecology of the Mind.* New York 1972.

Bergin, Allen, und Sol Garfield (Hg.), *Handbook of Psychotherapy and Behavior Change: An Empirical Analysis.* New York 1971.

Berne, Eric, *Games People Play: The Psychology of Human Relationships.* New York 1964. Dt. Ausg.: *Spiele der Erwachsenen. Psychologie der menschlichen Beziehungen.* Reinbek 1967.

Binswanger, Ludwig, *Grundformen und Erkenntnis menschlichen Daseins.* München 5. Aufl. 1973.

Bowlby, John, *Maternal and Mental Health.* New York 1966. Dt. Ausg.: *Mütterliche Zuwendung und geistige Gesundheit.* München 1973.

Brown, J. S., *The Motivation of Behavior.* New York 1961.

Brussel, James, *The Layman's Guide to Psychiatry.* (2. Ausg.) New York 1967.

–, *A Layman's Guide to Psychiatry and Psychoanalysis.* New York 1969.

Choisy, Maryse, *Sigmund Freud: A New Appraisal.* New York 1963.

Cofer, C. N., und M. H. Appley, *Motivation: Theory and Research.* New York 1964.

Colby, Kenneth, *A Primer for Psychotherapists.* New York 1951.

Cooper, David, *The Death of the Family.* New York 1970. Dt. Ausg.: *Der Tod der Familie.* Reinbek 1972.

Coulsen William R., *Groups, Gimmicks and Instant Gurus.* New York 1972.

Cronbach, L. J., *Educational Psychology.* New York 1963. Dt. Ausg.: *Einführung in die Pädagogische Psychologie.* Weinheim 1971.

Dollard, J., Auld, F., und A. White, *Steps in Psychotherapy.* New York 1953.

– und N. E. Miller, *Personality and Psychotherapy.* New York 1950.

Ellenberger, Henri F., *The Discovery of the Unconscious: The History and Evolution of Dynamic Psychiatry*. New York 1970. Dt. Ausg.: *Die Entdeckung des Unbewußten*. Bern 1973.
Ellis, Albert, *Reason and Emotion in Psychotherapy*. New York 1962.
Ellul, Jacques, *The Technological Society*. New York 1964.
Erikson, Erik, *Childhood and Society*. New York 1964. Dt. Ausg.: *Kindheit und Gesellschaft*. Stuttgart 5. Aufl. 1974.
–, *Insight and Responsibility: Lectures on the Ethical Implications of Psychoanalytic Insight*. New York 1964. Dt. Ausg.: *Einsicht und Verantwortung. Die Rolle der Ethik in der Psychoanalyse*. Stuttgart 1966; Fischer Taschenbuch Nr. 6089.
–, *Identity, Youth and Crisis*. New York 1968. Dt. Ausg.: *Jugend und Krise*. Stuttgart 1970.
Evans, Richard, *Dialogue with Erik Erikson*. New York 1967.
Eysenck, Hans J., *The Effects of Psychotherapy*. New York 1966.
Fagan, John, und Irma L. Shepherd (Hg.), *Gestalt Therapy Now: Theories/Techniques/Applications*. New York 1970.
Ferenczi, Sandor, *Schriften zur Psychoanalyse*. 2 Bde. Reihe »Conditio humana«. Frankfurt a. M., S. Fischer, 1970/72.
Ford, D. H., und H. B. Urban, *Systems of Psychotherapy. A Comparative Study*. New York 1963.
Frank, J. D., *Persuasion and Healing: A Comparative Study of Psychotherapy*. Baltimore 1961.
Frankl, Victor, *Man's Search for Meaning*. New York 1970. Dt. Ausg.: *Der Mensch auf der Suche nach Sinn*. Freiburg 4. Aufl. 1975.
Franks, C. M., *Behavior Therapy: Appraisal and Status*. New York 1969.
Freud, Sigmund, *Selbstdarstellung*. Gesammelte Werke (GW) XIV, Frankfurt a. M., S. Fischer.
–, *Hemmung, Symptom und Angst*, GW XIV, Frankfurt a. M., S. Fischer.
–, *Zur Geschichte der psychoanalytischen Bewegung*. GW X, Frankfurt a. M., S. Fischer.
–, *Die Traumdeutung*. GW II/III, Frankfurt a. M., S. Fischer.
–, *Jenseits des Lustprinzips*. GW XIII, Frankfurt a. M., S. Fischer.
–, *Abriß der Psychoanalyse*. GW XVII, Frankfurt a. M., S. Fischer.
–, *Das Unbehagen in der Kultur*. GW IX, Frankfurt a. M., S. Fischer.
–, *Die Frage der Laienanalyse*. GW XII, Frankfurt a. M., S. Fischer.
Fromm, Erich, *Escape from Freedom*. New York 1947. Dt. Ausg.: *Die Furcht vor der Freiheit*. Frankfurt a. M. 5. Aufl. 1972.
–, *The Art of Loving: An Enquiry into the Nature of Love*. New York 1956. Dt. Ausg.: *Die Kunst des Liebens*. Berlin. Ullstein Taschenbuch.
Fromm-Reichmann, Frieda, *Principles of Intensive Psychotherapy*. Chicago 1950. Dt. Ausg.: *Intensive Psychotherapie. Grundzüge und Technik*. Stuttgart 1959.
Gantt, W. H., *An Experimental Basis for Neurotic Behavior*. New York 1944.
Glasser, William, *Reality Therapy*. New York 1965. Dt. Ausg.: *Realitätstherapie. Neue Wege der Psychotherapie*. Weinheim 1972.
Glover, Edward, *An Investigation of the Technique of Psychoanalysis*. Baltimore 1940.
–, *Freud or Jung*. New York 1950.

Goldstein, A. P., und S. J. Dean, *The Investigation of Psychotherapy Commentaries and Readings*. New York 1966.
–, Heller, K., und L. B. Sechrest, *Psychotherapy and the Psychology of Behavior Change*. New York 1966.
Greenwald, Harold (Hg.), *Active Psychotherapy*. New York 1967.
Guthrie, E. R., *The Psychology of Learning*. New York 1952.

Halleck, Seymour, *The Politics of Therapy*. New York 1971.
Harper, R. A., *Psychoanalysis and Psychotherapy*. Englewood Cliffs 1959.
Hoch, P. H., und J. Zubin (Hg.), *The Evaluation of Psychiatric Treatment*. New York 1964.
Horney, Karen, *Our Inner Conflicts: A Constructive Theory of Neurosis*. New York 1945. Dt. Ausg.: *Unsere inneren Konflikte*. München 1973.
–, *The Neurotic Personality of Our Time*. New York 1937. Dt. Ausg.: *Der neurotische Mensch unserer Zeit*. Kindler Taschenbuch Nr. 2002.
–, *Neurosis and Human Growth*. New York 1950. Dt. Ausg.: *Neurose und menschliches Wachstum*. München 1975.

Jacobi, J., *Complex, Archetype, Symbol in the Psychology of C. G. Jung*. New York 1959. Dt. Ausg.: *Komplex, Archetypus, Symbol in der Psychologie C. G. Jungs*. Olten 1957.
Jacobson, E., *Progressive Relaxation*. Chicago 1938.
Janov, Arthur, *Der Urschrei*. Frankfurt a. M. 1973, S. Fischer.
Jaspers, Karl, *History of Psychopathology*. Berlin 1948.
Jastrow, J., *Freud, His Dream and Sex Theories*. Cleveland 1932.
Jones, Ernest, *Psychoanalysis*. New York 1929.
–, *The Life and Work of Sigmund Freud*. 2 Bde. New York 1953/55, Dt. Ausg.: *Das Leben und Werk von Sigmund Freud*. 3 Bde. Bern 1960/62. *Sigmund Freud; Leben und Werk*, gek. Ausg., Frankfurt/M. 1969, S. Fischer.
Jung, Carl Gustav, *Contributions to Analytic Psychology*. New York 1929.
–, *Seelenprobleme der Gegenwart*. Freiburg 1973.
–, *Psychologische Typen*. Olten 2. Aufl. 1967.
–, *Erinnerungen, Träume, Gedanken*. Olten 6. Aufl. 1973.

Kelly, George, *The Psychology of Personal Constructs*. New York 1955.
Kiernan, Thomas, und A. A. Roback, *Pictorial History of Psychology and Psychiatry*. New York 1968.
Klapper, J. T., *The Effects of Mass Communication*. Chicago 1960.
Klein, Melanie, *The Psychoanalysis of Children*. New York 1969. Dt. Ausg.: *Die Psychoanalyse des Kindes*. München 1971.
Koffka, Kurt, *Principles of Gestalt Psychology*. New York 1962. Dt. Ausg.: *Die Grundlagen der Psychischen Entwicklung. Eine Einführung in die Kinderpsychologie*. Nachdruck Hannover 1966.
Korzybski, Alfred, *Manhood of Humanity*. 2. Ausg. Institute of General Semantics 1950.
Kubie, Lawrence, *Practical and Theoretical Aspects of Psychoanalysis*. New York 1950. Dt. Ausg.: *Psychoanalyse ohne Geheimnis*. Hamburg 1956 (rowohlts deutsche enzyklopädie 11).

Laing, Ronald, *Das geteilte Selbst. Eine existentielle Studie über geistige Gesundheit und Wahnsinn*. Köln 1974.

Lang, P. J., »Behavior Therapy With a Case of Nervous Anexoria«. In: Ullman, L. P. und L. Krasner (Hg.), *Case Studies in Behavior Modification.* New York 1965.

Lang, P. J., und A. D. Lazovik, »The Experimental Desensitization of a Phobia«. In: Eysenck, H. J. (Hg.), *Experiments in Behavior Therapy.* Oxford 1964.

Levine, M., *Psychotherapy in Medical Practice.* New York 1948.

London, P., *The Modes and Morals of Psychotherapy.* New York 1964.

Lorand, S., *Technique of Psychoanalytic Therapy.* New York 1946.

Lorenz, Konrad, *Das sogenannte Böse. Zur Naturgeschichte der Aggression.* Wien.

Lowen, Alexander, *The Betrayal of the Body.* New York 1969.

–, *Depression and the Body.* New York 1972.

Luff, M. C., und M. Garrof, »The After-Results of Psychotherapy in Five Hundred Adult Cases«. In: *The British Medical Journal,* 1935, II.

Lundin, R. W., *Personality: A Behavioral Analysis.* London 1969.

Maliver, Bruce L., *The Encounter Game.* New York 1972.

Marmor, J. (Hg.), *Modern Psychoanalysis.* New York 1968.

Martin, D. G., *Gesprächspsychotherapie als Lernprozeß.* Salzburg 1975.

Maslow, Abraham, *Toward a Psychology of Being.* Philadelphia 1968.

May, Rollo, *Love and Will.* New York 1969. Dt. Ausg.: *Der verdrängte Eros.* Hamburg 1970.

– (Hg.), *Existential Psychology.* (2. Ausg.) New York 1969.

Menninger, Karl, *Theory of Psychoanalytic Technique.* New York 1958.

Miles, H., Barabee, E. L., und J. E. Finesinger, »An Evaluation of Psychotherapy«. In: *Psychosomatic Medicine,* 1951, 13.

Miller, N. E., und J. Dollard, *Social Learning and Imitation.* New Haven 1941.

Moreno, Jacob L., *Psychodrama.* Boston 1946, 1959, 1969. 3 Bde. Dt. Ausg.: *Gruppenpsychotherapie und Psychodrama.* Stuttgart 1959.

Mowrer, H., *Psychotherapy: Theory and Research.* New York 1953.

Mullahy, P., »Non-Freudian Analytic Theories«. In: Wolman, B. B. (Hg.), *Handbook of Clinical Psychology.* New York 1965.

Naar, R., »Client-Centered and Behavior Therapies: Their Peaceful Coexistence«. In: *Journal of Abnormal Psychology,* 1970, Vol. 76.

Patterson, C. H., *Theories of Counseling and Psychotherapy.* New York 1966.

Paul, G. L., *Insight vs. Desensitization in Psychotherapy: An Experiment in Anxiety Reduction.* Palo Alto 1966.

Pavlov, Ivan, *Conditioned Reflexes and Psychiatry.* New York 1941.

Perls, Frederick, *Gestalt Therapy Verbatim.* Berkeley 1969. Dt. Ausg.: *Gestalt-Therapie in Aktion.* Stuttgart 1974.

Phillips, E. L., *Psychotherapy: A Modern Theory and Practice.* Englewood Cliffs 1956.

– und D. N. Weiner, *Short-Term Psychotherapy and Structured Behavior Change.* New York 1966.

Prince, Morton, *The Dissociation of a Personality. A Biographical Study in Abnormal Psychology.* Stamford 1969.

Progoff, Ivan, *Jung's Psychology and Its Social Meaning.* New York 1953.

Rachman, S. T., und J. Teasdale, »Aversion Therapy: An Appraisal«. In: Franks, C. M. (Hg.), *Behavior Therapy: Appraisal and Status*. New York 1969.
Rank, Otto, *The Trauma of Birth*. New York 1929.
–, *Will Therapy and Truth and Reality*. New York 1945.
Reich, Wilhelm, *Die Entdeckung des Orgons: Die Funktion des Orgasmus*. Fischer Taschenbuch Bd. 6140. Frankfurt a. M. 1972.
Reik, Theodor, *Listening With the Third Ear*. New York 1948.
–, *The Search Within: The Inner Experiences of a Psycho-Analyst*. New York 1963.
Riesman, D., Glazer, N., und R. Denney, *The Lonely Crowd*. New Haven 1961. Dt. Ausg.: *Die einsame Masse*. Reinbek (rowohlts deutsche enzyklopädie 072).
Rogers, Carl, *Counseling and Psychotherapy*. Boston 1942. Dt. Ausg.: *Die nicht-direktive Beratung*. München 1972.
–, *Client-Centered Therapy*. Boston 1954. Dt. Ausg.: *Die klientbezogene Gesprächstherapie*. München 1973.
–, *On Becoming a Person*. Boston 1961. Dt. Ausg.: *Entwicklung der Persönlichkeit*. Stuttgart 1973.
Rosanoff, A. J., *Manual of Psychiatry*. New York 1947.
Rosen, John, *Direct Analysis*. New York 1953.

Salter, Andrew, *The Case Against Psychoanalysis*. (4. Ausg.) New York 1968.
Sapolsky, S., »Relationship Between Patient-Doctor Compatibility, Mutual Perception and Outcome of Treatment«. In: *Journal of Abnormal Psychology*, 1965, 70.
Schofield, William, Psychotherapy: *The Purchase of Friendship*. Englewood Cliffs 1964.
Schwartz, E. K., »Non-Freudian Analytic Methods«. In: Wollman, B. B. (Hg.), *Handbook of Clinical Psychology*. New York 1965.
Seeman, J., »Perspectives in Client-Centered Therapy«. In: Wollman, B. B. (Hg.), *Handbook of Clinical Psychology*. New York 1965.
Shaffer, L. F., und E. J. Shoben, *The Psychology of Adjustment*. Boston 1956.
Skinner, B. F., *Contingencies of Reinforcement: A Theoretical Analysis*. New York 1969. Dt. Ausg.: *Die Funktion der Verstärkung in der Verhaltenswissenschaft*. München 1974.
–, *Beyond Freedom and Dignity*. New York 1971. Dt. Ausg.: *Jenseits von Freiheit und Würde*. Reinbek 1973.
Snyder, W. U., »An Investigation of the Nature of Non-Directive Psychotherapy«. In: *Journal of General Psychology*, 1948, Vol. 33.
Stevenson, I., »The Challenge of Results in Psychotherapy«. In: *American Journal of Psychotherapy*, 1959, Vol. 116.
Stewart, Walter, *Psychotherapy: The First Ten Years*. London 1967.
Stollak, G. E., Guerney, E. G., und M. Rothberg. *Psychotherapy Research*. Chicago 1966.
Strupp, Hans, »The Nature of the Psychotherapist's Contribution to the Treatment Process«. In: *Archive of General Psychiatry*, 1960, Vol. 3.
Sullivan, Harry Stuck, *The Interpersonal Theory of Psychiatry*. New York 1953.

–, *The Psychiatric Interview*. New York 1954. Dt. Ausg.: *Das Psychotherapeutische Gespräch*. Erscheint 1976 als Fischer Taschenbuch Bd. 6313.
–, *The Fusion of Psychiatry and Social Science*. New York 1964.
Szazs, Thomas, *The Myth of Mental Illness*. New York 1961.
–, *The Manufacture of Madness*. New York 1970. Dt. Ausg.: *Die Fabrikation des Wahnsinns*. Olten 1974. Erscheint 1976 als Fischer Taschenbuch Bd. 6321.

Truax, C. B., und R. R. Carkhuff, *Toward Effective Counseling and Psychotherapy*. Chicago 1967.

Ullman, L. P., und L. Krasner, *Case Studies in Behavior Modification*. New York 1965.

Volsky, T., Magoon, T. M., Norman, W. T., und D. Hoyt, *The Outcome of Counseling and Psychotherapy: Theory and Research*. Minneapolis 1965.

Watson, R. I., und I. N. Mensh, »The Evaluation of the Effects of Psychotherapy«. In: *Journal of Psychology*, 1951, Vol. 32.
Whaley, Donald, und Richard Malott, *Elementary Principles of Behavior*. New York 1971.
Wilder, J., »Facts and Figures on Psychotherapy«. In: *Journal of Clinical Psychopathology*, 1945, Vol. 7.
Wolberg, L. R., *The Technique of Psychotherapy*. New York 1967.
Wolpe, Joseph, *Psychotherapy by Reciprocal Inhibition*. Stanford University Press 1958.
– und A. A. Lazarus, *Behavior Therapy Techniques*. Oxford 1966.

Yates, A. J., *Frustration and Conflict*. New York 1962.

Zubin, Joseph, »Evaluation of Therapeutic Outcome in Mental Disorders«. In: *Journal of Nervous and Mental Diseases*, 1953, Vol. 117.
Zweig, Marilyn, »Is Woman' Liberation a Therapy Group?«. In: Agel, Jerome (Hg.), *The Radical Therapist*. New York 1971.

Namen- und Sachregister

Zusammengestellt von Bernadette Eckert